亚太政治研究丛书

现代化的历史进程

理论探讨与亚洲实践

董向荣 安然 主编

中国社会科学出版社

图书在版编目（CIP）数据

现代化的历史进程：理论探讨与亚洲实践／董向荣，安然主编． —北京：中国社会科学出版社，2021.3
（亚太政治研究丛书）
ISBN 978-7-5203-7694-5

Ⅰ.①现… Ⅱ.①董…②安… Ⅲ.①政治-研究-亚太地区 Ⅳ.①D730.0

中国版本图书馆 CIP 数据核字（2020）第 264200 号

出 版 人	赵剑英
责任编辑	周晓慧
责任校对	刘　念
责任印制	戴　宽

出　　版	中国社会科学出版社
社　　址	北京鼓楼西大街甲 158 号
邮　　编	100720
网　　址	http://www.csspw.cn
发 行 部	010-84083685
门 市 部	010-84029450
经　　销	新华书店及其他书店

印刷装订	北京君升印刷有限公司
版　　次	2021 年 3 月第 1 版
印　　次	2021 年 3 月第 1 次印刷

开　　本	710×1000　1/16
印　　张	26.75
插　　页	2
字　　数	452 千字
定　　价	148.00 元

凡购买中国社会科学出版社图书，如有质量问题请与本社营销中心联系调换
电话：010-84083683
版权所有　侵权必究

序　言

20世纪是大变革的世纪，空前的创造与空前的毁灭同行。造成这一巨大悖论的核心变化，是世界现代化进程前所未有的扩张和加速。被动卷入这个进程的中国，不断在抗拒与汇入之间、以何种方式与何种程度汇入的方案之间痛苦抉择。改革开放意味着中国全面、主动推进现代化的新起点，现代化研究由此成为中国学界的重大课题。风物流转、时代迁移，改革开放以来中国的现代化研究经历了不寻常的变化。

一　改革开放与中国现代化研究的兴起

20世纪五六十年代，现代化研究在美国兴起，以一套建立在西方经验基础上的范式为第三世界国家的战后发展提供方案。中国的自主探究早于此。"最早以进化史观系统地观察、研究中国发展与变革的，应推维新派思想家梁启超。"[①] 早在1898年，梁启超写《戊戌政变记》，把鸦片战争以后60年的历史分为"四界"即变法图强依次深入的四个阶段。梁启超在《敬告当道者》中强调，"十八九世纪所演于欧美之壮剧，势必趋而集于亚东"。在1923年所著《五十年中国进化概论》中，梁启超将此前半个多世纪国人对中国现代变革的认识分为三期，分别是"器物"、"制度"、"文化根本"等方面"感觉不足"的阶段，不断深化。可以说，自20世纪二三十年代起，中国思想界有意识地探索自己的现代化道路的尝试广泛铺开，自由主义、民族主义、社会主义、平民主义各家争鸣。新中国成立后，现代化的研究探索统一到革命史的范式之下。60年代，中国史学界得知日美等国在日本箱根召开现代化问题研讨会时，还以现代化理论对抗唯物史观为由进行过批判。直至改革开放以后，随着国门打开，现代化的观

[①] 林被甸、董正华：《现代化研究在中国的兴起与发展》，《历史研究》1998年第5期。

念逐渐深入人心，探索具有中国特色的现代化道路才成为一个时代的共识。

20世纪70年代末80年代初，政府和学界普遍意识到中国的改革实践需要足够的理论支撑，中国社会科学亟须开放、创新，对中国走向现代世界的社会巨变做出积极回应，为面临的现实问题提供理性思考和解决方案。[1] 在改革开放的大氛围中，中国现代化研究日益活跃，80年代早中期到90年代中期，社会科学和人文学科关于现代化的研究盛况空前，呈现百家竞出、多元互动的热烈景象。

首先，西方的现代化理论及相关社会科学成果大量引进。西方现代化理论的基本观点在1980年被引入并得到初步讨论，《社会科学》杂志"学术动态"专栏就讨论结果进行过汇总。[2] 此后，各类现代化理论以及与现代化主题相关的发展经济学、发展社会学、比较政治学、发展政治学、新儒家等西方社会人文科学著作批量引进，帕森斯、罗斯托、英克尔斯、西里尔·E.布莱克、亨廷顿、罗兹曼、艾森斯塔特、海尔布罗纳、杜维明等学者逐渐为国内学界所熟悉，现代化的概念、研究方法日益普及，在这一时期的学术论文中随处可见。

其次，各学科广泛参与，科研、教学、社会普及全方位推动。这个时期学术研讨风气浓厚，各大高校、科研院所乃至中央部委和各级党报经常召开以现代化为主题的全国性和国际学术研讨会，少则数十人，多至两百余人；各社会人文学科普遍介入，各学科经常举办跨学科研讨会或联合承接课题，社会学和政治学在概念和范式的引进方面走在前列，经济学、法学在现实问题的突破上先行一步，历史学和哲学对于时代的变动反应迅速，新闻学、心理学等也加入其中；"七五""八五"计划期间，一大批关于现代化研究的课题入选全国哲学社会科学国家级重点项目，如"发展理论与中国现代化"（张琢主持）、"世界现代化进程比较研究"（罗荣渠主持）、"中外近代化比较研究"（章开沅主持）、"中国社会发展战略研究"（孙立平主持）、"社会发展指标体系研究"（朱庆芳主持）、"国外发展理论翻译"（中宣部承接）等；全国各大高校也纷纷开设发展政治学、

---

[1] 1979年、1980年，黄逸峰、宦乡曾撰文呼吁"社会科学为现代化服务"。（见黄逸峰《开展社会科学研究工作为实现四个现代化服务》，《学术月刊》1979年第3期；宦乡《哲学社会科学要为国家现代化服务》，《哲学研究》1980年第8期。）

[2] 《现代化的概念和标准问题》，《社会科学》1980年第6期。

发展经济学、发展社会学、世界现代化历史进程等相关课程。

最后，学术研究与社会需要紧密结合，关注方向性、结构性的重要议题。各学科的现代化研究基本上处于译介国外理论、普及常识、确立论纲的阶段，但问题意识和研究框架很明确：现代化的契机与模式、内涵与范畴、战略与时序、标准和影响因素等基本理论问题颇受关注，市场化的构成与条件、工业化与城市化、政治民主与经济发展的关系、社会转型与社会冲突、民族主义、社会流动与社会保障、传统文化与现代化、人的现代化等宏观的现实问题讨论热烈，合法性、新闻自由、民众监督与权力制衡等话题也得以公开讨论。

这一时期现代化研究的井喷标志着长期禁锢后的一次思想解放，形成了一些突破性的共识：现代化是世界性的历史进程，中国需要对外开放、学习西方；现代化是一个有机整体，除了物质技术层面，还包括制度和价值层面，工业化、民主化、世俗化是大方向；解放和发展生产力是现代化的基础；现代化的多线性；中国应根据自身独特经验建立自己的现代化学派，为世界性进程贡献中国方案等。

不过，初期的现代化研究虽然构想宏大、氛围热烈，但仍缺乏独立的理论体系，尤其是一套系统的现代化历史观，而这正是历史学应该担当的责任。这一时期历史学的现代化转向大多遵循四种路径：一是在马克思主义史学框架内部的呼吁和调整，淡化阶级斗争史观，强化现代化主题；[1] 二是研究取向的"现代化"，在传统的研究对象中融入现代化的理念和思维，得出些许与以往不同的结论和判断；三是研究主题的"现代化"，在以往的研究领域内"实现研究重心的转移"，开发新的研究对象和主题，"开展多层次、多领域的研究"；[2] 四是研究方法的"现代化"，以现代化为脉络，对历史进行重新梳理。[3] 相对于以往马克思主义史学一统天下造成的机械的研究局面而言，这些都是可喜的进步和重要的突破，但对于建构一个既有理论高度又符合现实需要，体现学术创新并兼顾理论衔接的新史学范式和现代化史观来说，还远远不够。

---

[1] 黎澍：《消灭封建残余影响是中国现代化的重要条件》，《历史研究》1979 年第 1 期；陈之骅：《世界史研究与四个现代化》，《世界历史》1979 年第 3 期。

[2] 李时岳：《史学的革新》，《汕头大学学报》（人文科学版）1986 年第 3 期。

[3] 比如《中国现代化的分期与发轫》一文所体现的思路。（张琢：《中国现代化的分期与发轫》，《社会学研究》1991 年第 6 期。）

北京大学罗荣渠教授的现代化理论就是在这样的背景下诞生的。作为这一时期现代化研究的代表，罗先生在短短十余年里，主编了"世界现代化进程研究"丛书，主持翻译了一批极具影响力的经典名著，他本人撰写的《现代化新论——世界与中国的现代化进程》及续篇，为确立中国现代化理论的理论框架和研究方向做出了奠基性贡献。罗先生运用马克思主义原理和方法，批判性地吸收和借鉴了西方现代化理论，最终综合形成一套马克思主义的现代化理论体系。这套富于原创性的体系对国内原有的社会科学理论做出了重大改良和突破，明确了现代化的基本内涵和方向，提出一元多线论、内外因结合的动力论、以现代化为方向的革命史观、以生产力为基础推动文明兴替的文明史观等。他主张为现代化"正名"，反对"近代化"的提法，避免将"现代化"的含义狭窄化、相对化等。在实践层面，罗先生以马克思主义现代化理论的新视角诠释世界现代化进程、反思中国现代化，进行富有中国特色的社会启蒙。罗先生以其深厚的理论素养和高超的论证技巧，尽力消除基于民族情感、意识形态、学术惯性思维等造成的观念障碍，推动社会观念的"脱敏"和开化。

二 现代化研究的发展与转型：内因和外因

从20世纪90年代中期至21世纪前十年，随着改革开放的推进和全球化的发展，中国更充分地融入了世界，社会意识进一步觉醒，现代化研究步入繁荣鼎盛期。现代化理论作为一种广受认可的学术范式扩展到社会人文学科的各个领域，应用于高校教学和政策咨询，甚至进入中学课本。现代化研究逐渐从宏观走向中观层面，在工业化、民主化、世俗化的大方向下，注重理论体系的细化和具体问题的考察，以推动制度构建、落实社会启蒙。在理论建设方面，继续发掘和辨析马克思经典论述中的现代化元素，比如马克思关于世界历史和人的发展的论述；西方现代化研究成果的译介进一步推进，引进版图书在中国图书零售市场中的码洋比重和品种比重都持续增长，优秀的西方学术著作和社会读物更多、更快地引入国内图书市场，日益与国际图书市场实时对接；在现实考察层面，市场化、民主化与威权主义、民族主义、意识形态转型与文化重构等现代化结构转型诸问题成为研究重心，后发现代化国家和地区的成功范例和失败案例，比如东亚资本主义、威权政府与东亚文化，拉美军人政权、民众主义和增长模式等问题备受关注。有关中国的现代化研究侧重于中国早期现代化转型、中国近现代史上一系列问题的重新审视和认定，以及改革进程中的现实问题，国企改革、政企关系、腐败、政治体制改革、城市化与城乡差距、中产阶级、新农村建设、弱势群体等都是热门论题，每年都有大量研究得到国家级和省部级课题的支持。

最近十年左右，中国的现代化研究发生了一些变化，出现了微观化、技术化、去历史化的趋势。从研究主题看，现代化研究多聚焦在具体的"器物"层面，重大体制问题及结构性因素的讨论趋于减少，微观化、技术化、"中性化"选题增多。从1998—2020年中国知网上以"现代化"为主题的论文情况来看，与国家治理现代化相关的研究最多，农业农村现代化、教育现代化次之，三者合占半壁以上江山；以现代化转型、经济现代化、政治现代化、法制现代化等中观研究为主题的论文仅占两成，近十年来这一趋势尤为明显；中等收入陷阱、社会稳定、民工荒等改革难题也有论及，但语多雷同、深度有限。在学科分布上，呈现现代化研究"去历史化"，而历史研究"去现代化"的趋势。行政学与行政管理、中国政治与国际政治、教育学等学科发表论文数量占总数的大半，而历史学、哲学等人文学科现代化选题的论文占比不足10%，中国近现代史和世界历史论文不足5%，尤其近十年来，论文发表数量陡减。在研究方法上，"现代化研究"的整体轮廓模糊化，以现代化问题为平台的跨学科研讨盛况不再，一度在现代化研究的旗帜下汇聚起来的理论群落分解为不同学科领域的边缘化分支，在各自的学科领域内关注具体问题。历史学科内出现了终结宏大叙事、走出革命范式和现代化范式的声音，现代化视野下的世界历史比较研究悄然让位于新兴的全球史研究。在理论取向上，观点分歧趋于扩大，并有向底层共识蔓延之势，市场界限、政府角色、民主和法治路径、世界主义与民族主义等问题争议很大。

总体上，中国现代化研究的发展经历了一个从整体形态模糊到明晰，再到模糊的"倒U形曲线"：最初，现代化研究在各学科内部零散进行，多限于技术层面，基本未脱离"四个现代化"的范畴，其中农业现代化占据讨论的绝对中心；随着西方现代化理论的普及和中国现代化理论框架的形成，现代化研究作为一个虽不构成学派但初具形态的理论集群崛起；近十年则再次回归各学科。这一转型头绪繁多，原因复杂，大致是由学术因素与社会因素、内在困境与外部压力共同促成，兼有积极面与消极面。现代化研究转型的关键问题，重点可能不在于方法，而在于方向。微观化、技术化、碎片化等趋势作为学术自身进化的结果，兼有正负效应，也可以为学术自身的再进化所纠正，但要避免历史方向感的模糊化，避免对启蒙常识的"反常化"。

三 关于本书：致敬、传承、探索

世界现代化的进程中，成就与困顿相伴，迭代递进。后发现代化国家的现代化更是如此。一方面，当千差万别的传统社会面对从外部强行植入的异质性社会经济关系时，究竟会生出何种应激反应，造成怎样的社会后果和制度变形，理论上难以预估，只有经历过才知道；另一方面，受本土制度环境和社会结构的约束，外来制度和文化的移植大概率无法顺利、彻底推行，经典理论与社会实践之间总是存在一个或大或小、形式各异的夹角，后发现代化国家的困顿到底是学习的样板不对，还是自身传统扭曲和阻碍所致，各方争论不休。因此，现代性在非西方社会的大规模铺展是世界现代化进程的大难题，地方性情境对普遍化命题提出了无数疑问和挑战。此外，由于后发现代化国家与西方国家在发展阶段上存在时间差，二者当前面临的发展问题不同，解决方案也不同，甚至可能相反。后发现代化国家如果看不清这一点，很可能出现认知错位：忽略西方国家早期发展的根基，将其当前的阶段性问题视为西方文明的终极困境，从其自我反思的话语中寻找安慰、批判对方的依据，将其修正方案当成自己的发展方向，尤其当这种方案恰与自身传统存在某种形式上的契合时，就更能诱发侥幸心理，形成投机性的期待。这种隐蔽而常见的认识误区对于后发国家来说也是致命的。因此，对于今天的中国，充分发掘后发现代化的特异形式与具体问题，深入把握现代性的特殊表现与普遍内涵，检讨旧方案，回应新问题，对现代化进行再探讨与再定向正当其时，很有必要，这是本书成书的主要缘由。

第一部分"理论探讨"对现代化理论的经典命题、学界定见、学术争论进行检视和辨析，提出修正、调和或补充。第一篇是现代化农业理论的新解，指出从传统社会到现代社会的转换，并非笼统地从重农轻商到重工轻农，而是从重农业、轻农人转向工农兼顾、重业更重人，背后是国家与社会权力关系的转变。第二、三篇从正、反两面对现代化的研究范式进行再思考。第二篇通过重新梳理中国近代史研究领域两大范式之争的缘起和内涵，提出革命范式与现代化范式不存在对立和替代关系，现代化范式依赖其强大的解释力,容纳和吸收了革命范式;第三篇系统整理了民国以来不同时期国内史学界对欧洲中心论的批判,说明这一颇具反思性的批判传统在国内虽然起步较早,但长期受制于学术研究意识形态化的束缚,难有实质性的突破和建树。第四篇分析了历史学在方法论层面的进化路径:通过与社会科学结合获得对宏大社会进程的覆盖能力,继而适度回归传统以恢复史学自身的人文属性,从中也可以看出作为历史学社会科学化产物之一的现代化研究的演变脉络和发展逻辑。第五、六篇是对现代性认知的辨正勘误。前者揭示了以亨廷顿为代表的保守派反西方中心论的思维"陷阱":从国际干预主义后撤之前,先扩大了西方性的内涵,将其等同于现代性,从而抽空了现代化的内涵,这种意义上的多元现代化相当于否定了非西方社会现代化的可能性。现代化、现代性应为世界各国所共享;后者凭借原典精读和文本分析,突破了马克思主义是西方中心论源头的成见,揭示马克思的本意在于对西方性的普及提出预警而非赞扬。

第二部分"亚洲实践"对亚洲各国现代化的新经验、新问题、新趋势进行探讨。第七篇至第十篇分别从经济发展、政治发展、城市化与社会流动入手,探讨东亚经验。东亚经济在1997年金融危机过后强劲反弹,这是内外因结合的产物,关键在于外部环境、技术动力、实体经济和政策因素等综合促成的"东亚活力";东亚经济发展与政治发展遵循的不是"工业化推动民主化"的简单公式,而是具有特殊联动机制的曲线关联:经济发展之后遭遇经济衰退,贫富分化加剧——各政党为避免社会矛盾激化,努力提升公共政策理性化——民主政治巩固;在东亚城市化、工业化的大趋势下,存在着城市农业的"逆流"。这种为满足城市经济和当地农户需要,通过政府干预、公共立法等人为形式发展起来的郊区农业或生态农业,体现了城市化进程的多样性;韩国的城市化没有引发棘手的农民工问题,是因为韩国的个人土地所有制、城市经济的就业吸收能力、举家迁徙机制和城市住房保障提高了入城农民的收入水平和生活质量,城市工人运动的压力推动了产业升级和阶层流动,这些经验值得关注。

第十一篇至第十五篇探讨东南亚、南亚、西亚后发现代化国家的"非典型"现代化道路。贫困与动乱仍然是后发现代化国家面临的主要困境,成因复杂多样。第十一、十二篇针对菲律宾的研究专注于这一主题。贫困关乎农业经营方式发展滞后。受土改不彻底、工业化不顺利、既得利益者抵制等多重因素的影响,菲律宾农地制度复杂、租赁关系混乱,小农制异常顽强，家庭农场吸纳了大量滞留农村的无地劳动者从事雇佣劳动，效率低下、流动不畅，致使贫困问题长期得不到解决；动乱与贫困和社会关系紧张有关。人地压力造成的小农贫困、被商品化恶化的传统主佃关系、土地确权操作不当引发的土地掠夺、公司制种植园中的农工骚乱、高利贷和教会地产诱发的农村矛盾，共同导致菲律宾中吕宋农村地区骚乱频发。第十三篇也对传统农业资本主义理论提出挑战。绿色革命期间，印度旁遮普邦农业雇佣关系兴起，但其实质却不是农业生产方式的资本主义化：由于市场条件、盈利机会所限，农业积累出现危机，雇佣关系是作为规避市场竞争的替代性制度出现的，其结果是农业生产力停滞、农业生产关系资本化名不副实。后发现代化国家的特殊性还表现为走向世界的曲折历程，这是第十四篇的主题。欧化动力最强、世俗化最彻底的土耳其，加入欧盟却一波三折，除了复杂的国内和国际形势变化、地区关系和国际关系等多重因素影响外，双方在宗教、人权、历史遗留问题上的标准不统一是造成分歧的主要原因。第十五篇通过梳理土耳其民族主义观念形成和世俗主义改革的历史，分析了土耳其现代性生成路径和表现形态的独特之处。由于精英意志和政府行动是现代性植入和扎根的前提，这种"被管理的现代性"具有鲜明的国家主义色彩，而宗教传统则借助民主谋求复兴，现代性多元性的局限是现代化进程之中的现象。

　　第三部分聚焦于中国现代化，主题相对具体而有代表性。第十六、十七篇关注思想的传播。前者梳理了马克思主义在中国早期传播的两种形式——哲学社会科学思想的传播与文学艺术的传播；后者探讨近代报刊对中国民族主义形成的影响：两种新旧参半的民族主义思想——以帝国疆域和君主立宪为基础的保皇派民族观与以种族观念和共和体制为基础的革命派民族观，如何凭借大众传媒进行传播和较量，以及中国近代民族主义的两种成分——现代的政治民族主义与保守的文化民族主义如何融合与平衡。第十八、十九篇从细节着眼研究冷战时期中国的经济外交。前一篇分析20世纪五六十年代美国中央情报局对中国经济增长情况评估的正误，指出其对技术性经济问题预判精准，而对政治性经济后果屡屡误判的规律；后一篇从中国拒绝参加1962年莱比锡展览会的事件中，解读出当时中国经济外交政治考虑先行的特点。最后四篇文章聚焦于中国当代社会经济问题。第二十篇介绍了中国养老保障制度职工—城乡居民二元制的构成，具有发达国家普惠型社会保障制度与发展中国家残补式普惠型社会保障制度混合体的特点。第二十一篇使用跨学科的量化分析方法，通过对二战后较为成功的经济体从经济快速增长期转入停滞期的节点发生规律的分析，推断预测中国未来中长期内的经济走势。第二十二篇结合西方当代女权研究的最新成果，引介了一种研究当代中国女权问题的新方法，即马克思主义—女权主义的"社会再生产"理论，运用女权视角下的政治经济学分析，提出性别压迫的机制在于迫使女性同时承受生产性压迫与再生产性压迫。最后一篇从原始文献中整理出马克思、恩格斯对民族的基本界定，以此解析自梁启超以来关于"中华民族"概念界定的百年学术史的逻辑脉络和学理层次，认为国家是构成民族概念的关键要素。

本书首先是一部致敬之作，向以罗荣渠先生为代表的中国现代化研究的奠基者们致敬。翻阅当年的文本，仍为那一代学者思想之开放、境界之高远、学识之通达、情感之恳切所折服，为其正视现实、突破成规、发时代之先声的勇气和智慧所震撼，感受到一种大时代的强健脉搏。其次是传承之作。本书收入的23篇文章多写于近十年，秉承现代化思维、聚焦发展主题，以各自的努力延续、传承着中国现代化研究的根脉。最后是探索之作。本书所选篇目涉及政治学、经济学、社会学、历史学等学科，囊括现代化理论、经济增长、政府治理、民族主义、城市化、社会保障、女权问题等主题，覆盖中国、美国、印度、韩国、菲律宾、土耳其等国家，这种多元性体现了现代化研究的容量和视野。后发现代化的推进，难在根基迥异、细节繁复、变异无穷、规律难觅，引发的争议与歧见不可胜数。这种分化在本书中也有体现。各篇在研究方法、学术风格、思想取向上的差异，体现了不同的思考路径和探索尝试。多元的思想和方法，是现代化的指向和应有之义，也是中国的现代化研究者们致力于推动并亲身实践的格局。

目 录

理论探讨

从"业本"到"人本"
　　——"重农"新解 …………………………………… 董正华（3）
"现代化范式"与"革命范式" ……………………………… 周东华（16）
民国以来国内史学界对欧洲中心论的认知与批判 ………… 吴延民（46）
历史学与社会科学的结合及其前景 ………………………… 孙　琇（66）
"文明冲突论"中多元现代性的文化保守主义倾向评析
　　……………………………………………………… 安　然　齐　波（81）
重新解读马克思《资本论》（第一卷）中"后者未来的景象"
　　……………………………………………………………… 吴　浩（98）

亚洲实践

1997年金融危机后东亚经济"V形反弹式复苏"的动因
　　……………………………………………………………… 林　震（111）
东亚贫富差距扩大的政治效应 ……………………… 郑振清　巫永平（120）
现代化进程中的东亚城市农业 ……………………………… 袁卫东（136）
普罗化与韩国"农民工"的城市化问题 …………………… 董向荣（147）
战后菲律宾稻米种植区农业经营方式的演变 ……………… 管晓宁（161）
20世纪菲律宾中吕宋农村骚乱的起源 ……………………… 刘　坤（183）

农业资本主义的理论和现实：印度旁遮普邦的个案 ……… 王立新（202）
土耳其尝试加入欧盟的曲折进程与原因评析（1987—1999）
　……………………………………………………… 张　杰（227）
土耳其现代化进程的历史反思……………………… 昝　涛（254）

中国现代化

马克思主义在中国早期传播的两种形式 …………… 杨卫民（271）
近代报刊传媒与中国民族共同体意识的产生和流变 …… 曹　磊（280）
20世纪五六十年代中国经济状况：美国中央情报局的
　情报评估 ……………………………………… 姚　昱（294）
中国20世纪60年代初经济外交和外宣
　——以缺席1962年莱比锡展览会为视角 ………… 童　欣（310）
中国养老保障制度的特征探析………………………… 杨　静（332）
后发优势与中国经济中长期增长演变趋势 ………… 文礼朋等（346）
新马克思主义女权理论与当代中国社会再生产问题 ……… 董一格（361）
马克思恩格斯的民族观与"中华民族"概念的学术建构 … 宋培军（377）

理论探讨

从"业本"到"人本"
——"重农"新解

董正华[*]

2005年底在中国香港举办了世贸组织第六次部长级会议。会议内容重要,反响强烈:会场内,各方唇枪舌剑,就发达国家要不要取消农产品出口补贴等系列问题进行艰苦谈判;会场外,赶来示威的韩国农民团体和其他反世贸组织抗议者与警方激烈对抗。两份有影响的本地报纸则分别刊文,激辩现代社会是否还需"以农为本"。一方以"农本"的名义批评主办或者支持举办世贸组织会议,呼吁今人效法先贤,把农业当重中之重,还宣称"农者天下之大本"语出宋代陈旉《农书》。[①] 另一方则批评"农者为天下之大本系过时过气之腐儒讲法",认为"凡有世界意识,有国家观念者,皆须唾弃之"[②]。两文在"农本"问题上针锋相对,但在农商对立这一点上认识并无二致。

不加分析地肯定历代"重农",不脱传统的思维定式;听到讲"农本"则斥之为"腐儒",也让人感觉颠顸、武断。"农本"思想是否来自儒家?农业和商业(包括农产品国际贸易)是否一定存在冲突?如果进一步追问,究竟何为"农本",历代"农本"有哪些异同?在日益工业化、现代化、全球化、大家都争先恐后发展新型产业的当今世界,还要不要"以农为本"?这些都还有讨论的余地。

---

[*] 作者董正华系北京大学历史学系教授。本文曾发表在《古今农业》2014年第4期,《新华文摘》2015年第6期转载。

[①] 陈云:《农者天下之大本——农业贸易冲突的文化底蕴》,《信报》2005年12月15日财经新闻。

[②] 左丁山:《农者非天下之大本》,《苹果日报》2005年12月19日副刊。

一　从"农本"到"事本禁末"

人类各大文明都经历了以农耕为经济主业的时代，东亚以华夏为标识的农耕文明尤其漫长而辉煌。三代以降，四民有业。"农，耕也。"（《说文解字》）垦荒耕种是农的本义。王者以民为天而民以食为天。粮食既然是天上之天，作为天之子的王者对于"辟土殖谷"的农业和教人农耕的神祇——先农（神农）自然不敢怠慢。中国早在先秦便有了天子祭祀先农和亲耕的传统。汉代以降，"春始东耕于藉田，官祀先农"成为皇家固定的仪式。到了清朝，每年仲春亥日，皇帝都要率百官行"耕耤礼"，隆重祭祀先农并扶耒亲耕，以表示对农业的特别重视。至于以农业为天下之本的思想，最晚也能追溯到西汉前期，如汉文帝春、夏、秋农忙季节之诏，就已经反复宣告："农，天下之本，务莫大焉。""夫农，天下之大本也，民所恃以生也。"（《汉书·文帝纪》）

文帝诏书还讲到"民或不务本而事末，故生不遂"。关于"本（农）末（商工）"关系，自古就有"重本抑末"甚至"事本禁末"之议。其思想来源或出自鼓吹绝巧弃利、"小国寡民，使有什佰之器而不用……民至老死不相往来"的道家鼻祖老子，但主要论述见于法家。商鞅以治国"能事本而禁末者，富"。韩非视从事商工之业者为"趣本务而趋末作"的"游食之民"，把他们跟"以文乱法"的读书人（儒）和"以武犯禁"的带剑者（侠）同列为"邦之蠹"，力劝人主"除此五蠹之民"。杂糅诸家思想的《吕氏春秋》则详细阐述了"事本禁末"的政治和军事意义："民农则朴，朴则易用，易用则边境安，主位尊。民农则重，重则少私义，少私义则公法立，力专一。民农则其产复，其产复则重徙，重徙则死其处而无二虑。民舍本而事末则不令，不令则不可以守，不可以战。民舍本而事末则其产约，其产约而轻迁徙，轻迁徙则国家有患皆有远志，无有居心。"（《吕氏春秋·士容论·上农》）"禁末"不限于民间商业、商人，也包括手工业和手工业者，如主持魏国变法的李悝就提出"雕文刻镂，害农事者也。锦绣纂组，伤女工者也。""故上不禁技巧，则国贫民侈……"（刘向：《说苑·反质》）如此禁末，连简单的"技巧"、基本的家庭手工业活动也要予以遏止。两千年来，重农和抑商成一体两面，似乎不抑商不足以重农，若重农则必抑商。

今人斥讲"农本"者为"腐儒",却将力主"事本禁末"、与两千年来"秦政"互为表里的法家轻轻放过。实则先秦儒家文献虽然也强调"物有本末,事有终始",但讲的是"自天子以至于庶人,壹是皆以修身为本"(《礼记·大学》)、"民为邦本、本固邦宁"(《尚书·五子之书》)、"中也者,天下之大本也"(《中庸》),对农商本末问题则不见置喙。讲到农事、农时也基本着眼于"使民""制取"。相反,儒学元典里倒有不少"君子谋道不谋食""学也,禄在其中矣,耕也,馁在其中矣……"(《论语·卫灵公》)"上好礼,则民莫敢不敬;上好义,则民莫敢不服;上好信,则民莫敢不用情。夫如是,则四方之民襁负子而至矣,焉用稼?"(《论语·子路》)以及"赐不受命,而货殖焉,臆则屡中"(《论语·先进》)之类耻谈农业劳动却看重弟子经商致富成就的论述。农家代表人物许行因为主张"贤者与民并耕而食,饔飧而治",甚至遭孟子斥骂,称之为"南蛮鴃舌之人,非先王之道"(《孟子·滕文公上》)。《汉书·艺文志·诸子略》评述儒家乃"助人君顺阴阳明教化者也。游文于六经之中,留意于仁义之际,祖述尧舜,宪章文武,宗师仲尼,以重其言,于道最为高"。农家则"出于农稷之官。播百谷,劝耕桑,以足衣食,……孔子曰'所重民食',此其所长也。及鄙者为之,以为无所事圣王,欲使君臣并耕,悖上下之序。"晋人陶渊明称赞"舜既躬耕,禹亦稼穑……相彼贤达,犹勤垄亩",而儒学鼻祖孔子和西汉大儒董仲舒却轻视农业:"孔耽道德,樊须是鄙。董乐琴书,田园弗履"(《陶渊明集·劝农》)。凡此种种可以证明:相比法、道两家,被韩非子视为"五蠹"之一而跟商工并列的儒家,距离"农本"以及"事本禁末"似乎更远些。此外我们会看到,宋明以来,倒是有不少士大夫儒生对历代"重农"提出质疑甚至公开批评"重农抑商"。

秦汉以来,历代皇朝多行"重本抑末"之策。这一"重"一"抑"始终紧密相连。到了明初,朱元璋甚至下旨"若有不务耕种,专事末作者,是为游民,则逮捕之"(《明实录·太祖实录》)。胡寄窗曾经提出:"重本抑末口号自战国后期以来已流行了一千四百多年……从未有人公开地否定过重本抑末观点。"[①] 中国历史上的重本抑末似已成不易之论。

然而"重本抑末"的效果即真实情形究竟如何?

[①] 胡寄窗:《中国经济思想史》(下册),上海人民出版社1981年版,第五章(三)。

二 "重农而农益轻"

《史记·货殖列传》称："夫用贫求富，农不如工，工不如商，刺绣文不如倚市门。"读书人"学以居位"可以显达致贵，经商"通财鬻货"可以致富。农人一年到头胼手胝足，起早贪黑，餐风饮露，结果却如孔子所说"耕也，馁在其中"（《论语·卫灵公》），或如李绅《悯农诗》所吟："四海无闲田，农夫犹饿死。"放牛娃出身的朱元璋做了皇帝，也还记得"四民之业，莫劳于农"。农民终年劳累，然而生活却历来艰辛，整体上处于社会最底层。四民中又数农民人口最多，是农耕时代真正的"劳苦大众"。何以历代王朝都讲"农本""重农"，农民的处境却如此悲惨？

早有智明之士质疑"重农"的实际效果。西汉文帝时晁错提出种种措施，如徙民实边、寓兵于农，入粟拜爵以"夺金钱之贵而授之粟"，以此落实"重农""贵粟"。但王夫之（1619—1692）却从中看出了问题："沿边之地，肥硗不齐，徙而授以瘠壤，不逃且死者寡。"（《读通鉴论》卷二"文帝篇第十七"）"力耕而得六百石之赢余者几何？无亦豪强挟利以多占，役人以佃而收其半也。无亦富商大贾以金钱笼致而得者也。如是，则重农而农益轻，贵粟而金益贵。"（《读通鉴论》卷二"文帝篇第十八"）名为重农，实则官府伙同豪强役农！如此揭露可谓深刻。

以"六经责我开生面"明志、一生提倡实学的船山先生，还提出了避免"重农而农益轻"的具体办法：

> 处三代以下，欲抑强豪富贾也难，而限田又不可猝行，则莫若分别自耕与佃耕，而差等以为赋役之制。人所自占为自耕者，有力不得过三百亩，审其子姓丁夫之数，以为自耕之实，过是者皆佃耕之科。轻自耕之赋，而佃耕者倍之，以互相损益，而协于什一之数。水旱则尽蠲自耕之税，而佃耕者非极荒不得辄减。（《读通鉴论》卷二"文帝篇第十八"）

这些对豪强多占的批评，"轻自耕之赋""蠲自耕之税"的主张，都着眼于当时重农措施的效能，其要求限于均平负担，但已经揭示出当政者重农业而不重农人，反而伙同豪强富商役农，最后将沉重的税赋全部加诸农人的事实。揆诸近现代中国和众多其他国家与地区实行的土地改革,以培育自耕农取代传统的地主—佃农制度,不能不敬佩船山先生在明末清初就提出了损"佃耕"以益"自耕"的思想。然而,真要实行"轻自耕之赋,而佃耕者倍之",这在"欲抑强豪富贾也难"的时代,其实很难做到。即使真的实行,原本已经"役人以佃而收其半"的豪强地主,也一定会把增加的税赋转移到人口众多的佃农(包括完全丧失土地的佃农和拥有部分土地的佃自耕农和自耕佃农)头上,农民的总体负担没有减轻,还是会继续造成重农而农民负担益重的局面。

王夫之等明末清初的一批学者,一反宋明理学的"置'四海困穷'不言"(顾炎武语)而力主"经世之务",开后世儒学"经世致用"之先河。他们当中,自成一派的颜元(1635—1704)、李塨(1659—1733)尤为重视农地占有不均所造成的问题。颜元将"均田"跟"垦荒、兴水利"并列为三大要政,或称之为"七字富天下"箴言。颜元的弟子李塨更是明白地提出:

> 民之不得其养者,以无立锥之地;所以无立锥之地者,以豪强之兼并。今立之法,有田者必自耕,毋募人以代耕,自耕者为农……不为农则无田,士商工且无田,况官乎?官无大小,皆不可以有田,惟农为有田耳……(不为农而有田者)愿卖于农者听,但农之外无得买。(李塨:《平书订》卷七"制田第五上")

李塨关于农业和农民的思想比船山先生及乃师又进了一步——以"有田者必自耕""自耕者为农""不为农则无田"的立法,取代地主"募人以代耕"的租佃制度,而不仅仅是加重"役人以佃"者的税赋,这样才有可能"一洗历代相因(秦制)之弊",杜绝豪强兼并,跳出"重农而农益轻"的怪圈。

李塨怜惜农人"无立锥之地",堪称今世"耕者有其田"思想的先驱,所论已经很有些重农人的意味,难能可贵。然而,唯其如此,在"欲抑强豪富贾也难"的时代,李塨的设想比王夫之的"轻自耕之赋,而佃耕者倍之"恐怕更难实行。即便真能实行,使农业中不再有"役人以佃"者,使农民都能有地耕种,而官府征索不减,所有赋役负担岂不还是全都落在自耕农民头上?

三 重农抑商还是农商并重

对于"重农抑商",历史上也曾有人予以检讨。南宋思想家叶适(1150—1223)提出:"夫四民交致其用,而后治化兴,抑末厚本,非正论也。使其果出于厚本而抑末,虽偏,尚有义。若后世但夺之以自利,则何名为抑?"(《习学记言序目》卷十九)他的意思很清楚:好的政策应当是促进士农工商共同繁荣,"四民交致其用"才能实现国泰民安。假如真的为了厚本而抑末,虽然偏颇,还算有一点道理。但历朝历代所推行的"抑末",不过是官家巧取豪夺民间商人以自利,"取天下百货自居之",只许州官放火、不许百姓点灯而已!叶适的判断于史有征:汉武帝行抑商,其主要措施如盐铁官营、均输("郡置输官以相给运,而便远方之贡")、平准,置官专管,贱买贵卖,天下货物的征收、运输、经销统统由官府经营,官家垄断商贸甚至直接控制生产,以官营工商业取代民营工商业,"取天下百货自居之",对商民"但夺之以自利,则何名为抑?"叶适对"抑末"的检讨很有见地,对抑商的批评明了、深刻。

一说"抑商"意在打击巨商大贾。实则如王夫之所说,"处三代以下,欲抑强豪富贾也难"。实际情况往往是官府跟强豪富贾勾结,相互输送利益。吕不韦因居"奇货"而干秦政,西汉时富商大贾入粟拜爵免罪,这些都是明证。有清一代不再以行政手段抑商。王庆云《石渠余纪(熙朝纪政)》卷三称:"我朝无均输和买之政,凡官府所需,一出时价采办,而不以累民"。实则官府采办霸占集市,"短价捐买""扰累地方官民商贾"(《清朝通志》卷九五"食货略")。这说明,专制王朝通过如《红楼梦》里薛呆子那样的官府采办、强豪富贾欺行霸市,损害民间商人的正当经营活动,不一定都要打出重农抑商的旗号。

想要一力推行或者一以贯之地实行"抑末",其实也难。仅仅从统治者的需要来看,"暴君非贾人无以供其声色之玩,污吏非贾人无以供其不急之求"(王夫之:《读通鉴论》卷二"汉高帝第十四"),而历朝历代暴君污吏辈出。即使是明君、清官,又有几个能远离"声色之玩"和"不急之求"?船山先生鄙视商贾,认为"生民者农而戕民者贾"(王夫之:《读通鉴论》卷三"景帝篇第七")、"农人力而耕之、贾人诡而获之"(王夫之:《读通鉴论》卷三"武帝篇第二十七"),但他知道"贾人不能使之弗富"，只能"夺其富之骄"（王夫之：《读通鉴论》卷三"汉高帝第十四"）。西汉初建即行抑商，武帝时定商人有市籍者及其家属"不得籍名田"，但并没有严格限制，市籍并不是不可改变的下等身份。宣帝时"封汜乡侯，食邑千户"的名臣何武，其弟显家有市籍，却敢于抗拒官府，拒纳租税，"租常不入，县数负其课"。而何武"兄弟五人，皆为郡吏，郡县敬惮之"（《前汉书·何武王嘉师丹传》）。叶适力主"商贾往来，道路无禁"，根据之一是三代"皆以国家之力扶持商贾，流通货币"。三代以后似乎也不敢小觑商业和商人。被誉为"于新史学不啻乎辟鸿蒙矣"（钱钟书：《管锥篇·史记会注考证》）的《史记·货殖列传》，记载了被孔子赞为"瑚琏之器"的得意弟子端木赐（子贡），同时也是精于货殖富甲一方的商人，"结驷连骑，束帛之币以聘享诸侯，所至，国君无不分庭与之抗礼"。在记录"汉兴，海内为一，开关梁，弛山泽之禁，是以富商大贾周流天下"之余，太史公还列举了在各种看似微小的行业里成功的商人，称赞他们因"诚一"而致富："贩脂，辱处也，而雍伯千金。卖浆，小业也，而张氏千万。洒削，薄技也，而郅氏鼎食。胃脯，简微耳，浊氏连骑。马医，浅方，张里击钟。此皆诚壹之所致。"结论是"货殖之利，工商是营"。春秋末叶，范蠡辅佐越王勾践成功以后退身经商的故事尽人皆知：其人"十九年之中三致千金"，以豪富留誉清史，"言富者皆称陶朱公"。以至于一部主要记录农业技艺、园艺、畜牧饲养方法经验的六卷本民间著作，竟然也是打着范蠡的旗号，题名"陶朱公致富全书"。宋明城市商业之发达，更是公认的事实。《清明上河图》所表现的北宋京都市场熙攘，柳永歌咏南宋临安"市列珠玑，户盈罗绮竞豪奢"，反映出宋代商业之繁荣。北宋熙宁变法，天下耸动，均输法、市易法是新法最重要的内容，目标都是抑商。主持变法的王安石嫌商人"与人主争利"。欧阳修等人则极力为商人张目，力主国家应当"与商贾共利"（欧阳修），甚至要求"驱民归商"——弛禁以使商者归业（苏轼）。此前主持庆历新政的范仲淹也曾提出"使天下之财通济无碍"。这些都可以证明当时商业、商人影响之大。有明一代，商业之盛、商人之富更是脍炙人口：庠生刘某家贫，田不二十亩，"乃尽鬻其田，逐十一之利，十余年至数万金"。"平阳、泽潞大贾甲天下，非数十万不称富"。甚至到了公卿"京师店舍多至千余区""楚王宗室错处市廛，经纪贸易与市民无异"的程度。这样的场面，哪里还能看到一个"抑"字？连宗室公卿都被卷入商业大潮，这样沸腾的商情，怎还能抑制得住？

当然，不能以此否定中国经济政治思想中的"抑商"传统。相反，专制统治者的确常常将抑商跟重农绑在一起，以厚本的名义，行官府与富贾豪强勾结共同打击民间工商业活动之实。相比之下，欧洲也有重农的传统，古罗马即实行崇农的经济政策。做过执政官的老加图被称为罗马农学鼻祖，著有《农业志》，盛赞农人。然而老加图并不歧视商人，反而报以深切的同情，认为经商虽然可以盈利，但充满危险和灾难。18世纪欧洲被称为"重农学派"的经济学家，则将矛头直指打击民间经济活动的封建贵族及其国家。重农学派所开始的事业，为19世纪激进的自由贸易论者所继续。后者"像重农学派一样，倾倒在'让他们做、让他们走'（laisser faire, laisser aller）这个原则之前，他们也要求国家的机能减缩到最低程度"①。有意思的是，重农学派理论家跟其他许多启蒙思想家一样着迷于中国文化，自认其思想受中国古代文化的影响，尽管其间有不少误读。重农学派的代表人物魁奈甚至敦促法国国王模仿中国皇帝行"藉田大礼"。重农学派以"自然秩序"思想为理论基础，魁奈及其门徒的论文专集书名就叫作"重农主义，或最有利于人类的管理的自然体系"。魁奈还将中国作为一个实行自然法则的理想国度，通过对中国的考察，阐述了自由主义的经济思想。②

简言之，无论是在中国还是在欧洲，前工业化时代的国计民生都只能主要依赖农业，所以会不约而同地形成关于"重农"的思想和理论，但农耕时代的重农跟役农互为表里，名为重农，实为役农。重农两千年而农人祖祖辈辈受穷受苦。至于"抑商"，事关官府、朝廷的利权，充其量是官、商之间的矛盾，跟"重农"与否并没有关系。限制商人而不限农人，乘车马衣锦绣，是因为农耕者无车马、养蚕人无锦衣而根本无须限。以重农的名义抑商，不过是统治者的借口、说辞而已。

树木不能没有根本，根深才能叶茂，本固才会枝荣；反过来，也只有枝叶繁茂，树木才有生气，才能欣欣向荣，蔚为大观。无本或者无末都不成其为树，而只能是一段枯死的木头。同理，以本末设喻之农商，原本应当是一个生命体的两个有机组成部分，二者不可须臾分割。在华夏上古传

---

① ［德］考茨基：《土地问题》，梁琳译，生活·读书·新知三联书店1955年版，第494页。
② 国内不少学者探讨过重农学派的中国思想渊源，有关的论著几乎众口一词地强调儒家思想对重农学派的影响（参见谈敏《法国重农学派学说的中国渊源》，上海人民出版社1992年版）。

说里,文明以始农商并重。市场交易与农耕几近孪生。主张"日中为市、致天下之民、聚天下之货、交易而退、各得其所"的,正是那位"斫木为耜、揉木为耒"教民播种五谷的炎帝神农氏(《易经·系辞下》)。看来古人已有此常识:重农不必抑商、贱商,恰恰相反,重农完全可以跟尊重民间自主的工商业活动并行不悖。中外历史都已经证明,如果没有科学和工业所带来的农业生产技术的进步,没有不断扩大的农产品市场,没有不断扩大的非农就业机会以吸收消化农业剩余劳动力,一句话,如果不发展工商业,社会长期处于自然经济状态,农业也不能发展。由此回顾历史上的"重农抑商",即使如叶适所说"使其果出于厚本而抑末",其结果也只能是南辕北辙。专制王朝推行重农抑商,既有碍工商业发展,也严重滞碍了农业生产力的发展。所谓"重农",不过是尽可能多地固着人口于土地,以确保官家对农业和农民尽可能多的榨取,"重农"反而成为重重落在世代农人头上的枷锁;至于"抑商",多半是官家试图垄断商业,或者与豪强富贾沆瀣一气,压制打击、巧取豪夺那些没有权势可以依靠的商人。

当然,要想社会安定国家富强,必须重视市场的变化,特别是农产品市场的变化,防止出现"籴甚贵,伤民;甚贱,伤农。民伤则离散,农伤则国贫"(《汉书·食货志上》)。特别要防止官商勾结垄断市场。然而,规范和保证正常的农产品贸易绝不等于"抑商",如同园林管理,适当的修剪"旁逸斜出"只是为了使树木成长得更好。今天重审历史,以史为鉴,就应该说清楚农工商之间、本与末之间相互依存、荣则双荣损则俱损的密切关系。

四 从"重农业"到"重农人"

在今日中国,"三农"是人们在各种场合谈论最多的"问题"。20世纪80年代以来,新年伊始顶层所颁布的作为当年大政方针的"一号文件",以"三农"为主题的已有16个之多。这些足以证明今日中国仍然重农且仍需重农。

"三农"之说古已有之,只不过所指与今不同。《周礼·天官·冢宰第一》:"以九职任万民:一曰三农,生九谷。""三农"注为"山农、泽农、平地农"(或认为指上、中、下三等人口不同、授田不同的农户)。苏东坡曾有名句"忧勤终岁为三农"(苏轼:《春帖子词·太皇太后阁六首》),

所指或为春、夏、秋三个农时。今天的"三农"——农业、农民和农村，仍然是关乎国家发展、社会安定、人民生活的头等大事。如果说土地稀缺的寡民小国尚有可能依赖国际粮食市场养活自己，那么人口众多的大国则无论如何必须以农为本。农业永远是大国国民经济的基础。基础即根本。以农业为基础就是以农为本。偌大中国不可想象"无农"，常说"无农不稳"，实则农弱则国家社会必危。在本末关系上，农工商顺序不能颠倒。这也是历史给我们的经验教训。在普遍追求规模化、标准化、现代化的当今社会，主张继续"重农""以农为本"，可能会被视为"另类"；还主张保留传统的家庭农业，更是另类中的"另类"。然而，揆诸事实，维护自耕农户的自主经营并积极扶持农人走向富裕，的确是以多样化替代现代性单一化、扁平化的上佳方案，甚至是保证现代社会永续发展的不二选择。

工业化时代的"农本""重农"跟自给自足的农耕时代的农本、重农有本质区别。在完全依赖农民养活的历代皇朝统治者眼里，可供其役使的土地和农人是官家最重要的资产，是一切财富的来源。无论何时何地，粮食的生产和供给都是天大的事。官府为供养皇室和庞大的官僚队伍而横征暴敛，盘剥的对象自然首先是人口众多的农民；农民又是维持军队和对外战争所必需的物力人力的最主要最可靠的来源。至少从这两重意义上讲必须以农为本、必须重农。历朝历代的重农，意在禁锢农人于土地，以方便赋役，刻剥农民，从农村汲取粮食、财物和人力资源。船山先生认为，"十一取民、寓兵于农"不如唐初租庸调之法，因为后者有阻止强豪"役耕夫而恣取其半"之效，可惜"此法废而后民不适有生，田尽入于强豪而不可止矣"：

> 古者七十二井而出长毂一乘，步卒七十二人，九百亩而一人为兵。亩百步耳，九百亩，今之四百亩而不足也。以中则准之，凡粮二十石有奇而出一兵。无岁不征，无年不战，死伤道殣，复补伍于一井之中。唐府兵之未尽革也，求兵于免租免庸之夫，且读杜甫《无家》、《垂老》、《新婚》三别之诗，千古尤为坠泪。则三代之民，其死亡流离于锋矢之下，亦惨矣哉！抑且君行师从，卿行旅从，狩觐、会盟、聘问、逆女、会葬，乃至游观、畋猎，皆奔走千百之耕夫于道路，暑暍冻痿、饥渴劳敝而死者，不知凡几，而筑城、穿池、营宫室、筑苑囿之役不与焉……（王夫之：《读通鉴论》卷二十"唐高祖第九"）

船山先生理想的状态是"役其人不私其土""用其有余之力不夺其勤耕之获""效其土物之贡不敛其待命之粟"以使"耕者无虐取之忧"（王夫之：《读通鉴论》卷二十"唐高祖第九"）——为了悯农劝耕，应当"不私""不夺""不敛"、不"虐取"。然而，役、贡、用取还是免不了的。中国历史上对农民的剥削，总的趋势是愈来愈重。战国时代小农"一夫挟五口，治田百亩"，每年收获应征十一之税以后，已经不足于糊口。秦始皇对农民"收泰半之租，发闾左之戍"，竭泽而渔，所以二世而亡。汉初统治者不得不轻徭薄赋，与民生息，但很快又走上如董仲舒所说"循（秦制）而未改"的旧路。两汉以后赋税之法屡变，但变来变去多是做加法。这样的"重农"使得农民甚至难以维持简单的再生产，遑论农业发展。今日重农，要在重视和提高农业在国民经济和工业化进程中的重要地位，从维护农民对自己所耕种土地的基本权益，即坚持农地农用和农地为农民所用，以及资金信贷、农业技术研究与推广、农用品供给、农产品加工与销售、农民的互助合作、农村小区建设等各个环节，积极支持和辅助农民，以农业不断发展为前提，解决粮食和原料供给、内需市场甚至资本积累的扩大等工业化进程中的问题。

所以，虽然历史上的"抑商"意在打压商民，"重农"却并非重农民，以农为本并非以务农之人为本。奉行"重农抑商"的历代王朝，都没有逃脱农民揭竿而起反抗其统治的命运。其重要原因是社会经济政策有悖于"民为本"。历代统治者对农民既征其税，复役其人。农民作为王朝的"编户"，统治者可以固着其身，也可以"徙而授以瘠壤"，农民连人身自由都难以保障。他们跟今日享有完整人权、公民权的农民，完全不可同日而语。当今社会要想保持永续发展，应当而且必须"以人为本"。在加速推行现代化、城镇化的今天，在农业和农村发展中如何落实"以人为本"，即以务农之人为本，使务农成为一种受众人敬重、被他人向往的职业，使"农民"不再是一种被打上贫穷、落后标记的等级身份，保障农民跟城市居民同样应该享有、必须享有的各项合法权益，仍然是摆在政府和全民面前重要而艰巨的任务。安居乐业、丰衣足食，这是勤劳质朴的中国农民千百年来的梦想。满足农民安居乐业的基本要求，使千千万万个经营家庭农场的农户真正成为经济发展的基础，使所有务农之人永远作为农业和农村各项权益的主体，成为家庭农场的主人，一句话，在农村和农业发展中落实以人为本，仍然是关乎国计民生的大事。

这里需要提请关注的要点，还是古已有之的自耕农，亦即自主经营的农户、以家庭为生产和消费单位的农民。在战后东亚，日本、韩国等地区均建立了以自耕农户为主体的农业家庭经营制度并维持至今。由于实行家庭承包制度，今日中国农业的行为主体，也早已是拥有土地经营权并从事直接生产经营活动的家庭农民。在农业和农村发展中落实以人为本，首先要尊重和保护农户对自己所经营土地的各项合法权益。

2013 年，中国政府做出了发展"家庭农场"的决定。对此人们有不同的解读。有人认为是效仿美国家庭农场规模化、资本化、专业化的发展道路，有人更视之为中国农业的资本主义化。笔者坚持认为，家庭农场即农户经营，所有农户自主经营的农地，无论规模大小、资金多少、技术程度如何，都应当被视为"家庭农场"。中国有悠久的农户自耕传统，"耕者有其田"的主张也非始于现代。中国农民历来以家庭为基本的生产和消费单位。这是一种"农民的生产方式"，不仅贯穿古今、会通中西，而且历久弥新，在工业化、全球化的今日世界，仍将以其与时偕行、不断现代化的品格展示出其强大的生命力。依托家庭从事和逐渐扩大自主经营，是今日中国农村传统与现代接榫的最佳形式，也是农业、农民与农村健康稳定发展的不二选择。因此，发展"家庭农场"不能只着眼于规模化、资本化的大农场，更不能将雇佣劳动制度即企业化的大农业当成中国农业发展的方向。在相当长的一个历史时期，家庭农场应当而且必须涵盖中、小农户自主经营的小农场甚至"微型农场"。在人均土地面积较少而其他经济部门还不能提供足够非农就业机会的情况下，尤其需要重视占农业人口多数的小农户，保护他们在生产经营、互助合作、土地流转等各个领域自主选择的权利，使之不受外来资本的剥夺和官员滥用权力的侵害。而对于资本下乡，则应设置门槛，严格控制。决不能允许以任何名义强行归并小农户。如果忽视小农户的存在，不承认他们所经营的也是发展中的"家庭农场"，他们也是"家庭农场主"，也应受到法律和各种相关政策的尊重、支持、保护，那就一定会损害到多数农民的利益。

概言之，今日重农、"重本"，必须落实到以农人为本、以农户为本，亦即以各种规模、大大小小的家庭农场的直接生产者、经营者为本。与此同时，还应崇商、"扬商"而非抑商——积极培育农产品市场，扶持家庭农民自主进入流通领域，以个体或者自主合作的形式，直接参与各种农用品购买和农产品销售活动，使之能从商品交换中获取利益，使农商紧密结合，形成农—商之间的良性互动、互惠关系。

即使在将来发达的商品经济、市场经济中，自主经营的家庭农户还是商品化农业的经营主体，还会继续保持其强大的生命力。根据世界各地的经验，即使小农场、小农户也有着"大未来"。各种各样不是"资本化"而是"人本化"，不是着眼于资本扩张、市场盈利而是关注于食品安全食用者健康，不依赖化肥和农药的无毒农业、有机农业、环境友好型农业，正在由众多小农户、小农场发育出来。例如，台湾地区从 2006 年起，出现了 60 多个集合小农户有机无毒农产品的"农夫市集"，其中，以"农村永续、农业发展、农民幸福"为旗帜，已经在台北都市区设立了 15 个销售点的"248 农学市集"，汇集了 200 多位小农户参与，创造了"春一枝""龙德米庄"等 20 多个知名的无毒有机农产品品牌。[①] 笔者造访过的日本青森县，山清水秀环境优美，是东瀛最大的苹果产区（占 20%）。这里的一位老果农木村秋则，被称为"苹果爷爷"，从 1978 年起，他改变过去完全靠农药防治病虫害，尝试不施农药、不施化肥栽培苹果，苦干 11 年，换得满园果实累累。正是基于这一类经验和历史上各种非农主体的即不是以农人为本的农业（如资本主义农业）失败的教训，联合国粮农组织才会在 2013 年的"世界粮食日"（10 月 16 日）以"家庭农场"为主题，提倡恢复和发展小农制度，舍弃大规模企业化经营。因此，关心和扶持小农户，不只是关注他们眼前的权益，甚至不只是在农业和农村发展中落实以人（农民）为本，而是关系到环境保护和可持续发展，关系到现在和未来全体人民幸福健康等基本生存权利的大问题。

---

① 台湾《光华》杂志 2014 年 4 月号封面故事"小农大未来"。

"现代化范式"与"革命范式"

周东华[*]

回顾以往的近代史研究发现，20世纪80年代以来的中国近代史研究，在方法论上逐渐突破早先反思者在旧有框架下进行部分修正和补充的做法，认为"我们关于中国近代史的一些非常基本的概念、范畴、命题、判断，即使有些并不错误，也一直缺乏足够的科学性论证和学术性探讨，有的虽然流行多年被奉为定论，其实却似是而非大可商榷"[①]，主张进行"拨乱反正"式的重写历史，这种激进论的观点集中表现为所谓的"告别革命"[②]说。

"告别革命"说的激进论断宣布与旧范式决裂，在某种程度上催生了新范式，但更为严重的后果是，它所宣称的新旧不能两立的绝对二元论也使得新旧范式之间的隔阂、误解日增，从而对新范式的批评声也不绝于耳，近年来甚至愈演愈烈。比如，2000年12月，一份受教育部社科司委托起草并得到审稿会"一致认同"的《高等学校人文社会科学研究"十五"规划及课题指南·历史学咨询报告》指出，在中国近代史研究方面突出了"近代化"历史要求的"新"看法。"尽管这一看法受到了应有的批评，但是并不等于这种看法真正得到了纠正。"[③] 2001年一项国家哲学社会科学规划"九五"委托项目的最终成果宣称"以现代化（或称近代化）理论来重写中国近代史，则已成为一种风气""把革命范式与现代化范式

---

[*] 作者周东华系杭州师范大学历史系教授，本文部分内容曾以"正确对待中国近代史研究的'现代化范式'和'革命范式'"为题发表在《社会科学论坛》2005年第5期。

[①] 李泽厚：《开辟中国近代史研究的新阶段》，《文汇报》1986年12月30日。

[②] "告别革命"一说并不是由李泽厚明确提出的，而是由刘再复提出的。根据刘再复的观点，所谓"告别革命"，就是告别"以群众暴力等急剧方式推翻现有制度和现有权威的激烈行动（不包括反对侵略的所谓的'民族革命'）"。（见李泽厚、刘再复《告别革命——回望二十世纪中国》，香港：天地图书有限公司1995年版，序言第4页。）

[③] 对这份咨询报告，北京大学历史系部分教授曾经提出并上报了一个《修改意见》。

人为地对立起来,用现代化范式取代革命范式,这于理不通,于史不符"①。发表在《近代史研究》2001年第2期的一篇名为"关于近代史研究'新范式'的若干思考"(以下简称"《思考》")的专题论文,更以战斗檄文式的文字对所谓的新范式提出根本质疑,认为"旧范式"不是"僵化模式""它关于中国近百年历史的基本矛盾、基本内容和基本线索的认定是准确的,是符合历史的真实的",相反,新范式将百年中国史说成"一场现代化史""是一种主观的臆想和假设",因此,"不认为有用'新范式'代替'旧范式'的必要"②;而且给新范式扣上以"假设代替既有事实"的方法论弊病,引起学界的广泛注意,③把这种批评推向高潮。

对于这一类批评,笔者虽然已经进行了回应,④但考虑到新旧范式问题是涉及近代史如何研究的根本问题,有必要再次进行全面、系统的说明。而《思考》一文基本上全面代表了目前学界对新范式的所有质疑、误解与消解,以此为突破点,也应该比较能够说明问题。需要特别说明的是,《思考》一文本是针对冯林主编的《重新认识百年中国》一书所做的评价,与笔者本身并无关系,笔者也无意为《重新认识百年中国》的某些观点做辩护或翻案;相反,与《思考》一致的是,笔者也不同意《重新认识百年中国》一书的诸多观点,诸如《思考》批评的"现代化的发展与民族的独立不存在必然的联系"⑤等论断。

一 旧范式、新范式与现代化范式:必先正名

从目前学界对"现代化范式"的质疑看,第一类是由"新旧范式"不区分的问题引发的,例如《思考》批评的所谓"近代史仅仅是一场革命

---

① 龚书铎等:《历史的回答——中国近代史研究中的几个原则问题争论》,北京师范大学出版社2001年版,第35—37页。
② 吴剑杰:《关于近代史研究"新范式"的若干思考》,《近代史研究》2001年第2期。
③ 《思考》一文在学界引起广泛的注意,例如,它一经发表,即为《新华文摘》转载;再如,中国社会科学院近代史研究所在总结2001年中国近代史研究概况时,以专门的篇幅介绍、重申了《思考》一文的基本观点。(见张海鹏《2001年中国近代史研究概况》,《近代史研究》2003年第1期。)
④ 拙文:《中国近现代史研究的"现代化范式"——对两种批评意见的反批评》,《学术界》2002年第5期。
⑤ 冯林主编:《重新认识百年中国——近代史热点问题研究与争鸣》(上册),改革出版社1998年版,第163页。

史"就是对"旧范式"的误解;例如《思考》本身认为的"以'现代化'作为更主要的视角来建构近代史研究"的"新范式"就是对"现代化范式"的误解,这都需要先正其名。

什么是"旧范式"?《思考》认为,所谓"旧范式"就是"以马克思主义关于社会基本矛盾的学说为主要视角,来建构自己的理论框架""按照这一理论框架,中国近代半殖民地、半封建社会中,帝国主义与中华民族的矛盾,封建主义与人民大众的矛盾,乃是近代社会的两大基本矛盾,因此,争取民族独立以反对帝国主义,争取社会进步以反对封建主义,乃是近代社会发展的主要趋势,并以此作为评价历史事件、历史人物的主要标准和参照系"。在这一框架中,"阶级斗争、革命斗争诚然被给予更多的关注,但并不认为中国近代史'仅仅是一场革命史',更不是所谓以'农民起义为主线'"。应该说,《思考》对何谓"旧范式"的回答是准确的,其精髓与20世纪50年代近代史的"旧范式"确立时所谓的"骨干"说或"主流"说的看法基本一致,我们也同意这样的概括。既然争取民族独立与社会进步的"革命"是骨干,那么革命之外的"阶级史、社会史、文化史"等就是让"骨干"丰满起来的"血肉",从这个角度说,旧范式指导下的近代史研究的确不"仅仅是一场革命史"。

何谓"新范式"?《思考》认为,就"是以'现代化'作为更主要的视角来建构近代史研究"的"理论框架"。"现代化范式"作为一种"新范式",固然以"现代化"为视角来建构近代史,但问题是,是否所有以"现代化"为视角来建构近代史的所谓"新范式"都是"现代化范式"呢?显然,这是我们所不能同意的。这就是说,我们必须区分两个问题:其一,两者能否等同;其二,现代化范式是否一成不变,并无流派之别。

首先,关于两者能否等同。应该说,自从20世纪80年代近代史研究"一道而同风"的大一统局面被打破后,以反思旧范式而著称的成果不断涌现,出现许多近代史研究的"新范式"。例如,李时岳先生提出近代中国发展同时包含"沉沦""上升"两种倾向的"两种趋向"说后,被认为是"否定了以往用革命史观去研究中国近代史的传统模式,代之以近代化史观去重新考虑近代中国社会",[①] 是"近20年来,越来越多的学者摒弃

---

① 李喜所:《从怀念李时岳先生说到当前的近代化史观》,《李时岳先生纪念文集》,辽宁古籍出版社1998年版,第48页。

了'两个过程'论，接受了'两种趋向'论；摒弃了'革命史观'，接受了'近代化史观'"①的标志。这样的评价非常符合《思考》所谓的以"现代化为更主要的视角来建构近代史研究"标准，那么，这是否表明李时岳先生使用的"新范式"就是"现代化范式"？我们说两者既不能全盘等同也不能无视其相互关联。

第一，如前所论，李时岳先生本人认为"两种趋向"说和"四个阶梯"论是在与旧范式强调的"'三大高潮'论并非对立"的前提之下所做的"部分修正和补充"。既然是"修正和补充"，那么，"修正"什么？是革命史及其评价标准，他说："解放以来我们所进行的中国近代史（1840—1919年）研究基本上都是革命史，而且都是以新民主主义革命为参照系，按照新民主主义革命的'价值标准'评价历史事件的"②；而修正的一个最重要表现就是他所谓的"补充"，即补充旧范式所忽视的近代中国资本主义的发展："'两半论'的失误，在于忽视了资本主义在中国发生和发展的巨大进步意义，尤其是资产阶级在政治上文化上对封建主义的斗争"③。客观地说，这种"修正和补充"的近代史研究方法，虽然推动了对旧范式的抛弃，但是与旧范式有着千丝万缕的联系，很难说就是一种新范式，称之为一种"后革命范式"④的过渡型新范式比较恰当。这就是"新范式"与"现代化范式"不能等同的一面。

第二，李时岳先生认为，"在近代，社会进步的主要内容就是资本主义化。因此，应当把资本主义化的过程作为中国近代史的本质过程，把为资本主义开辟道路的各种斗争作为中国近代史的主要线索"⑤，这种观点隐含了一个假设，即"资本主义化等于现代化"。那么，两者是否能等同呢？我们说，即使放在近代中国的场景中，两者也不等同。因为仅从经济层面看，所谓"资本主义化"，在近代中国就是建立资本主义的工业企业以谋

---

① 林华国：《也谈近代中国半殖民地化与半封建化之间的关系》，《北京大学学报》（哲学社会科学版）1999年第4期。

② 李时岳：《近代史新论》，汕头大学出版社1993年版，第376页。

③ 李时岳：《中国近代社会性质讨论》，《学术研究》1988年第6期。

④ 需要特别说明的是，本文使用了大量的概念与名词，有的是因袭旧说或已有之说，如"革命范式""两半论"等；有的是笔者新加之名词，如"后革命范式""前提论""革新派""正统派""修正派"等，并非是想扣人帽子，仅仅为笔者本人论证便利而已，读者只可根据前后文加以判断。

⑤ 李时岳：《近代史新论》，第378—379页。

取更大利益,但是,这并不是近代中国"现代化"的全部意义,最简单而言,"现代化"在近代中国的本质内涵是以实现"工业化"为核心的现代生产力的发展,与之对应的生产关系至少表现出"资本主义和社会主义"两种,这就是国民党和共产党在不同区域范围内分别尝试的两种现代化模式,既然"资本主义化不等于现代化",那么,所谓"新范式等于现代化范式"也就不成立了。

由此,我们认为,即使近代史研究中存在以"现代化为更主要的视角来建构近代史研究"的"新范式",也决不能将它"人为"等同于"现代化范式"。

其次,关于现代化范式是否一成不变,并无流派之别。关于此,我想答案是非常明显的。"现代化研究"自从20世纪50年代在美国系统化而成为一门学科后,其基本理论经过几次修正。仅就现代化理论内部的修正而言,50年代帕森斯等主张的"传统—现代"的两分法(具体到近代史研究中则表现为费正清等人的"挑战—应战"模式,可以称之为"正统派")在60年代初遭到艾森斯塔特、本迪克斯等"比较研究学派"学者的批判,他们用"传统中的现代性"等概念来指涉这种变化(我们可以称之为"修正派")。① 这种变化体现在近代史研究中,50年代费正清、列维的近代中国研究与60年代至80年代初的艾森斯塔特、罗兹曼等人的研究就极为不同,后者基本抛弃前者"传统—现代"的两分法,并且,80年代初期以后费正清的学生柯文倡导"中国中心说"与黄宗智的"内卷化"说,90年代中期以后完全抛弃宏大叙事,以后现代笔法重构近代史的何伟亚、杜赞奇等人,就是对"现代化范式"的不断修正乃至扬弃。②

这就表明,美国汉学界至少存在"正统派"和"修正派"两类以"现代化为更主要的视角来建构近代史研究"的"现代化范式"。中国的

---

① S. N. Eisenstadt, "The Disintegration of the Initial Paradigm of Studies of Modernization—Reexamination of the Relations between Tradition, Modernity, and Social Order," in *Tradition, Change, and Modernity* (New York: John Wiley & Sons, 1973), pp. 98 – 112. 中译文见《早期现代化理论模型的解体:传统、现代与社会秩序之间关系的重新探讨》,徐正光译,《思与言》1975年第12卷第6期; Reinhard Bendix, "Tradition and Modernity Reconsidered," in His *Nation – Building & Citizenship* (New Brunswick: Transaction Publishers, 1996), pp. 361 – 434.

② 关于美国汉学界的近代史研究中"现代化范式"的研究概况,可参见孙立平《传统与变迁——国外现代化及中国现代化问题研究》,黑龙江人民出版社1992年版。黄宗智主编的《中国研究的范式问题讨论》(社会科学文献出版社2003年版)集中探究了后现代主义与中国历史研究的理论问题等。

情况比较类似,也存在不同的派别。① 例如,与李时岳先生一样,刘大年、胡绳两位先生也同意以"现代化为主线"建构近代史,但他们认为,近代史更重要的内容是"革命",所以可以称之为一种包含现代化的"后革命范式";而以李泽厚为代表的"告别革命"论者所持的就是另外一类"现代化范式",我们可以称之为"告别革命的现代化范式";再如,罗荣渠、章开沅、虞和平等人主张以"民族化、工业化、民主化"等作为衡量标准的就是第三类"现代化范式",也是本文主张的,力求澄清误解的这种"现代化范式"(为区别起见,如无特别说明,文中出现的"现代化范式"均指下段定义的"现代化范式")。

何谓"现代化范式"?罗荣渠先生的定义言简意赅地做了回答。罗先生认为:"以现代化为中心来研究中国近现代史,不同于以革命为中心来研究中国近现代史,必须重新建立一个包括革命在内而不是排斥革命的新的综合分析框架,必须以现代生产力、经济发展、政治民主、社会进步、国际性整合等综合标志对近一个半世纪的中国大变革给予新的客观定位。""九十年代以来,中国自己的现代化理论在历史唯物主义的基础上开始形成。理论的主要基点是:把以阶级斗争作为社会变革的根本动力转变为以生产力的发展作为社会变革的根本动力;现代化作为世界历史进程的中心内容是从前现代的传统农业社会向现代工业社会的大转变(或大过渡)。从这个新视角来看,鸦片战争以来中国发生的极为错综复杂的变革都是围绕着从传统向现代过渡这个中心主题进行的,这是不以人们意志为转移的历史大趋势。有了这个中心主题,纲举目张,就不难探索近百年中国巨变和把握中国近现代史的复杂线索。"② 用虞和平先生的概括,大致可化约为"反对帝国主义侵略,争取民族独立的民族化;发展民族工业,实现国富民强的工业化与反对专制,追求现代民主政治的民主化"的"民族化、工

---

① 大陆近代史研究中的"现代化范式"产生的理论资源,并不像有的学者所认为的那样仅仅受到美国汉学界如费正清等人的影响(见许苏民《"内发原生"模式:中国近代史的开端实为明万历九年》,《河北学刊》2003年第2期),而是多元的,美国汉学界的、港台地区近代史学界的、中国30年代近代史研究创导者的、马克思主义等等,不一而同(笔者会另文专门说明)。也就是说,美国汉学界关于中国近代史研究的"现代化范式"所呈现出的不同派别,与20世纪80年代后中国近代史研究的"现代化范式"所呈现的不同派别,有联系但并无对应的关系。

② 罗荣渠:《走向现代化的中国道路——有关近百年中国大变革的一些理论问题》,《中国社会科学季刊》(香港)1996年冬季卷,总第17期。

业化、民主化"这"三化"。①

80年代后出现的"新范式"虽然都以"现代化为更主要的视角来建构近代史研究",但它们被划分为不同的类别,其最为直接的依据是对待"新旧范式"的关系:直接对旧范式修正的属于"后革命范式";直接抛弃旧范式的属于"告别革命的现代化范式";在旧范式修正基础上重构的属于"现代化范式"。表现在"革命与现代化新旧能否两立"这个问题上:能两立者,属于修正派及创新派;不能两立者,属于旧范式和"告别"派,四者不能等同、混淆。

回到《思考》的批评,我们发现,其实在《思考》所批评的几个问题中,第一个关于中国近代史"其实是一场现代化史",批评对象涉及本文希望辩护的"创新派",即"现代化范式";第二个关于"现代化的发展与民族的独立不存在必然的联系",批评对象涉及虽然是"告别派",但是因为对"现代化范式"不加区分,使得"现代化范式"也成为批判对象;第三个关于"范式的转换",批评对象涉及修正、创新、告别三派。以下就这三点质疑以及与之密切相关的"理论假设与历史事实"问题提出一些思考,以供讨论。

二 关于"真正意义上的现代化"与中国近代史"其实是一场现代化史"

《思考》的作者声称:"本人作为受旧范式惯性影响较大的一名近代史研究者,并不反对从近代化或现代化的角度分析,考察中国近一百年来的历史。……作者未敢苟同者,是以'现代化'作为更主要的视角来建构近代史研究'新范式'的理论框架,从而将近百年中国历史概括为'一场现代化史',用以取代所谓'旧范式'及其基本认识。"从行文看,《思考》之所以"未敢苟同"以"现代化"来建构近代史研究新范式的理论框架,除了"受旧范式惯性影响"这个主观动机外,最为客观的依据是《思考》作者认为近代中国历史发展的主要内容中并没有一个所谓的"真正意义上的现代化"。如《思考》认为,"离开对百年中国客观存在的两大社会基本矛盾运动的分析,离开中国人民反对帝国主义侵略以争取民族独立、反

---

① 虞和平主编:《中国现代化历程》(三卷本),江苏人民出版社2001年版,尤其是该书绪论部分详细论证了这种思想。也可参见拙文《工业化、民主化、民族化与中国现代化——评虞和平主编的〈中国现代化历程〉》,《史学月刊》2003年第2期。

对封建专制以争取社会进步是近代历史的基本内容的结论，硬要去从中找出一个其实并不存在的连续的现代化运动""只能是一种主观的臆想与假设"；再如，《思考》认为，"众所周知，现代化是一个动态的观念，在近代中国，我以为所谓现代化，至少应当包含产业的机械化、政治的民主化、社会的公开化以及与之相适应的人的文化心态和思维方式的现代化等等"。从这个所谓的"真正意义的现代化"概念出发，《思考》以"作为现代化前提的经济现代化"为实例，认为"前80年，从洋务运动开始，先后创办的近代官办工业不过几十家（含军事工业），民办资本工业不过几百家；农业方面，传统的封建小农经济原封未动，实在谈不上有什么现代化运动。后30年，主要在抗日战争全面爆发的前几年，现代化经济虽有所发展，但工业产值不过占国民经济总产值的10%左右，而且是'传统的手工业与近代工业并存'，钢产量不过55.6万余吨，中国仍旧是一个粗放的传统农业大国，也称不上真正意义的现代化运动"。

面对《思考》的责难，所谓近代史"其实是一场现代化史"似乎真的只是"现代化范式""臆想"的结果了，而问题是，究竟近代中国有无"真正意义上的现代化"，是否就是"一场现代化史"？有无"一个连续的现代化运动"呢？

近代史"其实是一场现代化史"，并非《重新认识百年中国》一书首创，也非独创。早在20世纪80年代中期，台湾"中研院"诸位先生在对中国沿江沿海10个地区以及大陆7个地区的发展状况做出深入研究的基础上发现，就现代化体现的价值观而言，包括"图求改善生活环境，由贫变富；要求人人平等，建立民主政治；希望人人自由，人尽其才"三大基本内容，而所谓现代化就是实现这些价值观的过程。具体到近代中国，由于帝国主义的侵略，中国国弱民穷，这就需要"求富求强"；旧有专制盛行，民不等类，这就要求"自由平等"，因此，他们宣称"以上三者形成了中国近代史的重心，中国百余年来努力于致富致强，努力要求民主政治，努力于人人自由平等，说中国的近代史便是现代化史，谁曰不宜？"①

---

① 这是张朋园先生在"近代中国区域史研究会"上对"中研院"近代史研究所诸位同仁潜心研究"中国区域现代化"问题后的理论分析与归纳。[见张朋园《中国现代化的区域研究：架构与发现》，"中研院"近代史研究所编：《近代中国区域史研讨会论文集》（下册），台北1986年，第850—851页。]

这就使得近代史究竟是否"是一场现代化史"的看法陷入一种矛盾的境地，除却双方各受其"范式"惯性影响的差异外，我们发现，其实两者是在"什么是真正意义上的现代化"这个共同的平台上讨论问题，这也使我们的商榷有了可供比较的立脚点。

近代史是否"是一场现代化史"，关键问题是何谓"真正意义上的现代化"。在这里，作为"现代化范式"惯性使然的学者，基本同意《思考》的作者对所谓的"真正意义上的现代化"的定义，但是，需要特别指出的是，基本同意并非完全赞成，基本同意的是《思考》关于"现代化"所包含的政治民主化、经济工业化、社会文化的理性化三大基本内涵，因为这些都是"现代性"最一般的内涵；并非完全同意的是《思考》作者口口声声宣称却遗忘的关于第三世界国家现代化的另一大基本特征，即"民族化"的诉求，亦即《思考》的作者所说的"革命"问题。

到这里，问题就十分清楚了，"现代化范式"所谓的"真正意义上的现代化"，事实上包含四个基本内容，即"民族化、民主化、工业化、理性化"。在这样一个"真正意义上的现代化"概念指导下研究近代史，我们发现，"反抗帝国主义侵略以争取民族独立"就是"民族化"，也就是"旧范式"所谓的"帝国主义与中华民族的矛盾"的结果；"反对封建专制以争取社会进步"就是"民主化"，也就是"旧范式"所谓的"封建主义与人民大众的矛盾"的结果，从这个层面理解，的确，并没有用新范式"取代"旧范式的必要。然而，进一步分析后我们发现，即使在"两大基本矛盾"决定论的前提下，所谓的反抗帝国主义和封建主义的基本内容不仅仅是政治层面凸显的内容，如一般所讲的太平天国运动、义和团运动、辛亥革命、三次国内革命战争等一次次的激进运动，还包括经济层面的"发展资本主义"，文化层面的"启蒙"等，例如洋务运动、戊戌变法、晚清新政等"发展资本主义"的历次运动这些旧范式所忽视或淡化的内容，也即是李时岳等先生的"后革命范式"希望"修正和补充"的内容，更是《思考》的作者所谓的经过变化的"革命范式"正在研究的内容。从这个意义上讲，传统的旧范式的确发生了变化，由"革命范式"向"后革命范式"的过渡似乎离"现代化范式"愈来愈近，因此似乎也无"取代"的必要了。

但是，正如我们前面所谈到的，"后革命范式"作为一种过渡形态，它连接的是"新旧"两个范式：它之所以不是旧范式，是因为它不但为近代史注入"历次革命",还注入"革命"专政的对象"资本主义化";它之所以也不是"现代化范式",是因为它所注入的产权私有、以牟利行为为目的的"资本主义化"并不能涵盖整个近代中国历史所发生的内容,比如经济层面,后30年中国共产党在解放区实行的"新民主主义工业化"构想,用其对立面的"资本主义化"相概括是不准确的;张謇在南通实行的"经营乡里"①的工业化政策,是一种乡村共同体范围内的工业化,也不能用现代社会的"资本主义化"相概括。如果抽掉生产关系看三种生产方式所体现的生产力,我们发现问题突然变得柳暗花明了,三者指涉的都是如何发展以"工业化"为核心的现代生产力。而"现代化范式"的一个基本的理论落脚点便是"一元多线历史发展观",作为"一元"的"生产力"能够与不同的"生产关系",即"多线"相对应,②"现代化范式"之谓"新"即在于此,从这个意义上讲,实在有新范式"取代"旧范式的必要(这里仅仅是做理论探讨的结果,并不反映目前近代史研究两种范式并存的现状)。

回答了"什么是真正意义上的现代化",我想,关于《思考》质疑的近代中国有无"一个连续的现代化运动",是否"是一场现代化史",有无"真正意义上的现代化"这三个问题都可以迎刃而解了,我们可以《思考》所列举的"经济现代化"来具体审查。

如前所论,从经济层面看,所谓"真正意义上的现代化"就是以各种生产方式发展以"工业化"为核心的现代生产力。什么是"工业化"?所谓"工业化"就是"以科学知识为核心,并以此科学知识,利用有系统的组织,以及机械的、化学的、思考的和动力的帮助,以使专门技术和劳动分工普遍深入经济生活领域,促进生产"③,这样的定义说明,所谓"工业化"就是利用科学技术和劳动分工提高生产力的过程,由此定义出发,以"工业化"为核心的经济现代化的评价标准自然也就不仅仅是《思考》作者所谓的办了"多少"工厂这些表面证据,而是是否体现了一种以"'工

---

① 新民主主义工业化与张謇的"南通模式",均参见虞和平主编《中国现代化历程》第2卷,江苏人民出版社2001年版,第14、22章。
② 参见罗荣渠《现代化新论——世界与中国的现代化进程》第三章"一元多线历史发展观——世界史研究的新视角",北京大学出版社1993年版。
③ Jonathan Hughes, *Industrialization and Economic History: Theses and Conjectures* (New York: McGram-Hill, 1970), p. XI.

业化'为核心的现代生产力",是否有利于这种"现代生产力"的发展,这大概就是胡绳先生所谓的修马路,办工厂,"可以说搞点现代化"的含义,也是杨奎松教授所谓的"对1949年以前中国现代化进程的历史考察,最主要的自然不在于笼统地计算谁在哪里修了几条路,建了几座工厂几个学校"[①] 这个论断的言外之意。

从是否有利于"现代生产力"这个标准出发,我们发现,1840年以降,存在着洋务运动30年间的"军事和民用"工业化以及民族资本家发展"工业生产力"的举措;19世纪末20世纪最初10年先进的中国人的"实业救国"发展"现代生产力"的举措;此后1917—1937年所谓的中国资本主义发展的"黄金时期";即使在抗日战争期间,我们也可以看到三类以上的有利于"现代生产力"发展的举措:共产党领导的新民主主义模式;国民党领导的统制经济模式;民间实业家的"南通模式"。按照毛泽东的说法,即使在革命胜利后的一段时间内,中国的"工业化"至少也存在"资本主义和社会主义"两种前途,他说:"在革命胜利之后,因为肃清了资本主义发展道路上的障碍物,资本主义经济在中国社会中会有一个相当程度的发展,是可以想象得到的,也是不足为怪的。资本主义会有一个相当程度的发展,这是经济落后的中国在民主革命胜利之后不可避免的结果。但这只是中国革命的一方面的结果,不是它的全部结果。中国革命的全部结果是:一方面有资本主义因素的发展,又一方面有社会主义因素的发展。"[②]

需要指出的是,上述活动虽然都是有利于"现代生产力"发展这个标准的,但是,这些活动在具体的实现过程中,遇到了各种各样的矛盾,比如旧范式强调的帝国主义侵略的影响就是其中最为重要的因素;再如,《思考》作者提到的像"孙中山等革命志士在认识论上有缺陷或误区"也是一个重要原因。因此,在近代中国,以发展"现代生产力"为核心内容的经济现代化并非一帆风顺,相反,是一条布满荆棘的道路,发展并不顺利,这就需要一代代中国人为之不断努力、奋斗、探索,由此,我们不得不问,由这些中国人的代代努力所构成的"求富求强"活动不是"连续的

[①] 杨奎松:《资本主义化,还是现代化?——读胡绳遗稿札记》,北京大学世界现代化进程研究中心主编:《现代化研究》(第1辑),商务印书馆2002年版,第15页。

[②] 毛泽东:《中国革命和中国共产党》,《毛泽东选集》(第2卷),人民出版社1991年版,第650页。

现代化运动",是什么?由这些历史事件构成的近代史不是"一场现代化史",是什么?

由经济而政治(评判标准是,是否有利于民族化和民主化)而文化(评判标准是,是否有利于社会理性化),先进的中国人代代相传的在各个层面的各种努力,汇集成为"连续的现代化运动",构成"一场现代化史",不但回应了毛泽东在1941年关于"近百年的经济史,近百年的政治史,近百年的军事史,近百年的文化史,简直还没有人认真动手去研究"[①]的批评,而且回应了现实的近代史研究工作者,例如胡绳先生在反思近代史研究内容、方法时提出的问题:"从1840年鸦片战争以后,几代中国人为实现现代化做过些什么努力,经历过怎样的过程,遇到过什么艰难,有过什么分歧、什么争论都是中国近代史的重要题目。"[②]

三 关于"民族独立与现代化"的联系

前文在区分"革命范式""后革命范式""现代化范式""告别革命的现代化范式"时,已经就"革命与现代化"新旧能否两立的问题进行过讨论,认为"革命与现代化"并非新旧不能两立;并且,本文第二部分更是明确提出,所谓"真正意义上的现代化",必然包含"民族化"即革命的内容。按理说,前两部分已经解决了"民族独立与现代化"的关系问题,无须赘言了。的确,"民族独立与现代化"并不矛盾,这是我们讨论的大前提,但问题是,两者究竟有何内在的联系呢?《思考》认为,"一个任人宰割的民族,一个被视为与狗同类的民族,从何谈起所谓的现代化运动""失去独立自由的殖民地、半殖民地的国家和民族,必须首先争得民族的完全独立,恢复国家的完整主权,然后才谈得上选择适合本国国情的现代化道路,这种必然联系,倒是包括中国在内的世界许多国家的现代化进程所能证明的"。也就是说,像近代中国这样的国家,"民族独立与现代化"的必然联系是"必须首先获得民族的独立,然后才谈得上选择适合本国国情的现代化道路",这种观点我们可以称之为"前提论"。

近代中国关于"民族独立与现代化"关系的"前提论"的提出,体现

[①] 毛泽东:《改造我们的学习》,《毛泽东选举》(第3卷),人民出版社1991年版,第798页。

[②] 胡绳:《〈从鸦片战争到五四运动〉再版序言》,人民出版社1995年版,第11页。

了"革命范式"作为一个历史范式的"科学"性,也因此被其反思者保留下来,例如,前文提及的批评"现代化范式"的那项国家哲学社会科学规划"九五"委托项目的最终成果也宣称:"在近代中国,革命与现代化不是对立,而是统一的,是现代化的前提,为现代化扫清障碍。"[1] 刘大年先生也指出:"民族独立与近代化是两件事,不能互相代替。民族独立不能代替近代化,近代化也不能代替民族独立。它们紧密地连接在一起,不是各自孤立的。没有民族独立,不能实现近代化;没有近代化,政治、经济、文化永远落后,不能实现真正的民族独立。"那么在近代中国,如何实现近代化?"唯一的解决办法,就是走革命的路,推翻半殖民地半封建统治秩序,取得民族独立,为中国实现近代化打开新的天地",这是"一条唯一正确的道路"[2]。

《思考》作者之所以提出"前提论",除了表现为"两个过程"说的旧范式为证明"革命是二十世纪历史发展的主旋律"(李文海语)这种合法性外,还与《思考》以及"后革命范式"对近代中国的现代化类型、前途的判断有直接关系。这一点,胡绳先生有非常清晰的论述,他说:"中国近代史中的现代化问题不可能不出现两种倾向。一种倾向是在帝国主义允许的范围内的现代化,这就是,并不要根本改变封建主义的社会经济制度及其政治和意识形态的上层建筑,而只是在某些方面在极有限的程度内进行向资本主义制度靠拢的改变。另一种倾向是突破帝国主义所允许的范围,争取实现民族的独立自主,从而实现现代化。"[3] 前一种倾向在近代中国并不能真正实现,因为"帝国主义列强侵入中国的目的,决不是要把封建的中国变成资本主义的中国",[4] 也因此,即使出现殖民地形态下的现代化,如澳大利亚等个案,按照《思考》的说法,也只是"特例","不足以支撑'世界各国早已表明'的普遍性结论"。

最为令人诧异的是,旧范式批判新范式的"前提论",却被同样批判新范式"民族独立与现代化有必然联系"的"依附性发展论"所否定。这

---

[1] 龚书铎等:《历史的回答——中国近代史研究中的几个原则问题争论》,北京师范大学出版社2001年版,第37页。
[2] 刘大年:《当前近代史研究中的几个理论问题》,《人民日报》1997年1月11日。
[3] 胡绳:《〈从鸦片战争到五四运动〉原本再版序言》,人民出版社1998年版,第12页。
[4] 毛泽东:《中国共产党与中国革命》,《毛泽东选集》(第2卷),人民出版社1991年版,第628页。

种观点认为，在近代中国，面对由于帝国主义的入侵，中国逐渐沦为半殖民地境遇这种情况，"以'革命化进程'来抑制'边缘化'和'衰败化'"等观点，都是太迷信国家的作用了，事实上，"抵制'帝国主义的'资本主义的最好办法就是发展资本主义加入世界资本积累中去"①，这是一种典型的"无关论"。

作为共同批判新范式关于"民族独立与现代化"关系的"旧范式"与"依附性发展论"，竟然得出了"前提论"与"无关论"两种截然不同的答案，虽然令人诧异，但此悖论却有力地表明了"现代化范式"的真正立场：民族独立与现代化既有必然联系又无必然关系。为什么？

首先，"现代化范式"认为"民族独立与现代化"有"必然"联系，但是，这种"必然"联系决非"前提与结果"的"条件"联系，而是一种刘大年先生所说的"不是各自孤立""不能互相代替"的关系；其次，"现代化范式"把"民族独立"和"现代化"的关系具体归纳为"民族独立是现代化的一个重要方面，民族化本身就是现代化过程的一个侧面"，用毛泽东的话说是"肃清了资本主义发展道路上的障碍物"，用"现代化范式"使用者的话说："反帝、反封建的改革和革命既是现代化的一个组成部分和一种重要动力，也为现代化建设解决制度、道路问题，并扫清障碍"②。下面我们列举《思考》所提出的一个具体观点加以分析。

《思考》之提出"前提论"，佐证的材料是"亚非拉许多原先是殖民地的国家和地区""它们在之前似乎谈不上有什么现代化运动"，由此得出的结论是："因此，就一般而言，失去独立自由的殖民地、半殖民地的国家和民族，必须首先争得民族的完全独立，恢复国家的完全主权，然后才谈得上选择适合本国国情的现代化道路，这种必然联系，倒是包括中国在内的世界许多国家的现代化进程所能证明的。"分析这段话发现，《思考》作者是想说，近代中国绝不会有现代化运动，更不会有中国人选择"适合本国国情的现代化道路"之举，原因是"民族不独立"，那么，事实究竟是否如此呢？

---

① 冯钢：《关于中国近代史研究的"现代化范式"》，《天津社会科学》2000年第5期。
② 虞和平：《中国现代化历程》（第1卷），"绪论"第22页。这个观点需要进一步辨析的是，"现代化范式"讲的"扫清障碍"只是表明现代化发展的不顺利而不是说现代化不能进行，这是与"前提论"的根本区别；而不能顺利发展恰恰说明也不是"无关论"，至于近代中国现代化的具体发育程度如何，尚需进一步论证。

近代中国是否存在现代化运动，我们已经在上一部分做了详细说明，想补充的是，近代中国虽然存在着"连续的现代化运动"，但是成效并不明显，其原因与中国的不独立有关，但决非只是因为"民族不独立"；并且，近代中国存在的"连续的现代化运动"，既不是当时帝国主义国家为了侵略而"强加"的，也不是"新范式"不顾历史事实的"臆想"，而是当时中国人根据国情的"选择"。因为稍懂近代史的人都知道，1933年7月《申报月刊》为创刊周年纪念，发行特大号，刊出"中国现代化问题号"特辑，向社会各界知名人士约稿，讨论的就是中国现代化方案。当时编者说："须知今后中国，若于生产方面，再不赶快顺着'现代化'的方向紧张，不特无以'足兵'，抑且无以'足食'。我们整个的民族，将难逃渐归淘汰，万劫不复的厄运。现在我们特地提出这近几十年来，尚无切实有效方法去应付的问题，作一回公开的讨论。"① 讨论的重点之一是"中国现代化当采取什么方案"。此消息一出，得到广泛回应，讨论会收到10篇短论和16篇专论，据统计，对于"中国现代化当采取什么方案"的回答中，完全赞成走私人资本主义道路即个人主义道路的，1篇；倾向于社会主义道路的，约5篇；主张取资本主义与社会主义两者之长，即混合道路的，约9篇；未正面回答走什么道路而专论或强调工业化、产业革命、国民经济改造的，5篇；没有明确回答问题或讨论其他问题的，3篇。② 再如，20世纪20—40年代持续不断的"以农立国"还是"以工立国"论争，同样是中国人在自觉地探索现代化道路。

　　这就是说，在民族尚不独立的前提下，近代中国不但存在着"连续的现代化运动"，而且在此前提下，中国人也能自觉地探索"适合本国国情的现代化道路"，从这个角度论，"民族独立与现代化"的确"无必然联系"，但是，我们更应知道，在民族未独立的前提下，虽然可以从事现代化运动，探索现代化道路，但是，正因为"民族不独立"，中国的现代化受到很大的冲击，中国的现代化始终未能在一个正常的环境下健康发展，因此，这就需要"革命"来充当"推动现代中国变革的加速器"③，也就

---

　　① 《申报月刊》第2卷第7号，1933年7月。
　　② 罗荣渠：《中国近百年来现代化思潮演变的反思》，《从"西化"到现代化——五四以来有关中国的文化趋向和发展道路论争文选》"代序"，北京大学出版社1990年版，第14—15页；另见《现代化新论》，北京大学出版社1993年版，第356—357页。
　　③ 林被甸、董正华：《现代化研究在中国的兴起与发展》，《历史研究》1998年第5期。

是毛泽东所谓的"扫清障碍",也因此,"在中国的历史条件下,革命化不仅仅是中国巨变的四大趋向之一,而且是中国现代化的一种特殊表现形式"①。

"历史的事实是,具有逆反作用的民族主义——反抗更先进的国家入侵——素来是从传统社会转变为现代社会的最重要的和最强大的推动力,其重要性至少与利润动因等量齐观。"② 罗斯托这段强调像近代中国这样的国家中"民族主义"对现代化作用的论述,恰当地反映了"革命化"(民族化)与"现代化"的必然联系,但是,我们必须清楚,说"民族化"(革命化)是"现代化"的"加速器",并不是说"革命化"(民族化)对"现代化"就没有破坏的一面。

对近代以来的中国来说,"革命化"(民族化)③ 对"现代化"的破坏,绝不是部分所谓的"新范式"学者认为的"是一种狭隘的大汉族民族主义或民族沙文主义,它实际效果便是把已经开始的中国现代化转化为民族独立和民族复仇……这势必加重中国进步和发展的阻力"④,而主要是表现为以下两点不良后果:

> 第一,革命化造成了严重的社会动乱。陈公禄指出,近代以来中国历史给我们的一个教训是:"叛乱未奇,政府尚未失其尊严,犹能维持境内之粗安,祸乱既作,人民失其遵守法律之习惯,遂至群盗蜂起。当局者苟或不严办理,则人民不能安居,而痛苦将倍蓰于前

---

① 罗荣渠:《走向现代化的中国道路——有关近百年中国大变革的一些理论问题》,《中国社会科学季刊》(香港) 1996 年冬季卷,总第 17 期。

② 罗斯托:《经济增长的阶段》,《发展经济学的先驱》,经济科学出版社 1988 年版,第 243 页。转引自罗荣渠《走向现代化的中国道路——有关近百年中国大变革的一些理论问题》,第 50 页。

③ 需要说明的是,"革命化与民族化"这两个概念在近代中国并不完全重和,近代中国的革命既包括传统形式的农民革命(如太平天国革命),也包括现代形式的资产阶级激进改革、民族革命运动(如辛亥革命与抗日战争)、民主革命运动(如讨袁护法战争)。形式诸多的"革命"使得"民族独立与现代化"的关系变得更为复杂,有"革命化与民族化"重合的"革命",也有"狭隘的民族化(如汉族与满族矛盾而非中华民族与外族矛盾)与革命化"重合的"革命",还有"民族化与革命化有间接关系"的"革命"。本文在使用"革命化"(民族化)这种等同的表达时,泛指所有类型的"革命"。

④ 冯林主编:《重新认识百年中国——近代史热点问题研究与争鸣》(上册),改革出版社 1998 年版,第 163 页。

也。"① 革命化造成的社会动乱不利于现代化发展，以太平天国革命为例，苏云峰认为，太平天国期间，长江上游的货品不能输往下游销售，因之工商减退，税收减少，影响极大②；张朋园认为"动乱与现代化两不相容"，太平天国发生于中国受西力冲击趋向转变的年代，太平天国运动使江浙等地区人口损失高达五千万，工商业活动没有安全感，"太平天国不仅破坏了江浙的繁荣，同时影响全国性的工商业发展"，致使"中国始终不能作强势的转变"。③

其次，革命化往往导致不顾现实历史发展的"大跃进"。这一点，邓小平做了很好的概括，他说："我们都是搞革命的，搞革命的人最容易犯急性病。我们的用心是好的，想早一点进入共产主义，这往往使我们不能冷静地分析主客观方面的情况，从而违反客观世界发展的规律。中国过去就是犯了性急的错误。"④ 辛亥革命犯了"性急的错误"——不是说"革命"早产打断晚清现代化进程，而是以为革命可以"毕其功于一役"；1949年以后"继续革命"的"大跃进"也犯了"性急的错误"，以为现代化可以"一蹴而就"；至于"继续革命"顶峰的"文化大革命"，更是反现代化的表现，不能仅仅用"性急的错误"加以概括了。

"民族独立"是由"革命"手段来实现的，相对于"现代化"，"革命化"既有可能是"加速器"，也可能是"阻力"，这样的辩证法提醒我们在分析近代中国的"民族独立与现代化"关系时更应该具体问题具体分析，这也是旧范式所谓的"前提论"的必然联系与新范式所谓的"非前提，而是互为条件的统一过程"的必然联系之间差别出现的原因。由旧范式与"现代化范式"的区别，我们发现，"现代化范式"并非如旧范式所

---

① 陈公禄：《中国近代史》（上册），商务印书馆1935年版，第218页。
② 苏云峰：《中国现代化的区域研究：湖北省，1860—1916》，台北："中研院"近代史所，1981年，第63页。
③ 张朋园：《中国现代化的区域研究：架构与发现》，"中研院"近代史研究所编：《近代中国区域史研讨会论文集》（下册），第865—866页。与张朋园关于太平天国的破坏性作用的看法相反，李国祁认为，太平天国对江浙人口的毁灭使得人均耕地可以从原来的1.5亩增加到3.3亩，有利于资本积累；同时，江浙人口减少导致的人口迁入大融合，造成浙江人有利于从事丝茶贸易的活泼性格，经济因之繁荣。（李国祁：《中国现代化的区域研究：闽浙台地区：1860—1916》，台北："中央院"近代史研究所，1982年，第429—436、476—478页。）
④ 邓小平：《改革是中国发展生产力的必由之路》，《邓小平文选》（第3卷），人民出版社1993年版，第139—140页。

谓的"告别革命",也不是如旧范式所谓的"革命与现代化"的前提—结果式的条件关系。更重要的是,两者的区别不但证明"现代化范式""反思并不是否定一切革命"(罗荣渠语)这个基本立场,而且证明旧范式"把问题想得过于简单容易了",从这个层面看,"臆想"的恐怕不是"现代化范式",而是"旧范式"了。

四 关于理论假设与历史事实

2003年《近代史研究》第1期的《新年寄语》谈到近代史研究方法时说:"学界历来有两种决然不同的路径和取向,一种是不先存任何定见,一切从实际出发,从有足够的真实材料的论证中,引出符合历史实际的结论;另一种是不问实际如何,一切从先入为主的外来概念、模式、框架出发,从对现成历史知识或片断材料的简单剪裁中,得出自以为是的结论",前者是"还原"历史;后者是"打造"历史,[①] 这样的两分倒是十分符合《思考》作者的口味。

《思考》认为:"历史是不能假设的,历史也没有按照后人设定的现代化通道运行。如果承认历史是既往的现实,那就首先要问一问,近百年历史上究竟发生了什么,为什么发生?""百年来的中国其实并不存在一个真正意义上的现代化运动""离开对百年中国客观存在的两大社会基本矛盾运动的分析,离开中国人民反对帝国主义侵略以争取民族独立、反对封建主义专制以争取社会进步是近代历史的基本内容的结论,硬要去从中找出一个其实并不存在的连续的现代化运动""只能是一种主观的臆想与假设,离客观存在的历史真实越来越远",相反,"旧范式之所以坚持马克思主义的基本理论为指导,首先是因为这种理论最能帮助我们去发现和认识历史发展过程的本质,贴近过去的客观真实"。按其逻辑,旧范式当属于"还原"历史而"现代化范式"则属于"打造"历史。

关于"现代化范式"是"后设臆想"的"打造"历史而旧范式是"贴近过去的客观事实"的"还原"历史这一点,我们不想作太多的理论阐释,只想举一个具体的例子来说明。按照《思考》的说法,"现代化范式"所谓的"近代中国历史其实是一场现代化史",是"打造"历史,因

---

① 本刊编辑部:《新年寄语》,《近代史研究》2003年第1期。

为从经济现代化看,"前80年""官办工业不过几十家(含军事工业),民办资本工业不过几百家""传统的小农经济原封未动",远不足以"支撑起一个经济的现代化运动",那么,《思考》的判断是否就是"贴近过去的客观事实"的"还原"历史而不是"后设臆想"的"打造"历史呢?

前80年的工业发展情况,依照农工商部的标准(工人7个或7个以上),1912年有20749家工厂,工人总数为661784人,平均每厂有32人;据彭泽益统计,1912年中国手工工人485791人(不包括矿业),工厂16313家;据张朋园统计,1840—1916年先后开设的工厂,外资479家,官办73家,官督商办(包括官商合办)41家,民营1148家。[1] 在农业方面,即使不论民国成立之前中国农业是否"原封不动"[2],民国成立后,仅农工商部就连续颁布发展农业的众多措施,如1914年3月3日颁布《国有荒地承垦条例》,11月6日颁布《边荒承垦条例》以鼓励垦荒;1914年4月11日颁布《植棉制糖牧羊奖励条例》,1915年6月30日颁布《造林奖励条例》等以建立多种经营,推进经济作物生产;1914年2月28日农工商部向各省区发出命令,广泛征集良种,交由各农事试验场择优培育。从1914年下半年开始由政府拨款10万元,开办棉业、林业和种畜实验场7个,以提倡科学兴农,改良和引进优良品种;推广农业学校,培养新式农业科技人才,如1912年公布的《大学令》,1913年颁布的《大学规程》,均把农科作为大学课程设置之一。[3] 这些措施的颁布虽不能立竿见影,但说"传统的小农经济原封未动"恐怕就不能"贴近过去的客观事实"了。

由此可见,对于前80年中国经济现代化发展状况的描述,犯了"臆想",不能真实"还原"历史的恐怕不是"现代化范式",而是自称能够"贴近过去的客观事实"的旧范式。其原因何在?恐怕与旧范式对"现代

---

[1] John K. Chang, *Industrial Development in Pre-Communist China* (Chicago, 1969), pp. 5 - 6;彭泽益:《中国近代手工业史资料》(第2卷)(北京,1957),第432页;张朋园:《近代中国工业发展中的一些问题,1860—1916》,"中研院"近代史研究所编:《中国现代化论文集》(台北,1990年),第420页。前引农工商部及彭泽益的统计数字来源参照张朋园该文出处。

[2] 关于近代中国农业发展的情况,学界有许多研究,如王业键《近代中国农业的成长及其危机》,"中研院"《近代史研究所集刊》第7期,台北,1978年,第355—370页;施坚雅《中国农村市场的早期现代化》,中国社会科学院近代史研究所《国外中国近代史研究》编辑部编:《国外中国近代史研究》(第25辑),中国社会科学出版社1994年版,第155—190页。关于大陆学者对民国时期农业经济的研究情况,可参见陈意新《重新认识民国时期农业经济——对中国学者近年著述的评论》,《中国学术》(第1辑),商务印书馆2000年版,第216—233页。

[3] 参见虞和平主编《中国现代化历程》(第2卷),第七章。

化范式"的"臆想"以及旧范式的"概念、模式、框架"有关。

关于旧范式对"现代化范式"的"臆想",本文前面三个部分的内容几乎都有一个指向,即指明、纠正旧范式对"现代化范式"的误解、消解与臆想,兹不赘言。这里的重点是论证旧范式原有的"概念、模式、框架"的"打造"历史法。

何谓旧范式的"概念、模式、框架"?在中国近代史基本定型的20世纪50年代,范文澜认为:"历史的骨干是阶级斗争,现代革命史就是现代史的骨干,近代革命史就是近代史的骨干,近代史现代史阶段的划分基本上与革命史是一致的(单纯的中国资本主义发展史可以按照自身的发展过程划分阶段)。"胡绳也认为:"把人民的革命斗争看作中国近代史的基本内容,就能比较容易看清楚中国近代史各种政治力量和社会现象。"[①] 这些以"革命史为近代史骨干"的结论的理论来源是由"帝国主义与中华民族,封建主义与人民大众"两大基本矛盾决定的,具体体现为毛泽东对中国近代史研究提出的"两个过程论"的基本框架。这样,由"革命"这个基本概念,在"两个过程的基本框架"中,近代史研究的基本模式是"以农民为主体的人民群众;暴力革命;反对帝国主义;反对封建主义"[②] 作为"进步与反动;先进与落后"的评判标准。《思考》作者对此并不讳言,他说:"按照这一理论框架,中国近代半殖民地、半封建社会中""争取民族独立以反对帝国主义,争取社会进步以反对封建主义,乃是近代社会发展的主要趋势,并以此作为评价历史事件、历史人物的主要标准和参照系。"

以洋务运动为例,由此标准和参照系出发,因为"李鸿章们自言'以剿内寇尚属可用,以御外侮实未敢信'、'可以靖内乱,不能御外侮'";也因为"30年中仅仅办了那么十几个军事工厂和二十几个民用工厂",所以洋务运动非但称不上"近代中国的第一次现代化运动",反而只是"镇压太平天国农民起义"的"主要动机"的反映。也就是说,洋务运动非但没有"反对帝国主义"以"争取民族独立",反而是镇压"反对封建主

---

① 范文澜:《中国近代史的分期问题》(二),《范文澜历史论文选集》,中国社会科学出版社1979年版,第152页;胡绳:《中国近代史诸论》,中国人民政治协商会议学习委员会编印:《中国近代史讲座报告记录》(1955年2月11日)。均转引自张亦工《中国近代史研究的规范问题》,《历史研究》1988年第3期。

② 张亦工:《中国近代史研究的规范问题》,《历史研究》1988年第3期。

义"的"太平天国"而"反对社会进步",当然不能称之为"现代化运动",而应该称之为"反现代化运动"才对了。

但是,《思考》又说:"洋务运动以来出现的厂矿企业、轮船火车、电报电话、新式军队",与戊戌变法、辛亥革命等期间出现的"学会、学堂、报刊、商会、社团、政党、内阁、总统、宪法等等""一样""都是近代中国社会中新的现代化因素"。这就是说,洋务运动与辛亥革命一样,是"争取民族独立和社会进步"的代表,是"现代化运动"了。

悖论由此产生!为什么前面既不能"争取民族独立"又"反对社会进步"的洋务运动到此时变成"新的现代化因素",是"现代化运动"了呢?因为"基于上述新的社会经济因素而产生和逐步形成的新兴阶级即资产阶级和无产阶级""成为近代中国社会中最活跃的积极力量"。也就是说,因为洋务运动产生的"资产阶级和无产阶级"作为新兴的阶级,既"争取民族独立"以反对帝国主义,又"争取社会进步"以"反对封建主义",所以洋务运动产生了"新的现代化因素",变成了"现代化运动"。

由此,我们看到了对同一历史事件经过同一标准"剪裁"的两部不同的历史:第一部是非但不能争取民族独立反而主要动机是镇压"社会进步",维护封建主义的"反现代化的洋务运动";第二部是造成"新的现代化因素"以争取民族独立和社会进步,既反帝国主义又反封建主义的"现代化的洋务运动"。这样的悖论,难道还不足以说明旧范式是在"打造"历史吗?难道不足以说明旧范式是"从先入为主的外来概念、模式、框架出发,从对现成历史知识或片断材料的简单剪裁中,得出的自以为是的结论"吗?难道不是"理论假设不符合历史事实"吗?

旧范式从"先入为主的外来概念、模式、框架出发,从对现成历史知识或片断材料的简单剪裁中,得出的自以为是的结论"这种"打造"历史的做法,早在20世纪80年代后期就遭到一些学者的批评,杨奎松当时就指出,在旧范式的"概念、模式、框架"的理论假设下,近代史研究"往往只是着力于证明:'中国近现代历史的主题,就是反帝反封;中国革命的任务,就是反帝反封、反对资本主义,就是阶级斗争、暴力革命,就是实现社会主义。衡量历史上一切党派任务政治主张的进步与反动,统统以此为转移'"[①]。时至今日,这种批评意见还是一针见血。需要特别指出的

[①] 《首都青年史学工作者座谈会纪要》,《近代史研究》1989年第3期。

是，说旧范式以"革命"概念为中心，以"两个过程"论为基本框架，突出"阶级斗争"的基本模式，绝不是要"把革命史诬之为'以阶级斗争为纲'"①，也绝不是说旧范式在历史上没有起过积极作用，不是一个"科学范式"（这一点，我们在下一部分会有进一步说明）。

旧范式在"打造"历史与"还原"历史之间的困惑将"理论假设与历史事实"关系这个命题凸显出来，究竟"理论假设与历史事实"之间是相互契合还是如美国历史学家博尔德（Charles A. Beard）所谓是"那个高贵的梦想"②的梦想呢？

西方现代化理论发展至今虽然已经比较成熟，但是其"成熟"只是相对于发达国家的状况而言的，对于像近代中国这样的国家的发展情况，至今还没有建立起一整套成熟的解释体系。但是，值得庆幸的是，中国的现代化研究经过20余年的努力，以罗荣渠、章开沅等学者为代表，在历史唯物主义的基础上，已经就如何解释近代以来中国的发展问题建立起一套相对"自成体系"的现代化理论。其理论的主要基点是："把以阶级斗争作为社会变革的根本动力转变为以生产力的发展作为社会变革的根本动力；现代化作为世界历史进程的中心内容是从前现代的传统农业社会向现代工业社会的大转变"③。在这样的新视角下，近代史研究以"现代化"为基本概念；以"近代以来中国人为实现以工业化为核心的经济现代化，为争取民族独立和社会进步而从事的革命化（民族化），为实现自由平等而进行的民主化，为争取社会文化进步而进行的理性化启蒙运动"等为基本框架；以现代生产力、经济发展、政治民主、社会进步、民族独立等为评判价值，纲举目张，来架构近代史的模式。这就是说，近代史就是一部一代代中国人探索、争取、实现这些价值标准的"现代化史"。

需要说明的是，以"现代化范式"作为更主要的视角研究近代史，虽然也有"概念、模式、框架"，但这绝不是说为了论证理论的准确性而不断地"裁减""臆想"历史事实，相反，我们只是确立了一个透视近代中

---

① 龚书铎等：《历史的回答——中国近代史研究中的几个原则问题争论》，北京师范大学出版社2001年版，第37页。

② Charles A. Beard, "That Noble Dream," *American Historical Review*, Vol. XLI, No. 1, 1935. Also See Peter Novick, *That Noble Dream: The "Objectivity Question" and the American Historical Profession*, Cambridge: Cambridge University Press, 1988.

③ 罗荣渠：《走向现代化的中国道路——有关近百年中国大变革的一些理论问题》，《中国社会科学季刊》（香港）1996年冬季卷，总第17期。

国复杂的社会变革的视角,最为重要的是,"现代化范式"所谓的近代史内容恰恰是从历史事实中概括出来的。我们可以比较新旧范式对《思考》提出的"如果承认历史是既往的现实,那就首先要看一看,对近百年历史上究竟发生了什么,为什么发生"这些问题的回答,以再次比较究竟谁在"打造"历史,谁在"还原"历史。

旧范式认为,近百年历史实际上就是"争取民族独立以反对帝国主义,争取社会进步以反对封建主义"的"两个过程",这是由"帝国主义与中华民族的矛盾,封建主义与人民大众的矛盾"这两大"近代社会的基本矛盾"所决定的。以此纲举目张,"发生于近代一百年的阶级斗争、革命斗争""被给予更多的关注",同时,为了论证"革命"阶级的来源,如资产阶级和无产阶级的出现等,"革命史、政治史以外诸如经济史、思想史、文化史等方面"也有"充分论述",但总的看来,"检讨'旧范式'下对革命史、政治史以外的经济史、思想史、文化史、社会史等重视不够,或者尚未引起应有的重视,有些具体结论也有失偏颇,未尝不可"。这是《思考》对旧范式关于"近百年历史上究竟发生了什么,为什么发生"问题的回答,分析这种回答,我们发现,为了照顾由两大基本矛盾决定的"两个过程"论的基本架构,近代史基本上被裁减为"革命史、政治史";同时,为了弥补"革命史、政治史"以及为了更好地说明"革命史、政治史",以注脚的方式给"经济史、思想史、社会史"等以"充分重视",这一点,李侃先生说得十分清楚,他说:"长期以来,中国近代史的教学与研究,基本上是集中于政治史,也就是反帝反封建的革命斗争史。对经济史也有研究,但研究的内容和课题,仍然是服务于或从属于政治史。思想史和战争史,也是如此。"① 例如我们上面列举的"洋务运动"中的第二部"现代化因素的洋务运动",就是旧范式为了照顾"革命史、政治史"而"充分论述""经济史"的结果,而这样的历史正是"剪裁""臆想"地"打造"历史,从而使理论假设与客观事实的契合"成了高贵的梦想"了。

"现代化范式"认为,近代史存在"衰败化、半边缘化、革命化和现代化""四大趋向",原因是近代中国存在着"西方(后来也包括日本)

---

① 李侃:《关于中国近代史研究重点的转移》,《李侃史论集》,中华书局 2002 年版,第 645 页。

殖民主义侵略与中华民族反侵略的矛盾；以工业生产力为核心的新生产方式与以农业生产力为核心的传统的小农和手工业相结合的旧生产关系的矛盾；以基督教文化为核心的现代工业—商业文明与以儒家文化为核心的中国农耕文明的矛盾"三大基本矛盾。以此纲举目张，不但有反抗殖民主义和封建专制的"革命史、政治史"，更有追求工业化、理性化的"经济史、文化史、社会史"等，并且近百年的"革命史、政治史、经济史、文化史、社会史"等没有主次之分，而是统一在"现代化"这个主题之下的。

具体地说，从乾隆晚期开始，中国社会的内部"衰败化"就已经开始，鸦片战争以及太平天国运动使得清政府的内部"衰败化"更为严重，清王朝陷入"救亡图存"的危难中，其中，鸦片战争还使得近代中国不得不面对反对殖民主义侵略的"新任务"。19世纪下半叶到20世纪初，这是中国现代化运动的初始阶段，属于旧王朝体制下探索资本主义发展取向的自上而下的改革时期，洋务运动、戊戌变法、晚清新政无一不涉及社会的经济、政治、文化、外交诸方面，但由于旧政治体制基本不变，缺乏现代化的领导核心，缺乏任何制度性改革支撑，使得这次自强运动最终归于失败。从1911年到1949年近40年里，处于内忧外患之中的中国，半边缘化、革命化和现代化交织在一起，国家的实效统治断裂，现代化处于自发的游离状态，被迫在窄逢中断续进行。辛亥革命一举解决旧政治体制基本不变的弊病，但革命胜利迎来的却是权威失落、地方割据、社会失序，这就使得这一时期中国现代化面临的首要问题不是经济建设而是共和体制下的国家重建，这种重建直到1949年才得以完成，伴随其间的是两条发展道路之争：城市为中心的仿效德国模式的资本主义发展道路与农村为中心的仿效苏俄模式的新民主主义发展道路。处于两者之间的是中间势力的各种现代化方案，其中包括张謇的"南通模式"等。① 这就是"现代化范式"对"近百年历史上究竟发生了什么，为什么发生"的回答，这种回答，作为对历史过程的复杂描述，"从固有的'线索'、'分期'、'高潮'、'事件'等空乏化的格局中解脱出来，认真研究中国走出中世纪并向现代社会转型的曲折而又复杂的历史过程"②，当然，其发展轨迹也不像《思考》所认为的是按"现代化范式""设定的现代化通道运行"的，当然更

---

① 本段基本上是对罗荣渠先生的《走向现代化的中国道路——有关近百年中国大变革的一些理论问题》一文相关内容的概括。
② 章开沅：《〈官商之间——社会剧变中的近代绅商〉序言》，天津人民出版社1995年版。

不按《思考》作者设定的必须在"民族独立"的"前提"下才能进行现代化的"现代化通道运行"。

历史研究需要理论假设是为了更好地说明历史而绝非要代替历史本身,"现代化范式"作为一种研究近代史的视角,是为了更加准确地描述近代中国的发展过程而并非为了"打造"一段并不存在的历史,以此为新的视角,理论假设与历史事实的统一这个"高贵的梦想"就算不能完全实现,至少也不会毫无实现可能。

五 关于"范式转换"与"范式代替"

以上所论涉及新旧范式的基本内容、特征、方法论以及各自指导下近代史研究的基本面貌,最终必然涉及一个问题,即两者之间究竟是什么关系?——并存还是取代?这是《思考》的作者的疑问,也是目前学界对此问题的疑问,不能回避。

大概从20世纪80年代中后期起,大陆学界正式开始使用"范式"一词来讨论近代史研究的方法论,关于新旧范式关系,大致有"并存派""取代派"和"不变派"三种意见。"并存派"的代表如张亦工和罗荣渠等,他们都主张目前还处于新旧范式的并存时期,称不上新范式已经取代传统范式;[①]"取代派"的代表,如杨念群、高力克等认为"现代化叙事逐渐取代传统的革命史叙事,而成为近代史学的主流范式";[②]《思考》的作者则属于"不变派",即"不认为有用'新范式'代替'旧范式'的必要"。

《思考》的作者为什么认为没有代替的必要?他首先批判了"不同时代对历史的重新认识和反思,也就是一种'范式的转换'"(雷颐为《重新认识百年中国》所作的序言)的观点,认为这是一种"'时代精神'变了,研究范式也必须变"的错误思想,并用"万一某一天有人把战争强加给我们,是否又要把近百年中国历史改写成'战争史'呢"这样的质问来反证其观点。因为"百年来的中国其实并不存在一个真正意义上的现代化运动",所以"新范式"非但不能"自成体系",而且不能"揭示历史的

---

① 张亦工:《中国近代史研究的规范问题》,《历史研究》1988年第3期;罗荣渠:《走向现代化的中国道路——有关近百年中国大变革的一些理论问题》,第43页。

② 杨念群:《中层理论——东西方思想会通下的中国史研究》,江西教育出版社2001年版,第18页;高力克:《边缘的现代性》,《浙江学刊》2002年第1期。

真实",也因此并没有"其存在和运用的价值";相反,"旧范式"不但准确揭示出"近百年中国历史的主题或基本内容就是反帝反封建,争取民族解放和社会进步,现代化或现代转型问题只是从属于这一主题的一个方面",而且认为"'旧范式'也不是所谓'僵化模式',许多在总体上坚持'旧范式'的研究者也同样变换着视角,做着现代化问题或其社会问题的研究",因此,"总的意思是不认为有用'新范式'代替'旧范式'的必要",如果"新范式"取代"旧范式",也只会是"泼掉污水的同时,也把孩子一起泼掉"。

对于《思考》所谓的"不变论"及其理由,我们当然得做出辨析。《思考》的作者不同意克罗齐"一切历史都是当代史"的判断,这是一个见仁见智的问题,我们姑且不谈;但是问题既然是围绕"范式"展开的,那么关于库恩的理论就不能不谈了。

何谓"范式"?库恩认为,"第一,作者的成就实属空前,因此能从科学活动的敌对学派中吸引一群忠诚的归属者;第二,著作中仍留有许多问题能让这一群研究者来解决。具有这两个特征的科学成就,我称之为'典范'(paradigm,汉译还有其他两个对应词:范式和规范)"。根据库恩的这一定义,我们发现,所谓"新范式"不是自封的,它必须"能够吸引敌对人员并能有助于敌对人员解决新问题",这个过程就叫作"范式转换"。但是,"范式转换"并不意味着"范式代替",因为对于研究者而言,"他们可以同意典范是那一个,但不一定对完整地诠释这个典范,或许对这个典范合理化的方式有相同的看法,甚或根本对这一类问题不感兴趣。典范没有标准诠释,或不能从典范中找出大家都同意的研究规则,并不会使得典范不能继续指引研究工作"[①]。比如,在物理学中,一般而言,牛顿物理学被认为是近(现)代物理学诞生的标志,在爱因斯坦的"相对论"出现之前,它引导着整个物理学研究;当"相对论"这种"新范式"出现后,许多物理学家转而以此为指导,但这并非就说明"相对论"已经"代替"牛顿力学理论,成为物理学研究的"唯一范式"了,牛顿物理学也没有被认为是完全错误的,不是一个科学范式,虽然它有许多问题不能解释,也存在许多问题。我想,关于近代史研究的"新旧范式"也应该是这样的关

[①] 孔(库)恩:《科学革命的结构》,程树德等译,台北:远流出版事业股份公司1998年版,第53—55、92页。

系：一方面，近代史研究的确出现所谓的"范式转换"，即在旧范式之外出现"现代化"这种新范式；另一方面，新旧范式目前是并存关系，还谈不上"范式代替"的问题。

为什么20世纪80年代初期后近代史研究会发生"范式转换"？胡绳先生曾经提出一个观点，他说："十一届三中全会举行后""大家明确否定'文化大革命'及以前一段时期中提出的以阶级斗争为纲的主张。在历史学界中有人因此觉得，在中国近代史中不宜着重论述阶级和阶级斗争。提出以现代化为主题来叙述近代史的意见，可能和这种想法有关。"而对于这种"想法"，胡绳先生进一步认为"是可行的""显然是很有意义的"①。显然，胡绳先生并不认为"不同时代对历史的重新认识和反思，也就是一种'范式的转换'"是一种错误的观点，相反，认为它"很有意义"。李侃先生也认为"社会经济生活的变化，不可避免地要引起人们思想观念、价值观念的变化。史学工作者对以往长时间那种研究的内容和形式、理论和方法，产生了一些困惑，要求突破、创新、发展，这是新的历史时期的社会生活向历史学和史学工作者提出的新要求。"②如果我们把胡绳、李侃两位先生的这种看法引申一下，即近代史研究的旧范式在新中国成立后的近代史研究中具有如此重要的地位，同当时学者们"对历史的重新认识和反思"有关。

罗家伦认为："要知人类或民族过去的来历和演进，现在的地位和环境，以及他将来的生存和发展，都非研究他近代的历史不可。"③近代中西交通以战争形式开始后，国人"重新认识"的历史不再是"天朝上国，四夷奉华"的旧皇历，而是西人的侵略与中国的被侵略。在这种"重新认识"下，近代史研究的一个主要"范式"便是"处理中西关系"，20世纪30年代近代史初创的时候，近代史偏重外交史就是最有力的证据。④而经

---

① 胡绳：《〈从鸦片战争到五四运动〉再版序言》，人民出版社1995年版，第10—11页。
② 李侃：《关于中国近代史研究重点的转移》，《李侃史论集》，中华书局2002年版，第644页。
③ 罗家伦：《研究中国近代史的意义和方法》，《武汉大学社会科学季刊》2013年第2卷第1期。
④ 例如，商务印书馆于20世纪30年代初出版的两部大学近代史教材都持这种观点：一是李鼎声的观点，即"中国近代史为一部帝国主义侵略史"（见李鼎声《中国近代史·序言》，商务印书馆1933年版）；二是陈公禄的观点，其《中国近代史》开篇就说"外来之影响，乃为造成中国现状基本势力之一"（见陈公禄《中国近代史》，商务印书馆1935年版，第1页）。同时，被台湾学者誉为近代史开创者的罗家伦、蒋廷黻两位先生的"共同的特点，就是都偏重于国际关系及外交史的范围"（王韦均语）（见《〈中国近代史研究的过去与未来〉座谈会发言记录》，北京图书馆文献信息服务中心编：《历史研究》（1）——《台湾及海外中文报刊资料专辑》（1987），第30页。

过30年代前后的"社会性质大论战"洗礼后的中国共产党人的近代史研究，在以"革命"为主要手段处理中外问题，包括"中西关系"——帝国主义侵略与中国被侵略——的现实历史影响下，历史学家把这段历史"重新认识"为"以革命反对帝国主义侵略以争取民族独立；以革命反对帝国主义支持下的封建主义以争取社会进步"不但极为正常，也是可以理解的。1949年革命的胜利更加证实这种看法的准确，这种认识也最终成为近代史研究的"范式"，其主要标志是胡绳先生提出的"三次革命高潮"。应该说，"文化大革命"前17年的近代史研究基本上是按照这种当时比较科学的"范式"进行的，成绩也十分斐然。如《思考》的作者列举的"文化大革命"前17年出版的代表性的通史，如林增平编著的《中国近代史》、戴逸编著的《中国近代史稿》（上）等，以及关于近代中国工业、农业、手工业、铁路、航运、货币、外贸、外债等资料，如《中国资本主义工商业史料丛刊》（五种）、《上海资本主义典型企业史料》（四种）以及大部头的《中国资本主义发展史》等等，都是其中的代表。对于近代史研究从"现实革命"中吸收养料的做法，罗荣渠先生做了高度的理论概括，他说："最近大半个世纪，中国史学界对近代中国社会变革的认识，都是以帝国主义侵略和封建压迫与中国人民反帝反封'两个过程'作为基本线索和基本理论分析框架。中国近代史研究的被革命化，这是可以理解的，因为历史研究的趋向性也是历史的现实运动的反映。近代中国被外国的侵略伤害得太厉害了，因此在一个特定的历史时期，'两个过程'或许是中国近代史研究的最佳视角。"[①] 张亦工先生也指出："过去的近代史研究有重要的偏差，以致近代史变成了革命史，现代史变成了党史。这种偏差不能归咎于个别研究者，外界干扰也不能完全说明问题，严格地说这是一种时代的印迹而不应该被当作偏差或失误。""我们应该承认这种时代的印迹在五十年代恰恰是近代史研究发展阶段的必经阶段，因为它基本可以满足当时社会和研究工作的需要。"[②]

随着党的十一届三中全会的召开，中国社会的现实历史发生了重大变化，引导着学者们对以往历史有新的"重新认识"，于是，才有李时岳先生等在"三次革命高潮"框架中提出"四个阶梯"的新看法，也才有罗荣

---

① 罗荣渠：《现代化新论——世界与中国的现代化进程》，江苏人民出版社2001年版，第238页。

② 张亦工：《中国近代史研究的规范问题》，《历史研究》1988年第3期。

渠、章开沅等学者主张在旧范式框架之外用"现代化范式"这种新视角重新审视近代历史，成为与旧范式并存的新范式之一，并且取得很大成绩，国家哲学社会科学基金"七五""八五"和"九五"规划中都把"中国现代化"列为重点研究项目；中国社会科学院也把"中国现代化研究"作为"九五"基础研究课题，这些都是很好的证明。

事实上，近代史研究中"新旧范式"并存并不是20世纪80年代后才出现的，早在20世纪30年代，这种并存的倾向就已经出现，按照某些学者的意见，李鼎声和陈公禄各自的《中国近代史》被认为是"革命话语"和"现代化话语"的代表，[①] 这虽然有点言过其实，但的确从30年代后期到40年代初，近代史研究出现这两种"范式"：革命范式以范文澜的《中国近代史》（上册）和胡绳的《帝国主义与中国政治》为代表；现代化范式以蒋廷黻的《中国近代史》和郭廷以的《中国近代史》第一册为代表。只是随着1949年中国革命的胜利，前者在大陆成为主导范式而后者在台湾成为主导范式，海峡两岸出现这两种范式并存的情况。至于美国汉学界的情况，起步于战后的中国近代史研究，1949年以后一直是这两种范式交替演进，时而并存，时而更替。[②]

新旧范式之间出现的"范式转换"可以说正是中国现实历史变化的反映，是一种"进化论"思想指导下的理性、求真的反映。但是，这种"范式转换"绝不是"范式代替"，从目前所谓的旧范式对新范式的批评中我们就可以清楚地知道，说"新范式代替了旧范式"，完全言过其实，恐怕又是一种"臆想"了。至于《思考》所担心的"战争"会不会成为将来的主导"范式"，我想也不一定，因为对于接受马克思主义的唯物史观指导的学者来说，对于接受进化论思想的学者来说，对于善于理性思考的学者来说，即使有一天战争被强加给我们，我们也不能断定是否必须或必定要以"战争"为思考范式。假如强加给我们的是像日本侵华一样的侵略战争，大概《思考》的作者也不会反对用"战争"思考了，否则，旧范式强调的"革命反对帝国主义以争取民族独立"不就无法成立了吗？假如强加给我们的是像"文化大革命"这种不是"战争"却胜于"战争"的"革

[①] 欧阳军喜：《20世纪30年代两种中国近代史话语之比较》，《近代史研究》2002年第2期。

[②] Gilbert Rozman, "Theories of Modernization and Theories of Revolution: China and Russia,""中研院"近代史研究所编：《中国现代化论文集》，台北，1991年，第633—646页。

命"，恐怕除了那些鼓动者外，谁也不愿意用这种"范式"思考问题。这就是说，"时代的变化"引导我们对已经发生的历史作理性的再思考，但"时代的变化"并不决定我们该使用什么"范式"。

总的来说，中国近代史研究正处于"新旧范式"并存发展的时期，"旧范式"虽不能被全盘称为"僵化模式"，但关于"近代中国近百年历史的基本矛盾、基本内容和基本线索的认定"也未必都"准确"，都"符合历史的真实"；"新范式"的出现，的确"泼掉了污水"，但并没有"倒掉孩子"——争取民族独立、争取社会进步这两大主题都被保留下来，并用中国学者自己的"自成体系"的"现代化范式""揭示历史的真实"，认为近代中国不但有"真正意义上的现代化"，而且存在"连续的现代化运动"，因此可以把近百年的中国近代史概括为"其实是一场现代化史"，并由此证明了"其存在和运用的价值"。

民国以来国内史学界对欧洲
中心论的认知与批判

吴延民[*]

国内史学界对欧洲中心论问题的广泛关注，始于有关如何建构新的"世界史体系"的史学大讨论。这场讨论从21世纪初开始，断断续续一直延续至今。在这场参与学者甚多、涉及领域甚广的讨论中，欧洲中心论作为一个核心话题被屡屡提及。一场有关"世界史体系"的讨论，欧洲中心论问题成为核心话题，究其原因也非常简单，就是国内已有的几种"世界史体系"都有着欧洲中心论倾向。

在这场有关世界史的讨论正在进行时，国内史学界有两种主流的世界史研究叙事范式：唯物史观范式和现代化范式。其中，唯物史观范式于20世纪50年代自苏联引进，自引进起就在国内学术界占据了非同一般的地位，并对国内的历史研究产生了异常深远的影响。唯物史观范式的世界史叙事将人类社会的历史划分为五个阶段，即我们早已耳熟能详的五种社会形态：原始社会、奴隶社会、封建社会、资本主义社会、社会主义社会，并认为历史大体是遵照这五种社会形态向前演进的。虽然并不强调世界各地区的历史，都要严格遵照这五种社会形态依次向前演进，但唯物史观范式的世界史叙事，仍把不同地区的历史都嵌入依据这五种社会形态所划分的历史阶段中。然而，这种历史变迁遵照五种社会形态演进的"规律"，是基于欧洲一隅历史经验的总结。将这种"规律"应用于整个欧洲史的书写尚有不妥，而按照它来书写整个世界的历史，则必定会导致削足适履现象的发生。这种把其他地区的历史按到欧洲的普罗克汝斯特斯之床上，比

---

[*] 作者吴延民系北京大学历史学系2007级硕博连读研究生。本文曾以"民国以来国内史学界对欧洲中心论的批评"为题发表在《史学理论研究》2015年第4期。

照欧洲的历史经验随意取截的做法，就是一种很典型的欧洲中心论的研究方法。

现代化范式于20世纪八九十年代自美国学术界引进，因与唯物史观范式有着诸多相近，又不像唯物史观范式那样有着僵化的意识形态取向，加上它又十分切合国人热情拥抱"现代化"的时代诉求，所以很容易就被国内学术界接纳，逐渐成为一种研究世界史的主流范式。现代化范式以人类社会从"传统"（或曰"前现代"）向"现代"的转变作为其宏大视角，将近五百年来的世界史描述成从"传统农业社会"向"现代工业社会"的大转型。这一大转型被认为发端于西欧，之后凭借着"现代性"的巨大威力，逐渐波及世界其他地区。应该说，现代化范式为研究世界近五百年来的历史工作，提供了一套涵盖能力非常强的解释框架。与唯物史观范式所提供的解释框架比，这套框架能使研究者触及更多、更丰富的历史变迁细节。以"传统"向"现代"的变迁为视角考察历史，要比以阶级斗争推动社会形态的演进为视角，可以带给研究者更大的空间。然而，与唯物史观范式一样，现代化范式同样有着欧洲中心论倾向，也存在以欧洲标准来撰写其他地区历史的情形。现代化范式之所以被指为是欧洲中心论的，一是因为它过分强调欧洲历史和文化的特殊性与优越性，二是因为它在界定何为"现代"时过分倚重欧美的经验。"现代"是现代化范式里历史叙事的"终点"，而这个"终点"决定着叙事的大致走向。当"现代"基本依据欧洲的经验来界定时，这种范式也就很难避免欧洲中心论倾向了。

鉴于国内两种主流世界史范式都有着欧洲中心论的倾向，它在有关如何建构新的"世界史体系"的讨论中成为核心话题，也就是理所当然的事情了。在某种程度上甚至可以这样说，正是因为欧洲中心论问题的存在才使得这场有关世界史的讨论得以出现，而这场讨论也主要是旨在纠正世界史研究叙事中的欧洲中心论倾向。

一

欧洲中心论虽然在近些年才成为国内史学界的热门话题，但国内学者对它的关注和讨论却由来已久。早在民国时期，就已经有学者注意到了欧洲中心论问题的存在，并对之展开了批评，其中最具代表性的是雷海宗和周谷城。

雷海宗1928年发表过一篇名为《评汉译韦尔斯著〈世界史纲〉》[1]的书评,正是这篇书评开创了国内学者批评欧洲中心论的先河。韦尔斯著名的《世界史纲:生物和人类的简明史》初版于1920年,几年后就被翻译成中文介绍进国内。韦尔斯编写此书的目的,是消解一战在欧洲所造成的巨大迷茫,试图通过对整个人类历史图景的描绘,探寻已发生的那些事情为何会发生。韦尔斯的《世界史纲:生物和人类的简明史》本身就是带有反欧洲中心论色彩的。在此书1939年版的导言里,他明确表示自己在编写之初就"认识到欧洲历史学者怎样严重地贬低了亚洲中央高地、波斯、印度和中国等文化在人类这出戏剧里所分担的部分"[2]。但韦尔斯对欧洲中心论的警醒,并未能使他的著述避免这个问题。

在雷海宗看来,《世界史纲:生物和人类的简明史》根本就不能算作世界史,往好了说也不过是"前有四不像之长序中间被无关之事所掺杂的一本西洋史"。他举了两方面的证据来支持自己的判断:一是韦尔斯在"叙述五六千年来各开化民族的历史"时,把一多半的篇幅都留给了西洋人,而埃及人、印度人、中国人、犹太人、回人、蒙古人等总共才分得一小半;二是韦尔斯之所以会有这样的篇幅安排,是因为"在他的脑海里'历史'一个名词就代表'西洋史',而他的历史观也就是他以西洋史为根据所推演出来的一个历史观"[3]。雷海宗对《世界史纲:生物和人类的简明史》这两方面的批评,如果不拘泥于具体字眼的话,大致与欧洲中心论的两大弊端相合:世界史的研究叙事专注于欧洲的历史,以及用欧洲的标准去剪裁其他地区的历史。

不过,雷海宗对欧洲中心论的批评,出发点与时下史学界的批评有些不同。现在史学界批评欧洲中心论,一般还是旨在摆脱它的影响,实现更为合理的世界史叙事,而雷海宗并不认为世界史是可行的。他当时受到斯宾格勒的影响,认为人类的历史是"好几个文化区域独立的各各独自发展演变",在过去的大部分时间里"各各文化区域都是自过自家的生活,与

---

[1] 此文初载于1928年3月4日《时事新报》的《书报春秋》专栏,后被收入王敦书编辑整理的《伯伦史学集》。

[2] [英]赫·乔·韦尔斯:《世界史纲:生物和人类的简明史》,吴文藻、谢冰心等译,人民出版社1982年版,第4页。

[3] 雷海宗:《伯伦史学集》,王敦书编,中华书局2002年版,第613—614页。

其他一切的文化区域毫不发生关系",因此认定"世界通史无论怎样也写不出来的"①。正因为认为统一的世界史是不可行的,所以尽管意识到了欧洲中心论的存在,但雷海宗并未就这个问题展开深入的讨论。既然世界史是不可行的,勉强写出的也不会有什么价值,其中是否有欧洲中心论倾向也就不重要了。而他稍晚几年发表的另外一篇文章,还曾就民国时期史学界常见的,将西洋史的三分法套用在中国史分期问题上的做法,给予了见解独到又言辞犀利的批评。②

20世纪50年代以前,雷海宗用"文化形态史观"来研究历史。这种研究历史的范式,认为"历史是多元的,是在不同的时间与不同的地域各自独自产生与自由发展的"③。这种"文化形态史观"本身就是反欧洲中心论的。它将人类社会划分为若干个不同的文明(或文化),并认为每个文明都有着各自独特的风格、特征,以及独立的历史变迁过程。这种考察人类历史的角度,显然与欧洲中心论视角下对欧洲特殊性与优越性的强调大为不同。这也就是为什么《西方的没落》会被视作对19世纪欧洲中心论叙事传统的反叛了。虽然"文化形态史观"并不认为统一的世界史是可行的,但从某种意义上讲,它也是一种研究和书写世界史的方式,只是未把人类社会的历史看作统一的整体。

把人类的历史当作统一的整体看待,并编写出国内第一部"世界通史"的周谷城,也比较早就注意到了欧洲中心论的存在。在初版于1949年九十月间的《世界通史》的弁言里,周谷城就谈到"欧洲通史并非世界通史之中心所在",并表示会在自己的著述里"力求平衡,期毋太偏重于某一方面或区域"④。在此书1983年影印版的新序里,他更为明确地表示自己反对"以欧洲为主体"、以"西方外为附庸"的世界史写法。这种世界史的写法,"首先写埃及,其次写希腊、罗马,再其次基督教,再其次欧洲中世纪,再其次地理大发现,再其次欧洲的向外发展,再其次世界各地的动乱等等。当然也还要写些其他的东西,但大体都是作为'西方外的

---

① 雷海宗:《伯伦史学集》,王敦书编,中华书局2002年版,第244页。
② 这篇文章名为"断代问题与中国史的分期",最初发表于1936年第2卷第1期的《社会科学》上,后来收入《伯伦史学集》,也曾以"中国文化的两周"为名收入《中国文化与中国的兵》。
③ 雷海宗:《伯伦史学集》,王敦书编,第244页。
④ 周谷城:《世界通史》(第1册),上海商务印书馆1949年版,弁言。

附庸'写的"①。

周谷城很早就受到唯物史观的影响，以阶级斗争推动社会形态演进的视角研究历史。他所著的《中国通史》1939年出版后不久即遭查禁，就是因为此书以唯物史观范式书写中国历史。周谷城的《世界通史》也是依照唯物史观范式书写的。他在本书弁言里明确写道："进化阶段，不能因难明而予以否认。世界各地历史的演进，无不有阶段可寻。典型的阶段为由氏族社会时代到奴隶经济时代，再到封建时代，再到前资本主义及资本主义时代，然后到社会主义时代"②。这种以几种社会形态的演进为线索组织书写欧洲以外地区历史的做法，在当下已经被认为是欧洲中心论的，因为它无视其他地区各自的历史变迁脉络。

在他1961年发表在《文汇报》上的一篇文章里，可以更清晰地看到周谷城所说的"以欧洲为中心的世界史"到底什么模样："古代史就只讲希腊、罗马"；中世纪史则仅限于讲欧洲的"基督教、封建制、文艺复兴、民族国家、专制政府、地理大发现等"；而地理大发现之后的历史在涉及欧洲之外时，则只关注欧洲人对这些地区的殖民扩张活动，而忽视"被发现"地区自身的历史。③

大体而言，周谷城对欧洲中心论的批评，主要针对世界史叙事过分"重视"欧洲的现象，而他所说的这种"重视"，则主要是就叙事的篇幅而言的。他所批评的欧洲中心论的世界史，大致表现是以欧洲一隅的历史来代替整个世界的历史，并将世界其他地区的历史视为可有可无的"附庸"。周谷城所批评的这种书写世界史的方式，确实是欧洲中心论问题诸多表现中的一种，然而，另外一种更重要的表现，即以欧洲的历史经验和标准剪裁其他地区的历史，在他的批评中并未涉及。

在民国时期，国内的世界史学科大体上还处于草创阶段，史学界在这个领域里的工作，也主要集中在对欧美研究的翻译介绍方面。当时世界史研究的基础非常薄弱，并不具备展开深入细致研究的条件。在这样的情况之下，意识到欧洲中心论的存在就已经难能可贵了，不能强求当时的学者对它进行深入细致的批评。

---

① 周谷城：《世界通史影印版新序》，《历史教学问题》1983年第1期。
② 周谷城：《世界通史》（第1册），上海商务印书馆1949年版，弁言。
③ 周谷城：《评没有世界性的世界史》，《文汇报》1961年2月7日第3版。

二

  1949年以后，由于国内政治形势翻天覆地的变化，历史研究工作也发生了革命性的变化。在政治力量的直接干预之下，史学界经历了一个"社会主义改造"过程，最为显著的变化是引进了苏联的历史研究叙事体系，全面接受了苏联人在历史研究中的立场、观点和方法。具体到世界史研究方面，对苏联"体系"的引进，使国内的世界史学科在短时间内得以初步系统化，但也因此极大地浸染上欧洲中心论色彩。

  这套未加批评就引进的研究叙事体系，就是前文所提到过的唯物史观范式。苏联人的体系是在欧洲的历史思想和知识基础上构建起来的，接受了很多"当代资产阶级历史学家的具体研究中所包含着的珍贵成果"。当时，苏联人也已经意识到了欧洲中心论问题的存在，并声称自己既反对人为任意地将世界划分为对立的"东方"与"西方"，又反对"被殖民主义精神所渗透了的资产阶级历史学家的欧洲中心思想"[①]。然而，他们对世界史中欧洲中心论问题的批评，是服务于"无产阶级思想"对"资产阶级思想"的斗争的，并不曾在学术层面上取得什么像样的成绩，也并未使他们的研究叙事体系摆脱欧洲中心论倾向。

  对于苏联人的世界史研究叙事范式，早就有学者批评其具有欧洲中心论倾向。吴于廑在1978年就指出，苏联那些从事世界史研究的史家，仍持有很多欧洲中心论的旧观点，在研究中把"欧洲的尺度"视为"全世界的尺度"[②]。马克垚批评说："苏联《世界通史》排列全世界历史的根据，仍然是西欧的模式。"[③] 巴勒克拉夫也曾批评说，苏联人这种由英国革命、法国革命和俄国革命等给世界史分期的做法，"甚至比西方非马克思主义历史学家更带有欧洲中心论的性质"[④]。

---

 ① 《总编辑部的话》，苏联科学院主编：《世界通史》（第1卷），文运等译，生活·读书·新知三联书店1959年版，第4、5页。
 ② 吴于廑：《关于编纂世界史的意见》，《武汉大学学报》（哲学社会科学版）1978年第5期。
 ③ 马克垚：《困境与反思："欧洲中心论"的破除与世界史的创立》，《历史研究》2006年第3期。
 ④ 巴勒克拉夫：《当代史学主要趋势》，杨豫译，上海译文出版社1987年版，第248页。

20世纪50年代对苏联这套研究叙事体系的引进,① 是与当时对马克思主义的学习、对历史研究中"旧史观"的批判,以及对知识分子的思想改造联系在一起的。鉴于当时史学研究所处的环境,对这套研究叙事体系进行认真的反思或批评是不可能的,所以其中的欧洲中心论倾向也就很顺畅地传播到国内,使1949年后国内的历史研究广泛而深入地欧洲中心论"化"了。

在这件事情上最具有代表性的,是那些年史学研究中的"五朵金花",即中国古代史分期、中国资本主义萌芽、中国封建社会农民战争、中国封建土地所有制形式,以及汉民族形成五个史学问题。其中的中国古代史分期问题,是要把中国的历史嵌入五种社会形态演进的链条当中;对中国资本主义萌芽的探寻,则是为了要证明即使没有帝国主义的侵略,中国也能遵照历史"规律"演进到资本主义社会;对中国封建社会农民战争的研究,是建立在阶级斗争推动着社会形态演进这一理论基础之上的;而对中国封建土地制度问题的研究,则是中国古史分期问题的延伸;至于汉民族问题,则是试图将19世纪初才出现于欧洲的民族国家单位,强加到情形与之迥异的古代中国研究中。

在历史研究被欧洲中心论思想严重浸染之后,国内史学界对欧洲中心论的批评并没有消失。周谷城在1960年、1961年先后发表了三篇文章:《论西亚古史的重要性》《评没有世界性的世界史》和《迷惑人们的欧洲中心论》。在这三篇文章里,他秉持着自己的"全局观念",对世界史中的欧洲中心论问题进行了批评。在周谷城重新提起这一话题后,其他一些学者也展开了对欧洲中心论的批评。

吴廷璆批评说:"以欧洲为中心的世界史代表西方资产阶级的观点,早在十九世纪初叶,德国唯心主义哲学家黑格尔在他的'世界史哲学'中就武断地认为希腊和意大利是'世界史的中心',世界史的'舞台',是'世界精神'的'故乡'。绝大部分欧美资产阶级学者根据这种思想写世界史鼓吹种族主义,歪曲历史,为殖民主义服务。""这种体系是反动的,也是反科学的。"②

戴裔煊指出:"资产阶级历史家'欧洲中心'的观点,在结构体系方

---

① 当时世界史研究领域学习、引进苏联史学的情形,可见于沛《当代中国世界历史学研究(1949—2009)》,中国社会科学出版社2012年版,第9—26页。

② 吴廷璆:《建立世界史的新体系》,《光明日报》1961年4月9日第3版。

面,表现为以欧洲史、欧洲诸民族国家及其向世界各地殖民活动史为主要内容,构成人类社会发展过程的基本体系。他们常把东方史作为欧洲史的说明资料,作为欧洲史的注脚,而且企图证明世界文明重心的转移是由东而西,最后以西方的文明欧化全世界。在内容方面,资产阶级历史家欧洲中心观点主要表现为,以有利于剥削阶级的人种不平等的谬论出发,力图表明欧洲白种人及其文明无比优越,从他们的祖先开始,向来都是世界的征服者。"[1]

邓拓认为:"'欧洲中心论'是西方资产阶级征服世界的帝国主义侵略政策在历史学领域的反映。它的实质就是殖民主义。当着西欧的资产阶级要建立一个统一的资本主义的世界市场的时候,他们需要'欧洲中心论'为他们效劳。"这种欧洲中心论在国内学界也有表现:"一些人力图证明中国历史和欧洲历史是完全相同的。为了这个目的他们不惜对中国历史采取削足适履的办法。""他们片面强调社会发展的共同性,不顾历史事实,不敢讲出中国的历史特点。他们别有用心地硬套公式,以欧洲历史的具体情况为标准,来'改造'中国的历史。他们甚至无中生有,牵强附会,去迎合外国的公式。他们看到欧洲有宗教改革、文艺复兴,就认为中国也应该有;看到欧洲有百科全书派,就赶紧到中国历史上去找。这绝不是研究科学的态度,而是一种奴性的表现。它是已经死亡了的半殖民地半封建的旧中国的残余影响在人们思想中的一种反映。"[2]

刘大年认为:"欧洲或西欧的历史在一个很长的时间里一直被说成是世界历史的中心,这不是别的产物,而是地道的西方资本主义侵略势力的产物。那种观点只是强烈地反映了西方殖民主义一贯侵略东方,一贯追求奴役亚非拉美人民的观点。""欧洲中心主义的历史观点,就是赤裸裸地反映了殖民主义者的这种观点。根据这种论点,由西方殖民主义者统治亚洲,统治一切'落后'地区就是天然合理的了。资产阶级历史学就是这样为它那个阶级服务的。"他还进一步指出:"社会存在决定社会意识。一切陈腐的观念最后总是要为雄辩的事实所推翻。无非时间有迟早之别。亚非拉美人民改造世界的斗争,不断地震撼得地球发抖。人们把自己封闭在密室里也无法逃脱它的震荡。西方资产阶级面对这个事实,什么欧洲中心

---

[1] 转引自杨辉《当前世界史讨论的几个问题的情况简介》,《历史教学》1961年8—9期合刊。

[2] 邓拓:《毛泽东思想开辟了中国历史科学发展的道路》,《历史研究》1961年第1期。

主义、西欧中心主义,都只有加速完蛋。"①

　　黎澍则指出:"中国学校讲授的世界历史,在好几十年里面曾经是以欧洲为中心的。所以'欧洲中心'的历史观在中国影响很大。所谓'欧洲中心'是以欧洲资产阶级文化为世界文化中心的资产阶级学说。""资产阶级学者所谓'欧洲中心'论,就是适应欧洲资产阶级对于世界市场的征服而制造出来的反动理论。他们认为东方文明和西方文明是互相对立的和敌对的两个体系的文明,极力贬低中国和其他非欧洲国家对人类文化的贡献,从世界历史中排除这些国家的地位。"②

　　这一时期国内学者对欧洲中心论的批评,多是指责其为西方资产阶级的思想,是为帝国主义侵略者辩护的反动观点。以上列出的几种批评,大体都是以这样的角度进行的。以今天的学术标准看,这些批评有些地方还是抓住了欧洲中心论的要害的,比如指责欧洲中心论是种族主义的,批评它将欧洲文明凌驾于其他文明之上,指出其与欧洲的殖民活动密切相关等,但这些批评对欧洲中心论是西方资产阶级学说的指责,则展示出这些批评自身所具有的特殊局限性。一方面,这些批评的用词阶级斗争味十足,因此使它们自身的学术价值大打折扣;另一方面,这些批评的内在逻辑也使它们与苏联人对欧洲中心论的批评相似,都主要是服务于对"资产阶级学术思想"的斗争。这些批评依赖于这样一种逻辑:史学思想可以分为资产阶级的和无产阶级的。前者在本质上是错误的、落后的、反动的,只是偶尔有些可取之处;而后者在本质上是正确的、先进的、革命的,即便有时会出现一些错谬。欧洲中心论之所以是错误的,就是因为它是西方资产阶级的学说。这种以阶级属性判断学术思想对错的做法,出现在以阶级斗争为纲的年代并不奇怪,但在这种逻辑的统治下,对欧洲中心论问题进行深入细致的学术批评也就不太可能了。

　　这里还要特别提到那时出现的另外一篇文章,吴于廑发表于 1964 年的《时代和世界历史——试论不同时代关于世界历史中心的不同观点》。吴于廑在这篇文章里写道:"欧洲中心论者是以欧洲为世界历史发展中心的。他们用欧洲的价值观念衡量世界一切。在欧洲文明发生以前,所有其他文明都只是它的准备;在它发生以后,全世界的历史又必然受它支配和

---

① 刘大年:《亚洲史应怎样评价?》,《历史研究》1965 年第 3 期。
② 黎澍:《毛泽东同志的〈改造我们的学习〉和中国历史科学》,《人民日报》1961 年 7 月 8 日第 7 版。

推动,是它的从属品。他们把世界分为文明的欧洲和落后的非欧洲。"在世界历史上,落后的非欧洲可有可无,"即使被写进历史,也不过是聊备一目,用以反衬欧洲的进步和文明。只有欧洲历史才具有推动全人类进步的意义"。欧洲中心论者"把欧洲历史,特别是近代欧洲历史作为一种模式,以为全世界都要欧化,都当按欧洲的模式而一致起来;不如此,就是不合典型的畸形现象"①。

吴于廑在这篇文章里也批评说欧洲中心论是近代西方资产阶级的思想,还提到要摆脱它书写真正世界史的任务只能由无产阶级历史家来完成,② 但好在这些说法并非他的批评得以成立的基石。在他的这篇文章里,吴于廑还提及西方"反动史家"巴勒克拉夫"也起来反对欧洲中心论"③。当时巴勒克拉夫已经出版了他的《处于变动世界中的历史学》(1955),并在此书中针对欧洲中心论问题进行了比较系统的批评。吴于廑所提到的巴勒克拉夫起来反对欧洲中心论,指的应该就是巴氏在《处于变动世界中的历史学》里所做的批评。他在自己之前的一篇文章里,曾详细讨论了巴勒克拉夫在这本书里的观点。④ 由于当时论文注释很不规范,我们无法判断出吴于廑对欧洲中心论的批评,在多大程度上受到了巴勒克拉夫的影响,但可以肯定的是,吴于廑在《时代和世界历史——试论不同时代关于世界历史中心的不同观点》里对欧洲中心论的批评,与巴勒克拉夫的批评有着诸多相似之处。

整体而言,在1949—1978年的这段时期,国内的历史研究经历了一个欧洲中心论"化"的过程。这段时间虽然也有对欧洲中心论的批评,但这些批评大多从属于思想领域的阶级斗争,并没有多少实际的学术价值。吴于廑之所以能给出至今仍具价值的批评,除了他自己过人的学力之外,大概也因为他的批评曾受到域外史家的影响。在那个学术研究主要是闭门造车、自说自话的年代,国内学者对欧洲中心论的批评实在乏善可陈。

---

① 吴于廑:《时代和世界历史——试论不同时代关于世界历史中心的不同观点》,《江汉论坛》1964年第7期。
② 这篇文章里的此类表述,在后来收入《吴于廑学术论著自选集》(1995)时被删除。
③ 吴于廑:《时代和世界历史——试论不同时代关于世界历史中心的不同观点》,《江汉论坛》1964年第7期。
④ 这篇文章的题目叫"巴拉克劳的史学观点与对欧洲历史的末世感",发表在1959年第8期《武汉大学人文社科学报》上。巴拉克劳即巴勒克拉夫,当时译法与现在有所不同。

三

1976年思想领域的禁锢开始出现松动。借助于对"四人帮"滥用历史学的批判，及稍晚些时候出现的改革开放大环境，国内史学界迎来了渐趋宽松的研究氛围，启动了研究"去阶级斗争化"的过程。

在关于如何编写新世界史教材的讨论当中，欧洲中心论问题又一次进入了史学界的视野。对国内世界史研究影响深远的吴于廑，在讨论中重复了他于1964年就发表过的观点：古今中外书写"世界史"的，无一不有"中心论"的倾向，司马迁如此，希罗多德如此，现代的历史学家也是如此。但有些不同的是，他除了批评西方资产阶级历史学家持欧洲中心论以外，还批评说苏联研究世界史的历史学家也是持欧洲中心论的。① 关于这一重要变化，前文已经提及。

当时苏联早已变成了"苏修"，批评它的世界史研究已经不再有危险，但这一变化仍然值得注意。在吴于廑的公开批评之后，其他一些学者也加入进来。这些对苏联世界史研究的批评，除了指责它还留有很多西方资产阶级史学的旧观点外，主要是说它在世界史分期问题上还是欧洲中心论的。吴于廑已经指出，苏联人对人类社会五阶段的划分还是西方式的，只不过是在西方传统的三分法之外，再加上"一头一尾"：原始社会和十月革命后的社会主义社会。② 其他人的批评也与此类似，没有多少新鲜的表述。对苏联人的批评之所以重要，主要是因为正是通过对他们的批评，国内史学界变相地承认了自己的"世界史体系"有欧洲中心论倾向，需要对之做出更为深入的反思和变革，只是当时还不知道该怎么反思和变革。

那段时间欧洲中心论问题被提及的次数并不算很多。即便提及也多像吴于廑的文章一样，只是指出欧洲中心论问题的存在，并列举一些它在研究叙事中的表现，并未就这个问题进行更细致的批评。事实上，在那个史学界忙着"拨乱反正"的时期，欧洲中心论并不能算作一个重要的问题。

---

① 吴于廑：《关于编纂世界史的意见》，《武汉大学学报》（哲学社会科学版）1978年第5期。

② 吴于廑：《关于编纂世界史的意见》，《武汉大学学报》（哲学社会科学版）1978年第5期。

对于讨论世界史问题的学者来说，更为重要且紧迫的事情是，如何使新的叙事体系既能摆脱苏联模式，淡化对阶级斗争内容的关注，还能尽量符合唯物史观的要求。当时世界史领域的学者所讨论的，主要是历史发展的动力问题、西欧封建问题、亚细亚生产方式问题，以及如何加强对世界历史中横向联系的叙述等。

在当时的国内史学界，欧洲中心论这个概念所指代的，主要是世界史中关于欧洲讲得多，关于亚非拉讲得少；把欧洲形容为先进、文明，把亚、非、拉则形容为落后、野蛮，以及没有突出对亚非拉殖民主义侵略等。这种对于欧洲中心论的理解，也确实没有必要太过关注。国内的世界史叙事已经在尽量增加有关亚、非、拉的内容，只是已有的研究不足以支撑对这些地区作更多表述，这不是欧洲中心论在作怪；国内的世界史从不认为欧洲是文明、先进的唯一代表，只是说它在迈向资本主义的道路上领先些，并且不断强调这领先建立在肮脏与血腥之上；而对欧洲的种族主义、殖民主义的批评，国内学界数十年来都没有弱化过。

作为这次有关如何更好地撰写世界史的讨论的最大成绩，是吴于廑和齐世荣主编的六卷本《世界史》。① 这部世界史基本上是按照吴于廑的想法编写的，即努力克服民族的、地区的偏见，以全局眼光去探索"世界由古及今经历了怎样的历史演变过程，怎样由原始的、闭塞的、各个分散的人群集体的历史，发展为彼此密切联系的形成一个全局的世界历史"②。虽然这套书在编写时曾努力避免滑向欧洲中心论，但最终的成书还是明显存在这个问题。书中对于欧洲史的叙述，从希腊、罗马的古典时代，到中世纪封建时代，到近现代早期的文艺复兴、宗教改革、地理大发现，再到启蒙运动、欧美诸国的革命，再到工业时代来临、西方资本主义的影响遍及全球。以这些表述来看，欧洲历史的"发展脉络"清晰可见。与之形成鲜明对照的是，对亚、非各地区历史的叙述附着于欧洲的"发展脉络"之上，没有对这些地区独特的历史变迁脉络给予足够的关注。前些年就已有学者指出，这部世界史在解释非西方国家在19、20世纪的历史变迁时，使用

---

① 这部六卷本《世界史》的"近代史编"率先于1992年出版，"古代史编"和"现代史编"则于1994年出版。
② 吴于廑：《世界史学科前景杂说》，《内蒙古大学学报》（哲学社会科学版）1985年第4期。

了一种典型的欧洲中心论模式:"冲击—回应"模式。①

在20世纪八九十年代,欧洲中心论问题基本没有引起国内学者的太多兴趣,这段时间只出现了几篇以之为主题的文章。彭小瑜在1986年的一篇文章中,援引赖特②等人的观点,使用"归约"(generalization)概念,对中国历史和文化研究中的欧洲中心论问题进行了批评,指出欧洲中心论之所以难以克服,是因为它所包含的那些观点和概念通常是被作为"归约"而被接受下来的,是"演绎的出发点、影响归纳的重要因素"③。

马世力在《也谈"欧洲中心论"》(1990)中,仍然继续给它贴上意识形态标签,说它是"资产阶级唯心主义历史观的重要组成部分",是"建立在唯心主义历史观基础之上的、对客观历史过程与规律做了歪曲反映的历史理论与史学体系"。他还指出:"不能用否认历史发展有中心的做法去反驳'欧洲中心论',也不能用否认欧洲在近代曾经是世界历史发展中心,或把其他什么地区说成是中心,甚至否定资本主义在近代的历史进步性的做法去批判'欧洲中心论',这样只能陷入新的唯心主义的泥沼。"④

俞吾金在《突破"欧洲中心论"的思维框架》(1998)中,就欧洲中心论难以克服给出了自己的解释:"因为这种理论已通过西方人的常识、语言和逻辑,特别是通过那些在世界范围内产生重大影响的文本,渗透到许多人的潜意识之中。"俞吾金还在文中为马克思被批评为是持欧洲中心论的而辩护,指出马克思被认为持欧洲中心论是对他本人思想的曲解,实际上马克思是批判欧洲中心论的"一个卓越代表",因为他提出了"亚细亚生产方式"的概念以及"跨越卡夫丁峡谷"的设想。⑤

从以上三篇颇具代表性的文章中,可以看出这段时间国内学界批评欧洲中心论的大致情形。20世纪80年代开始,就已经有学者在批评欧洲中心论时,借用欧美史学界比较新颖的批评方式,不再只是沿用简单的以意识形态划界、阶级属性归类的老办法,但这种新的批评并不多见。过去

---

① 徐洛:《评近年来世界历史编撰中的"欧洲中心"倾向》,《世界历史》2005年第3期。
② 即芮沃寿(Arthur F. Wright, 1913—1976),美国汉学研究的奠基人之一,其名著《中国历史中的佛教》已译成中文在2009年出版。
③ 彭小瑜:《中国历史和文化研究中的归约问题——"欧洲中心论"批判》,《社会科学研究》1986年第6期。
④ 马世力:《也谈"欧洲中心论"》,《东北师大学报》(哲学社会科学版)1990年第5期。
⑤ 俞吾金:《突破"欧洲中心论"的思维框架》,《学术月刊》1998年第5期。

"阶级斗争为纲"年代里形成的话语体系余威尚存,并被受那个年代影响较深的学者继续使用。俞吾金对马克思的辩护,实际上表明了一件很重要的事,那就是坊间已经出现了对马克思是欧洲中心论者的议论,只是还没有正式的文章出现。俞吾金对马克思的辩护,或者说是过分褒扬,是在努力捍卫马克思的正确性与权威性。但比较尴尬的是,他的辩护与别人的批评,有些风马牛不相及。"亚细亚生产方式"正是马克思被批评为是欧洲中心论者的重要原因,而那些认为马克思是欧洲中心论者的学者,也并不会因为他晚年时曾设想俄罗斯也许可以"跨越卡夫丁峡谷",不经发达的资本主义便可进入社会主义社会,就取消对他的批评。

大体说来,史学界在20世纪八九十年代里批评欧洲中心论的兴致不高。在那些国人热情拥抱欧美世界的日子里,史学界对欧洲中心论问题的感知很不敏锐。改革开放打开国门之后,欧美世界很快变身为先进的代表。随着主要关注从"阶级斗争"转变为"现代化",中国人实际上也承认了自己在方方面面相比于西方的落后。在这样的时代氛围里,欧洲中心论问题着实很难引起广泛关注。

虽然国内学界对欧洲中心论的批评工作,在这时已经断断续续地进行了数十年,但这些批评大都是泛泛而谈,而且很多批评者对欧洲中心论问题的理解尚有不少误区。更应该指出的是,那些年国内史学界的积累还不能支撑在这个问题上进行深入细致的讨论,但随着这个时期开始的对一些国外研究的翻译引进,这种情形慢慢得到了改善。这些国外研究中比较重要的有柯文的《在中国发现历史》(1984,1989)、艾田蒲的《中国之欧洲》(1988—1989,1992)、王国斌的《转变的中国》(1997,1998)、萨义德的《东方学》(1978,1999)、滨下武志的《近代中国的国际契机》(1990,1999)、弗兰克的《白银资本》(1998,2000)、彭慕兰的《大分流》(2000,2003)[①] 等。

四

改革开放之后,中国经济开启了高速增长的进程,短时间内就取得了

[①] 本段括号内为各书籍首次出版的年份,前面为外文版出版年份,后面为中译版出版年份。

举世瞩目的大量成就，综合国力和国际地位都得到显著提高。相比于改革开放之初的积贫积弱，在新世纪来临时，中国在各方面都已经发生了翻天覆地的变化，而且大体上还继续向着好的方向快速变化。五千年文明之子们逐渐找回了对自己的文化与历史的自信，开始寻求在各个领域"发出中国的声音"。新世纪初开始的有关如何构建新的"世界史体系"的大讨论，正是在这样一种时代氛围中展开的。

本文开头就已经提到，欧洲中心论是这次史学讨论中的一个核心话题，引起了国内史学界对它的广泛关注和讨论。在这场讨论正在进行时，已经有不少国外学者批评欧洲中心论的著述在国内出版，而且有更多的此类著述被陆续翻译引进。国外学者在这个问题上的批评，对国内史学界的讨论产生了很大影响。与之前相比发生巨大变化的是，国内学者在批评欧洲中心论时，大量援引国外学者的相关论述来支撑自己的讨论。且就截至目前的情况而言，近些年国内学者对欧洲中心论问题的讨论，分量较重的也多是对国外学者相关研究的述评。

早在2000年，刘禾就在《欧洲路灯光影以外的世界——再谈西方学术新近的重大变革》一文中，高度评价了弗兰克的《白银资本》在批评欧洲中心论问题上所具有的价值，认为它"代表着当今世界体系理论的一个新的转折点，它迫使人们重新思考历史写作中的成见、偏见和急功近利的伪命题（比如'中国为什么没有现代化'）"。刘禾还指出，《白银资本》实际上是"提供了一个全球视野"，这种视野使我们不得不对"有关'现代'的各种学说和知识进行全面的清理"，对"诸如现代文明如何发生，资本主义如何起源，'西方'和'东方'究竟是一些怎样的知识构成，以及这种知识以何种方式参与了世界史的创造"等问题进行检讨。[①] 在更早些的时候，她还在《读书》杂志上撰文介绍过马丁·贝尔纳的《黑色雅典娜》。这也是国外学界一部重要的批评欧洲中心论的著述。

李伯重在评介《转变的中国：历史变迁及欧洲经验的局限》的一篇文章中，介绍了王国斌在研究中所使用的新的中西比较研究方法："一方面用欧洲的经验来评价在中国发生的事情，另一方面则用中国的经验来评价欧洲。通过互为主体，得出新的行为模式和价值观念"，并指出这种比较

---

① 刘禾：《欧洲路灯光影以外的世界——再谈西方学术新近的重大变革》，《读书》2000年第5期。

方法不再只是以欧洲的标准看中国，还反过来以中国的标准看欧洲，使得比较史学研究能以公平的方法进行，避免继续陷于欧洲中心论的窠臼。①

《大分流：欧洲、中国及现代世界经济的发展》的译者史建云指出，彭慕兰在书中对中国和欧洲的比较研究当中，"无论是比较单位的选取，比较标准的设定，还是一系列具体因素的比较过程"，都与过去学术界的做法有着很大不同。史建云介绍说，彭慕兰"抛开了传统的比较单位：洲与洲、国家与国家、地区与地区，而使用各方面条件（面积、人口、地理环境、经济发展等）大致相当的区域作为主要的比较单位，如中国的江南与英国的英格兰、中国的岭南与法国、大陆欧洲与中国"等。她还强调《大分流：欧洲、中国及现代世界经济的发展》中采用的交互式比较研究方法，不再只是简单地问"为什么江南没有成为英格兰"，还尝试探究"为什么英格兰没有成为江南"②。

从某种程度上甚至可以说，近些年国内史学界对欧洲中心论的讨论，基本上是围绕着国外学者的相关论述进行的。在这些讨论当中，介绍国外学者的相关研究方法和观点的文章，可以算作比较重要的一种。国外学者对欧洲中心论的讨论被翻译、介绍到国内史学界，所带来的不只是研究方法和观点，更为重要的是使国内学者看到在相关问题上该如何进行深入细致的批评。

对欧洲中心论问题展开学术批评，需要的不仅仅是意识到它的存在，知道它的一些外在表现，还需要有合适的方法、理论、角度和问题，而国内史学界在这些方面是有着严重欠缺的。国内学者察觉到欧洲中心论的存在并不算晚，在民国时期就已经有学者对之发表过意见，但遗憾的是后来数十年对这个问题的批评偏离了学术轨道，变成了国内意识形态斗争的从属部分。与此形成对照的是，欧美学术界在20世纪初意识到欧洲中心论的存在之后，沿着正常的学术轨道继续前行，使对欧洲中心论问题的批评得到不断深入，也使这些批评慢慢得以"系统化"。

由于缺乏欧美学术界那样的传承和积累，国内对欧洲中心论问题的批评在很多时候还显得比较浅显，而参与讨论的有些学者对一些相关概念的

---

① 李伯重：《"相看两不厌"——王国斌〈转变的中国：历史变迁及欧洲经验的局限〉评介》，《史学理论研究》2000年第2期。
② 史建云：《重新审视中西比较史——〈大分流：欧洲、中国及现代世界经济的发展〉述评》，《近代史研究》2003年第3期。

理解也存在着误区。例如，有的批评仍将欧洲中心论指斥为"西方资产阶级企图按照自己的面貌来改造世界的一种意识形态"；① 有的批评指出欧洲中心论的"实质"是"以欧洲为世界的中心，并以欧洲的价值标准看待世界"；② 还有的批评不太恰当地将欧洲中心论分为三种："假定前提的欧洲中心论""文化传播的欧洲中心论""反欧洲中心论的欧洲中心论"，③等等。

随着国外学者相关著述的翻译引进，以及与国外学界越来越紧密的联系，国内史学界近些年对欧洲中心论的批评，从学术水平上来讲也逐渐有了很大的提高。柯文的《在中国发现历史》于20世纪80年代末就已经翻译出版，并在国内史学界引起了深远的影响。在他这本久负盛名的书中，柯文言辞犀利地批评了研究中国史的三种欧洲中心论的模式："冲击—回应"模式、"传统—现代"模式及帝国主义模式。他还在书中提倡，研究中国史应该持"中国中心取向"（China-centered approach，也被译作"中国中心观"），即研究要尽可能从中国自身的历史情境出发。柯文的批评针对的是欧美的中国史研究，其在国内最开始影响到的也是中国史研究，但世界史和中国史之间并不存在严格的界限，欧洲中心论也同样地存在于这两个领域，所以在这轮因世界史而起的对欧洲中心论的讨论中，柯文的观点也经常被参考援引。从中至少可以看出，柯文所说的研究中国史时要秉持"中国中心取向"已经基本成为学界的共识，而早些年他的这些观点还曾产生了大量不解。

近些年国内史学界对后殖民主义的关注和讨论，也在一定程度上反映出对欧洲中心论的批评所取得的进展。在对欧洲中心论问题的批评上，萨义德的《东方学》堪称是一部里程碑式的著作。他在自己的书中赋予了"东方学"（Orientalism，又译为"东方主义"）三种含义：研究东方的一个学科，理解东方的一种思维方式，"君临东方"的一套话语。通过对这三种侧重不同但相互关联的含义的讨论，他考察了西方人对其眼中的"东方"的建构过程，指出西方人所不断谈论的"东方"，实际上与东方的现

---

① 林甘泉：《从"欧洲中心论"到"中国中心论"——对西方学者中国经济史研究新趋向的思考》，《中国经济史研究》2006年第2期。
② 陈志强：《雷海宗批评"欧洲中心论"》，《史学理论研究》2012年第3期。
③ 任东波：《"欧洲中心论"与世界史研究——兼论世界史研究的"中国学派"问题》，《史学理论研究》2006年第1期。

实相去甚远,更多的是一种文化上的西方建构。萨义德批评的,是这种建构背后所隐藏的权力结构,是西方在现代世界里的话语霸权。不管是东西方之间不平等的权力结构,还是西方对东方的话语霸权,都是殖民主义时代的文化遗存。打破这种不平等的权力结构,挑战西方的话语霸权,就是后殖民主义研究所致力的。萨义德的批评及他所引领的后殖民主义研究,对国内学界讨论欧洲中心论问题所带来的主要影响,并不是使大家接受那些新颖的观点,而是在认识论层面给国内学者带来很大启发。萨义德的讨论是反本质主义的。他认为,不管是"东方"还是"西方"都不是"自然的存在",是人为建构出来的地理的、文化的、历史的存在,并指出,没有什么"本质上"的东方或西方。他的主张是,只有放弃本质主义(Essentialism)的立场,才能更好地"处理多元、动态而复杂的人类现实"[①]。按着萨义德的思路思考下去,欧洲中心论问题也就不再只是西方人的一些种族主义偏见,不再只是对西方事物具有普世性的强调,而是历史研究叙事中的一整套话语。国内史学界对后殖民主义的讨论,虽然还仅仅处于起步阶段,但仍然是件值得关注的事情。

对出自欧美学界的"中国中心取向""东方主义"等问题的关注,拓展了国内学者讨论欧洲中心论问题时的视野,使这些讨论的学术水平获得了长足的进步。然而,真正使对欧洲中心论的批评出现大的改观的,是近些年对全球史研究的讨论。

全球史研究源于美国史学界,近些年引领了世界史研究的新潮流。作为研究世界史的一种新范式,全球史研究已经出现很久,最早可追溯至麦克尼尔1963年出版的《西方的兴起》,但它真正在世界史研究领域风生水起是在20世纪90年代末以后。与研究世界史的其他范式相比,全球史范式在很多方面都显得大为不同。相比于唯物史观范式,全球史范式认为推动人类社会发展的不是什么阶级斗争,而是不同地区和文明间的交流互动。它也不认为世界性的联系是欧洲人在资本主义时代促成的,还指出世界各地在16世纪以前的联系,无论是密切程度还是其历史影响力,都被之前的诸种世界史叙事给严重低估了。相比于现代化范式,全球史范式不再认为现代性的产生是纯粹的欧洲事件,而认为它是全球各地的诸多因素

[①] 爱德华·萨义德:《东方学》,王宇根译,生活·读书·新知三联书店1999年版,第6—7、428—429页。

在欧洲汇聚的结果，不仅仅是欧洲，世界其他地区，尤其是中国，也在其中扮演了不可或缺的角色。全球史范式不再强调欧洲文化与历史的特殊性和优越性，也不再主张向现代世界的转变是历史的必然和进步。

全球史范式在避免滑向欧洲中心论方面，做出了很多卓有成效的探索。它的研究叙事所呈现出的世界史新图景，现在看来也确实避免了很多欧洲中心论的弊端。全球史研究仍是一个方兴未艾的领域，在很多问题上现在对之下结论还为时尚早，但应该看到它在构建更为合理的世界史方面已经取得了很大的成绩，而且在未来也会继续影响世界史研究的走向。

在延续至今的有关世界史的大讨论中，全球史研究是欧洲中心论外的又一个核心话题，同样也被史学界给予了广泛的关注和讨论。国内史学界之所以会对全球史研究感兴趣，一方面是因为它描绘了一幅有关中国历史的新面貌。新面貌里的中国不再那么贫弱，也不再那么一无是处，这颇能迎合国人目前较强的民族自尊心。另一方面是因为全球史研究确实展现出一种研究书写世界史的新可能。它不再像其他范式那样带有明显的欧洲中心论倾向，而且已经有很多成熟的研究作品问世。即使不能被国内史学界完全接纳、采用，它也有着相当多的借鉴价值。国内史学界急切地想构建出更合理的世界史范式，但长期以来在很多方面又一直进展缓慢。在这样一种情况下，全球史研究被广泛地关注和讨论，也就是件顺理成章的事情了。

对全球史研究的关注和讨论，使国内史学界对欧洲中心论问题的认识和理解，在总体水平上上了一个新台阶。全球史领域的研究，尤其是其中加州学派的研究，大多会用一定的篇幅来批评欧洲中心论问题。与其他批评不同的是，全球史领域的批评更多元、更细致。这些批评不但对欧洲中心论研究中的价值取向、论证逻辑、研究路径等多有涉及，还讨论了大量具体研究中的具体问题。鉴于这些批评本身的水准，对它们的关注也就自然会推动国内批评的进展。比如，在对《白银资本》的讨论中，弗兰克对欧洲中心论问题在学术领域深度及广度的判断，就使不少学者察觉到这个问题异常复杂且牵涉极广；而弗兰克对19世纪之前亚洲跨地区贸易重要性的强调，也让不少人开始重新思考历史上欧洲对于亚洲的优势到底何时开始。在对《大分流：欧洲、中国及现代世界经济的发展》的讨论中，彭慕兰有关西欧与东亚各自的核心区于18世纪晚期才出现"经济命运"大分流的观点，让很多学者终于意识到，明清时期中国的社会经济发展水平被欧洲中心论的历史叙事给严重低估了;而彭慕兰在研究中所采用的历史比较新单位(经济核心区),也给了大家一种超出民族国家单位之外的历史视角。

五

从意识到欧洲中心论问题的存在,到对之的批评达到一定的学术水平,国内史学界已经走过了80多年。最开始意识到这个问题存在的,是一些具有敏锐观察能力的优秀前辈学人。后来受制于特殊的时代氛围,对它的批评偏离出正常的学术轨道。改革开放之后,学术讨论渐趋正常。通过对国外相关研究的吸收借鉴,国内史学界对欧洲中心论的批评从少到多、由浅入深,现在已经为更进一步的讨论打下了基础。

欧洲中心论问题不是个孤立的史学问题,它与世界史研究的整体状况,与不同时代的史学理念,与东西方间政治经济实力的对比等,都有着千丝万缕的联系。对于欧洲中心论问题的批评,也同样要受到这几方面因素的影响。不同的时代有着不同的"历史",不同的时代也有着不同的对欧洲中心论的批评。就单纯的学术层面来讲,国内史学界批评欧洲中心论的进展,除了需要对这个问题本身继续加以探讨之外,还需要提高世界史的整体研究水平,也需要逐渐理顺现在稍嫌杂乱的史学理念。

最后还得指出,之所以要对欧洲中心论问题加以批评,为的是实现更为合理的历史研究和叙事,使我们对人类社会变迁至今的历史少些误解和偏见。国内的世界史研究总体仍然偏弱,而且存在诸多问题,要想摆脱欧洲中心论的牵绊,构建出更为合理的世界史叙事,需要做的事情还异常繁多。然而,只要能沿着正常的学术轨道继续前行,这应该也不是什么太难的事。

历史学与社会科学的结合及其前景

孙 琇[*]

杰弗里·巴勒克拉夫曾写道:"历史学家长期以来一直在为捍卫历史学的'自主性'而奋斗,这种做法,用詹姆斯·鲁滨逊许多年前的话来说,是'对科学进步的条件作了错误的理解'。任何一门科学和任何一门学科,都依靠着其他科学和学科,都在'自觉或不自觉地从中汲取生命力,并且在很大程度上从中获得自己进步的机会'。"[①] 法国的历史学家们也指出:"各种历史问题既产生自这门学科以往的一连串实践活动,又产生自各学科群的当前概况及社会知识产生的时代条件。"[②] 的确,历史学每每取得重大进展都与吸收和借鉴本学科外部的新的方法、新的理论有重大关联。正如在历史学发展的历史中,马比昂的考据学派有意识地以《圣经》批判的新科学为榜样,尼布尔和兰克时代又借鉴和吸收了经典语言学的研究方法。"今天的历史学转向社会科学去寻找新的认识能力和新的研究技术,只不过是继续历史学研究过去在发展和提高的每一个转折时期一直遵循着的那种实际做法而已。"[③]

关于历史学借鉴和吸收社会科学方法的这个史学潮流,本身有其自身的发展沿革(我国学者在20世纪80年代历史学理论热的时期就已经敏锐

---

[*] 作者孙琇系山东大学历史文化学院副研究员。本文曾以"浅谈'历史学与社会科学'"为题发表在《社科纵横》2012年第4期。

[①] 杰弗里·巴勒克拉夫:《当代史学主要趋势》,杨豫译,上海译文出版社1987年版,第70页。

[②] 法国年鉴编辑部:《我们在进行试验——再论历史学与社会科学》,《经济社会文明年鉴》1986年第6期。其中文本由陆象淦译,载《国外社会科学》1990年第8期。

[③] 杰弗里·巴勒克拉夫:《当代史学主要趋势》,杨豫译,第70—71页。

地做出过粗略的梳理①），但是就目前而言，高潮已经退去，历史学家们也开始形成了比较成熟而清醒的反思。当然，我在这里强调的只是退潮，绝非彻底根绝某种影响。社会科学对历史学的影响也许不再是那么外显的一个重要原因就在于它已经为历史学吸收和内化了，以至于历史学本身悄然发生着改变，与其他社会科学的界限也变得不那么清晰了。在《历史研究》杂志2004年的一次笔谈上，于沛教授就指出："历史学与社会科学各个学科的关系，可以简单地描述为'历史学的界限变得越来越模糊了'。"② 所以本文结合一些历史学家们对历史学和社会科学关系的反思和论述，考察历史学与社会科学是如何结合的？结合的领域及其成果有哪些？出现的问题和史学家们的反省以及随之而来的一个显著趋向：对传统的叙述史学的复归。

一　历史学的形成及其与社会科学的结合

谈到历史学与社会科学的关系，首先就要对历史学作为一门独立学科的形成及演变作一个历时性的考察。长期以来，历史学没有独立的学科地位，而是被看作文学或修辞学的一支，要么就是道德训诫的工具，"惩治暴君的鞭子"；要么就是宗教信仰的论证与宣讲；要么就是借古讽今的革命武器。历史作品的写作者往往具有多重身份，业余者是历史写作的重要力量，他们怀揣的目的也因人而异。人们对于历史学本身的问题，如历史学的目的、研究对象、研究方法等的探讨，还很零碎和自发。

劳伦斯·斯通认为："十九世纪五十年代，历史学结束了业余作家的长期垄断时期，却尚未完成它的专业化过程，只是开始有了明确的性质和研究范围。"③ 斯通谈道：1848年牛津大学史学教授H. 沃恩认为，历史学应当解决的关键问题是"揭示社会背景下的决定性变革"。很显然，这个定义是相当宽泛的，与以后的新史学有契合之处，但是却没有成为一种广

---

① 郭方：《近百年来西方历史学与社会科学结合的发展历程》，《史学史研究》1988年第2期。
② 于沛：《理论与方法：历史学与社会科学的关系及其他——历史学的"界限"和历史学的界限何以变得越来越模糊了》，《历史研究》2004年第4期。
③ L. 斯通：《二十世纪的历史学与社会科学》，此文是他的论文集《过去与现在》（波士顿，1981年）的第一篇。参见《国外社会科学》杂志1983年第9期杨豫的摘译。

泛的共识，也不是一种具体的可操作性的指导原则，所以并没有获得很大的反响。

　　1870年到1930年是历史学真正发展为一门独立的学科的时期，在此期间，"大学设立独立的历史系和博士学位，成立历史学职业协会"，研究对象相对严格地规定为"民族国家行政和法制的演进以及这些国家之间的外交关系和军事关系"①。历史主义取得绝对的胜利，受自然科学思潮的影响，历史学的确立似乎可以说是历史的科学化的确立过程。在这个过程中德国兰克学派、英国牛津剑桥学派和法国瑟诺博斯－朗格洛瓦的方法论学派起了很大作用，当时的人们认为历史学只有和自然科学一样达到客观公正，才能成为一门独立的科学。所以当时历史学的科学化途径就是方法论上的史料考证。力求客观，追求不偏不倚，让史料自己说话。即兰克在《拉丁和条顿民族史序言》中的那句话——如实直书（wie es eigentlich gewesen ist）——成为这一时期几乎所有史家共同遵奉的信条。虽然后来的相对主义者又对他们使用的史料本身和历史学家运用史料的不可避免的主观性进行质疑，但在当时看来，它毕竟是使历史学的方法更加可以度量和把握的一个途径。历史学本身也更加趋向于自然科学式的"客观"。史料考证在手段上必然要依靠考古学、地质学、地理学和古文字学等更加专业的其他学科的发展。这就为跨学科的可能性埋下了伏笔。历史学不得不走向开放，不得不关注相邻学科的成果。虽然它在研究对象上一度过于偏狭，一度阻碍了历史学与其他学科的交流。

　　到了20世纪初，随着"新史学"的兴起，人们开始对这种标榜客观但是日益僵化的历史学进行反思和质疑，斯通认为，这一代的历史学家可以分成两类：一类批判"旧史学"的历史学家是"仅注意僵死的事实，而偏废一切理论；谴责他们以天真的态度看待历史的客观性；谴责他们一有可能就低估物质和经济调节的重要性；批评他们从不认真考虑社会结构和社会流动的意义和功能，只是满足于对政治作肤浅的分析，而不探究其内在的力量；谴责他们只关注少数上层人物的活动而忽视下层群众。"② 另一类就是文化形态学派代表斯宾格勒和汤因比等人，成为宏观论者。斯通认为，这一时期的社会科学家也可以分为两类"实证主义者"（"我们不知

---

① L.斯通：《二十世纪的历史学与社会科学》，波士顿，1981年，第8页。
② L.斯通：《二十世纪的历史学与社会科学》，波士顿，1981年，第8页。

道我们的发现有什么特别意义,但至少是真实的。")和"模式建立者"("我们不知道我们的观点是否真实,但至少是有意义的")。这两类社会科学家都藐视历史学对一系列事件的定性描述,"从1870年至1930年这段时间内,历史学和社会科学的趋势是两者分道扬镳,相距越来越远。历史学日益狭隘和内向,社会科学则愈益远离历史学"①。在这一段时期里学科的迅速分化,新兴的学科形成确立,学科界限日益森严,以至于马克·布洛赫和吕西安·费弗尔在1929年曾感叹道:"墙是如此之高,以至常常挡住了视线。"② 但是也应看到某些个别的历史学家们逆流而行的努力与号召,如1900年创办《历史综合杂志》的亨利·贝尔和美国新史学的代表鲁滨逊都有一些跨越学科的想法和呼吁。

历史学潮流的新变化在20世纪30年代开始日益明显,即开始了与社会科学的合流,或者说是作为早期新史学的成果,开始日益偏离传统史学的治史路径。斯通在另一篇文章中把这之后30年的历史学的新变化称为"科学化的历史学",他这里主要是针对这种新的历史学对延续两千多年的叙述传统的背离而言的,将其分为三类:"马克思的经济解释模式,法国的生态—人口学模式以及美国的'计量经济学'方法"③。"分别在20世纪30年代至50年代、50年代至70年代中期,以及60年代和70年代早期流行。"④ 他的这种划分未必全面,但是点出了社会科学与历史学结合的一些主要阵地。

至此我们可以引用杰弗里·巴勒克拉夫的论述对历史学与社会科学早期的关系做一个小结。"作为理性探索的历史学,它的起源和社会科学一样,都产生于十九世纪实证主义者同一块土壤上。换言之,社会科学和历史学都声称要寻求某种真理,都标榜要改造自然和改造社会。我们已经看到,这是菲士泰尔·库朗热、阿克顿和布里等历史学家的信念,同时也是马克思、恩格斯、康德和斯宾塞的信念。在德国历史主义——这是对实证

---

① L. 斯通:《二十世纪的历史学与社会科学》,波士顿,1981年,第9页。
② 转引自法国年鉴编辑部《我们在进行试验——再论历史学与社会科学》,第52页。
③ 劳伦斯·斯通:《历史叙述的复兴:对一种新的老历史的反省》,古伟瀛译,陈恒、耿相新主编:《新史学》第4辑《新文化史》,大象出版社2005年版,第10页。[英文标题 The Revival of Narrative: Reflections on a New Old History, 最早刊登在 Past and Present, No. 85 (Nov. 1979) pp. 3 - 24.]
④ 劳伦斯·斯通:《历史叙述的复兴:对一种新的老历史的反省》,古伟瀛译,陈恒、耿相新主编:《新史学》第4辑《新文化史》,第12页。

主义的反动——的影响下,历史学和社会科学的共同目标或半目标被破坏了,从此以后,历史学家和社会学家不再是携手合作的盟友,反而相互视为仇雠。因此第二次世界大战期间和战后德国历史主义的破产,自然而然地为历史学和社会科学的重新结合开辟了新的途径。"① 可见,历史学与社会科学的关系经历了一个"合—分—合"的曲折过程,如果说一次"分"是学科分化的结果,那么也许第二次"合"似乎可认为是学科整合的结果,但是这次的"合"是一个复杂的问题,不能简单地用"跨学科"这样的术语来解释,它也许更像是一种磨合和调适后的成果。

这里还要指出的就是,社会科学与历史学的结合是有层次地进行的,它包括学科之间结合形成不完全从属于任何一方的新的交叉学科,也包括某种社会科学学科的方法深入渗透到历史研究的过程中去,彻底改变了治史的方法和指导思想,形成一种新的在历史学范围内的史学门类。而有时这两个层次的划分又不是泾渭分明的,正如查尔斯·蒂利所说的"两种交叉类型:一是固有的历史学专业融合某一社会学学科的内容;二是历史学与某一社会学学科相互作用而产生的新学科"②。我们使用"社会科学化的历史学"一词,说明我们还是站在历史学的立场上看待社会科学对它的影响。这并不否认学科之间互动的双向性,而只是因为我们侧重的视角决定了我们论述的内容。

二 社会科学化的历史学

(一) 历史学与社会科学的结合

关于历史学的社会科学化,或者说是社会科学的理论与方法大举进入历史学研究领域并且被历史学家消化、吸收的时间,学术界比较一致的意见认为是在二战后特别是在 20 世纪 60 年代趋于成熟,甚至可以说是其高潮。杰弗里·巴勒克拉夫说:"1955 年前后出现的'新历史学'的动力主要来自社会科学。""1950 年以后,社会科学为历史学家开拓的前景不仅

---

① 杰弗里·巴勒克拉夫:《当代史学主要趋势》,杨豫译,上海译文出版社 1987 年版,第 71 页。

② 查尔斯·蒂利:《在社会学与历史学交叉点上》,朱槿译,蔡少卿主编:《再现过去:社会史的理论视野》,浙江人民出版社 1988 年版,第 222 页。

极为丰富多彩,而且比以前更加明确了。"① 《开放社会科学》也指出:"历史学家也开始思考:以探索普遍规律为己任的社会科学家所提出的各种普遍法则是否有助于阐明他们对过去的理解(甚或阐释性理解)。人们试图填平注重研究个别性的史学和注重研究普遍规律的社会科学之间的鸿沟,不过这一努力并非始自 1945 年,而是可以寻绎出一条更早的轨迹。二十世纪初期美国的所谓'新史学'运动以及法国的一些运动(年鉴学派及其前驱)便明确地代表着这种努力。然而只是到了 1945 年以后,这类工作才开始得到史学家的实质性支持。""的确,只是到了六十年代,寻求史学(的某些部分)和社会科学(的某些部分)的紧密合作甚至融合的努力,才开始成为一个非常引人注目的现象。"②

(二) 历史学内部社会科学化的历史学与其他历史学的划分

查尔斯·蒂利在"How (and What) are Historians Doing?"一文中,首先在其第一部分"我们为何研究历史"一节中,对原型态的史学作了界定,或者说是归纳出了未受社会科学化影响的"纯"史学的一些特征,包括六方面:第一,以时间和空间作为基本的变量。第二,时间—地点具有特殊性,历史研究单位必须集中于一个历史时期内世界的一个部分。第三,传统历史在内容上往往植根于国家政治的问题及其变体。第四,业余者与专业者的区别很模糊。第五,严重依赖档案证据。第六,强调实践中涉及的关键行动者的认同,对行动者态度和动机的归因,用叙述的方式呈现结果这三个要素。③

然后指出:"社会科学的和其他种类的历史学之间的区分反映了西方史学思想中一个更为显著的分界。这个分界最终有赖于哲学上的选择,我们可以将其暂时定义为如下的不同。"

1. 历史的主导现象是大的社会进程还是个体经历。
2. 历史分析是集中于对人类行动的系统观察还是对动机和意义的解释上。

---

① 杰弗里·巴勒克拉夫:《当代史学主要趋势》,杨豫译,上海译文出版社 1987 年版,第 70、74 页。
② 华勒斯坦等:《开放社会科学》,刘锋译,生活·读书·新知三联书店 1997 年版。
③ Charles Tilly, "How (and What) are Historians Doing?," *The American*, Jul.-Aug., 1990, p. 686.

3. 历史学与社会科学是同等还是不同的事业。
4. 历史写作强调解释还是叙述。①

由此蒂利试图从历史学内部为社会科学化了的历史学与社会科学化不甚显著的历史学（很难说目前还存在完全没有受社会科学影响的历史学，所以这样说也许更确切）理清一条界线，F. 菲雷也指出，"设想这两个极端通常是有益的"，他对这个问题的划分是："一方面是断代史，按年代顺序进行叙事，复原情节，同先定的观念相对立的'事实'的经验主义；另一方面是问题史，对同一个问题在不同时代的状况进行分析性考察，通过某种理论或观念来解释情节。这种理论上的对照，标志着史学在一般变革过程中的回旋余地，而作为这种变革特点的则是史学的视野和领域扩大。"② 通过以上两人的进一步区分，我们就可以有针对性地看到显著的社会科学化的那部分历史，并以此为研究对象，就历史与社会科学的具体结合作更细致的分析。

（三）历史学与社会科学结合的角度及其评价

查尔斯·蒂利综合了具有代表性的一些社会科学化的历史学著作，比较了它们的社会科学化的程度。依据历史学家在哲学上的选择是倾向于人文的（更接近于解释、个人经历、不同点和叙述）还是社会科学的（像社会科学家、心理学家、生物学家等对人类行为的研究）以及研究对象的规模两个维度建立了模型，并分别举出四部作品对号入座。

宏观（大规模）	心态	大的社会进程
微观（小规模）	个人化的解释	个体间的变化
	人文主义的	社会科学的

---

① Charles Tilly, "How (and What) are Historians Doing?," *The American*, Jul.-Aug., 1990, p. 694.
② ［法］F. 菲雷：《社会科学方法与"全面的历史"》，《当代史学理论》，意大利试金石出版社1983年版，中文由陆象淦译，收入蔡少卿主编《再现过去：社会史的理论视野》，浙江人民出版社1988年版，第90页。

他认为，卡洛·金兹伯格的《奶酪与蛆虫》位于这个模型的左下角，即小规模的人文主义的，通过解释一个16世纪磨坊主个人的经历，透过他的世界观这个微小的"棱镜"，折射出了当时整个社会的文化氛围。汤普森的《英国工人阶级的形成》位于模型的左上角，写了一个群体的人们的生活和心态，认为共同的阶级意识的形成决定了作为政治术语的阶级的形成。E. A. 里格利和R. S. 斯科菲尔德的《英国人口史》，位于模型的右上角，该书800页中超过一半是方法论的讨论，充斥了大量的数字和图表，运用回溯法（back projection）以五年为一个统计单位，揭示了英国300多年人口的变化，澄清了过去的许多误解。奥立弗·儒恩斯对底特律城市人口分布的变迁进行了细致研究，属于模型的右下角，提出了"街区丛"（block clusters）的概念。蒂利也指出这四个例子"并不能代表西方历史研究中的全部的丰富性，但是提供了相对明显的四种不用历史研究的实例。因为每一个作者都绝非严格地寓于一隅"①。

蒂利通过这个模型向我们展现了历史学与社会科学结合的诸多角度，这完全是从内行的专业角度提供的丰富的个案分析。但是目前我国学术界对这个问题的认识由于缺乏实例性研究作品，往往还处在以跨学科的角度把握的层次上，于沛主编的《现在史学分支学科概论》就是从社会史、文化史学、心理史学、城市史学、家庭史学、政治史学、口述史学、计量史学和比较史学九个方向上，分章论述各个结合点的成就。② 这种按照历史学主要引入的某种社会科学学科的方法作为划分标准的方式非常易于理解和接受，在作学术综述时也常常被学者们所采用。在格奥尔格·伊格尔斯主编的《历史研究国际手册：当代史学研究和理论》中收录了《新人口史》《经济史中理论和计量法之作用》《社会史新趋势》《历史心理学研究》《新政治史》《心智史的独立》《史学和语言学》等文章作为"某些方法论的新动向"③。法国年鉴派第三代领军人物雅克·勒高夫主编的《新史学》也收载了法国史学家们对这些研究方向的反思，如《历史学和计量》《历史学和长时段》《心态史学》《即时史学》《想象史学》《语言学和历

---

① Charles Tilly, "How (and What) Are Historians Doing?," *The American*, Jul.-Aug., 1990, p. 707.
② 于沛主编：《现在史学分支学科概论》，社会科学出版社1998年版。
③ 格奥尔格·伊格尔斯主编：《历史研究国际手册：当代史学研究和理论》，陈海宏、王玉林、张定河译，华夏出版社1989年版。

史学》等文。①

但是，不同国家的历史学家们的选择取向和侧重还是略有不同的。法国史学十分强调"探索时间机制应该成为历史学的特殊贡献"②，布罗代尔更是直言不讳地宣称："通过近年来的摸索，历史学得出一个越来越明确的概念：时间的多元性和长时段的特殊价值。"③ 美国的历史学家非常注重计量的方法，而英国的历史学家则更加侧重于人口史和社会史。

斯通认为，两者结合而成的"新历史学"的特征首先在于"它用新的分析方法而不是旧的叙事法组织材料。25 年以来出版的历史著作几乎全是分析式的"（格奥尔格·伊格尔斯也认为，这种趋势"是用分析式的历史学来取代叙事式的历史学"④）。其次，"它提出了新问题"。再次，"它注意了关于过去的人类与社会的关系中三个新领域"："人类生存的物质基础""社会历史学对民族国家中一切机构的成分、组织及其功能的研究""新型的文化—社会史"。最后，它"确定了新型的研究对象"："'新历史学'研究中至少有六个领域正在从原始状态迅速进入英雄时代。"这六个领域是科学史、人口史、社会变革史、群众精神（mentalites）文化史、城市史、家庭史。"至少在三个研究领域正在发展"这三个领域是新型的政治史、心理史、经济史。新的方法主要有"集体传记法（proposopography）""地方史研究""计算机技术"。⑤

戴维·兰德斯和查尔斯·蒂利合编的《作为社会科学的历史学》⑥ 是应美国国家科学院和社会科学研究委员会之邀进行的"行为与社会科学调查"中的一个报告，在它出版时（1971 年）正是历史学大举引进社会科学方法的高潮时期，斯通指出：这本书和随后于 1974 年出版的 P. 肖努的著作《历史、社会科学：现代的时间、空间和人类》一起都认为"历史是

---

① 雅克·勒高夫主编：《新史学》，姚蒙编译，上海译文出版社 1989 年版。
② 法国年鉴编辑部：《我们在进行试验——再论历史学与社会科学》，《经济社会文明年鉴》1986 年第 6 期。
③ 费尔南·布罗代尔：《历史和社会科学：长时段》，原载《历史随笔》，弗拉马里翁出版社 1965 年版。中译文收入蔡少卿主编《再现过去：社会史的理论视野》，柔中译，浙江人民出版社 1988 年版，第 50 页。
④ 参见 [美] G. 伊格尔斯《80 年代的历史学——10 年回顾》，杨豫译，《史学理论》1988 年第 3 期。
⑤ L. 斯通：《二十世纪的历史学与社会科学》，波士顿，1981 年，第 12 页。
⑥ David-s-Landes and Charles Tilly, eds., *History as Social Science*, Prentice-Hall, Inc., 1971.

不折不扣的社会科学"①。《作为社会科学的历史学》这本书对美国社会科学化的历史学做了全面的介绍,其中开辟了专章来谈"多样的跨学科和社会科学化的历史学"。该书还归纳出社会科学的历史学的三个显著的特色:"第一,它试图生产出我们所谓的集体的历史,即历史学直接把大量的人和社会单元的经历的记录与行为模式或变化相联系。""第二,社会科学化的历史学家努力用理论概念和模式的术语来计算和理解这些集体行为模式。""第三,它十分依赖比较"②。同时也指出:"集体研究、理论与经验的结合和系统比较这些特点——并没有穷尽社会科学的历史学的领域,也更不会限制它。在某些领域,它们甚至仍然是有待达到的目标而非已成就的标准。"③ 但是在这个过程中既有喜也有忧。

三 历史学社会科学化之后的弊端与反思的开始

"40年来,吸取了社会科学营养的新历史学使历史研究返老还童,获得了新的生命力。它与第一次世界大战以前的40年构成了历史学最有成果、最有创造力的时期。"但是他们也"为自己的胜利冲昏了头脑""对传统史学的对象和方法给予不应有的蔑视"④。史学家们开始对历史学过分地迷失于社会科学化的潮流中而失去历史学学科自身的一些特性表示了质疑和反省。杰弗里·巴勒克拉夫在20世纪70年代末指出:"目前,抵制历史研究变革的力量同推动变革的力量相比较,至少是一样强大,甚至可能更加强大一些。"⑤ 这也是社会科学化的历史学自身在暴露出种种弊端后的必然结果。

首先,"新历史学"应用各种社会科学理论和模式研究历史,产生了各种复杂的问题,受到传统历史学家们的指责,认为那是"反历史主义"的做法。20世纪二三十年代在社会科学领域中风靡一时的结构功能学派,

---

① L. 斯通:《二十世纪的历史学与社会科学》,第8页。
② David-s-Landes and Charles Tilly, eds., *History as Social Science*, Prentice-Hall, Inc., 1971, pp. 71 - 73.
③ David-s-Landes and Charles Tilly, eds., *History as Social Science*, Prentice-Hall, Inc., 1971, p. 73.
④ L. 斯通:《二十世纪的历史学与社会科学》,波士顿,1981年,第8页。
⑤ 杰弗里·巴勒克拉夫:《当代史学主要趋势》,杨豫译,上海译文出版社1987年版,第330页。

只是强调对系统和结构作静态研究,运用枯燥而高度专门化的术语来建立理论模型,割断了历史的联系。"以斯廷奇库姆之见,历史研究应建立在一系列有成因联系的事件之上,其中每个事件的发生均以前一事件为前提。""一个成功的研究并不是寻求一系列事件在许多不同情况下重复发生,而是分析每个事件的起因与其类似事件存在的潜在联系。""社会学家之所以在历史学问题上犯错误,大多是因为叙述性历史的常规使他们相信自己可以用假想的超人力量或意向去代替历史学家的可怜描述。"① 新史学为了迁就资料和社会科学模式,更是常常对历史背景弃之不顾。即斯通所说的"新历史学面临的第三个危险是惯于用线性因果关系的等级结构解释历史"。他认为,这是法国当代学者的特征,他指出,他们教条一般地划分出下部基础、政治组织和政权结构、上层建筑三层"有可能窒息想象力丰富的历史探索。事实上,它否定了对含糊的、目的不甚明确的历史过程做出解释的可能性。反对这种体系的历史学家斥之为不顾时间和空间,用所谓专业经验验证的科学规律和科学方法把对人类的研究和对变革的解释降低为简单的机械的决定论"②。伊格尔斯在《历史研究国际手册》中也谈到新历史学中存在着"教条主义危险和史学家过于迷恋新技术工具的危险,也许会导致历史研究在一个新的社会科学实证主义的幌子下失去人性"。在历史著作中情节和叙事消失了,取而代之的是名词和术语。生动的历史画面成为一种结构,模式的填充物和注脚。历史变得冷冰冰。人性的复杂变为了决定性的某种单一的必然结果。

其次,过分盲目地运用计量史学出现了一些无法克服的弊端。勒华拉杜里曾一度乐观地扬言,凡是不能量化的皆非历史。应当承认,量化的使用引进了精确的数字,史学家不再用"较多""较少"这样模糊的字眼,大大加强了历史论证的说服力。但是也应看到计量过程中所依据的史料或者原始数据是有所选择的,这其中不可避免地受到人为的主观好恶的影响。在通过计算机进行处理的过程中,一旦某一个细小的环节出错,很有可能造成整个结果的失效,造成投入巨大的人力物力的浪费,即出现 GI-GO 效应(输入废物,输出废物)。还有一个十分严重的问题就是计量方法得出的历史结论往往无法为普通读者所验证,甚至同行间也因无法拥有相

---

① 查尔斯·蒂利:《在社会学与历史学交叉点上》,朱槿译,蔡少卿主编:《再现过去:社会史的理论视野》,浙江人民出版社1988年版,第214、215页。
② L. 斯通:《二十世纪的历史学与社会科学》,波士顿,1981年,第14页。

同的史料数据而无法做出校验和附和。如果建立另外一种数据处理模式也许还会得出南辕北辙的结果。"他们走进了死胡同，导致了一种把历史学家与史料以及文献与过去的关系简单化的观念，造成了分析性结构的物化。"① 最为致命的是，他们没能认识到"社会对象不是具备某些特性的物，而是处于不断适应之中的集合体内部的变化着的各种相互关系的总和"②。迷恋量化的历史学家们具有一种否认非数量形式的一切证据的倾向。一味追求数字和量化，也会使历史学变得冷冰冰，毫无人性的关怀。尤其是那些充斥着图表和数据的历史著作失去了广大读者，成为一种孤芳自赏的作品，其社会功用也大大削弱了。此外，量化只能告诉我们有关"是什么"的问题，却无法告诉我们"为什么"的问题。"对于历史学家来说，当务之极应当是重新强调具体的和特殊的历史环境的限制，强调总的理论模式与历史过程的关系，应当对耗资过大的大型合作项目抱怀疑态度，应当注重史料考证的可靠性及其特殊重要性，应当认识到定量资料和定性资料的相互结合才是研究奇怪的、不可预测的、不合乎理性的人类的唯一可靠的方法。"③

最后，年鉴学派的总体史概念也受到抨击。三个时段的划分，使得人的活动被置于被动、次要的地位。过于宏观地在所谓"结构"上着眼，使历史变成了没有人的历史、停滞的历史。1973 年，勒华拉杜里将他论文集中的一节命名为"没有人民的历史"，相反，半个世纪前的费弗尔则宣称："我的猎物就是人类。"而 25 年前崔若伯也在其就职演说中力劝史家"不要研究环境，而要探讨环境中的人"④。年鉴学派的第三代自身也认识到了这个问题，开始重新关注人的问题，1989 年《年鉴》杂志的编辑们就说"群体的行为""他的社会构成""政治意识""一切社会都是作为保持这三个范畴之间的等量的系统而运转的，应当把分析这些等量的保持方式看

---

① 法国年鉴编辑部：《我们在进行试验——再论历史学与社会科学》，《经济社会文明年鉴》1986 年第 6 期。
② 法国年鉴编辑部：《我们在进行试验——再论历史学与社会科学》，《经济社会文明年鉴》1986 年第 6 期。
③ L. 斯通：《二十世纪的历史学与社会科学》，波士顿，1981 年，第 14 页。
④ 转引自 L. 斯通《历史叙述的复兴：对一种新的老历史的反省》，古伟瀛译，陈恒、耿相新主编：《新史学》第 4 辑《新文化史》，大象出版社 2005 年版，第 25 页。

作理解社会时代的一个重要源泉"①。法国史学家尤其注重心态史的研究，开始重新发掘人的内在心理机制和精神世界。同时这种转向也是叙述重新受到重视的一个原因，即"人类学取代社会学及经济学，成为社会科学中最具影响力的学科"②。

1974 年，美国先锋文化史家耶鲁大学彼得·盖伊（Peter Gay）在《历史学的风格》（Style In History）中说："没有分析的历史叙事是陈腐的，没有叙事的历史分析是不完善的。"（"Historical narration without analysis is trivial, historical analysis without narration is complete."）③

1979 年斯通指出："目前我却察觉出有一股暗潮，正将许多'新史家'拉回历史叙述的形式中。"④ 他指出，这种叙述历史与"结构性历史"有两点不同：一是以"叙述"而非"分析"为主；第二，注意的重点是"人物"而非"环境"。历史重新拾起了其传统的写作风格，回到人的历史中来。

1984 年，M. 卡蒙指出："美国的历史学家不仅加强了分析性，而且更加重视丰富的叙述。许多历史学家在进行理论归纳的同时，也比以前任何时候都更加尊重地点和时间的特殊性，总而言之，决不剥夺过去当中的'过去性'（not to voilate the pastness of the past）。"⑤

"'叙事史的复兴'是西方史学对其理论、方法论基础现代化中出现的'歪斜'的一种反动，或者说，是对西方史学科学化走向极端的一种反动。""主要原因之一就是对西方史学科学化结果的普遍失望，这包括大部分新史学家"⑥。发生这个转向的原因，劳伦斯·斯通在他那篇具有重要影响的文章《历史叙述的复兴：对一种新的老历史的反省》中归为五条，可以说就是对新史学弊端的反思。陈启能先生特别强调了对于这个问题的讨

---

① 法国年鉴编辑部：《我们在进行试验——再论历史学与社会科学》，《经济社会文明年鉴》1986 年第 6 期。

② L. 斯通：《历史叙述的复兴：对一种新的老历史的反省》，古伟瀛译，陈恒、耿相新主编：《新史学》第 4 辑《新文化史》，大象出版社 2005 年版，第 18 页。

③ Peter Gay, Style in History, New York, 1974.

④ L. 斯通：《历史叙述的复兴：对一种新的老历史的反省》，古伟瀛译，陈恒、耿相新主编：《新史学》第 4 辑《新文化史》，大象出版社 2005 年版，第 8 页。

⑤ Michael Kammen ed., The Past Before Us—Contemporary Historical Writing in the United States, Ithaca: Cornell University Press, 1984, p. 30.

⑥ 陈启能：《从"叙事史的复兴"看当代西方史学思想的困惑》，《当代西方史学思想的困惑》，中国社会科学出版社 1991 年版，第 32 页。

论，从以下两方面找原因：第一，在史学与其他学科的关系上，西方史学在科学化的过程中对保存和发扬史学自身特点的问题有所忽略，与其他学科的界限变得模糊，有被自然科学和其他社会科学溶解、吞没的危险，学科的独立性受到挑战。第二，史学与公众的关系日益疏离。[1] 此外传统史学不仅始终存在，而且有相当大的影响。"近年来出版的百分之九十的历史著作，无论从研究方法和研究对象，还是从概念体系来说，完全沿袭着传统。"[2]

叙事史的复兴，绝非对传统史学的简单复归，更不是对"新史学"的全面否定，它的出现是"新史学"和传统史学的不同模式和方法相互补充借鉴的结果，是在更高层次上的一种综合和反省，继承多于断裂。新叙事史借鉴了新史学所扩展的研究对象和方法。斯通在列举了一系列的新叙事史学的作品后，归纳出"这些人与传统叙述史家有五种不同之处"：一是关怀穷人以及默默无闻者的生活以及感情；二是在方法上分析和叙述并重；三是使用新的史料，如刑庭记录等；四是讲故事的方式与荷马、狄更斯、巴尔扎克不同，受到现代小说和弗洛伊德观念的影响，探讨人的潜意识的领域，受人类学影响，用行为来显示其象征性意义；五是描述的目的是对于一种过去的文化或社会有所启示。[3]

法国史学家 F. 菲雷说："在遵循小说的年代顺序逻辑来复原真正的史学的传统叙事史学，与以借用邻近学科部分工具而标新立异的史学家之间，并不像新史学家所宣传的那样存在着真正的、明显的对立。相反，两者是交错的。"[4]

四 历史学和社会科学关系的未来前景

从历史学和社会科学的层面看，"社会科学方法把普通人带回历史的

---

[1] 陈启能：《从"叙事史的复兴"看当代西方史学思想的困惑》，《当代西方史学思想的困惑》，第34页。

[2] 杰弗里·巴勒克拉夫：《当代史学主要趋势》，杨豫译，上海译文出版社1987年版，第330页。

[3] L. 斯通：《历史叙述的复兴：对一种新的老历史的反省》，古伟瀛译，陈恒、耿相新主编：《新史学》第4辑《新文化史》，大象出版社2005年版，第22—23页。

[4] F. 菲雷：《社会科学方法与"全面的历史"》，《当代史学理论》，意大利试金石出版社1983年版，第91页。

记录中去,而让历史学者把他们从抽象主义中拯救出来,重新获得对日常生活的感觉。"① 历史学和社会科学的关系在今后仍然是相互友善的结合的。沃勒斯坦提出建立"历史社会科学"(historical social science),"全部有用的对社会现实的描述必须既是'历史的'(即它们不仅考虑情况的特殊性,同时也考虑所研究的结构之持续不断的变化),又是'社会科学的'(即它们探求对长时段的结构性解释,然而这种解释不是也不可能是永恒的)。简言之,发展进程应是方法论的核心"。②

进一步从跨学科层面看,今后跨学科研究仍将是一个不容回避的趋势。因为依靠跨学科研究"能使我们有多种视线,保证以批判的眼光对每一种描述现实的方式保持距离,从而使我们也许不致成为任何一种方式的囚徒。它应该帮助我们用另一种方式思考"③。布罗代尔说:"各门社会科学都不知不觉地互相制约,它们都力图抓住社会整体,都想侵犯邻近科学的领域,而自认为仍留在自身的领域之内。""一个'共同的市场'正在形成中。"④

最后,引用巴勒克拉夫书中的话对历史学与社会科学的结合做出一个总的概括:"正像安德尔所说的,到 1950 年前后,无论在概念上还是在方法论上,历史学都达到了'僵死的终点'。历史学家以后从 21 世纪来回顾的话,也许会把这个新目标和新方法的发展看作历史学的一个转折点。这个转折点正像人们有时所提到的那样,从其规模和重要程度来说,相当于预示着近代物理学诞生的哥白尼天体运行说。如果历史学终于完成了从伪科学向科学的过渡,那么就不会怀疑今天具有决定性的促进力量是一般性概念和方法的应用和完善。然而,这样的胜利目前尚未赢得。"⑤

---

① 查尔斯·蒂利:《在社会学与历史学交叉点上》,杨豫译,上海译文出版社 1987 年版,第 224 页。

② [美]伊曼纽尔·沃勒斯坦:《知识的不确定性》,王昺等译,郝名玮校,山东大学出版社 2006 年版,第 102 页。

③ 法国年鉴编辑部:《我们在进行试验——再论历史学与社会科学》,《经济社会文明年鉴》1986 年第 6 期。

④ 费尔南·布罗代尔:《历史和社会科学:长时段》,蔡少卿主编:《再现过去:社会史的理论视野》,承中译,浙江人民出版社 1988 年版,第 48—49 页。

⑤ 杰弗里·巴勒克拉夫:《当代史学主要趋势》,杨豫译,上海译文出版社 1987 年版,第 147 页。

"文明冲突论"中多元现代性的文化保守主义倾向评析

安然 齐波[*]

从20世纪80年代到奥巴马政府上台以前,新保守主义占据了美国社会思潮的主流。然而,就在这样的背景下,一向以政治保守主义著称的塞缪尔·亨廷顿却提出了一套否定西方文明垄断性、宣称多元文明矛盾性、看似反保守主义的"文明冲突论",一时间引发了世界各国和社会各界的激烈论争。争论主要是在国际关系分析的框架内,围绕两个主题展开:一是"文明论",即当前国际关系的主要矛盾是"文明"的还是政治经济的;二是"冲突论",即各种文明之间的关系是对立的还是共存的。[①] 然而,文明冲突论中最关键的部分——多元现代性和多元现代化理论的社会

---

[*] 作者安然系北京师范大学历史学院教授;齐波系北京师范大学历史学院2007级硕士研究生。本文曾以"塞缪尔·亨廷顿'文明冲突论'的文化保守主义倾向"为题发表在《史学月刊》2010年第4期。

[①] 对亨廷顿的"文明冲突论"最全面的批判来自德国学者哈拉尔德·米勒,他一方面批判亨廷顿的"文明论",认为他对文明的界定过于狭隘,另一方面反驳其"冲突论",指出文明之间可以共存、互通。(可参见〔德〕哈拉尔德·米勒《文明的共存——对塞缪尔·亨廷顿"文明冲突论"的批判》,郦红、那滨译,新华出版社2006年版。)此外,对亨廷顿的"文明论"进行批判的还有美国学者福山。〔参见〔美〕弗兰西斯·福山《认同危机:我们为什么不必担心墨西哥移民》(Francis Fukuyama, "Identity Crisis: Why We Shouldn't Worry about Mexican Immigration"),载网络期刊 Slate Magazine (http://www.slate.com/id/2101756), June 4, 2004/ July 7, 2008.〕中国学者在这方面提出的批判非常多,如李兴《国家民族主义情结,文化民族主义焦虑——评塞缪尔·亨廷顿新著〈我们是谁〉》,《国际问题研究》2005年第5期;针对"冲突论"的批判较有代表性的有黄俊杰《文明冲突》(Chun-chieh Huang, "Clash of Civilizations"),《东亚国际季刊》(East Asia: An International Quarterly), 1997春夏合刊,第16卷第1—2期;〔新〕王赓武《文明的冲突与世界秩序的重建》(Wang Gungwu, "The Clash of Civilizations and the Remaking of World Order"),《国家利益》(National Interest) 1996—1997年冬季号;〔美〕约翰·麦金农《文明的冲突与世界秩序的重建》(John McKinnon, "The Clash of Civilizations and the Remaking of World Order"),《新西兰国际评论》(New Zealand International Review) 1997年5—6月第22卷第3期。

发展观，并未得到学术界的充分重视。这种社会发展观看似开放，其本质却是文化保守主义的，内容与形式的矛盾统一折射了西方文明在当前世界格局下文化心态的微妙变化与文化策略的调整。然而，许多学者在批判国际关系分析层面的文明冲突论时，恰恰坠入了这种社会发展观的思维模式中。本文将结合现代化理论，分析亨廷顿多元现代性的理论形态和保守本质，辨析其对东西方文化发展的双重影响。

一 多元现代性的理论框架：相对主义的文化决定论

"文明冲突论"的理论框架由以下几个层面构成。首先，亨廷顿认为，人类社会秩序归根结底是一种文明秩序。"人类的历史是文明的历史。不可能用其他任何思路来思考人类的发展。"[①] 在历史的某个时点上，文明是构成世界秩序的基本单位。当今世界是由七个（或八个）不同的文明单位构成的，即中华文明、日本文明、印度文明、伊斯兰文明、西方文明、拉丁美洲文明（西方文明的次文明）、东正教文明，以及可能存在的非洲文明。[②]

其次，亨廷顿指出，文明的核心是文化。文明是"文化特征和现象的一个集合"[③]，是文化在特定空间中的表现形式，而文化是文明的灵魂，规定了文明的内涵和个性，塑造着文明的内部秩序（主体民族与少数民族、本地居民与移民的关系）和文明间秩序（国际关系）。尤其是在后冷战时代，随着以意识形态为基础的两大阵营的解体，从中分化出来的多种力量以文化为轴心进行重组，具有文化亲缘关系的国家彼此靠近，聚集成一个文明板块，与秉持异质文化的其他文明板块对峙、抗衡。当今世界的几大文明板块之间"最重要的区别不是意识形态的、政治的或经济的，而是文化的区别"[④]。

再次，亨廷顿界定了文化的内涵，即"人们的语言，宗教信仰，社会和政治价值观，是非观念和好坏观念，以及反映出这些主观因素的客观体

---

① [美] 亨廷顿：《文明的冲突与世界秩序的重建》，周琪译，新华出版社1999年版，第23页。
② [美] 亨廷顿：《文明的冲突与世界秩序的重建》，周琪等译，第29—33页。
③ [美] 亨廷顿：《文明的冲突与世界秩序的重建》，周琪等译，第24页。
④ [美] 亨廷顿：《文明的冲突与世界秩序的重建》，周琪等译，第6页。

制及行为范式"①。其中，语言和宗教是重要的因素。语言是文化认同最直观的表现，对某种语言的排斥背后孕育着潜在的文化冲突，美国的拉美裔移民坚持不讲英语就是敌视美国主体文化的民族分离主义的表现；② 宗教差异则是造成不同文明单位之间冲突的根源，美国与伊斯兰国家之间的矛盾，就是基督教文化与伊斯兰教文化冲突的结果。

亨廷顿对文化特性的认识是文明冲突论的精髓。他认为，就文化的内在属性而言，普遍性是相对的，只局限于体现基本人性的道德层面，而特殊性却是绝对的，构成了文化的基本属性。每一种文化都有自身的特性，这一特性形成于该文化诞生之时，贯穿于其兴衰起落的整个过程中，制约着文化未来的发展轨迹，是绝对的、排他的。一种文化无论如何发展、演变，都不会超越其先天特性而演变为另外一种文化，也不可能将另一种文化改造成自身的复制品。不同文化在最根本的层次上是无法沟通的，更不存在一种普遍的文化模式。

最后，亨廷顿得出结论：文化之间永远存在冲突、对立的倾向。要避免文明的冲突，就必须进行两方面的努力：在一种文明的内部确立一个主体文化，清除其他异质文化，通过维持文化同一性获得稳定的文明内部秩序；在不同的文明之间，承认文明的多元性、平等性，杜绝向其他文化输出自身文化的普世主义观念，以维持文明间的均势格局。③ 如果反其道而行之，在文明内部容忍异质文化分裂主体文化，在文明之间强行推销一种文化模式，必然造成普遍的文明冲突与混乱。

亨廷顿的文明冲突论利用后冷战时代人们对意识形态、国家利益、种族冲突等概念的审美疲劳，借用文化形态史观的分析框架，从文化角度解读国际政治关系，给人耳目一新的感觉。但这种理论框架的内在逻辑实际上并不新鲜，是一种狭隘而陈旧的文化决定论。

所谓文化决定论，就是将人类社会发展的动力完全归结为文化因素。关于文明冲突论的这一特点及其矛盾，许多学者已进行过深刻的分析和

---

① [美] 亨廷顿：《我们是谁——美国国家特性面临的挑战》，程克雄译，新华出版社2005年版，第27页。
② [美] 亨廷顿：《我们是谁——美国国家特性面临的挑战》，程克雄译，第17页。
③ [美] 亨廷顿：《文明的冲突与世界秩序的重建》，周琪等译，新华出版社1999年版，第368页。

批判。① 这里要特别指出的是亨廷顿文化决定论的两个独特之处：第一，理论基础更为狭窄。从表面上看，亨廷顿的文化观包罗万象，因为文明是"一个民族全面的生活方式"②，其范畴等同于"社会"，而文化与文明形成同心圆式的结构，其范畴超越了语言、宗教、道德和价值体系，囊括了政治、经济、社会等各个领域中反映基本文化原则的"客观体制及行为范式"。但实际上，这个过分宽泛的文化概念只是一种理论掩护，在亨廷顿的文化分析中，真正使用过的文化要素只有宗教和语言，而其他文化要素不是只字不提，就是作为社会背景被纳入宗教的框架中。第二，具有强烈的相对主义色彩。亨廷顿对文明特殊性的绝对性、文明之间的不可沟通性和对抗性的论断，都体现出文化相对主义的思维。同时，对宗教因素的强调和对其他文化要素的刻意淡化，也与文化相对主义的思路相一致。因为宗教与传统的关系更密切、更能显示出文化的特殊性，而那些被有意遗漏的文化要素，尤其是由社会经济发展和制度变迁塑造的世俗化价值观念，则与现实的社会经济基础联系紧密，体现了文化的普遍性、共通性。一个由宗教主导的、体现着强烈的内向性、保守性和排他性的文化体系的集合，正是亨廷顿极力展示的世界文化图示。

　　亨廷顿的看法有其一定的道理。每一种文明确实具有自身独特的文化基因，彼此之间也存在着一定的不可沟通性，他的问题是过于绝对化。文明的特殊性其实就来自亨廷顿所忽略的社会经济条件：文明发源地的不同客观自然环境造就了不同的社会生产方式和社会组织结构，空间上的封闭隔绝状态进一步加剧了这种差异，形成了各种独具特色的文明形态。但是，随着人类社会的发展，这些社会经济条件已经发生了重大变化，从根本上改变了现代文明的属性。自世界近代史发端以来，在资本扩张的推动下，文明的空间隔绝状态被彻底打破，彼此间的碰撞与联系不断加深、扩大，最终形成一个结构性的全球经济体系。生存于这个网络中的各个文明彼此联系、相互依赖，遵循某些共同的生存法则和应对模式，由此形成了

---

① ［美］米勒：《文明的共存》，郦红、那滨译，新华出版社2002年版，第15—27、34页；王赓武：《文明的冲突与世界秩序的重建》（Wang Gungwu, "The Clash of Civilizations and the Remaking of World Order"），第69—73页；麦金农：《文明的冲突与世界秩序的重建》（John McKinnon, "The Clash of Civilizations and the Remaking of World Order"），第22—26页；杨增国：《全球化压力下的民族冲突——兼评亨廷顿的"文明冲突论"》，《探索与争鸣》2003年第10期。

② ［美］亨廷顿：《文明的冲突与世界秩序的重建》，周琪等译，新华出版社1999年版，第24页。

文化趋同的动力和倾向。而在亨廷顿的文明体系中，与社会经济体制有关的因素全部被抽掉了，文明的普遍性、共通性失去了基础，相对性、特殊性被绝对化，文明被定格在狭窄的传统空间里，孤立、静止，丧失了发展的动力和可能。

这样，正如亨廷顿所说的那样，文明冲突论算不上一种严格意义上的理论建构，只是"一个对于学者有意义的和对于决策者有用的看待全球政治的空间或范式"①，一种"文化保守主义与政治现实主义的混合物"。公众关注的焦点也不是文化模型本身，而是其所隐含的社会发展观。相对主义文化决定论的功能和价值，就是为这一系列社会发展命题提供内在的逻辑线索和理论支撑。

二 多元现代性与取消现代性

所谓现代性，是指称现代社会基本特征的一个集合性名词。用亨廷顿的语言来说，现代性就是现代文明的理想状态。根据相对主义文化决定论的思路，他提出西方性不等于现代性，现代性是多元的。这种多元现代性的观点表面上像是在主张非西方中心论，但纵观其论证过程，其推论和倾向却是截然相反的——西方中心论没有被否定，反而以新的、更隐蔽的形式得以重建。这种不可思议的转换是通过两个步骤完成的：

第一步，重建西方性：将西方性的内涵放大，将其连续性、特殊性绝对化，确立西方社会对人类文明先进成果的永久独占权。

亨廷顿的论述是从界定"西方性"开始的。他认为，西方文明发源于八九世纪的欧洲，包括八个核心成分：古典遗产、天主教和新教、欧洲语言、精神权威与世俗权威的分离、法治、社会多元化、代议机构和个人主义。这些就是西方文明区别于其他文明的独特基因，即西方性的基本内涵。②它自西方文明产生之日起就存在，此后一直保持着连续性。十七八世纪，西方文明进入现代化阶段，传统的西方性经过变革，发展为现代西方性。但这并不意味着西方性发生了中断和质变，它的现代形态在其传统形态中都可以找到渊源和依据。

---

① ［美］亨廷顿：《文明的冲突与世界秩序的重建·前言》，周琪译，新华出版社1999年版，第2页。
② ［美］亨廷顿：《文明的冲突与世界秩序的重建》，周琪译，第60—62页。

因此，西方性是特殊的，为西方所特有的。亨廷顿写道：西方性"是西方之为西方的东西，但不是西方之为现代的东西"①。现代西方性只是西方文明自身的现代形态，并非一种普遍的现代性。它是特殊的而不是普遍的，是专属于西方文明的，而不能为其他文明所共享。② 至于美国的情况则是一个例外。因为美国最初是一个移民国家，其主体文化是由十七八世纪的欧洲新教移民引进的欧洲文化，"主要成分包括基督教信仰，新教价值观和道德观念，工作道德，英语，英国式的法律、司法和限制政府权力的传统，以及欧洲的文学、艺术、哲学和音乐传统。"③ 美国文明脱胎于欧洲文明这一母体，是西方文明的旁枝和另一个版本。所以，美国所享有的西方性，是在不存在独立本土文化的前提下整体移植欧洲文明的结果，而这对其他文明来说是不可能的。

亨廷顿进一步指出，将特殊的西方性视为普遍的现代性，完全是西方文明"自我中心的错觉"。苏联的解体、冷战的结束使这种心态升级为一种"普遍的自负"，以为"人类在文化上正在趋同，全世界各民族正日益接受共同的价值、信仰、方向、实践和体制"④。而实际上，"它是错误的；它是不道德的；它是危险的"⑤，将招致双重危机："美国国内的多元文化主义对美国和西方构成了威胁，在国外推行普世主义则对西方和世界构成了威胁"⑥。也就是说，对内，普世主义忽视对自身文化特性的维持，不是忽略文明之间不可消除的隔膜性、对立性，纵容外来移民的异质文化分裂主体文化（文化多元主义），就是幻想存在统一的世界文明，自诩为世界公民（文化世界主义），⑦ 最终分裂、削弱了西方性；对外，普世主义试图干预其他文明的进程，强行推销西方文化模式，结果是酿成激烈的文明冲突，伊斯兰世界与西方世界之间的冲突就是典型的例子。⑧

事实上，关于西方性的普遍性与特殊性问题，并非亨廷顿首先提出来

---

① ［美］亨廷顿：《文明的冲突与世界秩序的重建》，周琪译，新华出版社1999年版，第63页。
② ［美］亨廷顿：《文明的冲突与世界秩序的重建》，周琪等译，第45页。
③ ［美］亨廷顿：《我们是谁——美国国家特性面临的挑战》，程克雄译，新华出版社2005年版，第36页。
④ ［美］亨廷顿：《文明的冲突与世界秩序的重建》，周琪等译，第43页。
⑤ ［美］亨廷顿：《文明的冲突与世界秩序的重建》，周琪等译，第358页。
⑥ ［美］亨廷顿：《文明的冲突与世界秩序的重建》，周琪等译，第368页。
⑦ ［美］亨廷顿：《我们是谁——美国国家特性面临的挑战》，程克雄译，第223页。
⑧ ［美］亨廷顿：《文明的冲突与世界秩序的重建》，周琪等译，第234页。

的，由此引发的争论一直贯穿着世界现代化的整个历史进程。20世纪以前，针对英法等早发现代化国家的主流派和后发现代化国家的西化派将西方模式视为现代社会发展样板，提倡仿效西方的观点，英法的反现代主义者和后发现代化国家的文化保守主义者就曾表达了激烈的反对意见。[①] 二战以后，作为西方社会科学主流派的经典现代化理论用更具有中性色彩的"现代性"代替了"西方性"的提法，但现代性本质上仍然是由西方性所规定的。20世纪70年代以后，冷战格局的变化和严重的滞胀危机引发了西方社会的自我反思，这种局面现在有所改变，现代性开始获得更加广泛的内涵。在当代西方学术界，已很少有人公开宣称西方性等同于现代性的绝对观点。作为经典现代化理论的修正派，亨廷顿本人也早在70年代就提出过西方模式不完全适用于非西方社会的观点。文明冲突论中关于西方性论述的与众不同之处就在于它将西方性绝对化，完全割裂了西方性与现代性之间的联系。

首先，它过分强调西方性自身的独特性、连续性，否认其外源性、断裂性，将西方社会的先进性先天化。亨廷顿将西方文明的发展视为统一、连续的进程，将西方文明的现代转型完全归结为其自身逻辑的内在演绎，这等于宣称西方社会的优越性、先进性是天然的、自致的，是一种西方中心论的思维。事实上，西方文明的传统形态与现代形态之间的连续性是有限的、表面的，而断裂性才是深刻的、根本的，因为现代性虽然发端于近代的西方，却不是在西方社会内部完成的，而是在资本的全球扩张所引发的世界性文明互动和社会经济变革中丰富、完善起来的。这种外源因素是造成现代西方性断裂的根本原因。比如，没有全球民族民主运动的外部背景，西方不可能直接从古希腊的城邦民主制中演绎出现代的民主模式；现代西方社会的多元利益结构，离不开对外部世界经济资源的吸收，与西方传统没什么必然联系。认为西方性的内在连续性大于传统与现代之间断裂性的观点，只有在亨廷顿自我封闭的相对主义文化决定论框架中才能成立，经不起历史和现实的考证。

其次，它将西方性的范畴不适当地放大，把各种有利于社会发展的良性因素都认定为"西方性"，以此确保西方社会对人类文明先进成果的独

---

① [美]艾恺：《世界范围内的反现代化思潮——论文化守成主义》，贵州人民出版社1999年版，第17—20页。

占性。亨廷顿对西方性的界定是相当有策略、有选择的。他明确表示，西方性"在很大程度上是西方能够在实现自身和世界的现代化中起带头作用的因素"①。按照这个标准，他将现代西方社会中各种有利于社会发展的因素，如民主体制、法治、社会多元化、世俗化与个人主义价值观等与西方文明传统相挂钩，而对于那些不良现象则只字不提。于是，所谓西方性的特殊性，不但没有对西方造成限制，反而确立了其对人类先进文明成果的独占和垄断。

最后，它将西方性的独特性绝对化，否定其中含有任何普遍性的成分，从而将西方的优势地位永久化、固定化。在亨廷顿文化相对主义的视野下，文明的进程是内因性的，不存在与外部环境的互动，凡是西方社会所拥有的，就是西方的；凡是西方的，就是特殊的。但实际上，现代化是一个世界性的进程，西方与非西方都是其特定载体，受到某些共同规则的支配，在互动中共同创造着现代性。西方性中的某些因素，如世俗化、法治化、社会多元化、政治民主化和个人主义等因素，是人类文明发展的共同趋向，不能因为其发源于西方或在西方社会有较成熟的表现，就否定其他文明具有发展这些因素的权利和能力。源自清教的工作伦理，在当代美国的韩裔杂货店主、印裔企业家和俄裔汽车司机身上，甚至表现得比美国人更突出，②而民主政治、自由市场、个人主义等因素，在非西方社会中同样存在或正在兴起。亨廷顿却在反对将西方性普遍化的名义下，将真正具有普遍意义的现代性因素西方化了。他的整个逻辑推论是：只要西方社会中存在的、先进的因素，就是西方性；西方性是特殊的，其他文明无法也不应该仿效；西方永远是多元文明体系中不可超越的中心。

第二步，取消现代性：否定现代性具有普遍性的内涵，使之相对化，丧失了客观的衡量标准和参照系，同时，以西方性架空现代性，使之成为没有实际内容的空壳。

沿着西方性特殊性的思路，亨廷顿否认存在普遍的现代性，主张多元现代性。他认为，不仅西方文明是特殊的，而且每一种文明都是特殊的。如果一定要找出某种普遍的现代性，那么它只局限于物质技术层面和"浅显"的道德层面，如城市化、识字率、谋杀是犯罪等，其他所谓的普遍现

---

① [美]亨廷顿：《文明的冲突与世界秩序的重建》，周琪等译，新华出版社1999年版，第63页。
② Francis Fukuyama, "Identity Crisis: Why We Shouldn't Worry about Mexican Immigration."

代性都是想象和错觉。① 虽然现代科技的迅速传播和工商业经济对自然环境的依赖性较小造就了现代世界的相似性，但这只是表面现象，现代诸文明在核心体制、实践与信念等方面仍然存在根本的差异，其程度丝毫不逊于传统社会。

亨廷顿进一步分析了多元现代性的现实表现，认为随着现代化的推进，各非西方文明最终要回归自身传统，寻求对西方性的突破，现代性正日益显现出多元化的局面。最明显的表现就是东亚的文化本土化和伊斯兰世界的宗教复兴。"非西方社会，特别是东亚社会……越来越伸张自己的文化价值，并拒绝那些由西方'强加'给他们的文化价值。"② 20世纪90年代初，新加坡政府就将"界定各民族和宗教社会群体共同的、区别于西方的文化认同"作为"一个新加坡人的最基本点"③。在伊斯兰世界，大规模的社会流动、人口增长和"传统纽带和社会关系断裂""造成了异化感和反常感，并导致了需要从宗教中寻求答案的认同危机"④。于是，伊斯兰世界开始求助于传统宗教来解决危机。可见，各种文明的现代性都无法脱离自身传统，应该寻求、开辟属于自己的现代性。

早在20世纪70年代，一些经典现代化理论的修正派学者已经开始考虑现代性的矛盾性、变异性与不连续性。⑤ 90年代以后，有些学者进一步提出，"多元的现代性……是第二个全球轴心时代的现代性的核心所在"⑥。不过，这些观点都只是强调现代性"具体制度和文化模式的巨大可变性和易变性"⑦，并不否认现代性本质上的规定性与一致性。亨廷顿则再度表现出观点的绝对性。他彻底否定了现代性的普遍性，认为现代性不仅在表现形式上，而且在基本内涵上都是多元的。这等于消解了现代性。

这种所谓多元现代性观点的前提仍然是以西方性为依托来界定普遍现代性。作为西方性特殊性的推论，多元现代性的逻辑是：因为西方性是特

---

① ［美］亨廷顿：《文明的冲突与世界秩序的重建》，周琪等译，新华出版社1999年版，第43—44页。
② ［美］亨廷顿：《文明的冲突与世界秩序的重建》，周琪等译，第6页。
③ ［美］亨廷顿：《文明的冲突与世界秩序的重建》，周琪等译，第369—370页。
④ ［美］亨廷顿：《文明的冲突与世界秩序的重建》，周琪等译，第67—68页。
⑤ 罗荣渠主编：《现代化：理论与历史经济再探讨》，上海译文出版社1993年版。
⑥ ［美］S. N. 艾森斯塔特：《反思现代性》，旷新年、王爱松译，生活・读书・新知三联书店2006年版，第88—89页。
⑦ ［美］S. N. 艾森斯塔特：《反思现代性》，旷新年、王爱松译，中译本前言。

殊的，所以就不存在普遍的现代性，这等于说，只有西方性能够为现代性提供普遍的内涵。一旦西方性被证明是特殊的，那么普遍的现代性也就不存在了。这实际上与他所批判的西方中心论者一样，都是以西方性作为衡量现代性的尺度，只不过是采取了一种反向的形式。在亨廷顿的头脑中，始终没有西方文明与其他文明分享、共建现代性的意识，并未真正摆脱西方中心论的思维定式。

由于用扩大的西方性架空了现代性，多元现代性实际上成了一句空洞的口号。在宣称现代性的多元性以前，亨廷顿已将现代社会发展中最关键的内容划入西方性的范畴，现代性被抽干了内涵，"多元现代性"变成了一具没有任何实际内容的空壳。连亨廷顿自己也无法在这个问题上自圆其说。他所列举的多元现代性的表现无一成立。东亚的文化本土化其实是一种文化策略，并不代表新的现代性。在经济发展初期，东亚各国努力吸收西方文明先进因素，改造自身落后的传统观念和社会体制。直到经济起飞之后，为了"在国际上保持自我"，才开始文化寻根，从传统文化中发掘或附会出一些具有民族特色的代用品。亨廷顿一再提及的新加坡，正是这方面的代表。至于全球范围的宗教复兴，其实是现代性发展的不平衡性的结果，也不是多元现代性的表现。

现代性丧失了客观的评判标准，走向相对化，也就取消了非西方文明向现代性转型的可能性。现代性是在客观的历史进程中形成的，不是一种主观的意识形态建构，它与传统性的最大区别在于：传统性是各种文明在相对孤立、封闭的状态中发展起来的，因而在制度体系、价值观和实践方面存在根本差异，具有多元性；而现代性则是在一个以世界市场和国际劳动分工体系为基础的结构性的世界经济体系中产生的，[①] 各文明作为这个体系的一部分，既彼此依赖，又相互竞争。这种全局性的竞争关系为现代性提供了统一的、客观的评价标准：凡有利于增强自身竞争力的因素，无论其源于自身还是外部，都应该发展或引进，凡阻碍自身竞争力提升的因素，即使具有根深蒂固的社会经济和文化基础，也必须彻底放弃和改造。在这个客观尺度的约束下，现代性在最根本的层面是一元的，即体现工具理性精神的制度框架与价值体系，如现代产权制度、自由市场体系、民主

---

① ［美］伊曼纽尔·沃勒斯坦：《资本主义世界经济体》（Immaeul Wallerstein, *The Capitalist World-Economy*），纽约：剑桥大学出版社 1979 年版，第 38 页；伊曼纽尔·沃勒斯坦：《历史资本主义》，路爱国、丁浩金译，社会科学文献出版社 1999 年版，第 13—14 页。

政治、理性官僚制、现代法律体系、以中产阶级为主体的社会结构、科学精神、世俗化的价值体系等等。① 如果这个现代性的标准与非西方文明的传统格格不入，只能说明这些文明必须以更大的努力对自身的文化传统进行艰苦的改造，并不证明现代性本身是多元的。

亨廷顿的多元现代性理论取消了现代性的客观标准，强调其对传统的依赖性，其危害甚至比直接的西方中心论更大。发展这样的现代性，对于某些非西方社会来说，是一场灾难。它使本来就强大的传统性获得了合法性的证明，而原本就脆弱的现代性因素则进一步遭到压制，在多元现代性的自我麻痹下永远在传统性的框架内徘徊，丧失了向现代性转型的机会，无法对西方文明构成竞争和挑战，最终的获益者却是西方社会。

三　多元现代化与无法现代化

由传统社会到现代社会转型的现代化过程到底应该怎样完成，是非西方社会最关心的问题。按照多元现代性的思路，亨廷顿提出了多元现代化的观点，主张西方化并非普遍的现代化模式，各文明应该立足于自身传统，开拓自己的现代化模式。这个观点看似尊重非西方文明的独立性和选择权，但如果真正付诸实践，就只能使非西方社会的现代化寸步难行。

第一，割裂了现代化的完整内涵，将西方化扩大化、特殊化，从而使"多元现代化"丧失了现实操作性。

多元现代化的论证仍然是从西方化与现代化的区别开始的。在亨廷顿看来，现代化与西方化之间虽然存在一定联系，但是两个不同层次的概念。现代化是始于18世纪的科学知识和工程知识扩张的产物，"包括工业化、城市化，以及识字率、教育水平、富裕程度、社会动员程度的提高和更复杂的、更多样化的职业结构"；② 而西方化则是西方性由传统形态向现代形态转型的内在过程，包括民主化、法制化、世俗化、社会多元化等。也就是说，现代化作为一种普遍现象和共同趋势，只局限在物质和技术层

---

① 马克斯·韦伯对理性化的概念进行了系统界定，指出理性资本主义的特征是工具理性化在经济、行政、法律、科学与艺术，乃至个人等领域的扩展（参见马克斯·韦伯《经济与社会》上卷，林荣远译，商务印书馆1997年版。）

② ［美］亨廷顿：《文明的冲突与世界秩序的重建》，周琪等译，新华出版社1999年版，第58页。

面，在制度、价值观等社会形态的内在层面，"政治和经济发展的主导模式因文明的不同而不同"①，现代化"既未产生任何有意义的普世文明，也未产生非西方社会的西方化"②，西方化作为制度、价值观和实践方面的变革，是实现现代化的一种模式，但不是唯一途径，只局限于西方，非西方社会一旦引入西方化，就等于在自身植入病毒，将染上文化精神分裂症。③对于非西方文明来说，同时拒绝西方化与现代化的拒绝主义和同时接受二者的全盘西化都是错误的，只有拒绝西方化而接受现代化、依托于自身文化传统开辟新的现代化模式才是唯一的出路。

将现代化分解，只保留其物质技术成果，而将制度与价值内涵替换为自身传统的改良主义思路，几乎在任何非西方文明现代化的早期阶段都出现过，早已被实践证明是行不通的。因为任何一种独立的社会形态，都必然包括物质技术基础、制度载体与价值维度三个内在关联的层面，从一种社会形态转向另一种社会形态，要求这三个层面的全面转型，缺少了其中任何一个，转型都不可能完成。以工业化为中心的现代物质技术，是在以理性化为核心的政治、经济体制、社会结构和价值体系的支持下发展出来的，二者是不可分割的。而亨廷顿却将作为整体的现代化拆开，只留下最表层的器物层面，将其他两方面统统纳入西方化，从而将现代化肢解、降格了。同时，他又将西方化封闭起来，排除了非西方文明对之进行吸收、借鉴的合法性。结果，号称具有自主选择权的后发现代化国家发现自己实际上已无可选择。

第二，以文化归属感作为评判现代化成败的标准，过于片面。

亨廷顿选取了日本和土耳其作为现代化成功与失败的代表。他认为，日本的成功来自改良主义的现代化模式，即充分利用自身传统，发展西方技术，以"旧瓶装新酒"的方式推行现代化。相反，土耳其则企图完全抛弃自己的历史，"既西方化也现代化"、由西方化而现代化，结果丧失了民族特性，成为被伊斯兰世界和西方世界同时排斥的"无所适从"的国家。由此，亨廷顿断言："无论非西方文化对现代化造成了什么障碍，与它们对西方化造成的障碍相比都相形见绌。现代化加强了那些文化，并减弱了

---

① ［美］亨廷顿：《文明的冲突与世界秩序的重建》，周琪等译，新华出版社1999年版，第8页。
② ［美］亨廷顿：《文明的冲突与世界秩序的重建》，周琪等译，第4页。
③ ［美］亨廷顿：《文明的冲突与世界秩序的重建》，周琪等译，第166页。

西方的相对权利。世界正在从根本上变得更加现代化和更少西方化。"①

在这里，亨廷顿对现代化成功与失败的判断，完全是以基于传统文化的文化归属感为依据的。这与他相对主义文化决定论、多元现代性的思路是一致的，但与他对现代化的界定（工业化、城市化等）所采用的技术经济标准相矛盾。判断标准的前后矛盾和内部分裂揭示了无法自圆其说的理论困境。

其实，亨廷顿对现代化的判断标准非常片面。按照他的标准，日本甚至欧美的现代化，都不算是极为成功的，因为现代化本身就是一个利益调整、权力重组和价值转型的过程，必然造成传统文化认同感的削弱，传统性保留得越多，传统的文化认同感就越强。照此标准越是传统的，就越是现代的，某些封闭落后的非洲原始部落才是极为"现代化"的地区。

在全球竞争的背景下，现代化具有一些硬性的衡量指标——经济增长率、经济结构合理化程度、对外开放度、分配公平度、行政效率、法治化程度、教育普及化程度等，其核心是制度的理性化程度和国家综合竞争力的强弱。按照这个标准，土耳其的现代化不能说是失败的，至少比其他固守传统的伊斯兰国家要成功得多。

当然，文化认同感的确是衡量现代化的一个重要指标，但不能孤立、静止地看待它，必须与社会经济方面的指标结合起来。因为要维持民族特性，就必须先确保民族生存，没有生存就谈不到特性。而且，文化认同感不仅来源于传统，现实的政治经济发展所带来的社会满足感、民族自信心，是增强文化认同感、维持民族特性更重要的动力。对于许多发展中国家来说，文化认同感虚弱的原因不是引进了外来先进文化，而是其文化传统中的落后性因素没有得到根除，现代化进程受阻，导致民族自信心流失。所以，要有效维持民族认同感，不能固守传统文化，而要大胆引进外来先进文化、积极改造自身传统中的落后性因素，营造新的、健康的民族认同。

第三，不但无法解决非西方文明的现代化所遇到的实际问题，反而陷入某些文明根本无法实现现代化的文化宿命论的误区。

亨廷顿的多元现代化命题经常遭到的诘难是：当非西方的传统文化与

---

① ［美］亨廷顿：《文明的冲突与世界秩序的重建》，周琪等译，新华出版社1999年版，第70—71页。

现代化的需求相矛盾时，应如何处理？① 这个问题的核心其实就是著名的"韦伯命题"：非西方的传统社会能否直接进入现代化的轨道？亨廷顿的策略是以取消问题来规避矛盾：既然现代性本身就是多元的，是按照传统文化自身的特性设定的，那当然就不存在传统文化与现代化相冲突的问题了。

但是，现代化毕竟不是纸上谈兵，许多非西方国家的工业化发展困难重重、徘徊不前是不可否认的客观事实。对此，亨廷顿也给不出什么有效的解释，最终承认，只有与西方文化接近的文化，如日本的工具文化，才易于实现现代化，而某些"终极性文化"则不适合搞现代化。② 这个说法加上他早就提出的"文化不可改造"的命题，推导出的结论就是：某些文明既没有适合搞现代化的先天条件，又不能通过后天努力进行自我改造，实际上不可能实现现代化。

多元现代化变成了无法现代化，这个恐怕连亨廷顿自己都始料未及的结果，是由错误的理论假设所导致的。不同文明之间的相互交流和学习，不但是可能的，而且是必须的；同时，完成现代化的前提条件，也不是传统文化的先天潜质，而是传统文化被利用、被改造的方向与力度。如果说日本文化中的工具性因素对日本现代化的成功具有重要作用的话，那么这种作用恰恰表现为明治维新时代的日本勇于破除自身文化惰性、积极吸收西方文明先进成果的实用主义态度，以及突入制度层面进行自我改造的改革力度；而其他文明的现代化转型之所以不成功，是因为它们的现代化总是在多元论、特色论的名义下流于表面化，没有触及核心制度体系的传统性和深层的社会经济结构。

四 多元现代性的保守性、策略性及非西方社会的应对态度

冷战时期，出于意识形态扩张的需要，早期经典现代化理论一度以西方性来规定现代性、将西方化等同于现代化，体现了典型的西方中心论思维。而在后冷战时期全球竞争日益加剧，非西方社会迅速崛起，西方文明面临强大挑战的新形势下，亨廷顿反其道而行之，在文明冲突论的文化模

---

① 王彬彬：《现代化该怎么"化"——质疑亨廷顿》，《书屋》2000年第4期。
② [美] 亨廷顿：《文明的冲突与世界秩序的重建》，周琪等译，新华出版社1999年版，第69页。

型下提出具有非西方中心论色彩的多元现代性的观点。但是，多元现代性理论的表面主张与内在逻辑之间存在巨大反差，表面激进，本质保守，是非西方中心论名义下的一种新西方中心论。这集中体现在两个方面：

一方面，它对西方文明缺少深刻的反思，将西方文明的内在矛盾外因化。在亨廷顿的框架中，一切问题都来自西方文明外部：美国各种社会问题的根源是外来移民的异质文化对美国主体文化的分裂；全球冲突的症结在于文化模式之间的差异与隔阂，[1] 除了向外推销自身模式之外，西方文化本身没有任何问题；只要西方能够认识到普世主义的危害，"收回"西方性，世界和平就可以实现了。这种思路将问题简单化到了近乎肤浅的程度。实际上，各种问题的症结都在于资本主义体系的内在矛盾：美国的种族矛盾其实是资本主义生产的核心矛盾——两极分化趋势在社会边缘群体中进一步放大所引发的社会后果。[2] 正如福山所说："不是墨西哥或其他拉美移民具有错误的价值观，而是他们被美国的社会实践所腐蚀。"[3] 而全球冲突则是全球资本扩张所引发的竞争关系与矛盾运动的表现，[4] 只要全球资本主义体系、竞争体系存在，西方社会就不可能主动放弃"普世主义"。世界秩序的确需要均势，但这不能期待西方的主动让步，只能依靠非西方社会自身的积极发展；更不能通过西方文明独占现代性、收回现代化来获得，而要借助非西方世界分享现代性、参与现代化来推动。

另一方面，它对非西方社会发展充满着恐惧和防范心理，力图通过一种迂回曲折的方式维持西方社会的优越地位。"20世纪90年代以来，整个世界体系充满着巨大的政治不确定性与思想上的混乱，并普遍存在着社会忧虑。"[5] 在西方学术界，这种忧虑激发了对似乎已成定论的现代化问题的

---

[1] ［美］亨廷顿：《文明的冲突与世界秩序的重建》，周琪等译，新华出版社1999年版，第350—354页。

[2] ［美］阿兰·沃尔夫主编：《世纪末的美国》（Alan Wolfe ed., *America at Century's End*），加州大学出版社1991年版，第186页。

[3] Francis Fukuyama, "Identity Crisis: Why We Shouldn't Worry about Mexican Immigration."

[4] ［美］伊曼纽尔·沃勒斯坦：《现代世界体系》（一），罗荣渠等译，高等教育出版社1998年版，第127、463页。

[5] ［美］特伦斯·K. 霍普金斯、伊曼纽尔·沃勒斯坦主编：《转型时代——世界体系的发展轨迹：1945—2025》，吴英译，高等教育出版社2002年版，第1页。

反思，出现了形形色色的反思现代化理论。① 美国学者走的是一条更加保守的路径，两个主要的代表就是提出"历史终结论"的弗朗西斯·福山和主张"文明冲突论"的亨廷顿。② 艾森斯塔特认为，二者对世界格局的发展趋势做出了对立的解释：前者强调社会发展的同质化，后者则主张社会发展的非同质化。其实，这种对立是表面性的。与包括福山在内的多数保守主义者所采取的直接方式不同，亨廷顿看到，推销西方模式没有为西方社会带来安全和声誉，反而招致了普遍的敌视和报复，因此，他提出多元现代性的观点，一面安抚非西方社会的反西方情绪，另一面通过抽空现代化、泛化现代性，在无形中取消非西方社会发展的可能性，消除其对西方社会的威胁。

亨廷顿的多元现代性理论的"危险在于它太容易被当真了"。在西方社会，它代言了社会民众对未来的恐惧与期待，为决策者提出了具有前瞻性的预警信息，因而受到广泛关注。在非西方社会，它以形式上的妥协迎合了发展中国家谋求独立发展的愿望，乃至其文化民族主义的自尊心和虚荣心、规避承担利益调整和体制变革艰巨任务的侥幸心理。许多学者虽然反对文明冲突论的国际关系模式，却不自觉地接受了其多元现代性的发展观。

美国的政治实践与主流学术传统，具有一种独特的保守主义的连续性。③ 亨廷顿的多元现代性发展观就体现了这一点。它服从西方社会而不是非西方社会的发展需要，反映了西方社会文化心态的改变、文化策略的调整而不是文化观念的转化，因而是自卫式的而不是自省式的，"是社会

---

① 这里所说的反思现代化理论，指的是欧洲学术界主流派在承认现代化的前提下对现代化形式与内容的变化进行的反思，如"自反性现代化""第二次现代化""继续现代化""再现代化"以及"全球化理论"等，不包括后现代主义的各种理论。（参见［英］安东尼·吉登斯、［德］乌尔里希·贝克等《自反性现代化》，赵文书译，商务印书馆 2001 年版；［德］沃尔夫冈·查普夫《现代化与社会转型》，陈黎、陆宏成译，社会科学文献出版社 2000 年版。）全球化理论流派纷杂，戴维·赫尔德对此进行了较好的归纳梳理。（参见［英］戴维·赫尔德等《全球大变革——全球化时代的政治、经济与文化》，杨雪冬等译，社会科学文献出版社 2001 年版，第 2—14 页。）

② ［以］S. N. 艾森斯塔特：《反思现代性》，旷新年、王爱松译，生活·读书·新知三联书店 2006 年版，第 19 页。

③ ［美］罗伯特·伊萨克：《导论：美国自由主义的保守主义传统》（Robert Isaak, "Introduction: The Conservative Tradition of American Liberalism"），伊萨克主编：《美国政治思想：从起源时期到 21 世纪读本》（*American Political Thinking*: *Readings from the Origins to the 21ˢᵗ Century*），北京大学出版社 2004 年版，第 1—11 页。

基本变化的征兆，而不是解决方案"。现代性内涵的丰富性和形式的多样化，并不意味着现代性的目标本身是多元的、相对的，而恰恰表明处于不同起点上的各种传统文明在共同标准的约束下进行不同形式、不同程度的转型。中外历史一再证明，只有先进行自我改造，才能获得发展，只有发展了，才有资格谈多元、谈特色。在现代化起始阶段搞的多元化，往往不是推动而是阻碍了现代化的进程。非西方社会要想获得发展，就必须认识并接受现代性内在的统一标准和趋同一致性，切实推动自身文化传统与现实体制的理性化转型，而不是盲目接受似是而非的多元现代性理论。

重新解读马克思《资本论》（第一卷）中"后者未来的景象"

吴 浩[*]

马克思在1867年出版的《资本论》第一卷第一版序言中有一句名言——"工业较发达的国家向工业较不发达的国家所显示的，只是后者未来的景象"[①]。长期以来，这句话一直被中外众多从事现代化研究的学者奉为经典，并被解读为早在100多年前马克思就已经预见到，落后工业国家必然遵循发达工业国家的现代化模式，后者展示了前者未来实现现代化的样板与景象。那么，这是马克思要表达的真实意思吗？通过对马克思相关著作的文本解读，笔者发现，实际上马克思在这里所表达的是另外一种相反的意思，因此，很多学者对这句话的含义做出了错误解读。

本文拟从马克思个人思想发展史的角度入手，通过文本分析的方式，重新解读马克思这句话的背景及其内在含义，以推动学术界对马克思主义现代化理论与唯物史观研究的深入。

一 学术界"误读"列举

在西方学术界，尤其是现代化研究领域，无论反对还是认同马克思的社会发展理论的学者，大多对这句经典名言所蕴含的历史洞见与智慧倍加推崇，公认这是马克思关于落后国家发展道路和工业化问题的重要提示。[②]

---

[*] 作者吴浩系上海大学历史系副教授。本文部分内容曾以"现代化的样板，还是现代的灾难？——对一句马克思经典名言的重新解读"为题发表在《史学理论研究》2015年第1期。

[①] 《马克思恩格斯选集》（第2卷），人民出版社1995年版，第100页。

[②] 在西方学术界，马克思的这句经典名言的固定英文译法是 The country that is more developed industrially only shows, to the less developed, the image of its own future. 参见"马克思主义互联网档案"（Marxists Internet Archive）提供的《资本论》第一卷第一版序言的英译文。http://www.marxists.org/archive/marx/works/1867-c1/p1.htm 11-02-2014。

德国学者鲁道夫·哈曼在《欧洲工业革命是发展中国家效仿的模式吗?》一文中深刻地指出了存在于西方现代化研究领域中的这一共识。"根据许多现代化理论家的假设,工业社会是发展的样板,而工业革命则是发展的道路。因此,他们的方法就与马克思在《资本论》序言中的一句话是紧密相关的:'工业较发达的国家向工业较不发达的国家所显示的,只是后者未来的景象'。任何偏离这条道路的做法都被理解为发展的缺点或错误的发展,由此忽视或排除了第三世界国家发展上不同的条件。"[①]

西方著名经济学家亚历山大·格申克龙(Alexander Gerschenkron)在其1962年出版的《经济落后的历史透视》一书中提出了他对马克思的这句经典名言的认识。他指出:"我们关于落后国家工业化的大量思想都自觉或不自觉地受到马克思的宏大理论概括的支配。根据这种概括,较为落后国家的发展道路将要遵循先进的,或已经实现工业化国家的历史踪迹。'工业较发达的国家向工业较不发达的国家所显示的,只是后者未来的景象'。从广义上说,这一理论概括的有效性基本上不容置疑。我们显然可以富有意义地说,德国在上世纪后半叶遵循了英格兰在较早期走过的道路。但是人们也须注意提防过于绝对地接受这一理论概括。因为它所包含的部分真实性可能会遮蔽现实存在的另外部分,也就是说,恰恰因为其落后,落后国家的发展可能在几个十分重要的方面显示出与先进国家根本不同的倾向。"[②] 从格申克龙的评论来看,他对马克思的这句经典名言的解读显然是在强调:马克思认为落后工业国家的现代化必然遵循发达工业国家现代化的历史轨迹。虽然格申克龙指出马克思在这里忽视了工业落后国家与工业发达国家在实现现代化方面往往会存在一些重要差异,而这些差异又可以成为落后国家发挥"后发优势",实现赶超发达国家的前提条件,但是这并没有妨碍他对这句名言所蕴含的历史洞见的推崇。因为,在他看来,这句话所蕴含的历史必然性实际上主要体现在历史发展的宏观层次上。

美国学者丹尼尔·勒纳(Daniel Lerner)是现代化研究领域的著名学者,他对马克思的这句话同样赞誉有加。1966年,他为《国际社会科学百

[①] 罗荣渠主编:《现代化:理论与历史经验的再探讨》,上海译文出版社1993年版,第268页。

[②] 亚历山大·格申克龙:《经济落后的历史透视》,张凤林译,商务印书馆2012年版,第11页。

科全书》撰写"现代化"(Modernization)词条时,一开始就引用了这句话作为阐释"现代化"含义的主要根据。他指出:"现代化是界定一个过去的进程——社会变迁的进程,借此欠发达社会获得较发达社会普遍的特征——的当代术语。这一进程由国际或社会之间的交往所引发。正如卡尔·马克思1个世纪以前在《资本论》序言中所指出的:'工业较发达的国家向工业较不发达的国家所显示的,只是后者未来的景象'。"[①] 从勒纳对"现代化"的概念界定来看,与格申克龙一样,他对这句话显然也是从"工业发达国家为工业落后国家树立了后者未来实现现代化的样板与前景"这一宏观历史层次来解读的。

英国著名社会学家克里珊·库马(Krishan Kumar)将马克思的这句话置于19世纪整个西方思想界对"社会发展"与"历史进化"观念的认识上加以解读。他认为,这句话透射出"工业发达社会展示了一切经历工业化过程的社会的未来"这一带有进化论色彩的光辉思想,是包括马克思在内的19世纪整个欧洲社会思想界的普遍之见。而马克思与同时代其他思想家的最大差异在于,他认为作为参照"样板"的工业发达社会只是社会发展中的一个必然过渡阶段而并非社会发展的终点形式。库马在1978年出版的成名之作《预言与进步:工业与后工业社会的社会学》[②] 中对这一思想进行了深入阐释。他指出:"工业主义的社会学模型所包含的不仅仅是对工业化模式,及其历史进化的阐释;它同时也意味着这种进化的终点。很明显地,19世纪的社会学家在拣选及强调他们那个时代的工业社会的某些确定特点时,往往自认为他们正如一面镜子,不仅展示了他们自身社会的未来,同时也显示了一切经历工业化过程的社会的未来。虽然这种观点是19世纪社会学家的普遍之见,但是,有些社会学家如马克思等人则认为,新的工业秩序并未达到其最终的稳定形式——这种最终的工业化秩序必然要到社会主义阶段才能加以完成——他们认为所有社会命中注定都要走上工业国家所规划的道路,而将他们的制度与文化纳入其中则是进化的一个必然阶段。正如马克思在其《资本论》第一版的序言中所说的:

---

① David L. Sills, ed., *International Encyclopedia of the Social Sciences*, Vol. 10, New York: Macmillan, 1968, p. 386.

② Krishan Kumar, *Prophecy and Progress: The Sociology of Industrial and Post-Industrial Society*, New York: The Penguin Press, 1978. 本书在国内已有中文版,详见库马《社会的剧变:从工业社会迈向后工业社会》,蔡伸章译,志文出版社1984年版。

'工业较发达的国家向工业较不发达的国家所显示的,只是后者未来的景象'。"①

保罗·巴兰是美国现代著名马克思主义经济学家,曾经创造性地提出了"经济剩余"的概念,从而开辟了马克思主义关于不发达政治经济学理论研究的新领域。然而,对于马克思的这句经典名言所透射出的社会发展观,巴兰却极不认同。在1978年出版的名著《增长的政治经济学》中,他对马克思的这句话提出了强烈批评。他认为,这句话代表了马克思在落后国家发展问题上的基本观点,透射出其内心隐藏的"欧洲中心论"情结和"单线历史发展观"。他以当代落后国家并没有走上与西欧国家相同的工业化道路的现实批评马克思关于落后国家的社会发展观。他认为,落后国家并没有像马克思在这句话中所说的那样沿着西欧的工业化道路前进,相反,西欧已经把世界其他地方远远抛在后面。② 这种情况"并非偶然,也不是不同民族的种族特点使然。实际上这是由西欧发展的本质所决定的"。③

与众多西方学者一样,④ 一些从事现代化研究的国内学者对马克思的这句经典名言同样高度肯定,认为它蕴含了马克思对落后国家实现现代化问题的深刻思考。

俞新天认为,在社会发展问题上,"马克思的着眼点主要不在于研究落后国家怎样发展的问题,因此他只涉及印度、俄国等几个个案。他把发展理解为进化的过程。他的名言'工业较发达的国家向工业较不发达的国家所显示的,只是后者未来的景象'便反映了这一倾向"⑤。

尹保云也存在着同样的认识。在其《现代化的通病》一书中,他指

---

① Krishan Kumar, *Prophecy and Progress: The Sociology of Industrial and Post-Industrial Society*, p. 149.
② [美]保罗·巴兰:《增长的政治经济学》,蔡中兴等译,商务印书馆2006年版,第228页。
③ [美]保罗·巴兰:《增长的政治经济学》,蔡中兴等译,第228页。
④ 除了上述学者以外,还有许多从事现代化研究的西方学者对马克思的这句话做出类似的错误解读与引用。(详见西摩·马丁·李普塞特《一致与冲突》,张华青等译,上海人民出版社1995年版,第90—91页;[英]迈克尔·斯坦福《历史研究导论》,刘世安译,世界图书出版公司2012年版,第60页;[澳]海因茨·沃尔夫冈·阿恩特:《经济发展思想史》,唐宇华、吴良健译,商务印书馆1999年版,第43页。)
⑤ 俞新天:《探索中国与世界的互动现代化、地区合作与对外战略》,上海人民出版社2012年版,第55页。

出:"马克思关注的是西欧先进资本主义国家的社会矛盾与前途。他认为人类社会发展具有阶段性,而这种阶段性由生产力的水平所决定;西欧是世界上最先进的社会,其他国家的发展要沿着西方的道路。正如马克思的一句经常被引证的话所表明的:'工业较发达的国家向工业较不发达的国家所显示的,只是后者未来的景象'"。[1]

丰子义对国内外一些学者将这句经典名言理解为马克思试图以发达工业国家的发展来规范落后工业国家的发展,因而将其视为"单线论"的观点提出了批评。他认为:"马克思在这里所讲的'未来景象'问题,并不是意在'规范',而主要是强调从世界历史的角度出发,将已有的历史过程向其他国家显示的方向和必经阶段作为参照系,来让后来者客观地认识本国、本民族的发展过程及其演化趋向。由于世界体系的渗透作用,国与国之间肯定要相互受到深刻影响,尤其是先进国家对落后国家的影响更大。"[2]

从上述中外学者对马克思这句经典名言的解读与引用来看,无论是认同还是反对马克思的学者都认为,马克思的这句话实际上透射出其内心的基本社会发展观:发达国家为落后国家树立了现代化的样板,落后国家现代化的理想目标就是达到发达国家现有的景象。

那么,马克思到底是不是这样认为的呢?上述学者对这句话的引用与解读是否正确呢?回答这一问题,我们需要到马克思经典著作中进行深入的文本解读,与此同时,将其与马克思早期与晚期的思想发展与演变联系在一起。

二 对马克思经典名言的重新解读

马克思的这句话出自1867年《资本论》第一卷第一版序言(以下简称《序言》)。对这句话的解读,首先,我们需要紧密联系《序言》的上下文进行:

---

[1] 尹保云:《现代化通病——二十多个国家和地区的经验与教训》,天津人民出版社1999年版,第8页。

[2] 丰子义:《现代化的理论基础——马克思现代社会发展理论研究》,北京大学出版社1995年版,第34页。

我要在本书研究的，是资本主义生产方式以及和它相适应的生产关系和交换关系。到现在为止，这种生产方式的典型地点是英国。因此，我在理论阐述上主要用英国作为例证。但是，如果德国读者看到英国工农业工人所处的境况而伪善地耸耸肩膀，或者以德国的情况远不是那样坏而乐观地自我安慰，那我就要大声地对他说：这正是说的阁下的事情！

问题本身并不在于资本主义生产的自然规律所引起的社会对抗的发展程度的高低。问题在于这些规律本身，在于这些以铁的必然性发生作用并且正在实现的趋势。工业较发达的国家向工业较不发达的国家所显示的，只是后者未来的景象。

……

在英国，变革过程已经十分明显。它达到一定程度后，一定会波及大陆。在那里，它将采取较残酷的还是较人道的形式，那要看工人阶级自身的发展程度而定。所以，撇开较高尚的动机，现在的统治阶级的切身利益也要求把一切可以由法律控制的、妨害工人阶级发展的障碍除去。……一个国家应该而且可以向其他国家学习。一个社会即使探索到了本身运动的自然规律，——本书的最终目的就是揭示现代社会的经济运动规律，——它还是既不能跳过也不能用法令取消自然的发展阶段。但是它能缩短和减轻分娩的痛苦。[①]

从上述文字中，我们可以得出以下几点认识：

首先，从第一段文字来看，《序言》的研究对象（当然也是《资本论》的研究对象）显然是那些已经走上资本主义发展轨道的西欧国家的"资本主义生产方式以及和它相适应的生产关系和交换关系"，而并不包括那些尚未走上资本主义发展轨道的国家。由于资本主义相对发达，相对成熟的"典型地点是英国"，因而，马克思"在理论阐述上主要用英国作为例证"。与此同时，其他欧洲大陆国家，此时则刚刚踏入资本主义发展的轨道，因而在很大程度上需要借鉴英国的发展经验。关于这一点，后来马克思在1881年《给维·伊·查苏利奇的复信（初稿）》中进行了明确说明。针对查苏利奇向马克思指出，在俄国有些"自称是你的真正的学生"

[①] 《马克思恩格斯选集》（第2卷），人民出版社1995年版，第100—101页。

的"马克思主义者"断言俄国工业注定要灭亡,俄国不可能避免资本主义,马克思回答说,他在《资本论》中分析的资本主义的产生"**明确地把这一运动的'历史必然性'限于西欧各国**"。①

其次,将前两段文字联系起来看,笔者以为,马克思所要表达的意思其实已经很明朗,即英国资本主义生产方式的发展已经造成其工人遭受沉重的剥削,由此导致了他们的生活陷入极度悲惨的状况。马克思将这种情况称为资本主义发展所带来的"现代的灾难"②。马克思认为,就已经走上资本主义发展轨道的德国而言,这种"现代的灾难"更加严重。这是因为"在资本主义生产已经在我们那里完全确立的地方,例如在真正的工厂里,由于没有起抗衡作用的工厂法,情况比英国要坏得多"③。由于只是一篇序言,马克思在这里自然无法对这种由资本主义生产关系发展所引发的"现代的灾难"进行充分、翔实的分析。实际上,揭示这种"现代的灾难"产生的缘起正是马克思在《资本论》中的重要研究内容之一。

最后,同样是从前两段文字来看,对于德国、法国等刚刚走上资本主义发展轨道的欧洲大陆国家而言,马克思显然认为,既然已经走上资本主义发展的轨道,那么资本主义生产的自然规律的"铁的必然性"就必然会发挥作用,因而在资本主义发展过程中,他们必然要经历与英国同样的"现代的灾难"。例如,在后来的《资本论》法文版第一卷中,马克思就对资本主义原始积累过程中,这种"现代的灾难"的重要内容之一——对农民的残酷剥夺,在那些已经走上资本主义发展轨道的西欧国家的发展进行了较为深入的分析。他指出:"在资本主义制度的基础上,生产者和生产资料彻底分离了……全部过程的基础是对农民的剥削。这种剥夺只是在英国才彻底完成了……但是,西欧的其他一切国家都正在经历着同样的运动(《资本论》法文版第315页)。"④ 笔者以为,正是从这个意义上而言,马克思在《序言》中才会指出:"问题本身并不在于资本主义生产的自然规律所引起的社会对抗的发展程度的高低。问题在于这些规律本身,在于这些以铁的必然性发生作用并且正在实现的趋势。工业较发达的国家向工业较不发达的国家所显示的,只是后者未来的景象。"

---

① 《马克思恩格斯选集》(第3卷),人民出版社1995年版,第774页。
② 《马克思恩格斯选集》(第2卷),第100页。
③ 《马克思恩格斯选集》(第2卷),第100页。
④ 《马克思恩格斯选集》(第3卷),第774页。

从上面的分析来看，马克思所指的"未来的景象"并不是指发达工业国家为落后工业国家树立了未来现代化的发展模式和未来实现现代化的美好景象，相反，它指的是资本主义生产关系确立与发展过程中必然产生的诸多"现代的灾难"。这种"现代的灾难"在资本主义发展相对成熟的英国表现得最为明显，因而成为刚刚走上资本主义发展轨道的其他西欧国家"未来的景象"。笔者以为，实际上这才是马克思这句话的真正所指。

那么，在马克思看来，资本主义发展造成的"现代的灾难"是否能够避免呢？要认识这一问题，我们不能仅仅拘泥于《序言》，而是应该将马克思早年和晚年的重要相关文献联系在一起进行深入分析。通过对这些文本的解读，笔者以为，马克思对这一问题的认识主要取决于落后国家是否已经走上资本主义发展轨道两种情况。就《序言》所涉及的西欧国家而言，从上述所引《序言》的最后一段文字来看，马克思实际上认为，一方面，由于这些国家已经走上资本主义发展轨道，因此，即使他们"探索到了本身运动的自然规律"，资本主义生产的自然规律还是会以"铁的必然性"发生作用。在这种情况下，完全避免资本主义发展所带来的"现代的灾难"是不可能的。但是在这里马克思又显示出超于常人的深刻历史洞见。他强调了落后国家在这方面具有的"后发优势"，即这些走上资本主义发展轨道的国家可以通过向其他国家学习经验和教训，掌握运动本身的规律，以此尽量缩短和减轻"现代的灾难"所带来的"分娩的痛苦"。

对于那些尚未完全走上资本主义发展轨道的国家未来是否能够避免资本主义发展所带来的"现代的灾难"，马克思在1877年《给〈祖国纪事〉杂志编辑部的信》与1881年《给维·伊·查苏利奇的复信（初稿）》中以俄国为例进行了详细说明。他指出，由于俄国目前尚未完全走上资本主义发展轨道，而且俄国特有的农村公社同时具有私有和公有两种因素，再加上"俄国不是脱离现代世界孤立生存的；同时，它也不像东印度那样，是外国征服者的猎获物"[1]，因此，它的发展实际上存在两种可能。第一种可能性就是追随资本主义发达国家，走上资本主义发展的轨道，继而承受资本主义发展所带来的不可规避的"现代的灾难"。马克思的结论是，"如果俄国继续走它在1861年所开始走的道路，那它将会失去当时历史所能提供给一个民族的最好的机会，而遭受资本主义制度所带来的一切灾难性

---

[1] 《马克思恩格斯选集》（第3卷），人民出版社1995年版，第765页。

的波折"①。笔者以为，这种可能性实际上就是《序言》中"工业较发达的国家向工业较不发达的国家所显示的，只是后者未来的景象"这句话所昭示出的社会发展道路。与此同时，马克思认为，还存在另外一种可能性，就是"俄国'农村公社'可以通过发展它的基础即土地公有制和消灭它也包含着的私有制原则来保存自己；它能够成为现代社会所趋向的那种经济制度的直接出发点……"②这使得"它能够不经受资本主义生产的可怕的波折而占有它的一切积极的成果"③。"俄国可以不通过资本主义制度的卡夫丁峡谷,④而把资本主义制度所创造的一切积极的成果用到公社中来"⑤。笔者以为，在这里，马克思实际上以俄国为例，为那些尚未走上资本主义发展轨道的落后国家提出了一条跨越"资本主义卡夫丁峡谷"，避免资本主义生产关系发展所带来的"现代的灾难"的发展道路。

三 结论

综上所述，马克思的经典名言"工业较发达的国家向工业较不发达的国家所显示的，只是后者未来的景象"实际上是马克思以英国为典型，在研究资本主义起源与原始积累的过程中，对于已经走上资本主义轨道的国家的未来发展所作的预测与分析。在这里，马克思对资本主义的原始积累与发展进行了深入批判，认为它带来了诸多无法避免的"现代的灾难"，如对农民土地的剥夺、对工人的残酷剥削所造成的极度贫困、女工童工的卫生状况与营养居住条件不断恶化等等。在马克思看来，由于西欧各国已经走上资本主义发展轨道，资本主义发展规律"铁的必然性"必然使得未来他们会与英国一样经历这种"现代的灾难"所带来的痛苦。由此可见，这句话并不是指发达工业国家为落后工业国家树立了未来现代化的样板与实现现代化的美好景象，而是指前者向后者

---

① 《马克思恩格斯选集》（第3卷），人民出版社1995年版，第340页。
② 《马克思恩格斯选集》（第3卷），第767页。
③ 《马克思恩格斯选集》（第3卷），第762页。
④ 前321年第二次萨姆尼特战争时期，萨姆尼特人在古罗马卡夫丁城（今蒙泰萨尔基奥）附近的卡夫丁峡谷包围并击败了罗马军队。按照意大利双方交战的惯例，罗马军队必须在由长矛交叉构成的"轭形门"下通过。这被认为是对战败军的最大羞辱。"通过卡夫丁峡谷"一语由此而来，意即遭受奇耻大辱。
⑤ 《马克思恩格斯选集》（第3卷），第765页。

预示了未来资本主义生产关系发展所造成的不可避免的"现代的灾难"。从这一意义上而言，这句话只是预示了已经走上资本主义发展轨道的西欧国家未来的社会发展状况。对于那些尚未走上资本主义发展轨道的国家如何避免资本主义发展所带来的"现代的灾难"，马克思晚年已经着手进行深入研究。特别是针对俄国的情况，他提出了跨越"资本主义制度的卡夫丁峡谷"①，由此避免资本主义发展所带来的"现代的灾难"的另外一条社会发展道路。

这样看来，对马克思的任何经典语句都必须联系马克思所处的时代背景和马克思的思想发展脉络加以解读，而不是只从字面上做片面、机械的理解与引用。实际上这样的理解方式一直为马克思所极力反对。1877年，针对米海洛夫斯基发表在俄国《祖国纪事》杂志上的文章指出马克思认定一切民族都必须经过资本主义才能进入社会主义，马克思当即写下《给〈祖国纪事〉杂志编辑部的信》，指出他在《资本论》中阐述的原始积累那一章"只不过想描述西欧的资本主义经济制度从封建主义经济制度内部产生出来的途径……他（指米海洛夫斯基。——笔者）一定要把我关于西欧资本主义起源的历史概述彻底变成一般发展道路的历史哲学理论，一切民族，不管它们所处的历史环境如何，都注定要走这条道路……但是我要请他原谅。他这样做，会给我过多的荣誉，同时也会给我过多的侮辱"。②

从现代化研究的视角解读马克思的上述思想，我们会发现，马克思实际上前后提出了两条现代化的道路。《序言》中提到的这句话，实际上代表了第一条现代化道路，即走上资本主义发展道路，经受资本主义发展所带来的一切"痛苦"的资本主义现代化道路。马克思认为，认识到资本主义的发展规律，虽然不能避免却可以减轻这些"痛苦"。另外一条现代化道路就是充分利用自身条件，跨越资本主义发展的阶段，由此避免资本主义发展所带来的"现代的灾难"。从这一点来看，马克思在这句经典名言中的"未来的景象"并不是指落后国家必然会走上以发达国家为"样板"的现代化道路，而是指他们走上资本主义现代化道路后必然会像发达国家一样遭受种种"现代的灾难"。马克思对这条现代化道路表达了鲜明而尖

---

① 《马克思恩格斯选集》（第3卷），人民出版社1995年版，第765页。
② 《马克思恩格斯选集》（第3卷），第340—342页。

锐的批判态度。人类社会的历史发展已经证明了马克思的推断。这一点突出地表现为，迄今为止全面展开的、以资本主义现代化为中心的世界性现代化进程与全球化进程，在造就空前未有的历史大变革的同时，也带来前所未有的全球性的矛盾和冲突。从这个意义上而言，从事现代化研究的诸多中外学者显然误解了马克思这句话的本义。

亚洲实践

1997 年金融危机后东亚经济"V 形反弹式复苏"的动因

林 震[*]

1997 年 8 月，泰国政府在耗尽国家外汇储备之后，无奈宣布放弃护卫本币的努力，泰铢迅速贬值，并演化成一场严重的金融危机。随后，危机迅速蔓延到印尼、马来西亚、韩国、菲律宾等国家，形成一场遍及东亚[①]的金融危机。人们预言东亚经济从此将陷入滞胀，然而，东亚并没有重蹈 20 世纪 80 年代拉美地区的覆辙，而是走了一条独特的"V 形反弹式复苏"的道路，此后东亚经济继续保持强劲的发展势头：1998—2005 年，东亚新兴经济体（不包含日本）的年均增长率超过 9%。[②]

针对东亚这种独特的经济发展现象，国内外已有大量的研究文献，其中以世界银行的系列研究报告最为全面和权威。[③] 在这些已有研究成果的基础上，本文拟从多层面探寻东亚"反弹式复苏"的深层动因，归纳出潜藏在东亚社会内部的"东亚活力"。

一 关于危机成因的不同解释

关于这场危机的成因，许多事后的评估认为，危机是"东亚奇迹"内

---

[*] 作者林震系莆田学院管理学院教授。本文部分内容曾以"论东亚经济'V 形反弹式复苏'的动因"为题发表在《河海大学学报》（哲学社会科学版）2009 年第 2 期。

[①] 此处的东亚是一个经济地理概念，包括日本、新加坡、韩国以及马来西亚、泰国、印尼以及中国（含台湾和香港）与越南。

[②] [美] 印德尔米特·吉米：《东亚复兴——关于经济增长的观点》，黄志强译，中信出版社 2008 年版，第 50 页。

[③] 世界银行系列研究报告包括《东亚奇迹》（1993）、《东亚的教训》（1997）、《东亚奇迹反思》（2001）、《东亚复兴——关于经济增长的观点》（2007）、《东亚具有竞争力吗?》（2002）、《东亚创新：未来增长》（2003）、《全球变革与东亚政策倡议》（2004）。

部潜伏问题的总爆发。① 这种观点虽无可指责，但还不足以解释危机的成因。本文主要介绍三种颇有特色的解释：克鲁格曼的"汗水论"，伊藤隆敏的"脆弱论"，斯蒂格利茨和约翰逊的"危机外来论"。

"汗水论"的首创者是美国经济学家、2008年诺贝尔经济学奖得主保罗·克鲁格曼。1994年，他在美国《外交季刊》上发表文章，分析潜伏在"东亚奇迹"内部的问题。② 克鲁格曼以新加坡为例分析东亚的经济增长模式：新加坡1966—1990年年均经济增长率为8.5%，人均收入以6.6%的速度增长（每十年翻一番），这确实是一个奇迹，但这些成就是靠劳动力和资本投入拉动的，劳动生产率并没有得到提高（no gains in efficiency），形象地说，新加坡的经济增长"是基于汗水而不是灵感"（based on perspiration rather than inspiration）：就业人口占全部人口的比例从27%上升到51%，劳动力水平从一半多雇佣人口没有受过教育到2/3雇佣人口完成了中等教育，投资占产出的比例从11%上升到40%。克鲁格曼还分析了日本的情况，发现即使是已经跻身于发达国家的日本，它的经济增长也更多地建立在劳动力和资本的投入上。按照克鲁格曼的观点，东亚是依靠物质资本和人力资本投入（即"汗水变量"）的增加来驱动经济增长的，技术投入所造成的劳动生产率的提高对经济增长的贡献几乎可以忽略不计，因此，受到报酬递减规律的制约，东亚地区不可能长期保持较高的经济增长速度，亚洲地区将成为世界经济中心的观点是缺乏依据的。

在"汗水论"的基础上，克鲁格曼继续深入对东亚的研究。1996年，克鲁格曼出版《流行帝国主义》一书，在该书中他大胆预言亚洲将出现金融危机。一语成谶，不幸言中，一年后，危机爆发。

值得关注的是，克鲁格曼对危机成因的观点随着危机的蔓延和他对危机观察的深入也不断改变：危机刚爆发（1997年年中），他认为其原因是糟糕的经济管理和过度腐败导致了危机国家货币的高估，即经济基本面的恶化导致了危机；1998年3月，他提出："真正把亚洲推向悬崖边缘的，是借贷（主要是国内借贷）中的道德风险"，并表示支持IMF打击造成风

---

① 张静中：《克服东南亚金融危机的影响保持经济增长》，《河海大学学报》（哲学社会版）1999年第1期；赵联宁：《"蝴蝶效应"与东南亚金融危机》，《河海大学学报》（哲学社会版），2000年第2期。

② Paul Krugman, "The Myth of Asia's Miracle," *Foreign Affairs*, Vol. 73, No. 6, 1994, pp. 62–78.

险的"权贵资本主义"的"过度紧缩政策";1998年10月,他推翻了自己在危机初期的看法,认为货币崩溃的原因是恐慌蔓延而不是经济基本面恶化,这次危机"与其说它是经济问题,倒不如说它是一个市场恐慌的预言自我实现的例子"①。这样,克鲁格曼最后实际上是用"市场恐慌论"取代了"汗水论"来解释危机原因的。

日本经济学家伊藤隆敏认为,危机的根源是进入20世纪90年代后东亚政府在资本和金融市场的设计和监管方面存在"脆弱性"②。这种脆弱性具体体现在如下方面:第一,金融部门以短期存款或硬货币(美元、日元、欧元)满足国内长期资本需求,导致"双重错配"③的困难(特别是韩国和泰国);第二,政府对金融机构进行管理和监管的框架不够精密,造成了不良后果,比如,银行缺乏独立的贷款风险分析,银行结构不足以应付大量不良贷款积累所造成的坏账,政府缺乏审慎的风险管理政策;第三,自由化顺序错误。通常,贸易自由化应先于金融自由化,国内金融管制的实行应先于国际金融的自由化,直接投资的自由化应先于证券市场和银行贷款的自由化。东亚往往没有坚持正确的自由化顺序,降低了抵御风险的能力,如韩国对流入的外商直接投资进行了严格的控制,但却对本国银行从国外的借贷实行了自由化,最后因为韩国银行借了(或担保)巨额的外国短期资金无法偿还而引发了韩国的金融危机;第四,东亚政府通常保持本币兑美元汇率的相对稳定,这有利于出口增长和吸引外商直接投资,但是,稳定的汇率也减少了短期资本借贷的汇率风险,从而导致短期外债的积累。

世界银行专家斯蒂格利茨的分析焦点同样集中于金融部门,但他的分析角度不同。他认为,东亚政府在20世纪90年代之前的金融政策发挥了推动经济增长的积极作用:第一,帮助创立大量银行,并鼓励它们进行开发性贷款(一般都是长期贷款);第二,通过金融限制政策(限制竞争、降低存款利率等),增加银行的盈利,以维持其贷款能力;第三,构建了

---

① 胡永泰:《克鲁格曼的智力冒险——勇于认错是优秀经济学家的标志》,《南方周末》2008年10月16日第16版。

② [日]伊藤隆敏:《东亚的增长、危机和经济复苏、前景》,世界银行:《东亚的复苏与超越》,朱文晖译,中国人民大学出版社2001年版,第41—67页。

③ 长期资本需求最好是由长期投资者的资本以股票和长期债券的形式来满足。如果长期投资由银行等收取短期存款的部门提供,就会发生"期限错配";如果外资银行将海外资金贷给国内公司,就会出现"币种错配"。

一种独特的风险吸收机制。当出现宏观经济冲击时，银行对贷款进行展期，而政府则承担可能出现的风险。那么危机从何而来呢？斯蒂格利茨指出，东亚金融危机的源头在于外部压力。进入 90 年代，由于国际货币基金组织和美国财政部的压力，东亚"不得不在合适的监管体制到位前，很快地推行资本市场自由化"①。此外，危机的另外两个次要原因是：快速自由化之后，东亚没有及时采取措施强化银行体系；在私营部门的高薪诱惑下，政府监管部门无法留住优秀人才，影响了有效的监管制度的形成。

美国历史学家、"发展型国家"理论的首倡者查默斯·约翰逊也持"危机外来论"，但是，他认为始作俑者是日本。他分析道，90 年代，日本国内经济开始出现投机泡沫，无限制的银行借贷逐渐增多，当无法避免的崩盘出现之时，日本不是采取改革银行业务，要求公司对不良投资决定负责，而是"以邻为壑"，将泡沫转嫁给了韩国和东南亚，因此导致了危机的爆发。②

二 东亚经济的"反弹式复苏"

从 1997 年 7 月到 1998 年 10 月，金融危机大约持续了一年多。当时有人预测，东亚会像 80 年代拉美地区一样，严重的金融危机导致经济呈"U 形渐进式复苏"，90 年代可能会成为东亚"失去的十年"。但是，事实并非如此，从表 1 可以看出，到 1999 年，东亚六个主要经济体都实现了经济复苏。2001 年，由于美国和欧洲的经济衰退波及东亚，东亚经济又陷入了危机（有人称之为"危机的第二阶段"），但是到 2002 年，东亚就很快地再次复苏。再以五个遭受危机冲击严重的经济体为例，五个"危机国家"（印尼、韩国、马来西亚、菲律宾和泰国）1998 年经济平均下降了 7.8%，1999 年平均增长则达到 5%，经济复苏的速度还是比较快的。总之，东亚没有走拉美的老路，危机后的东亚经济走的是 V 形的"反弹式复苏"的道路。

---

① ［美］约瑟夫·E. 斯蒂格利茨：《东亚奇迹的反思》，王玉清译，中国人民大学出版社 2003 年版，第 357—358 页。

② ［美］禹贞恩：《发展型国家》，曹海军译，吉林出版集团有限责任公司 2008 年版，第 39 页。

表1　　　　　　危机后东亚主要经济体的经济增长率　　　　　　　　（%）

年份	1998	1999	2000	2001	2002
日本	-2.8	1.4	2.8	-1.9	2.8
新加坡	0.4	5.4	10.5	-2.6	1.5
韩国	-6.7	10.7	4.6	3.7	6.8
中国（不含台湾和香港地区）	7.8	7.1	7.3	7.6	8.1
中国香港	-5.1	2.9	6.8	-1.6	5.0
中国台湾	4.6	5.4	4.1	-2.7	4.2

资料来源：Cited from Cal Clark, Changhoon Jung, "The Resurrection of East Asian Dynamism: A Call to Look Beyond the Orthodoxies in Development Studies," *Asian Affairs*, Vol.31, No.3, pp. 131-151.

这种现象引起人们极大的兴趣，追寻东亚复苏的动力成为各界热议的话题。作为危机救援参与者的世界银行，在这场讨论中处于中心地位。1998年，世界银行出版了关于东亚复苏的研究报告——《东亚的复苏之路》，探讨东亚复苏的可能路径，但是，由于这份报告出版时，东亚的经济衰退正进入最低潮，危机尚未结束，许多深层问题正逐渐暴露，这份研究报告来不及全面评估整个危机的冲击力。2000年，世界银行出版了两份研究报告——《东亚奇迹的反思》和《东亚的复苏与超越》。这时东亚已经全面复苏，新报告的部分内容比较全面地研究了复苏的动力。与此同时，另一个更大规模的研究计划也在进行。1999年下半年，世界银行和日本政府联合启动了"东亚未来发展前景"的系列课题计划，经过两年多的研究，2002年9月，出版了第一部研究成果——《东亚具有竞争力吗？——应对全球市场竞争的创新法则》，从创新的角度发现东亚复苏的动力，并提出未来东亚实现创新增长的政策建议。

根据世界银行2000年和2002年三份报告的研究成果，并参考其他观点，笔者认为，推动东亚实现"反弹式复苏"的动力主要有以下四种：

1. 外部动力。国际货币基金组织、世界银行、亚洲开发银行和日本政府分批对危机国家进行援助贷款，以帮助这些国家重建信心，阻止汇率贬值，挽救经济局势。据统计，1997年，印尼得到了420亿美元贷款，占GDP的20%；韩国得到了582亿美元贷款，占GDP的13%；泰国得到了

172亿美元贷款，占 GDP 的 12%；① 1999 年后半期，东亚区域内贸易的增加以及日元升值，加快了危机国家经济复苏的步伐。中国坚持人民币不贬值的政策，有助于东亚经济秩序的稳定，为东亚经济复苏提供了较为有利的环境。上述这些外部因素构成了东亚"反弹式复苏"的外部推动力。

2. 技术动力。在几十年的高速增长中，东亚许多公司成功地吸收了国际技术，培育了自己的技术优势。20 世纪 90 年代末，互联网的扩张（东亚地区的网络用户从 1998 年的 1300 万人增加到 1999 年的 2200 万人），科技股的上扬，引发了东亚整个地区股票市场的复苏②，为经济复苏提供了强劲的动力。同时，东亚人均拥有计算机量很高，在诸如互联网接入、人均电话线路以及无线设备利用等指标上均好于其他发展中地区。③ 技术优势内含的创新潜力培育了东亚企业应对危机的能力，是东亚能够较快复苏的内部推动力。

3. 实体经济动力。实体经济表现在经济增长率、失业率、储蓄率和投资方面。东亚 30 年经济高速增长所造就的产业竞争力、强劲的出口、外商直接投资、高储蓄和高投资等优点，"都将推动亚洲经济重回早期的增长轨道"④。东亚实体经济表现良好，意味着经济基本面比较好，这是东亚较快复苏的牵引力。

4. 政策动力。东亚虽然普遍拥有较高的储蓄率，但是，当投资需求超过国内储蓄时，还是需要大量的海外资金。外商直接投资（FDI）和组合证券资本（包括股票、债券和银行贷款）是海外融资的两种重要手段。FDI 周期长，风险小，但对国内制度环境要求较高；组合证券资本多为短期，周期短，风险大，但较容易获得。东亚各国在满足投资需求方面的不同政策，决定了经济复苏的速度和代价：泰国、韩国、印尼和菲律宾在危机前获得了大量的组合证券资本，银行负担了巨额的短期外债，受危机的冲击最大，导致复苏速度比较慢或者复苏代价很大；中

---

① 世界银行：《东亚的复苏与超越》，朱文晖译，中国人民大学出版社 2001 年版，第 4、31 页。

② Editor, "The Fear of the Internet," *Far Eastern Economic Review*, Vol. 163, No. 1, 2000, p. 22.

③ [美] 沙希德·尤素福等：《东亚具有竞争力吗？——应对全球市场竞争的创新法则》，王丹莹等译，中国财政经济出版社 2004 年版，第 146 页。

④ [美] 约瑟夫·E. 斯蒂格利茨：《东亚奇迹的反思》，王玉清译，中国人民大学出版社 2003 年版，第 59 页。

国、新加坡和马来西亚则充分利用了外商直接投资，在危机中的损失相对比较小，复苏速度也比较快。此外，在危机爆发后，东亚各国政府对待外援的政策也不同：马来西亚拒绝 IMF 的援助方案，主要靠自己渡过难关，韩国则接受了 IMF 的援助。不过，虽然政策不同，两国的恢复速度都是比较快的。可以说，战后东亚长期发展中形成的政策能力是较快复苏的内在驱动力。

三　追寻复苏背后的活力因素

要追寻东亚"反弹式复苏"背后的活力，就必须从两个方面入手：追究危机的真正原因，以清除纵向地追寻复苏活力的认识障碍；理性评估各种复苏动力，期望能客观地对复苏活力进行横向追寻。

首先，必须弄清造成危机的真正原因是什么。上文介绍了关于危机成因的三种解释，综合这三种解释，就可以发现危机的真正原因。克鲁格曼的"汗水论"睿智地发现了东亚内部潜伏的深层问题，提醒东亚要注意提高技术能力，提高劳动生产率，否则将"行之不远"，早晚会出现危机。但是，东亚经济增长主要靠"汗水变量"的缺陷是否就严重到了在 1997 年引发危机呢？经过对危机发展全过程的观察，克鲁格曼的回答是否定的，他认为，真正引发危机的应该是"（对货币崩溃的）恐慌蔓延而不是经济基本面恶化"。在金融学理论中，恐慌并不一定是对过失的惩罚，对投资者来说，一个经济体即使基本面良好，一句谣言就可以让它面临毁灭性的资金外逃。因此，克鲁格曼虽然根据"汗水论"成功预测了东亚经济将会遭遇危机，但他最后并没有将"汗水变量"列为引发危机的原因；伊藤隆敏的"脆弱论"指出，进入 20 世纪 90 年代后，政府金融监管机制显现出脆弱性，东亚原来构建的"有效和安全的金融体制"已经无法抵御金融风险；斯蒂格利茨和约翰逊的"危机外来论"追究了 IMF、美国和日本对形成危机所应负的责任，斯蒂格利茨则进一步指出，东亚原来有一个行之有效的金融风险吸收体制，但是进入 90 年代后，形势的变化使东亚政府面临着严峻的金融困境：在合适的金融监管体制建立之前（东亚本来是有能力做到的），被迫很快地推行资本市场自由化。

通过以上分析，笔者认为，创造了"东亚奇迹"的地理因素、政策因素、技术因素和文化因素都不是造成危机的原因,[①] 这场危机直接起因于金融恐慌和90年代东亚金融监管机制的脆弱。因此,东亚30年（60—90年代）经济发展所积累的经验都是复苏活力的来源。

其次,必须谨慎评估某些存在争议的复苏动力。经济学家们对危机后东亚经济复苏的技术动力存在较大的争议,对克鲁格曼的技术贡献"忽略不计论"和世界银行的技术对经济增长"1/3 贡献论",各方争论纷纷。国际货币基金组织的迈克尔·萨雷尔对此做了更为细致的研究。他指出,新加坡、马来西亚和泰国在1978年至1996年期间的年均全要素生产率（Total Factor Productivity, TFP）的增长率为2%—2.5%,而同期美国TFP增长率仅为0.3%。萨雷尔还指出,由于许多技术改造与生产流程的优化重组包含在从发达工业化国家进口机器设备这一投资行为之中,效用剥离的难度很大,因此,"被克鲁格曼当作资源投入增加的结果而从GDP增长总量中扣除的部分中,有许多实际上应归入TFP增长的范畴"[②]。美国经济学教授霍华德·帕克则进一步指出,萨雷尔和克鲁格曼等人从宏观角度度量的较低的或接近于零的TFP增长率,与微观层面的数据相矛盾。从微观角度看,东亚的公司具有技术优势,许多公司成功地吸收了国际技术。因此,东亚的经济增长有很大一部分来源于生产的优化,[③] 也就是说,东亚的经济增长有很大一部分来源于TFP的贡献,是劳动、资本要素之外各种促进经济增长要素的组合,技术在这种组合中起核心作用。笔者的看法是,由于量度TFP的困难,东亚公司技术进步的事实应该可以说明技术对东亚经济增长的贡献不可忽视。对实体经济的推动作用和政策的驱动作用是相对没有争议的,前者是创造"东亚奇迹"四因素聚合力的体现,后者则反映了东亚不同经济体处理复杂的金融问题时所表现出的不同程度的"务实和灵活"。

综上所述,外部动力、技术动力、实体经济动力和政策动力这四种动力共同构成了独特的"东亚活力"（East Asian Dynamism）,推动东亚经济

---

① 具体论述参见世界银行编《东亚奇迹：经济增长与公共政策》,中国财政经济出版社1994年版,第1—16页; Tu Wei-ming, "A Confucian Perspective on the Rise of Industiral East Asia," *Bulletin of the American Academy of Art and Sciences*, Vol. 42, No. 1, 1988, pp. 32–50.

② 菲利普·科特勒：《重塑亚洲——从泡沫经济到可持续经济》,上海远东出版社2001年版,第25页。

③ [美] 约瑟夫·E. 斯蒂格利茨：《东亚奇迹的反思》,王玉清译,中国人民大学出版社2003年版,第70、94页。

实现了"反弹式复苏"。在东亚的经济体内，各种动力聚合方式各有不同。比如，印尼、马来西亚和泰国"有选择的工业化政策"基本上都失败了，但在缩小国内收入差距、减少贫困人群方面却颇为成功（特别是马来西亚"马来人优先"政策成效尤其显著）；东盟三国在资本、劳动力素质和技术能力方面比不上"四小"，但是由于三国的资源禀赋基础比较好（印尼的木材、泰国的大米和马来西亚的橡胶），出口部门的增长同样非常迅速。由于动力聚合方式各有不同，东亚不同经济体的活力成分也有所不同：新加坡的活力主要来自高效廉洁的政府，中国香港特区的活力主要来自高度自由开放的市场体制，中国台湾地区的活力主要来自中小企业，日本和韩国的活力主要来自强大的奉行发展取向的政府，印尼、马来西亚和泰国的活力则主要来自出口部门。

进入 21 世纪，面临全球化和区域化的新形势，"东亚活力"必须培育新的发展能量（比如，在法治、民主和区域一体化等方面进行创新性的变革），以有效克服在发展进程中形影相随的"市场失灵"和"政府失灵"问题，缩短与发达地区的发展差距。

东亚贫富差距扩大的政治效应

郑振清 巫永平[*]

2008 年以来，接踵而至的全球金融危机和欧债危机对全球外向型经济体产生了巨大的冲击，贫富差距扩大和失业率高涨成为普遍的社会问题。这些经济社会变动对政治变迁产生了巨大冲击：在政党体制落后且军事强人独裁下的北非，经济社会问题演变成政治秩序危机；在政党体制比较成熟的美欧国家，对经济社会问题的不满引发了社会骚乱，例如"占领华尔街"和"伦敦骚乱"尚未危及政治秩序。[①] 那么，在竞争性政党体制刚刚兴起的新兴工业化地区，例如东亚[②]，这波经济社会问题引发了何种政治变迁效应呢？这个问题之所以被提出来进行学术探讨，不仅是因为全球金融危机以来国际政治经济变化具有鲜明的区域性特点，还因为"发展型国家理论""第三波民主化"和"民主巩固"等比较政治经济理论虽然总结了过去二三十年东亚发展的规律和特征，但随着近年来东亚政治经济的新发展，我们需要对新变化与新问题进行新的概括。[③] 为此有必要将东亚主要国家和地区的经济社会形势与选举政治联系起来，探索其中的关联机制，掌握东亚政治经济的新脉动。

---

[*] 作者郑振清系清华大学公共管理学院副教授，巫永平系清华大学公共管理学院教授。本文部分内容曾以"贫富差距扩大的政治效应——全球金融危机以来东亚选举政治变迁研究"为题发表在《中国社会科学》2014 年第 11 期。

① 尽管突尼斯、埃及、利比亚等国也有政党存在，但是长期实行独裁统治，因此国际学术界一般把这些国家当作"非民主政权"，甚至当作世袭的"苏丹式政权"（Sultanistic Regime）。（参见 Mehan Kamrava, *The Modern Middle East: A Political History since the First World War*, Berkeley and Los Angeles: University of California Press, 2005, p. 284.）

② 本文研究的东亚地区，指亚洲太平洋沿岸地区，主要经济体包括韩国、日本等。这个地区在战后政治经济发展中经历了相似的经济市场化、政治民主化转型以及稳健的社会发展。

③ 本文无意挑战或替换这些比较政治经济理论命题，而是要对东亚最新的政治经济变化进行实证研究和理论概括，因为这些最新变化超出了既有理论命题的解释范围。

一 政治变迁的动因：文献综述与理论探讨

（一）解释政治变迁的一般性理论

要回答东亚经济社会变化如何影响政治变迁的问题，有必要简要回顾一下现代社会科学对政治变迁的解释。19世纪中期，马克思和托克维尔分别从阶级压迫关系和政治压迫关系的角度论述社会革命的动因不在于绝对贫困或者绝对压迫，前者指出，动因在于工人阶级经济条件的改善赶不上资本家的利润增长；后者则指出，动因在于民众期望值的上升幅度超出了旧制度改良的范围。[①] 20世纪60年代，美国社会学家詹姆斯·戴维斯（James Davies）综合了马克思和托克维尔的分析角度，提出了关于革命动因的经典的"J曲线"理论假设：革命最有可能发生在经济社会持续发展之后的突然衰退期，因为在持续发展阶段人们的主观生活期望值不断上涨，而突然衰退会导致客观生活状况与主观期望之间出现落差（客观生活状况变化曲线呈倒J形），这个落差扩大到不可容忍的程度之日就是革命爆发之时。[②] 2007年以后，全球金融危机及其所引发的各国经济社会受冲击状况，既具有戴维斯所说的"突然衰退"的经济特征，也诱发了马克思和托克维尔时代出现过的"相对贫困"和"期望落差"的社会特征，因此值得对经典的理论假设进行实证研究。

有两位美国学者利用"美洲民主动态调查"项目（Americas Barometer Survey）的数据，分析全球金融危机对拉丁美洲各国的影响，发现在经历过经济持续增长并且刚刚进入"民主巩固"阶段的拉美国家，多数民众在突如其来的经济衰退的影响下对选举民主的信任度有所下降，并且开始倾向于强人领导。[③] 他们还指出，如果经济危机延续下去而且程度恶化，那么很难避免戴维斯的"J曲线"革命假设。虽然在出口导向模式和受金融

[①] ［德］马克思：《雇佣劳动与资本》，《马克思恩格斯选集》（第1卷），人民出版社1995年版；托克维尔：《旧制度与大革命》，冯棠译，商务印书馆2012年版；Lewis S. Feuer, *Karl Marx and Friedrich Engels: Basic Writings on Politics and Philosophy*, New York: Doubleday and Co., Inc., 1959, p. 1.

[②] James Davies, "Towards a Theory of Revolution," *American Sociological Review*, Vol. 27, No. 1, February 1962.

[③] Abby Cordova and A. Mitchell Seligson, "Economic Crisis and Democracy in Latin America," *PS: Political Science and Politics*, Vol. 42, No. 4, October, 2009.

危机冲击这两个方面,东亚与拉美颇为相似,不过,根据"亚洲民主动态调查"(Asian Barometer Survey)的数据,近年来,东亚社会对直接民主的支持度居高不下。[1] 这似乎显示出东亚在全球金融危机冲击下的经济—社会—政治关联模式有其独特性,值得进行调研论证。

(二) 东亚政治变迁研究的进展与局限

当代东亚在经济市场化、政治转型以及社会发展等方面具有很多共同点,一直是比较政治学与新政治经济学研究关注的重要区域。20世纪后半期,东亚快速的经济发展在20世纪八九十年代引发了讨论"资本主义发展型国家"(capitalist developmental state)的学术潮流。这个理论命题由比较政治经济学者提出,强调东亚各国/地区政府具有强烈的发展意愿,通过能干的技术官僚制定产业政策,并通过"强政权"(strong state)驾驭市场和控制社会来引导经济发展,从而对新兴工业化经济体(NIEs)的崛起做出了超越新自由主义经济学的解释。[2] 不过,20世纪90年代中期以后,东亚的政治转型不断挑战发展型国家理论,1997年亚洲金融危机促使很多研究者反思东亚发展中的弊端,注意到东亚"强政权"的治理能力在自由市场和民主政治兴起后不断弱化的现象。[3]

首先值得注意的是,虽然东亚曾被当作所谓"第三波民主化"的代表地区,但对近年来东亚政治变迁整体趋势的系统性学术研究还比较少见。亨廷顿、李普塞特、戴蒙德(Larry Diamond)等政治学家认为,经济发展带来中产阶级规模的扩大,同时威权政体合法统治权威下降,加上政治领导人的主观能动性因素,共同促成了东亚多个国家和地区的政

---

[1] 朱云汉、张佑宗:《东亚民主政体的民主品质如何低落? 亚洲民主动态调查第二波资料的分析》,余逊达、徐斯勤主编:《民主、民主化与治理绩效》,浙江大学出版社2011年版。

[2] 这方面的文献有很多,简列如下:Chalmers Johnson, *MITI and the Japanese Miracle: The Growth of Industrial Policy, 1925-1975*, Stanford, Calif.: Stanford University Press, 1982; Robert Wade, *Governing the Market: Economic Theory and the Role of Government in East Asian Industrialization*, Princeton, N. J.: Princeton University Press, 1990; Ziya Onis, "The Logic of the Developmental State," *Comparative Politics*, Vol. 24, Oct., 1991;郑为元:《发展型"国家"或发展型国家"理论"的终结?》,《台湾社会研究季刊》1999年第34期。

[3] [美] 约瑟夫·斯蒂格利茨:《从奇迹到危机再到复苏:东亚过去40年发展的经验教训》,约瑟夫·斯蒂格利茨、沙希德·尤素福编:《东亚奇迹的反思》,中国人民大学出版社2003年版;吴德荣:《民主化过程中台湾行政改革的困局》,《公共管理评论》2006年第5卷。

治转型。① 进而，按照亨廷顿提出的"两次轮替测试"（two-turn-over test）来看，韩国等地通过定期选举经历了两次平稳的政党轮替，算是进入了"民主巩固"阶段。② 在这个阶段，以前的"威权—反威权"的对抗结构在理论上应该会被消解，而新的政治议题空间应该会形成。不过，对新的稳定的政治议题却缺少足够的实证研究。例如，东亚各国对外签署自由贸易协定（FTA）对其内部政治经济的冲击、贫富差距扩大及其分配政策等议题正在进入方兴未艾的选举政治竞争之中。面对这些新议题，反应敏捷的新闻媒体进行了大量的报道，但可惜的是研究周期比较长的国际社会科学界还缺少实证成果。

其次，过去的东亚政治变迁研究比较重视对政治意识形态因素的研究，而相对忽视对基于经济社会问题的公共政策因素的分析。③ 东亚政治变迁中的"政治意识形态因素"指过去政治转型阶段常见的认同政治化、反威权主义、民主至上论等意识形态色彩鲜明的政治议题，而"公共政策因素"指应对现实经济衰退和推进社会福利的公共政策议题，属于低度政治化的议题。我们以得到最多学术关注的韩国为例做一简要回顾。在韩国政治发展研究中，对反威权、后殖民的明星政治和大规模社会运动的关注一直是韩国民主转型研究的重点，而对最近十年来韩国"进步阵营"和"保守阵营"交替执政下公共政策难题的分析，却很少进入政治转型研究文献中。

最后，过去十多年来比较流行的"民主巩固"（Democratic Consolidation）理论从制度主义视角为政治变迁设定了一个相对静态的标准框架，很少考虑政治转型以后的新问题与新变化。④ 比较政治学家林兹和斯特潘总结的"民主巩固"的内涵流传较广，指的是政治转型时期民主程序被当

---

① Samuel P. Huntington, *The Third Wave: Democratization in the Late Twentieth Century*, Norman and London: University of Oklahoma Press, 1991, pp. 46 – 108. Also see: Larry Diamond, Marc F. Plattner, Yun-han Chu, and Hung-mao Tien, eds., *Consolidating the Third Wave Democracies: Themes and Perspectives*, Baltimore and London: Johns Hopkins University Press, 1997.

② Samuel P. Huntington, *The Third Wave: Democratization in the Late Twentieth Century*, pp. 266 – 268; Chang Yu-tzong, Chu Yun-han and Park Chong-min, Authoritarian Nostalgia in Asia, *Journal of Democracy*, 2007, Vol. 18, No. 3: 66 – 80.

③ 当一个国家或地区（例如新加坡）的政治经济相对稳定（或说变迁不明显）时，选举研究就比较重视实用主义因素而非意识形态问题。对此作者要感谢一位严谨的匿名审稿人的提醒。

④ Larry Diamond, *Developing Democracy: Toward Consolidation*, Baltimore: Johns Hopkins University Press, 1999.

作唯一的游戏规则,并且各政治力量对此规则的无条件遵循。① 近年来,东亚新兴的民主政治十分活跃,影响到社会共识与公共政策的形成,因此如果仅停留在民主程序的巩固问题上,就很容易失去对新的治理问题的准确认识。最近,朱云汉、戴蒙德等的《东亚人怎样看民主》是少数反映东亚民主最新进展的成果,他们就东亚多个国家和地区民众对本国本地区的民主内涵、政府绩效、选举信心等多个方面的态度进行了系统的实证分析。② 这些研究提示我们:东亚正在形成以治理绩效为主的民主观;选民越来越重视公共政策和本地民生,而非简单的二元对立式的"威权 vs. 民主"口号;而且,东亚地区选民对民主政治的信任度较高。这些状况为金融危机下东亚的选举政治活动走向相对理性的政策奠定了基础,而不至于出现欧美的极化政治(polarized politics)或者北非的极端主义政治(extremist politics)。

概言之,"发展型国家理论"难以解释当前自由市场与民主政治环境下的东亚政治变迁与公共政策,"民主化""民主巩固"等理论命题主要从政治体制和选举制度层面讨论政治发展。本文从经济社会因素和政党选举运动两个层面入手,分析近年来东亚的经济形势与贫富差距状况如何影响选举政治的变化,概括当前东亚独特的经济衰退—贫富分化—选举政治公共政策化的政策变迁模式。

二 东亚的经济下滑与贫富差距

东亚多数国家和地区经历了 20 世纪 50—90 年代的持续出口扩张和经济增长,1997 年亚洲金融危机的负面冲击在几年后消退,2001 年以后整个东亚地区经济基本进入稳定增长阶段。下面梳理一下 2002—2011 年十年间东亚的经济社会发展状况和民众的政治态度,作为分析选举政治的经济社会基础。

(一)全球金融危机的经济冲击与东亚的反应

东亚经济深受美欧市场萎缩的冲击。在增长端,东亚的出口产业几乎

---

① Juan Linz and Alfred Stepan, *Problems of Democratic Transition and Consolidation: South Europe, South America and Post-communist Europe*, Baltimore: Johns Hopkins University Press, 1999.

② See: Yun-han Chu, Larry Diamond, Andrew Nathan, and Doh Chull Shin, eds., *How East Asians View Democracy*, New York: Columbia University Press, 2008.

崩盘，经济增长停滞甚至出现负增长。如图1所示，2008年以后，东亚七个新兴工业化经济体的出口增长率变化形成明显的波动曲线，从2008年第四季到2009年第四季处于V形深底。2009年中国台湾地区的出口增长率骤降至破天荒的-23%，显示出其出口产业陷入极端困境中。同时，东亚七个经济体经济增长率的变化几乎与出口变化同步，在2008年以后陷入经济增长停滞甚至负增长的困境中。恶劣的经济形势直到2010年第二季度才有所好转。不过，从2010年第二季度到整个2011年愈演愈烈的欧洲债务危机对脆弱的东亚出口形势和经济复苏形成了第二波严重的冲击。

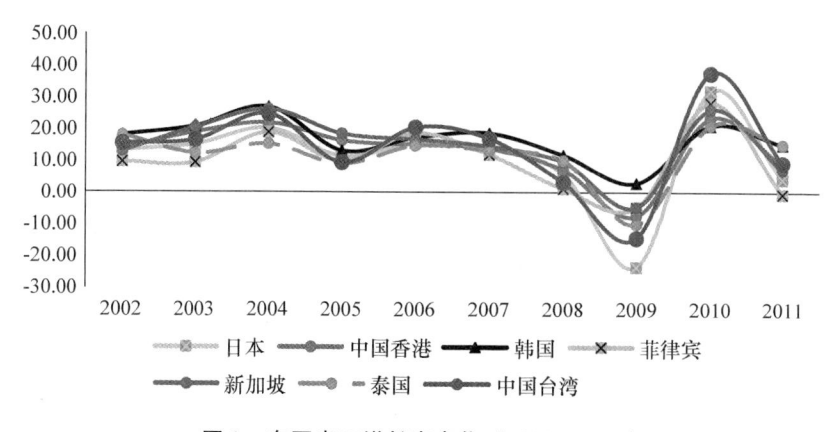

图1 东亚出口增长率变化（2002—2011）

资料来源：世界银行：http://www.worldbank.org/；中国台湾经济研究院：http://www.tier.org.tw/；世界贸易组织：http://www.wto.org/。

东亚出口经济的大幅衰退直接引发各国和地区的高失业率，中国台湾在2009年的失业率达到5.85%，达到该地区50年来最高值，而韩国在2009年的失业率也达到十年来的最高，为3.6%。[①] 宏观经济状况的全面恶化则影响到各行业薪资的停滞。这两方面都涉及收入分配不公的问题。

在消费端，东亚7个经济体中除了日本以外，其余6个出现明显的物价上涨趋势（CPI）。近年来，通信与电子产品、住房与交通、教育医疗、

---

① 这属于台湾当局的保守统计数据，如果算上放无薪假、低薪临时工、派遣就业等"非典型就业"，台湾的失业状况其实更加严重，参见http://news.cnyes.com/content/20110517/kdwtr30ga9rz2.shtml。

文化休闲等消费类新兴产业蓬勃兴起，成为一般家庭支出上涨的主要因素。① 这种情况一方面使得新兴产业资本家和高管阶层的财富迅速积累，另一方面造成基层民众的生活压力有增无减，从而加剧贫富差距与阶层分化。

（二）东亚民众的选举政治信心

在政治层面，近年来，东亚新兴的民主政治转型虽然刚刚完成，但是各国或地区民众基本上信任新兴的选举民主政治运作，并且积极参与选举政治活动。"亚洲民主动态调查"2007—2008年问卷调查发现，在多数东亚地区公民看来，新兴的民主政体大致符合允许竞争性、自由和公平选举这些标准。除新加坡外，东亚地区多数公民认为，政党或候选人在选举中能公平使用媒体。除中国香港特区外，东亚多数公民认为，该国或地区上一次的全国性/地区性选举大致上是自由和公平的，并有相当高的比例（全体平均72.5%，其中6国/地区80%以上）参与选举投票。② 这些数据表明，这些东亚国家和地区的民众对新兴的民主政治有较高的信任度。

东亚地区民众对选举民主的高信任度和参与热情，使得主要政党不得不对经济增长停滞、贫富差距扩大等民生问题做出反应。2010—2013年，民生问题成为东亚多场选举的主要议题。在2011年5月新加坡国会选举中，反对党工人党高喊缓解贫富悬殊、降低通货膨胀、扩大就业的口号，指责执政者只顾经济增长，无视中低阶层生计。最后该党的总得票率达到前所未有的40%，并且首次获得一个主要集选区的胜利，迫使执政党人民行动党认识到需要改变执政方式，更好地回应人民的需求。2012年3月香港特区行政长官选举和9月的香港立法会选举都见证了贫富差距、超高房价等民生问题成为民意焦点，各主要参选人不得不努力提出务实的公共政策政见以便争取民意。在2013年4月马来西亚大选中，执政的国民阵线和反对派人民联盟不约而同地抓住经济复苏与民生问题展开激烈竞争。③ 在韩国，这种情况更加明显，本文后面将做更为详细的案例分析。

---

① 参见台湾当局《台湾地区家庭收支调查报告2010年》表6"平均每户家庭收支依可支配所得按户数五等分位分（续）"，2011年编印，第81页。

② Yun-han Chu, Larry Diamond, Andrew Nathan and Doh Chull Shin, "Asia's Challenged Democracies," The Washington Quarterly 2009, 32 (1): 143 – 157; 朱云汉、张佑宗：《东亚民主政体的民主品质如何低落？亚洲民主动态调查第二波资料的分析》，余逊达、徐斯勤主编：《民主、民主化与治理绩效》，浙江大学出版社2011年版。

③ http://world.people.com.cn/n/2013/0422/c1002-21232429.html.

三 东亚的经济—社会—政治关联模式

2008年以后，东亚各国和地区的选举笼罩在这一轮全球金融和经济危机的阴影之下，振兴产业经济、缩小贫富差距以及提升就业率成为热门的选举政见，其中极具挑战性的问题是如何平衡经济增长与公平分配的关系。强调公平分配优先的政党一般被当作"偏左"政党，希望着力处理贫富差距和高失业率问题，应对全球金融危机对分配端的冲击。而主张经济增长优先的政党则被当作"偏右"政党，希望通过促进产业振兴达到经济复苏，应对全球金融危机对增长端的冲击。图2显示了金融危机影响经济民生的路径和政策需求。尽管不同国家或地区有不同的具体问题，但是这些影响路径和政策需求在自由市场、出口导向、股市发达的东亚中小经济体中具有典型性。

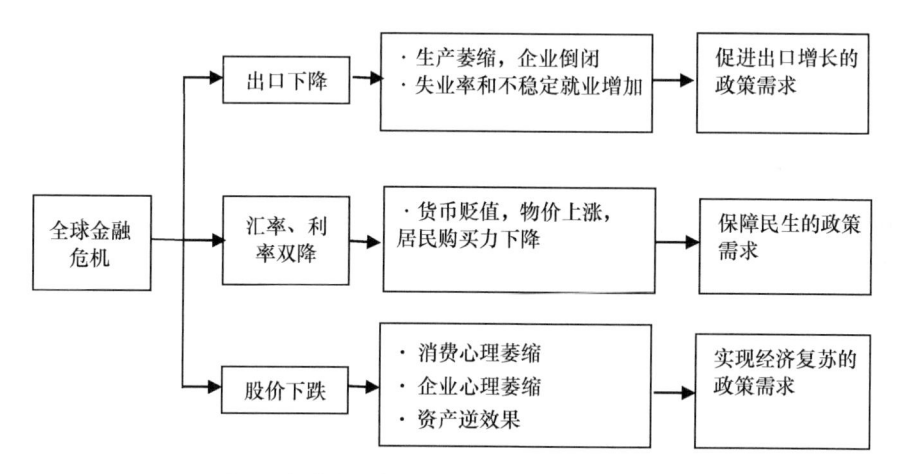

图 2 全球金融危机下的经济冲击与政策需求

资料来源：作者制图。

本文提出全球金融危机冲击下东亚地区的关联反应模式：经济衰退—贫富分化—选举政治公共政策化（参见图3）。这是一个内部政治与国际经济、经济增长与社会分配、政党政治与公共政策多维互动的政治经济过程：全球金融危机和经济衰退造成东亚产业经济大幅萎缩，使得各国/地区内部出现经济增长停滞、贫富差距扩大与通货膨胀压力，为此各主要政党利用选举政治平台提出增长优先或分配优先的公共政策政见，试图应对金融危机对各个端口的冲击。当然，增长—分配—消费这三者是紧密联系在一起的，任何一个政党都不可能采用"理想型"的政见，但是会根据自身的既有优势、选民基础和议题偏好，采取偏重某一方面的政策。

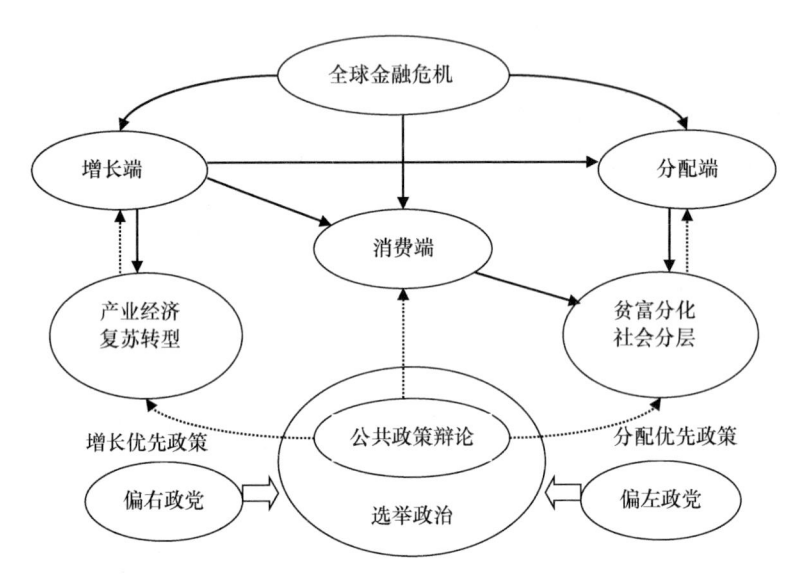

图3　经济衰退—贫富分化—选举政治公共政策化的关联模式

韩国作为东亚地区具有代表性的外向型经济体，经历了强政权主导下的持续经济增长，而且在亚洲金融危机的冲击下得以重振经济，最近二十年来还经历了政治转型。因此，分析不断扩大的贫富差距如何影响2012年韩国的选举政治，有助于我们进一步检验和认识东亚经济—社会—政治关联模式。

四　韩国的贫富差距与选举政治

韩国在全球金融危机的冲击下，同样出现贫富差距在短期内扩大的问题，加上韩国特有的财阀大企业侵占小企业发展空间的经济民主问题，使得韩国从2010年6月地方选举到2012年12月总统选举的主轴转向社会公平和经济民主问题。

（一）韩国的贫富差距状况

韩国同样是出口导向的开放经济体，受到全球金融危机的巨大冲击。

韩国农林水产食品部和农村经济研究院2012年9月的资料显示，2005年城市家庭平均年收入是3902万韩元，2011年则上涨到5098万韩元，6年内增幅达到31%。同一时期，农村家庭平均年收入从3050万韩元下降到3015万韩元。[①] 事实上，不仅是城乡贫富差距日益扩大，韩国各个社会阶层的贫富差距也逐渐加大。自1997年亚洲金融危机之后，尽管韩国的基尼系数与亚洲其他经济体相比差距并不大，但是直接反映各阶层收入差异的大岛指数却自2003年以后突破6.0的国际警戒线，并从2008年的7.39剧增到2009年的7.70，2011年甚至达到十年来的新高7.86（参见图4）。

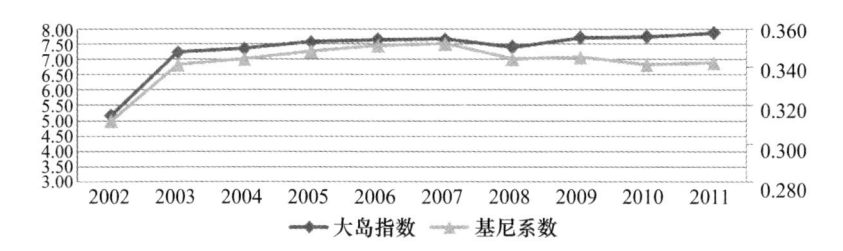

图4　韩国贫富差距走势图（2002—2011）

说明：左轴为大岛指数，右轴为基尼系数。

资料来源：韩国国家统计厅：http://kostat.go.kr/portal/english/index.action。

造成韩国贫富差距日益加大的原因是复杂而多样的。图5将韩国全部家庭按可支配收入的高低进行五等分组，计算各组家庭收入年增长率的变化（柱状图），并与韩国人均GDP（折线图）做比较。可以看出，2008—2009年，最低家庭（组一）和次低家庭（组二）的收入增长率为负值，而且2008—2011年这两组的收入增长率都明显低于中等收入组（组三）和上等收入组（组四）及最高收入组（组五）。这些数据比较说明在金融危机的冲击下，低收入家庭总是最先遭殃，而且受损最为严重。

（二）韩国选举政治演变与公共政策竞争

韩国政治转型中政党竞争的特征包括明星化、地域化、财阀干预和普涵式政党，在全球金融危机冲击和经济民生问题凸显的背景下发生了明显的变化。

---

① http://www.asiatoday.co.kr/news/view.asp?seq=696866。

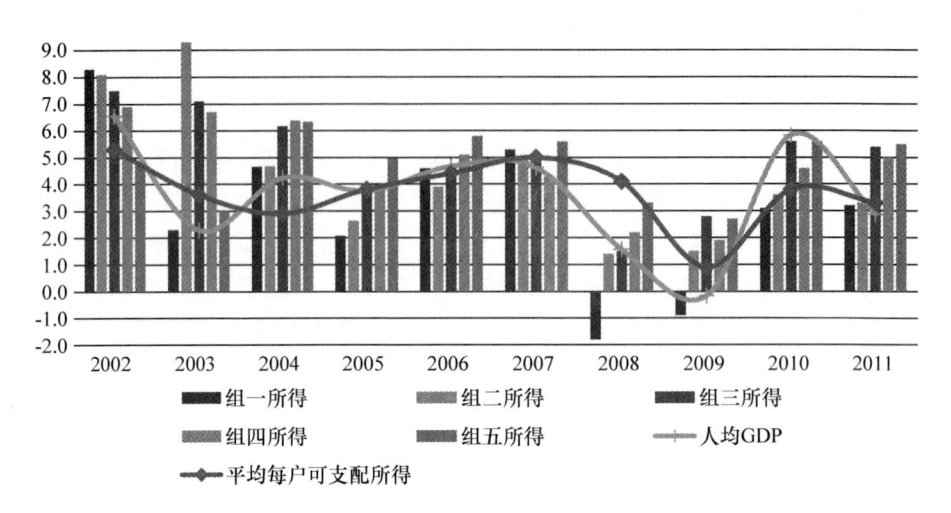

图 5　韩国家庭可支配所得分组及平均年增长率（%）

资料来源：韩国国家统计厅历年收支统计：http://kostat.go.kr/portal/english/news/1/1/7/index.board?bmode=list&bSeq=&aSeq=&pageNo=1&rowNum=10&navCount=10&currPg=&sTarget=title&sTxt=.

1. 20 世纪 90 年代韩国政党政治的主要特征

在 1988 年以后十年的韩国民主化时期，韩国政党政治形成了几个主要特征：（1）明星政治，即由少数几个政治明星组织控制不稳定的政党，进行选举动员；（2）地域政治，即大国家党、自由党等"保守阵营"主要以岭南地区（庆尚南、北道）和忠清地区为大本营，民主党主要以湖南地区（全罗南、北道）为选举票源地；（3）财阀政治，即韩国财阀通过政治献金、利益干预、决策影响等手段直接或间接影响政党运作；① （4）普涵式政党（catch-all party），指韩国的政党缺少意识形态背景和鲜明的阶级专属性，每个政党都必须满足其追随者以及所属地缘社会的需求。在 1998 年金大中上任以前，韩国在法律上禁止利益团体例如工会、商会组织政党，因此每一个政党都自称代表所有人的利益。② 这四个特征相互作用，使得二十多年来韩国政治生态尽管名义上是多党制，但实际上形成了两大

---

① 韩国财阀一般指由多个企业构成的大型企业集团，经营范围涉及多个产业领域，集团内部企业之间存在着复杂的资本与商品流动，但最终支配权一般属于某个家族。

② 朴基德（Kie-Duck Park）：《韩国的政党与民主巩固》，《台湾民主季刊》2005 年第 2 卷第 1 期。

政治阵营——以大国家党为首的"保守阵营"和以民主党为首、由民主统合党、民主劳动党、开放国民党等左翼政党组成的"进步阵营"。

2000年成立的民主劳动党自称代表社会下层民众,强调社会平等,主张摆脱依附、实现自主,[①] 因此与强调韩美同盟、重视经济增长的大国家党不同,并且比要求修正韩美关系、强调均衡发展的开放国民党更加激进。2011—2012年民主统合党在大选期间采取中间偏左路线的选举策略,其中不乏民主劳动党打开的政治空间。

表1 2006年、2010年韩国地方选举主要政党当选人数统计

选举届别与类型	2006年第四次地方选举		2010年第五次地方选举	
	广域自治团体长	基层自治团体长	广域自治团体长	基层自治团体长
大国家党	12	155	6	82
民主党	2	20	7	92
其他政党及无党派	2	55	3	62

资料来源:韩国中央选举管理委员会:http://www.nec.go.kr。

2. 金融危机前后两次地方选举的公共政策效应

李明博执政期间实施了有利于大企业的政策,强化了对民众意见表达渠道的管制,引发了进步阵营的强烈批评。[②] 同时,2008—2010年的全球金融危机对韩国出口经济造成严重冲击,引发中小企业倒闭和员工失业高潮。于是,进步阵营的政党在2010年6月"全国同时地方选举"期间将公平分配问题操作成为核心议题。表1比较了全球金融危机前后2006年和2010年的两次地方选举,可以看出2010年以民主党为首的进步阵营在地方各个层级选举中获胜的席次都大幅超过2006年,大国家党则全面退守。

3. 2012年韩国总统选举政治与公共政策

在全球金融危机和经济衰退的影响下,2012年韩国政党政治发生了变

[①] 2011年12月,民主劳动党、国民参与党和统一联盟合并成统合进步党。http://www.goupp.org/kor/intro/rules.php http://www.newdaily.co.kr/news/article.html?no=96482。

[②] 박형신(Hyong-Shin Park),한국 보수 정권 복지정치의 감정동학(韩国保守政府治下福利政治的情绪动力),〈사회와 이론〉(社会与理论),No.20,2012.

化：基于贫富差距和社会分层的经济民生政策差异盖过了政治明星和地域因素，那种包揽一切的普涵式政治诉求越来越没有政治市场。①

（1）社会福利与公正问题

2011年，在野党民主党提出实行中小学生免费午餐计划，但是大国家党的首尔市长认为，免费午餐计划会引发"过度福利"和"加重财政负担"。由此引发关于社会福利的大讨论和全体市民投票，大国家党被描绘成右翼政党，只在乎经济增长和财政收入，忽视社会福利。这场争论引发的社会福利与公正问题，成为2012年韩国大选的核心议题。在2012年韩国大选之初，三名有力候选人是大国家党的朴槿惠、民主统合党的文在寅以及无党派的安哲秀，分别代表韩国的右、左、中三派势力，分别在社会中上层、社会中下层以及年轻世代中获得优势支持。不过，随着选举的逼近，大国家党不愿意丧失中下阶层的选票，不得不调整选举策略。2012年1月，大国家党非常对策委员会修改大国家党党纲，强调公平竞争和社会公正并重的价值观，以解决新自由主义造成的贫富分化问题，并将党名改为新世界党。2012年11月底安哲秀退选，最终形成了朴槿惠和文在寅的选举对决局势，但是关于社会福利与公正的论辩焦点并没有发生变化。

（2）贫富两极分化议题

对于2008年以后韩国贫富差距加大这一严峻问题，大国家党于2011年9月同意放弃对富人和大型企业集团的减税计划，并表示将减少对中小企业的税收。李明博也敦促大企业家应采取措施"获得国民的尊重"。为此，大国家党前代表郑梦准和现代汽车会长郑梦九等企业家决定设立总共1万亿韩元（约合60亿元人民币）的社会贡献基金，用于支援低收入层和青年失业者。不过，这些弥补措施缓不济急，无法改变结构性的社会分配不公问题。实际上，在2012年的选举动员过程中，民主统合党利用贫富分化形势，要求大国家党/新世界党承担执政责任。2012年11月29日，法定的大选进程正式开始后的第三天，两大阵营围绕两极分化问题的交锋达到高潮——新世界党指责过去民主党执政（金大中和卢武铉时期）时导致"房地产政策失败，大学学费激增，两极化现象严重"，民主统合党则攻击朴槿惠在"李明博政府进行的四大江产业开发、财政赤字增加，富人

---

① 박경미（Kyungmee Park），한국 정당모델에 관한 탐색적 연구: 민주화 이후 총선의 선거경쟁을 중심으로（韩国政党模式的探索研究：民主化之后的大选选举竞争），〈한국정당학회보〉（《韩国政党学会报》），Vol. 11, No. 1, 2012.

减税"等问题上负有共同责任。① 由于两极分化问题是验证社会公正与否的根本问题,双方都试图将对方描绘成这个问题的罪魁祸首。

(3) 关于经济民主化的辩论

财阀大企业垄断韩国经济也是造成贫富加大的原因之一。李明博执政期间的财税政策有利于大企业扩张,近年来,韩国出口总额的70%、国内生产总值的一半以上都来源于这些大企业。大企业扩张侵犯了中小企业的发展空间,2010—2012年韩国破产的中小企业数量屡创新高,而韩国80%的就业人员就职于中小企业。因此,在此次选举中韩国社会对经济民主的呼声空前强烈。朴瑾惠、文在寅、安哲秀三名候选人都做出了制约财阀垄断的承诺。朴瑾惠主张修改韩国《证券交易法》,将大企业的金融资本与产业资本分离开来,从根本上禁止大企业相互持股,希望通过这种方式实现"经济民主化",让中小企业赢得发展空间。② 文在寅也表示要改革财阀,建立公正公平的竞争秩序,同时攻击朴瑾惠主张的"降低税金、放宽限制"与李明博政府亲财阀政策没有区别。安哲秀提出禁止现有企业连环控股、限制股权投资比例和大企业子公司命令制等主张。这些政见主张显示出不同候选人在推动韩国经济公平发展上具有一定的共识,差别主要在于具体政策和执行力度上。不过,由于大国家党多年来的亲财阀政策,韩国大企业的经济垄断地位牢固,大国家党难以摆脱偏重经济增长而忽视经济公平的形象。

总的来说,韩国陷入了经济增长停滞的困境中,民生问题一跃而成最为热门的政治议题,体现在各种民生公共政策辩论上。可以看出韩国地域政治的淡化与公共政策议题的兴起,以及复杂的政治光谱的形成。

五 总结

经历了20多年的政治经济转型,近年来,东亚新兴的选举政治开始走上了以公共政策竞争为主的发展路径。东亚选举运动中关于经济增长优先或者公平分配优先的政策选择,虽然分别被称为"偏右"或者"偏左"政策,但是这种"左—右"之争始终维持在相对理性的公共政策领域,明

---

① http://news1.kr/articles/914997.
② http://news1.kr/articles/914997.

显不同于过去政治转型时期十分激烈的社会政治集团对抗或者非理性的意识形态口号。2012年韩国的选举案例具有代表性：出口经济严重受损以及贫富差距扩大的现实，对新兴的民主制度提出了前所未有的挑战。各主要政党利用选举平台提出增长优先或者分配优先的政策主张，试图应对金融危机对增长、分配和消费等方面的冲击。此外，我们还发现"左—右"政治光谱的展开与政党的政策位移效应。这种效应的存在丰富了我们对东亚选举政治公共政策化的理解。除此以外，从2011—2013年新加坡、泰国、马来西亚等地的主要选举中都可以观察到类似的特征。因此，东亚地区的"经济衰退—贫富差距—选举政治公共政策化"政策变迁模式，可以从本文研究中得到验证。

　　本文主要从经济社会因素和选举政治运动两个层面探索这一变迁模式的成因，分析了经济衰退引发的贫富差距和经济公平问题，在韩国是如何通过政党政治的吸纳机制转化成选举策略与政策主张的。在韩国政治转型完成不久，其内部政治争议还没解决的时候，外来的全球金融危机所引发的内部经济社会变动，迫使主要政党不得不做出选举策略上的回应，推动这一变迁模式迅速形成。[①] 韩国选举在金融危机之前还存在着明显的地域政治、明星政治等问题，但金融危机之后这些问题开始消退，说明选举政治公共政策化是在外因推动并与内因相结合的动力机制下实现的。这是本文总结的观点之一。这种双层分析方法可以解释为什么东亚的变迁模式不同于拉美和北非：虽然这几个地区都深受全球金融危机的冲击，都发生过短期内出口萎缩、经济停滞和失业率上升等严重问题，但由于东亚的政党体制经过政治民主转型的塑造基本成形，有能力吸纳社会矛盾并将其转化为选举策略与政策，由此保证了相对稳定的选举政治变迁，而这是很多北非国家的独裁政体做不到的；同时，东亚社会对选举民主的信任度居高不下，愿意通过定期选举解决经济社会问题，这又与拉美社会对选举民主的信任度下滑有区别。

　　最后，虽然东亚政治转型的相对平稳使得选举政治公共政策化接近欧美的选举博弈，但由于新兴的民主政治在很多方面尚未成熟，这种选举政治公共政策化与成熟的欧美选举政治相比还有差异：一是东亚过去威权时

[①] 作者同意一位匿名评审人的意见。他指出，选举政治公共政策化的模式在东亚政治转型后不长时间里就开始了，经济危机助推了这一过程。本文利用实证案例研究论证了这一过程并系统分析了经济危机和选举政治的助推机制。

期和民主转型时期遗留的历史问题、政治问题依然在选举运动中发挥作用；二是新兴的民主政治论辩机制还不成熟，各政党的公共政策纲领比较粗疏、变化性大；三是东亚社会普遍的社会心理——选民对政策的理性思考不够。东亚选举政治的进展与问题同时存在，这是世界上新兴工业化兼新兴民主化地区所面临的复杂的政治经济面向。

现代化进程中的东亚城市农业

袁卫东[*]

长期以来，东亚高速工业化、城市化的炫目成就，遮盖了城市农业所经历的发展与变革，以及与之有关的课题。这种状况的出现，首先是因为"城市农业"本身便是一个极具争议的事物和概念框架。城市农业常常被视为"悖论"而遭到人们的误解、轻视。联合国开发计划署在其开拓性的《城市农业——食物、工作和可持续发展的城市》一书中以"神话还是现实"为题作了辩护。[①] 当代东亚城市农业的发展，始终伴随着对其表示怀疑甚至否定的议论。否定性提法背后的思路是：现代化就是彻底的工业化和城市化。从某种意义上说，当代东亚城市农业的发展进程，不仅在剧烈变动的城市化空间中面临着种种复杂的利益矛盾和冲突，而且伴随着有关发展观念与认识论的持久冲突。这些相互作用的因素是塑造东亚城市农业过去、现在、未来样式不可规避的力量。

"东亚城市农业"自 20 世纪 80 年代开始以"城市食物供给"者的面目出现在学术界，"亚洲城市能否自己供养自己"的设问，表明了东亚各国和地区共同面临的处境：工业化的早期，城市经济尚不发达，货币支付能力有限。在这样的情况下，如何解决快速城市化所导致的巨大食物需求与现实供给之间的矛盾？如何解决由此引发的社会问题？"城市食物供给"与"政府干预"的思路就这样凸显并存在下来。

20 世纪 90 年代以来，以"城市食物供给"理解东亚城市农业愈来愈显示出其局限性。揭示城市农业与工业化—城市化的相互关系，进而做出比较符合历史发展趋势的前景判断，应当说是迫切需要研究的课题。我们

---

[*] 作者袁卫东系北京大学历史系 1997 级硕士研究生。本文部分内容曾以"现代化进程中的东亚城市农业"为题发表在《战略与管理》1999 年第 2 期。

① UNDP, *Urban Agriculture: Food, Jobs and Sustainable Cities*, New York, 1996.

称之为有关东亚城市农业现代化"转型"的问题。事实上,在东亚工业化发展的早期阶段,以"城市食物供给"问题而受到关注的城市农业背后的问题便是:如何将与传统农业技术相适应的小农家庭生产经营的农业转变为与日渐发达的现代城市经济相匹配的农业活动?就其本质而言,当代东亚城市农业的发展史,就是东亚城市农业现代化"转型"的历史,它是当代东亚现代化总进程的重要组成部分。

本文以 20 世纪 50 年代以来香港地区、新加坡、日本东京等都市圈城市农业的发展作为个案,探索当代东亚城市的现代化转型问题。选择香港地区、新加坡、日本都市圈的根据在于:(1)战后以来,它们是东亚经济高速增长与社会现代化成就较高的国家和地区,对城市农业发展起主导作用的工业化、城市化阶段完整,而且快速、剧烈。(2)它们的城市农业本身具有完整的发展阶段,使我们可以做出比较一般性的结论。

一 香港地区和新加坡的城市农业转型

香港地区和新加坡作为土地面积狭小的港口城市,战后特别是 60 年代以来经济飞速发展,使它们成为举世瞩目的新兴工业化经济体。它们在由传统农业向现代化城市农业转型中取得了同样令人骄傲的成就。20 世纪 80 年代以来,这两个城市本地农业相当程度的食物供给能力引起了人们除"惊讶"之外的赞赏。杨汝万称它们是以密集型生产和科学方式追求城市食物供给的成功例证。[1]

香港和新加坡的农业有着不同的历史背景。香港地区的小农长期处于自给自足状态,保持着中国乡村的古老传统。种植业中稻米占绝对优势,占用了 80% 的农用地。农民在有限的土地上生产蔬菜,基本上是供家庭消费。[2] 香港城市市民食物的供应通常依靠中国内地及其他贸易伙伴。新加坡的农业则有三种传统形式:(1)由华人经营的具有高度风险性的短期出口作物种植(棕儿茶、肉豆蔻等);(2)由欧洲殖民者经营的种植园农业(甘蔗、椰子、橡胶等);(3)主要由华人农民经营的"应市园艺业"。

那么,是什么因素促使自给自足的传统农业与殖民地种植园农业向郊

---

[1] Yue-man Yung, *Changing Cities of Pacific Asia*, The Chinese University Press, 1990, p. 261.
[2] F. S. Sit Victor, ed., *Urban Hong Kong*, Summerson Eastern Publishers Ltd., 1981, pp. 126–127.

区农业转变呢？既有的研究表明，主要是外源性因素导致的城市化引发了转型。香港与中国内地息息相关；新加坡则有英国的背景。

二战以后，香港地区、新加坡的农业先后经历了两次"转型"：（1）从二战结束到60年代由种植园农业转变为"郊区混合农业"；（2）20世纪60年代至80年代实现"郊区农业"的现代化转型。

在太平洋战争期间，香港地区居民从164万人降为60万人，从1947年起，由于内地移民的涌入，至1951年，香港地区人口已达207万人。新加坡的情况也大致类似，短时期内迅速膨胀的城市人口，导致了巨大的城市食物需求，形成了巨大的农产品市场，而现实供给不足的状况又带来了农产品价格的上涨。在经济利益的驱使下，小农们逐渐放弃了传统的自给自足的稻田生产，转向为城市食品市场进行密集型生产的市场菜园。在香港地区，一个蔬菜园平均仅为0.2公顷，菜农可以获得比经营稻田多达八九倍的收入。同时，由于鸡、猪的售价上涨，如到20世纪50年代中期，鸡的售价为1947年的两倍，养猪、养鸡业也迅速发展起来。高涨的价格，靠近市场的便利，都吸引着本地生产者扩大投资与生产。①

总的来说，这一时期的"转型"主要是由农产品市场供求关系引起的比较利益差别，促使追求市场利益回报的小农自发地调整传统的农业经营结构，转向日渐以城市需求为中心的商品化郊区农业，逐渐形成以经营蔬菜、水果、花卉及猪、禽等畜产品为主要方向的商品性城市农业结构。生产经营形式主要是具有蔬菜种植技术的外来移民租用本地人手中的农地，进行劳动密集型的市场菜园生产，由于新的移民几乎没有资本，而种菜能够快速周转资金，而且地主也可以获得较高租金，所以这一时期蔬菜种植十分流行。

这一时期在新加坡被称为"自由种植和不干预时期"，香港政府也基本采取"不干预"的态度。② 但是，随着工业化战略的推行，这一局面大大改变了。

20世纪60年代，香港地区、新加坡的发展战略由"转口贸易"转变为"加工贸易"，即大力发展劳动密集型的轻工业以出口创汇，鼓励引进外资和新技术，投入国际市场的竞争，以此带动整个经济的"起飞"。在

---

① F. S. Sit Victor, ed., *Urban Hong Kong*, Summerson, Eastern Publishers Ltd., 1981.
② 严崇潮：《新加坡的农业》，《世界农业》1986年第1期；单玉丽：《亚洲"四小"的农业发展及其面临的挑战》，《亚太经济》1992年第3期。

发展战略转变的大背景下，本地工业化与更深入的城市化共同作用于城市农业，使香港地区、新加坡的城市农业与工业化、城市化发生了持续的尖锐冲突，主要表现在以下几个方面：(1) 城市农用地由于城建和工业用地的侵占而大规模缩减，再加上工业部门收入的吸引，农户大量弃耕，城市农用地占总土地面积的比例剧减，香港地区从1963年到1977年因工业扩张而损失的农地为总农地的15.8%。① 农民撂荒的土地越来越多，到70年代末已达总耕地面积的40.9%。从1970年到1980年，新加坡城建及工业用地从占总土地面积的30.0%增加到44%，农用地则由22.8%下降到13.0%。② (2) 农业从业人口大量转入工业或城市其他经济部门，工业的快速增长决定了劳动力对农业供应的紧缺状况。1967年，香港的农业劳动者与工业工人的工资差别形成了规模，在小工厂的非熟练工人每天获得工资10—15元港币，而同样的农业劳动力每天只有8—10元。因而，仅1965—1968年，香港城市农业便失去30.0%的农渔业人口。③ 70年代末，香港城市农业人口占总人口的比例只有1.3%，新加坡到1980年仅为0.7%。④ (3) 城市农业CDP贡献比重微小。1965年，香港地区、新加坡农业产值在国民经济中的比重为3.2%和2.0%，而到1985年只有1.0%和0.5%⑤。

60年代后期以来，香港地区、新加坡工业迅速扩张，城市农业被挤到十分窘迫的地步。由于奉行自由贸易政策，本地农产品又要面对进口农产品的激烈竞争，城市农业"怎么办"已是不容回避的课题。在土地、劳动力等要素"萎缩"的情况下，现实的选择只能从技术手段、设施投入、市场灵敏度着手，由劳动密集型农业向技术密集型、资本集约型农业转变，实现适度规模化经营，从而达到生产、运销成本的合理化和产品的优质化，参与市场竞争，在这个意义上，"规模中立性"的现代农业技术与政府在信贷投资和农业科技试验、推广上对小农的扶持是同样有效的思路。

此外，20世纪六七十年代的香港地区、新加坡结束了"自由种植和不

---

① F. S. Sit Victor, ed., *Urban Hong Kong*, Summerson Eastern Publishers Ltd., 1981.
② 凌起：《发达国家郊区农业的"变质"及城市企业化农业地域类型的形成》，《福建师范大学学报》1987年第4期。
③ F. S. Sit Victor, ed., *Urban Hong Kong*, Summerson Eastern Publishers Ltd., 1981.
④ 凌起：《发达国家郊区农业的"变质"及城市企业化农业地域类型的形成》，《福建师范大学学报》1987年第4期。
⑤ 单玉丽：《亚洲"四小"的农业发展及其面临的挑战》，《亚太经济》1992年第3期。

干预"政策,一方面,继续推行自由贸易政策,不设关税壁垒,靠进口农产品促进社会经济发展,对本地农业经营没有实施直接补贴,在价格政策上不人为提价、限价,让农产品完全按国际市场的供求关系制定价格,以此推动农民参与市场竞争;另一方面,两地政府都在农业科研、技术推广、培训农业人才、农业基础设施建设、资金投入等方面为城市农民提供服务,在狭小的海岛城市形成了组织系统比较完整的农业科技推广体系、农业社会化服务体系以及农业管理体系。

对比新加坡政府主导式的干预政策,香港地区政府更像一个灵活的农民产前、产中、产后"服务公司"。它几乎考虑到了农民在生产、经营、销售各个环节中可能遇到的困难,提供帮助而又不干预农民的生产经营本身,为此,政府着力于"三大服务体系"的组建:农业科研体系由"渔农处"附设的一些专业研究科、室试验场构成,负责农作物、猪、禽、鱼类的育种、疾病防治、资源调查、技术开发研制等工作。农业技术推广体系由渔农处设农业部和渔业部统管,同农民、渔民保持直接联系,提供咨询服务,进行技术指导,农民有问题可向新界各区的农业推广办公室提出,该室会马上给予帮助。在建立较完善的产前、产后社会化服务体系方面,从生产资料和种苗供应等生产中的重要环节到产品运销都有政府促农机构与专门的公司、合作组织一起为经营者服务。

香港地区政府还通过发放贷款来扶持农户扩大再生产。渔农处负责管理低息贷款,资助农民进行灌溉工程、农业机械和渔船的购置更新等基本建设及技术改造等。到1989年底,共贷出2.72亿港元。几十年来,平均每户获得贷款2万多港元。此外,香港地区政府重视农业人才的培训。农、渔民职业教育发达。鱼类统营处、蔬菜统营处为农、渔民子弟设立中学,提供专科以上的教育奖学金。

20世纪70年代以来,香港城市农业在市场竞争与政府对农业实施的体系性支持的双重作用下,实现了两个层面的转变:(1)农业生产转向市场利益回报高的部门——满足城市副食品供应的市场菜园、池塘养鱼、海鱼捕捞、猪禽饲养。先前粮食与副食品生产混合经营的状况转变为专业化生产,农业地域布局发生了重大变化:稻田大部分转为菜地和鱼塘。(2)具有相当规模的市场化、科技化、专业化的家庭农场形成。这种情况在对现代化程度要求更高的猪、禽饲养业中表现得更加突出。1968年,养猪不足50头的养猪场占总数的90%,到1979年仅剩11.9%。养猪达几千头甚至上万头的农场正在大量出现。1973年前，香港养鸡业主要由小业主经营，平均每个鸡厂不足3000只鸡，而到1979年，在1192个养鸡场中，拥有3000—10000只鸡的占56%，还有25%的鸡场超过10000只。20世纪80年代以来，香港城市农业中的家庭经营已经颇具规模。养猪户一般为有3—4个劳力的家庭，再雇工二人，年产肉猪1000多头，户养鸡场规模一般为年产肉鸡4万—6万只，户养鸽场规模一般为年产鸽1万—2万只；户营菜、花果规模一般为十亩至数十亩；渔业也以家庭经营为主，船员主要是家庭成员，亦雇用其他船员；80年代，约2.4万名渔民拥有渔船4773艘，其中83%为机动船。[1]

规模化的经营需要与之相匹配的现代农业设施和技术手段的支持。80年代，香港城市农业广泛应用了现代技术设备，畜禽饲养多采用节省劳力的密集型舍饲法，更多地使用机械和配合饲料，劳动生产率高，一个劳力能养7000—8000只鸡，菜农耕作普遍使用小型机械，拥有小型耕耘机5900部，自动喷水机2375部，平均每公顷二部。香港渔农处设计了各种不同结构的塑料大棚，供菜农冬夏培育菜苗使用。渔船采用现代卫星导航系统、新式渔具，等等。而且电子计算机新兴技术也应用在农业中，颇有成效。与现代化设施相应的是，农业生物技术在育种、品种改良、控制作物病虫害与畜禽瘟病等方面深入推广，成就斐然。

在香港地区的经验中，政府在很长时期内没有提出城市农业发展的总体规划，而是致力于"服务式"的工作，卷入市场化生产的小农，在市场竞争和政府支持的双重作用下，克服小农家庭经营的消极性因素，转变为具有市场化、科技化、规模化的家庭经营形式，与香港地区高速发展的城市经济相匹配。

对比香港地区政府的"积极不干预主义"，新加坡政府在市场、小农互动的自发关系中介入了强大的政府意志，采取政府主导式的农业政策推动郊区混合农业向现代化城市农业转型。从1957年起，新加坡政府实施了三个阶段的战略推进：其一是"农业重新安置计划"时期（1959年至70年代中期），其二是"永久农地计划"时期（70年代中期至1986年），

---

[1] Yue-man Yung, *Changing Cities of Pacific Asia*, The Chinese University Press, 1990, p. 262; F. S. Sit Victor, ed., *Urban Hong Kong*, Summerson Eastern Publishers Ltd., 1981, p. 138; G. T. Wong, "Land Use in Agriculture," in T. N. Chiu and C. L. Sc, eds., *A Geography of Hong Kong*, Hong Kong Oxford University Pr., 1983.

其三是"农业科技园计划"时期（1986年至现在）。新加坡政府以整体规划为蓝本，通过兼具"压制性""示范性"的政策，直接推动城市农业在地理布局、部门结构、经营规模和技术体系等方面加以改造和促使其转变，将小农家庭经营的郊区混合农业转变为"城市企业化农业"。

"压制性"政策的特征在于政府一方面以商业或行政的手段，将分散的郊区农业进行集中布局，形成集约化的城市农业区域。另一方面，政府通过对经营者资格的规定，限制和淘汰不符合政府认可标准的农场和经营者，将城市农业的发展与城市的生态环境协调起来。

"示范性"政策的特征在于政府提出十分明确的城市农业现代化转型战略，并亲自进行超前的城市企业化农业经营试验，在取得成功经验后，再推广到各个企业部门。而且推广工作并不以行政手段强制执行，而是政府先投入大量资本为农业企业提供基础结构，而后以较低价出租给能够组织生产经营的农场主、企业家和新加坡的其他成员，进行市场化经营。

在"农业重新安置计划"时期，政府主要采取的是"压制性"政策，由新加坡"改建托拉斯"（The Singapore Improvement Trust）负责在岛的西半部和北半部挑选若干地区，建立"农业重新安置区"，将布局分散的郊区农业集中起来，到70年代中期，在岛的西半部和北半部已形成一个不连续的农业地带。[①] 同时，政府通过商业等途径将经营品种和生产部门调整集中到养猪、禽蛋、蔬菜、兰花栽培四大方面，并扩大生产规模，提高专门化程度。但是，农业重新安置区仍保持着小农的色彩。

在"永久性农地计划"时期，兼具"压制性"与"示范性"。这一时期，两个诱发性因素使新加坡城市农业的改造发生历史性转折。其一，1975年以后大力推行"净水运动"。该运动旨在保护和开发有限的淡水资源，在岛的西部、中部、北部一些主要河湾，相继建成淡水水库。这样，位于汇水区的农牧场，尤其是养猪场，只有达到政府所规定的处理废物标准，才能继续经营。结果，许多小农因缺乏资本投资废物处理设施，尔不得不转入其他非污染型农业活动领域，或新加坡农业经营。其二，政府为了探索在净水区之外建立现代化企业型的大规模工厂化农业发展设施，在岛北部的蓬戈尔（Ponggol）着手实施一个试验性计划，在此建立一个占地

---

① G. J. Tempelman, F. J. J. Surkerburk, "Agriculture in Singapore: Problems of Space and Productivity," *Singapore Journal of Tropical Geography*, Vol. 4, No. 1, 1983, p. 62.

100公顷、可养75万头猪的现代化大型商品性养猪场。政府投资为这个养猪场提供所有基础设施,尔后向农场主、企业家或共和国的任何成员出租,只要他们有必要的资本、经验和技术能力来承担这种集约经营的农业生产,并达到政府所规定的一系列专门化生产指标。在"永久农地计划"时期,城市企业化农业在养鸡、兰花栽培、蔬菜、蘑菇种植等部门相继建立起来,城市农业在地域分布上完全融合在城市中,形成了集中的城市企业化农业地域。上述两个阶段的战略推进,使新加坡发展出新型的城市企业化农业,城市农业的现代化转型取得阶段性成就。

二 日本都市圈的城市农业"转型"

日本是东亚现代化启动最早的国家,战后高速工业化战略的实施,引起产业结构的巨大变革与经济重心的地理重组、人口分布的地域空间转换,形成以东京为中心的大都市带,集中了绝大部分的日本城市人口、工业企业、就业人数、工业产值、国民收入。东京被认为是"纽约+华盛顿+硅谷+底特律"型的世界大都市。在这种成熟的工业化、城市化背景下,尽管大都市区的农业活动一直受怀疑论、否定论"简单粗暴地对待",但在实际的进程中,它经历了比东亚其他国家和地区更为完备的发展阶段,形成了市民农园、农业公园、民宿农庄、观光农业、农村留学、自然休养村等多种样式的都市农业。我们在此主要对市民农园做典型分析。

市民农园,在法国被称为"家庭农园"(Jardins familiaux)。目前在欧洲高收入国家及中国台湾地区十分流行。市民农园并非由专职农业工作者经营,而是供没有土地所有权的市民来投入与耕作。市民也可委托农业工作者来完成一些日常的或共同的田间作业,但要支付相应的费用。用户和农园经营单位之间是契约和租赁关系。前者作为承租人往往需要加入当地的协会组织,成为会员,遵守章程,缴纳会费。日本的市民农园既受德国等发达国家的影响,又具有自己的特征:(1)土地的提供,既有由政府或公营事业单位提供的,也有由农民提供的。(2)原以一二十平方米的生产性菜园为主,自1991年考察德国的市民农园后,便开始推动二三百平方米的农园,并完成"市民农园整备促进法"的制定。该法规较德国"市民农园法"更为宽松,允许在100平方米的土地上建盖10平方米的木屋且供水电,并可度假住宿。① (3) 日本市民农园类型更多。发展出银发族农园、教育农园、福祉农园、学童农园、残疾人农园等新形式。② (4) 市民农园一般用于蔬菜、果树、花卉生产,或用作观光,其产品可自给,也可出售。日本市民农园拥有多样性的经营主体,既有市民家庭,也有社团组织,还有社区市民集体合作经营;经营者中既有专业经营者,也有兼业与休闲经营者。这些情况都表明,在高度发达的都市空间中,传统意义上的农民正在丧失固有的身份概念,转变为城市中的农业工作者,或者出于自身生活方式考虑的市民。

日本市民农园的发展,不能脱离政府的支持和管理。市民农园主要由日本建设省管理。政府的职能是为市民农园提供支持、保护和实施限制。日本有专门的法规、政策保护市区农地,并给予经营者以税收优惠。政府在市民农园经营管理和生产技术上提供帮助,同时根据城市的功能要求,对市区农园的经营项目、空间布局及生产技术实施限制。比如,1990年9月20日颁布的《市民农园整备促进法》,连承租市民与承租农园之间的乘车距离都做出规定:原则上在30分钟的车程以内,东京都可为两个半小时的车程距离,等等。

以上特点使日本政府在扮演推动城市农业转型的角色中,做出比香港地区、新加坡政府更独特的贡献:以法律的形式使城市农业的发展制度化、规范化。为此,联合国发展署赞赏其为"世界上相当少数的对城市农业进行法律规范的国家"③。

日本政府及各级地方政府、城市政府在工业化、城市化推进的不同发展阶段,提出明确的法规来确认农业在大都市发展中应有的地位,并推动城市农业朝着与都市经济、社会、文化、生态环境相协调一致的方向发展,使日本的城市农业不仅能够在最为剧烈的工业化、城市化扩张中生存下来,而且最终演化为今天兼具经济、社会、文化、生态功能的都市农业。这无疑有其制度性框架的支撑。

在矛盾重重、利益复杂的城市化空间中,城市农业的转型除了农民、市民、政府的力量之外,还有赖其他团体的参与推动。日本学术界对城市农业的研究,不仅为政府政策提供了有力的理论依据,而且引导本国农

---

① 范子文:《日本发展都市农业的做法和经验》,《中国农村观察》1997年第6期。
② 范子文:《日本发展都市农业的做法和经验》,《中国农村观察》1997年第6期。
③ UNDP, *Urban Agriculture*: *Food*, Jobs and Sustainable Cities, New York, 1996, p.37.

民、政府、市民在认识论的高度上理解城市农业。从20世纪60年代起，日本学者提出多种城市农业理论，从城市规划的角度将农业与都市空间耦合在一起，而且已日渐将城市农业与整个国家的国土规划结合在一起。同时，有关专家定期召开学术研讨会，并就城市农业与城市规划、土地利用、农村环境、农村与城市的新关系等问题，撰写大量论文、专著引导城市农业发展。一些报纸如《朝日新闻》设有"农业方向"专栏，经常将都市农业列为讨论话题，视其为有希望的农业。[①]

综上分析，我们看到在城市农业发展的实际进程中，在市场、农民、政府的框架中还应有的力量是市民、公众团体（学界等）。这些组合性的因素和力量促使人们有理由对都市农业的未来抱有信心。城市农业转型正在中国台湾地区、新加坡、香港地区等东亚地区变为事实，而北京、上海等大都市区也有新的发展。这些发展趋势促使我们对当代东亚城市农业的发展前景保持着并不过分的乐观。

三　未来之路

当代东亚城市农业的发展不仅使我们突破了在工业化、城市化早期以"城市食物供给"为视角建构理论与实践体系的固有藩篱，而且，随着世界范围内对工业化、城市化进程的深刻反思，对东亚城市农业的认识和实践完全可以摆脱"农业工具论"的传统认识误区，推动城市农业在可持续发展中做出贡献。

当代东亚城市区域可持续发展的问题根源于东亚快速城市化、工业化进程中所出现的严重城市病。上海、香港、东京、首尔、台北、雅加达、吉隆坡、马尼拉、新加坡、曼谷都显示出环境污染、城市食物供给（城市贫民的食物、营养问题）、贫民窟、建筑拥挤、交通混乱、恶化的基础设施服务等共同问题。[②] 如何在推进工业化、城市化战略的同时，保持城市区域和谐、有序发展，是东亚发展的共同课题。

当代东亚城市农业的发展可以提供如下的思路：（1）东亚城市农业依旧是解决城市区域食物供给与营养结构问题的重要途径。香港、新加坡、

---

① 范子文：《日本发展都市农业的做法和经验》，《中国农村观察》1997年第6期。
② Yue-man Yung, *Changing Cities of Pacific Asia*, The Chinese University Press, 1990.

东京都市圈的农业都曾以其相当程度的食物自给率支持了中心城市经济功能的发挥。而今高科技、规模化的城市农业必将为城市提供高品质高营养的食品供应。以新加坡农业高科技园区发展为例，计算机技术、生物工程技术、自动化技术等在农业中的应用探索，使其能够超越传统的耕地型农业，成为采用现代管理手段、以资本密集型工厂化农业经营获取食品的农业。这里蕴含着人类获取食品方式的重大变革。（2）东亚城市农业对东亚城市区域合理布局与发展的贡献。杨汝万的研究表明，50年代以来东亚的大城市为了控制日益恶化的城市环境与大都市扩张，都在大城市进行过绿带建设。例如，东京在1956年开始建立从中心城市到郊区长达30公里的绿带；首尔在1972年开始营造绿带，1982年已达369.5平方公里；曼谷1981年营造的绿带是在12公里宽的农地上；上海的绿带是围绕中心城市与卫星城的蔬菜与水果生产营造的。这样既保证了环境的清洁，也保持了蔬菜的供给。控制城市环境恶化更成功的例子来自新加坡的"一带一圈"计划。[①] 在东亚大城市中，城市农业以"生产绿带"的面目出现，同样起到了英法等工业化先驱国以"绿带"控制城市"摊大饼"式的恶性蔓延的作用。

对比发达国家先驱性的实践，战后东亚城市农业发展的新形式和相关理论的提出，都显示着在东亚城市区域农业与城市结合的新形式的到来：融合农业发展的都市空间地域的形成——有农的都市。经过现代化转型的城市农业，在经济关系、社会关系、精神文化关系、地理布局上都融合在城市社会中。19世纪末，在工业化的先驱国英国，有人曾提出"田园城市"的模式，第一次打破了城市与农村在空间和形态上截然对立和分隔的旧观念。[②] 到20世纪下半叶，东亚"有农都市"概念形成，美国人弗兰兹·舒尔曼由此看到"世界乡村化"的前景。这一发展脉络不仅一般性地表明农业与城市能够在产业形态和地域空间上融合，而且更为关键的是，"农业文明"的精神气质能够融合在"现代性"的扩张中。而那种以"侵略性"的"彻底工业化、城市化"为支柱的发展思路应该寿终正寝。诚如有的学者所提出的城市化实质上是城乡物质文明和精神文明的趋同，而不是"城市占领农村"的无限扩张。[③]

[①] Yue-man Yung, *Changing Cities of Pacific Asia*, The Chinese University Press, 1990.
[②] 方斌：《第一产业在城市中定位的思考》，《城市规划汇刊》1996年第3期。
[③] 张强：《介绍观光休闲农业的几种形式》，台湾农业经营管理学会、北京市城郊经济研究会编：《都市农业的理论与实践》，北京出版社1998年版，第124页。

普罗化与韩国"农民工"的城市化问题

董向荣[*]

在经济高速成长期,韩国的城市新移民较为顺畅地、不可逆地从第一产业转移至第二和第三产业,成功地分享了经济增长的成果,融入了现代城市。新移民拥有土地、劳动密集型产业和第三产业强大的吸纳能力、被抚养人口的同步迁移、城市住房单位面积较小等因素,都有助于韩国的新移民在城市扎根立足。受城乡收入差距较小的影响,韩国的收入分配状况相对均等,基尼系数一直低于0.4。而在中国,农民工融入城市遭遇瓶颈,这其中有制度性的问题,有发展战略的问题,也有思想意识上的原因。

一 "农民工"与城市化

在现代化进程中,农民大量涌入城市是一种普遍现象,后发现代化国家的这一进程更为浓缩、更为复杂。有一种现象几乎为中国所独有,即新移民只完成了"半城市化""半市民化",被悬在农村与城市的半空中,并且作为一种"超稳定"状态而长期存在,从而形成了一个"进不了城市""回不了农村"的"农民工"群体。这个群体的规模有多大呢?中国国家统计局数据显示,2013年全年农民工总量为26894万人,比上年增加633万人,增长2.4%,其中,本地农民工10284万人,增长3.6%,外出农民工16610万人,增长1.7%。[①] 如果再加上农民工抚养和赡养的人口,

---

[*] 作者董向荣系中国社会科学院亚太与全球战略研究院研究员。本文部分内容曾以"为什么韩国的'农民工'较快地融入了城市?"为题发表在《国际经济评论》2014年第3期。

[①] 参考中国国家统计局网站(http://www.stats.gov.cn/tjsj/zxfb/201401/t20140120_502082.html [上网时间:2014年1月31日])数据。

至少涉及 5 亿中国人。

"农民工"这个词本身就很有意思,英文翻译也是花样繁多,有"peasant workers""migrant workers""farmers-turned-workers""unrooted non-citizen"[1]等等。是"农民转变而来的工人"也罢,是"亦农亦工"也罢,是"未扎根的非市民"也罢,始终切断不了与农民之间的联系。中国学者发现,国际通行的"城市化"概念,并不足以解释中国城市化过程中所出现的这一系列怪异问题,于是开始使用"半城市化"[2]"半无产阶级化"[3]"农民工市民化"[4]等概念来进行解释。

本文选择韩国作为中国的比较对象。应该说,作为一个超大规模的经济体,中国的城市化难度要比韩国大得多,经历会更复杂、延续的时间也可能更长。但是,中韩两国的国情又有很多相似之处,比如,人均耕地面积都很少,都属于小农经济,都有儒教国家重视家庭、重视教育的传统,两国政府都在城市化和工业化的过程中扮演了重要角色等等。这些因素的存在又使两国的社会发展具有了某些可比性。从新移民融入城市角度来看,至少有五个问题需要回答:一是有无本钱?二是劳动人口能否找到工作?三是非劳动人口(被抚养人)能否同步转移?四是在城市是否居有定所?五是有没有形成新的身份认同?中韩两国新移民融入城市的过程存在明显的差异,这又进一步影响到农村居民和城市新移民群体能否相对公平地分享经济增长的问题,即发展能否惠及大多数民众的问题,对于社会分配的影响是相当明显的。本文结合比较分析和社会学阶层分析的方法,对两国的城市化进程进行分析。相对而言,韩国通过比较顺利的城市化,较

---

[1] Dorothy J. Solinger, *Contesting Citizenship in Urban China: Peasant Migrants, the State and the Logic of the Market*, Berkeley: University of California Press, 1999.
[2] 王春光:《农村流动人口的"半城市化"问题研究》,《社会学研究》2006 年第 5 期;熊易寒:《城市化的孩子:农民工子女的城乡认知与身份意识》,《中国农村观察》2009 年第 2 期。
[3] 潘毅等:《农民工:未完成的无产阶级化》,《开放时代》2009 年第 6 期;刘建洲:《无产阶级化历程:理论解释、历史经验及其启示》,《社会》2012 年第 2 期;孟庆峰:《农民工劳动力市场的形成》,《管理学刊》2012 年第 4 期。
[4] 朱信凯:《农民市民化的国际经验及对我国农民工问题的启示》,《中国软科学》2005 年第 1 期;刘传江:《城乡统筹发展视角下的农民工市民化》,《人口研究》2005 年第 4 期;徐建玲:《农民工市民化进程度量:理论探讨与实证分析》,《农业经济问题》2008 年第 9 期;国务院发展研究中心课题组:《农民工市民化对扩大内需和经济增长的影响》,《经济研究》2010 年第 6 期;国务院发展研究中心课题组:《农民工市民化进程的总体态势与战略取向》,《改革》2011 年第 5 期。

好地实现了社会经济的发展,希望韩国的某些城市化经验能够带给我们一些启示。

二 韩国农民手里的第一桶金:土地

韩国农民看起来与中国农民一样,赤手空拳进入城市。但实际上,韩国农民手里有土地的所有权,而中国没有,这是"天壤之别",是与城市化密切相关的起点差异。在20世纪40年代末期到50年代初期,韩国实行土地改革,把收缴的日本殖民者手中的土地以及韩国本地地主手中超过规定面积的土地,较为平均地分配给无地和少地的农民,在经济高速增长之前实现了土地这种重要生产要素的平均分配,对后来的经济发展和收入分配至关重要。土地所有权在农民手中,带来三重影响:

第一,小农有了地产就是有了财富。虽然面积不是很大,但随着经济发展,土地增值。统计显示,1975—1988年,韩国的消费指数(consumer prices)上涨了350%,土地价格上涨了840%,房屋价格上涨了470%。[1] 农民可以转让土地,作为进入城市、在城市安家的第一笔资金,相当一部分农民(土地相对较多的或者靠近城市的)就直接变成"中产阶级"[2]。

第二,农村土地的私人所有和相对自由的所有权转移,扩大了土地经营规模。根据世界银行网站的数据,从1980年到2011年,韩国的人均可耕地面积从0.05公顷下降至0.03公顷。同期中国的人均可耕地面积从0.10公顷下降至0.08公顷。[3] 农村居民单靠这么点土地很难获得高收入,唯一的出路就是让大部分农村居民转移至城市,从事第二和第三产业,实现城市化。城市化从另一方面也帮助了留在农村务农的人,由于越来越少的人留在农村,土地可以在农民间流动,留下来的人耕作的土地面积扩大了,收入自然也就增加了。韩国统计数据显示,1960—1973年,0.5公顷以下的农场数量由16.7%下降至11.4%,而3公顷以上的农场则由1.2%

---

[1] T-D. Kim, and K-S. Lee, *Land* (in Korean). Seoul: Pibong, 1989. Cited from Bae-Gyoon Park, "Where Do Tigers Sleep at Night? The State's Role in Housing Policy in South Korea and Singapore," *Economic Geography*, Vol. 74, No. 3 (Jul., 1998), pp. 272–288.

[2] 尹保云:《病态发展:城乡差距与分配不平等的根源》,《战略与管理》2004年第2期。

[3] 见世界银行网站:http://data.worldbank.org/indicator/AG.LND.ARBL.HA.PC?page=6 〔上网时间:2014年5月2日〕。

上升至 7.0%，农场规模逐步扩大的现象相当明显。① 数据显示，2010 年，韩国的耕地面积为 160 万公顷，农村人口 220 万人，每个农村人口人均耕地面积是 0.73 公顷（约 11 亩）。② 2010 年，以农村人口 6.7 亿人、耕地面积 18 亿亩来计算，中国每个农村人口人均耕地面积只有 2.7 亩。同样是人多地少的国家，韩国的资源禀赋比中国还差，但是，每个韩国农民耕种的土地面积是中国农民的 4 倍多，所能获得的收入差距也就显而易见了。

第三，农村收入增加降低了城乡收入差距，使这个重视"均贫富"的儒教国家保持了较为平等的收入分配。在韩国经济快速发展的过程中，城乡收入差距最大的是 1965—1975 年这十年，1967 年的数据显示，农村家庭收入只占城市家庭收入的 59.6%，这是最糟糕的情况。之后，由于大量人口持续转向城市、非农雇佣机会增加和农产品价格提高等因素的影响，农村家庭收入增速超过了城市家庭，逐渐拉平了与城市家庭之间的收入差距，个别年份还超过城市家庭。城市化顺利进行，城乡收入相对均等，帮助整个社会实现了较为平均的收入分配。

三 劳动人口在城市的就业问题

众所周知，韩国经济发展的转折点出现在 1961 年。朴正熙带领一小股对政府不满、有强烈发展欲望、组织严密的军人，发动军事政变，彻底改变了韩国发展的轨迹。新政府大力发展经济，以经济成就作为合法性的重要来源，大力推动出口导向战略，"充裕的低成本国内劳动力与国际资本、技术和市场联姻"③，经济开始起飞。当劳工政治化威胁到出口导向发展战略时，政府采取坚决措施应对劳工挑战，包括禁止罢工、撤销工会登记、逮捕工会积极分子等。韩国政府双管齐下，既利用反共意识形态的武器，又利用强有力的安全部队，压制草根劳工运动，使劳工处于未组织状

---

① 转引自 Sung Hwan Ban, Pal Yong Moon, Dwight H. Perkins, *Rural Development*, Harvard University Press, 1980, p. 296.

② 韩国《农林水产食品统计年报》，见韩国统计厅网站：http://www.index.go.kr/egams/stts/jsp/potal/stts/PO_STTS_IdxMain.jsp?idx_cd=1287&bbs=INDX_001&clas_div=A（上网时间：2013 年 12 月 20 日）。

③ Frederic C. Deyo, "Industrialization and the Structuring of Asian Labor Movements: The 'Gang of Four'," in Michael Hanagan and Charles Stephenson eds., *Confrontation, Class Consciousness, and the Labor Process: Studies in Proletarian Class Formation*, Greenwood Press, 1986, pp. 167 – 168.

态，切断劳工在各部门之间的联系。在高压劳动政策下，工会无法在工资决定问题上发挥有效的影响力，工人工资长期维持较低水平。当然，工人工资长期较低的另一个重要原因是城乡二元结构下的劳动力无限供给，这是人口密度较大的发展中国家的共同经历。[①] 在这段时间里，资本家经历了投资的黄金时期。自1962年朴正熙启动第一个五年经济计划开始，直到1979年被刺杀，韩国国民生产总值实现了年均8.5%的高速增长。[②] 此后虽有波动，但一直到1997年亚洲金融危机，韩国经济仍旧保持较高速度的增长。

伴随着经济增长，韩国的劳动力主体平稳迅速地从农村转向城市、从第一产业转向第二和第三产业。把第一产业劳动力占总劳动力的比例从81.6%降低至50.4%，韩国用了12年（1958—1970年）。[③] 伴随着快速的

---

① "劳动力无限供给"是经济学家阿瑟·刘易斯提出的重要概念，后经过拉尼斯、费景汉的拓展，用两个转折点把二元经济的发展分为三个阶段：第一个阶段农业劳动的边际生产率为零或很低，劳动力对现代部门具有无限供给的弹性。随着现代部门扩张和大量农村劳动力转入现代部门，经济发展进入第二阶段，农业劳动的边际生产率上升，减少农业劳动力供给诱发粮食产量下降，带来粮食价格和工资的上涨现象。通过对农业部门引入现代要素进行改造，农业专业化和规模化生产，提高了劳动生产率，农业产出增长能够有效地满足现代部门的需要，部门之间的均衡发展把经济发展带入第三阶段，即经济一体化阶段。这两个转折点被称为"刘易斯第一拐点"和"刘易斯第二拐点"。Arthur Lewis, "Economic Development with Unlimited Supplies of Labour," *The Machester School of Economic and Social Studies*, Vol. 22, 1954, pp. 139 – 191; John Fei and G. Ranis, "Development of the Labor Surplus Economy: Theory and Policy," *Economic Development and Cultural Change*, Vol. 41, 1964, pp. 147 – 174.《人口研究》编辑部：《从"民工荒"到"返乡潮"：中国的刘易斯拐点到来了吗？》，《人口研究》2009年第33卷第2期。

韩国的刘易斯拐点大概出现在20世纪60年代中期—70年代中后期。费景汉和拉尼斯在分析韩国经济时认为，1966—1967年是刘易斯拐点；曼森认为到60年代中期，韩国不再是一个劳动力剩余的经济体。韩国本土经济学家宋丙洛认为，1975年韩国农村开始出现劳动力短缺，1977年农村劳动力下降，农业机械开始在农村普及，在此前后，实际工资开始快速上涨，因此认为1977年是刘易斯拐点。John Fei and G. Ranis, "A Model of Growth and Employment in the Open and Dualistic Economy: The Cases of Korea and Taiwan," *The Journal of Development Studies*, Vol. 11, Issue 2, 1975, pp. 32 – 63; Edward Mason etc., *The Economic and Social Modernization of the Republic of Korea*, Cambridge: Harvard University Press, 1980, p. 466; Byung-Nak Song, *The Rise of the Korean Economy* (third edition), Oxford University Press, 2003, pp. 102 – 104.

② 根据世界银行世界发展指数数据计算的算术平均增长率。见世界银行网站：http://databank.worldbank.org/ddp/home.do [上网时间：2013年1月11日]。

③ Korea Economic Planning Board, Annual Report on the Economically Active Population, 1972 and 1985. 而在中国，第一产业劳动力占总劳动力的比例从83.5%降低至50.5%，用了近40年（1957—1996）。中国国家统计局网站：http://www.stats.gov.cn/tjsj/ndsj/2011/indexch.htm [上网时间：2012年12月27日]。

工业化，韩国制造业领域的工人由1963年的17.3%上升至1985年的38.9%，数量也由42万人上升至314.7万人。第三产业工人绝对数量也在增长，但占工资收入者的比重比较稳定。正如美国韩裔学者具海根所分析的那样，蓝领工人和白领工人同时增长，工人阶级内部出现了"大混杂和内部分化"。[1] 用20多年的时间，韩国就业结构发生了根本性的变化，快速地从一个以农业为主的社会发展为以工业为主的社会，完成了浓缩的工业化。

伴随着经济发展和产业结构的变化，韩国的城市化进程稳步推进。韩国农业经济学家潘性纵曾估算，1957—1982年，韩国有大约1230万人从农村移向城市。[2] 考虑到1980年韩国的总人口只有3812万[3]，移民群体规模之大可想而知。从地域上看，韩国的城市化立足于大城市，在地理上高度集中，主要集中在首尔周边、釜山，以及从首尔到釜山的连接线上的工业城市。比如，1965—1970年，有184万韩国农村人口转移至城市，其中，44%去了首都首尔，12%去了国土东南端的第二大城市釜山。从一些中小城市向首尔和釜山移民的情况也很普遍。还是在这五年间，有31万人从小城市移民至首尔，7万余人从小城市移民至釜山。逆向的人口流动也存在，但规模要小得多。[4]

四 被抚养人共同迁移问题

城市化不仅与劳动者相关，还直接关系到劳动者的下一代（以及上一代）。在韩国，多数农村人在转移至城市的时候是举家迁移，或者在城市安顿下来，生儿育女，完成广义上的劳动力再生产过程。甚至有些暂时没有机会到城市的农民，也会倾向于先把子女送到城市的学校里就学，分享

---

[1] Hagen Koo, "From Farm to Factory: Proletarianization in Korea," *American Sociological Review*, Vol. 55, No. 5 (Oct., 1990), pp. 669-681.

[2] [韩]潘性纵：《韓國의 經濟發展과均衡發展의 問題—農工間 均衡問題를 중심 으로》，경제학 연구，제32권 1984，제257—284 쪽（潘性纵：《韩国经济发展与均衡发展的问题——以工农间均衡问题为中心》，《经济学研究》第32卷 [1984]，第257—284页）。

[3] 见韩国统计厅网站：http://www.index.go.kr/egams/stts/jsp/potal/stts/PO_STTS_Idx-Main.jsp?idx_cd=1009&bbs=INDX_001 [上网时间：2013年4月26日]。

[4] Edwin S. Mills and Byung-Nak Song, *Urbanization and Urban Problems*, Harvard University Asia Center, 1979, p. 228.

比农村优质的教育资源。当然,这些孩子在接受完城市教育之后不可能再返回农村。通过代际更替,在差不多一代人的时间里,韩国完成了城市化。

1970年韩国学者的研究显示,在城市化的高峰期,韩国国内移民绝大多数是举家迁移。具体而言,在所调查的2226个国内迁移者中,有69.0%(即1535人)是举家迁移,只有11.2%(249人)是与家人分离,单身的迁移者有17.6%(即391人),还有其他情况51人。[①] 朴振焕博士在其《韩国新村运动——20世纪70年代韩国农村现代化之路》一书中写到了自己的经历。他1927年出生于韩国庆尚南道农村,家里有4男3女共7个孩子,只有3个孩子有机会上小学。朴振焕家只有半公顷耕地,只能留下他哥哥在家里务农,其余6个孩子不得不到城市去找工作。到1995年,他的儿子辈所有26个孩子都从大学毕业,属于城市中等收入阶层。[②] 韩国正是通过这样一种方式,在约一代人的时间里,实现了完全的、不可逆转的城市化。

五 新移民在城市安居问题

一般认为,外出打工者如果只是一个人的话,住的条件都可以凑合,要举家迁移的话,住可能是最大的问题。韩国的做法称不上完美,但基本解决了这个问题。在经济开始快速发展的20世纪60年代,韩国政府并没有积极地解决新移民的住房问题。尽管于1962年成立了韩国国家住房公司(KNHC)、1967年成立了住房银行(KHB),但是公营部门并没有形成强有力的市场供给。如表1所示,在1962—1971年的第一、第二个五年计划期间,韩国公营部门提供的新建住宅量只占总量的12.2%和12.9%。而1960—1970年,韩国城市家庭数的增长远快于城市房屋数量的增长,住房短缺更加严重,政府面临的压力更大。此后,韩国政府积极介入住房

[①] Yoon jong-ju, "Findings from a Survey on Fertility and Immigration of Seoul," Seoul Women's College, 1970, p. 147; Cited from Hyung-kook Kim, "Social Factors of Migration from Rural to Urban Areas with Special Reference to Developing Countries: The Case of Korea," *Social Indicators Research*, Vol. 10, No. 1 (Jan., 1982), pp. 29 – 74.

[②] [韩] 朴振焕:《韩国新村运动——20世纪70年代韩国农村现代化之路》,潘伟光等译,中国农业出版社2005年版,第1—17页。

供给。1972年，韩国政府颁布《住宅建筑加速法》，1974年颁布《土地金库法》，1978年成立韩国土地开发公司（KLDC），以公营形式征用居住用地，1976—1978年，公营征用居住用地占所有征用居住用地的83%。从市场供给来看，20世纪70—90年代中期，各年度韩国公营部门新建房屋量占新建房屋总量的30%以上，有时接近五成。1988—1990年，韩国的房屋价格飙升，私营部门的投资激增，公营部门房屋投资的比重相对下降。以国家住房公司为代表的公营部门，基本上是以成本价向市场供应小户型房屋。

表1　　　　　　　　　韩国的新建房屋量及构成

年份	新建房屋总套数（套）	公营部门投资套数（套）	公营部门投资套数占总量的比例（%）	私人投资套数（套）
1962—1966	325935	39915	12.2	286020
1967—1971	540338	69613	12.9	470725
1972—1976	760591	228766	30.1	531825
1977—1981	1116074	495378	44.4	620696
1982—1986	1155071	549344	47.6	605727
1987—1991	2386491	877101	36.8	1509390
1992—1996	3104854	1148940	37.0	1955914

资料来源：2005年《韩国住房与城市统计年鉴》，转引自李恩平、李奇昤《韩国快速城市化时期的住房政策演变及其启示》，《发展研究》2011年第7期。

由于新增房屋供应量大增，韩国城市住房存量从1980年的246.8万套增加到1995年的677.4万套，合居率由1980年的48.5%降低至1997年的23.1%，此时的合居有超过一半是合住在8居室以上的大房子里[①]，蜗居的现象得到根本改观。房屋供应量之所以能有这么大，与新房屋的户型较小有关。韩国于1981年出台了关于"小户型住宅义务比率"的政策，要求在商品房建设时60平方米以下的小户型所占比例不得低于50%。从1980年到1995年，韩国的房屋存量从531.8万套增加到957.0万套，中

---

① 2005年《韩国住房与城市统计年鉴》，转引自李恩平、李奇昤《韩国快速城市化时期的住房政策演变及其启示》，《发展研究》2011年第7期。

等户型①由 278.7 万套增加到 573.5 万套②，占到新增房屋的 69.3%。韩国人均居住面积只是从 1970 年的 6.8 平方米增加到 1995 年的 17.2 平方米，家庭居住面积从 1970 年的 35.9 平方米增加到 1995 年的 58.6 平方米，住房供给率从 1960 年的 84.2% 下降至 1985 年的 69.8%，随后反弹至 1995 年的 86.0%③，进入城市拥有住房的市民明显增加。

关于房屋的价格，国际上一般用房屋价格与家庭年收入之比（PIR）来衡量。在 1990—1991 年的高峰期，据估计，韩国的 PIR 达到了 9—10，到 90 年代中期下降至 5—6。不同地区差距明显。比如，1999 年韩国住房商业银行（Housing and Commercial Bank）估计，全国的 PIR 约为 4.58，首尔市则达到 6.67。这是韩国在经济快速增长了 35 年之后的情况。韩国人购房比较晚，统计显示，1987 年，韩国人平均的购房男性户主年龄是 35 岁，一般是在结婚 8.4 年之后买房，只有 19.9% 的人能够在结婚前买房。韩国政府自 1985 年开始公布官方的房屋价格。个别年份的房屋价格有快速增长，长期趋势是稳步增长。以城市的公寓价格为例，以 1985 年底房屋价格为 100，1986 年、1988 年、1990 年、1992 年、1996 年的价格分别为 95.8、125.8、200.0、186.6、182.9、190.6，同期的 CPI 分别为 102.8、113.5、130.2、151.1、168.3、184.5。④ 韩国还有庞大而独特的租房市场，有效地满足了新移民的住房需求。

六　新移民的阶级意识形成："臭工人"

在工业化的早期阶段，出身于农村的新工人遭受中产阶级的鄙视，是一种较为普遍的社会现象，由工作性质、工作环境、工资收入、工人修养等多种因素决定，只是在某些国家表现得更为严重，延续的时间更长。正是在各种抗争中，新移民逐渐形成了稳定的阶级意识。

---

①　中等户型指的是大于 46.2 平方米而小于 95.7 平方米的房屋。在韩国常用"坪"为房屋面积单位，统计上以 14 坪和 29 坪为界，即以 46.2 平方米和 95.7 平方米为界。
②　韩国统计厅历年的人口与住房调查。转引自 Jae-Young Son et al., "Changing Conditions and Quality of Housing," *Social Indicators Research*, Vol. 62/63, April 2003, pp. 211 – 237.
③　韩国统计厅历年的人口与住房调查。转引自 Jae-Young Son et al., "Changing Conditions and Quality of Housing," *Social Indicators Research*, Vol. 62/63, April 2003, pp. 211 – 237.
④　Jae-Young Son et al., "Changing Conditions and Quality of Housing," *Social Indicators Research*, Vol. 62/63, April 2003, pp. 211 – 237.

在韩国，新移民的城市化进程并非一帆风顺，新移民被城市接纳，也有一个艰苦的过程。在20世纪六七十年代劳动密集型产业发展过程中，尽管人们承认工厂工人在工业化进程中发挥了至关重要的作用，但他们以相当严重的鄙视态度看待这个人群。在日常语言中，从农村转移至城市的第一代工厂工人被称为"臭工人""打工仔"（kongdoli）、"打工妹"（kongsuni）等。在韩语里，"kong"是"工厂"或"工业"的意思，"doli"和"suni"是旧时对下层阶级的男孩和女孩的称呼。kongdoli 和 kongsuni，给人以强烈的带有明显的奴仆性工作、生来不得不在工厂里干粗活的印象。① 这里面，有传统儒家思想中对体力劳动者的不屑，也有男尊女卑思想影响下对女工的轻蔑。对于外界给新移民贴上的标签，敏感的青年女工更急于掩饰和摆脱这一称呼所表征的负面形象，她们认为自己所受到的粗暴对待源自自身未受教育。她们试图通过上教会组织、商业机构和自己公司举办的夜校，弥补缺失的教育，寻求心理上的信仰和支持。在学习和集体活动中，她们形成了平等的意识，出现了积极的表达取向。悖论发生了，"女工强烈的脱离取向，反而有助于她们在表达工人要求和为80年代民主工会运动打基础等方面成为先锋战士"②。汤普森（Edward Thompson）强调："阶级是一种历史现象……当一批人从共同的经历中得出结论，感到并明确说出他们之间有共同利益，他们的利益与其他人不同（而且常常对立）时，阶级就产生了。"③

如前所述，韩国在20世纪六七十年代经历的发展黄金期，工人运动受到控制。进入20世纪70年代，韩国工人的抗争加剧。以1970年1月13日工人全泰壹高喊"我们不是机器"自焚为开端，韩国开始了轰轰烈烈的工人运动，斗争之激烈相当罕见。学者认为，全泰壹在千百万工人心中播下了抵抗和反叛的种子，提供了神圣的象征，启示和动员工人努力争取达到集体目标，这是"韩国工人阶级形成过程的开始"④。工人的觉醒，促使工人阶级逐步从自在阶级发展成自为阶级。在20世纪七八十年代韩

---

① ［美］具海根：《韩国工人》，梁光严等译，社会科学文献出版社2004年版，第159—160页。
② ［美］具海根：《韩国工人》，梁光严等译，第168—169页。
③ ［英］汤普森：《英国工人阶级的形成》（上），钱乘旦等译，译林出版社2013年版，第1—2页。
④ ［美］具海根：《韩国工人》，梁光严等译，第86—88页。

国工人抗争活动中的一个重要主题,就是"得到像人一样对待",其中的一个含义是:要得到最低限度的工作条件:身体上能够承受的工时、安全,以及与付出相称的报酬;另外一个含义是改变雇主和管理人员对待工人的粗暴方式。在斗争过程中,韩国工人的自我认识和态度也发生了根本性的改变:"以前我们不希望自己是一名工人,我时常害怕别人知道我是工人。而今我有了自信,我敢理直气壮地告诉别人:'我是工人'。我为自己是一名工人,是受尊重的社会成员,是一个堂堂正正的人而感到自豪。"①

从韩国的历史经验来看,劳工运动在20世纪70年代后期和80年代达到高峰。这个时间段,从政治上看,是朴正熙时代结束、威权体制放松的阶段;从经济社会上看,是经济发展到达刘易斯拐点、劳动力无限供给结束、劳工工资快速上升的阶段。由于供求关系发生质的改变,工人在劳动市场上的谈判能力提升,劳动成本的上升几乎成为必然。劳动密集型产业丧失比较优势,产业结构提升迫在眉睫,劳工运动活跃化趋势明显。在长期的工人运动压力下,伴随着产业升级,韩国工人的工资有了大幅度的增加,工人群体的结构也发生了巨大的变化。韩国新移民工人群体没有被固化,而是很快融入新产业和城市中。

七 结语:韩国"农民工"融入城市的经验对中国的启示

概括而言,韩国的新移民较为顺畅地、迅速地、不可逆地从第一产业转移至第二和第三产业,成功地分享了经济的快速增长,融入了现代城市。到1996年,韩国经过34年(1962—1996)的高速发展,人均国内生产总值达到了12000美元②,成为"富国俱乐部"经济合作与发展组织(OECD)中的一员。而且,受城乡收入差距较小的影响,韩国全国的收入分配状况一直处于相对均等的状态,基尼系数在经济高速增长、收入差距拉大的情况下也没有超过0.4。这是一种相当不错的发展状态。

与韩国类似,中国在经济高速发展初期,劳动密集型产业获得了大发

---

① [美] 具海根:《韩国工人》,梁光严等译,社会科学文献出版社2004年版,第157页。
② 这个水平大致相当于2011年上海市的人均国内生产总值。根据《上海统计年鉴》(2012),2011年上海市人均GDP达到12784美元。见http://www.stats-sh.gov.cn/tjnj/nje12.htm?dl=2012tjnje/E0305.htm [上网时间:2012年12月27日]。

展，成为"世界工厂"，为离土离乡的新移民提供了诸多工作岗位。农民工的失业率低得出奇。① 这至少表明农民工在城市寻找一份高于农村收入的工作并非困难的事情。但是，中国的农民工在融入城市的问题上遭遇瓶颈，这里面有制度性的问题，有发展战略的问题，也有思想意识上的原因。

第一，中国农民手中没有土地所有权。从产权界定上看，土地还是集体所有，农民无法自主转让，伴随着经济发展而来的土地增值，并不归农民所有。由于耕种土地获利微薄，经营期不确定，很少能有农民工依靠土地经营权的转让而获取进入城市的资金。这是很大的劣势。近年来，随着城市化的推进，在城市周边，不少耕地被占，土地转让的收入很少能惠及当地农民。农民有点谈判权的，只是在他们的房屋被拆迁时，才有可能得到某些补偿。

与此同时，由于土地经营权得不到保障，不能有效地完成土地流转，留在农村的农民经营规模得不到扩大，收入很难有起色，日益扩大的城乡收入差距为中国的总体收入差距的拉大做出了最大的"贡献"。据统计，1952年，中国平均每个农业劳动力负担耕地9.35亩，到1978年，这一数据下降至5.07亩。在中国经济高速发展之后，每个农业劳动力负担耕地面积总体呈现下降态势，只是在1985年和1986年出现过一个阶段性的高点（4.66亩和4.61亩）。此后继续下降。到1996年，每个农业劳动力负担耕地面积下降至4.44亩。② 耕地面积的下降是农民收入相对下降的重要因素之一，也是城乡收入差距很难改善的原因。2011年，农村居民人均纯收入只占城市居民人均可支配收入的32.0%。如果计算房产等财产性分配的话，城乡差距将会更大。城乡差距是拉大中国全社会收入差距的最主要的因素。

第二，与韩国的举家迁移不同，在中国，不少已婚农民工在城市打工，把子女留在农村，由配偶或父母照看。夫妻分离，老人空巢，儿童留守，一家人难得团聚，家庭的分离大大降低了国人的幸福指数。家庭分离

---

① 学者胡鞍钢曾表示，农民工的实际失业率只有1.5%，远低于城市实际失业率，也大大低于国有集体企业的下岗比例（18%以上）。潘圆、张坤：《胡鞍钢：善待农民工就是善待我们的兄弟——进城务工青年创业寻踪之十》，《中国青年报》2001年8月16日。

② 中华人民共和国农业部市场信息司：《中国农村经济统计资料》（1949—1996），中国农业出版社1997年版，第33页。

实为迫不得已，因为多数农民工在城市生活条件有限，无法在城市实现完全的劳动力再生产。全国妇联 2005 年的抽样调查显示，0—17 周岁留守儿童在全体儿童中所占比例为 21.7%，据此推断，全国农村留守儿童约有 5800 万人，其中 14 周岁以下的农村留守儿童约有 4000 万人。在全部农村留守儿童中，父母一方外出的留守儿童占 47.1%。父母双方外出的留守儿童占 52.9%。[1] 显然，这种城市化进程即便是从个人的层面上讲，也只处于半城市化状态，因为他（或她）在城市只能实现劳动力的简单再生产，而不是完全再生产。即便是那些能够把孩子带在身边的农民工，他们也仍在为平等的入学机会而奔走，特别是在最根本、最决定命运的高考问题上。社会学家孙立平曾从早期华人移民融入西方主流社会的经历来思考农民工如何融入城市的问题，设想一种"以流动人口子女教育为突破口的制度设计，通过教育的作用促进以代际传递为模式的城市融入进程"[2]。

第三，居住条件成为限制农民工落户城市的关键因素。北京工友之家 2009 年的调研报告《打工者居住现状和未来发展调查报告》显示，在北京某打工者聚居村，家庭户均居住面积只有 16.6 平方米。在苏州，工厂宿舍每个人的居住面积约为 4.1 平方米，租民房的人平均居住面积为 5.8 平方米。[3] 在这样的居住条件下农民工很难立足于城市，也很难把子女带在身边。高企的房价使买房对农民工来说无异于奢望。无法安居当然也就遑论融入城市了。

第四，韩国的经历对于中国也有警示作用。韩国的工人运动在 20 世纪七八十年代进入高峰，这与阶级意识的形成有关，也与经济走过刘易斯拐点、劳工的博弈能力上升有关。如果中国的农民工继续被阻止平等地享受公共服务、分享经济增长的话，他们对社会的不满难以避免。中国的农民工曾经被看作"沉默的群体"，他们顽强地在城市驻足，虽然有较普遍的不平感，但他们面对城市政府，在除了讨薪之外，基本上不表达（利益诉求）、不申诉（权益受损状况）。学者分析认为，作为非市民的农民工身份的认同，直接影响了作为城市居住者的权利意识，作为城市的局外人，

---

[1] 全国妇联：《全国农村留守儿童状况研究报告》（节选），《中国妇运》2008 年第 6 期。
[2] 孙立平：《农民工如何实现城市融入》，经济观察网：http://www.eeo.com.cn/observer/special/2007/03/20/50095.shtml［上网时间：2012 年 12 月 27 日］。
[3] 吕途：《中国新工人：迷失与崛起》，法律出版社 2013 年版，第 42、47 页。

他们倾向于不行动。这是制度得以维持的重要机制。① 但是，近些年来，中国正在进入农民工集体行动的多发期。一个原因在于，在一个惯常的工资水平下雇用不到足够的农民工，劳动力无限供给状态结束，工人的博弈能力提升。对于中国这样一个人口规模超大的国家，刘易斯拐点不会是一个点，而只能是一个比较大的区间。这个区间的主要特征，包括劳动力工资大幅上涨、从农村向城市的劳动人口速度放缓、人口出生率的下降和劳动人口比重下降等。中国已经初步具备了这些特征，尽管在学界还存在诸多关于中国是否越过了刘易斯拐点的争论。在新的经济社会背景下，解决农民工的城市归属问题迫在眉睫。

另一个原因在于，新生代农民工的受教育水平高，诉求更丰富，他们追求与时代发展相一致的有尊严的生活，这是社会发展的大趋势。有学者通过对华南地区的农民工集体行动研究指出，社会结构变化、怨恨集聚、共同命运和宿舍空间是工人集体行动的几个主要变量，其线性序列构成工人集体行动的动员机制。社会的日渐断裂为工人集体行动提供了机遇，生活中的怨恨集聚为其动员提供了情感动因，集体命运在组织缺失下为集体认同动员发挥了重要作用，宿舍等公共空间为工人集体行动动员提供了独特的生态环境。② 劳工运动的扩张，无疑将加大社会治理的难度。

---

① 陈映芳：《农民工：制度安排与身份认同》，《社会学研究》2005年第3期。
② 杨正喜：《结构变迁、怨恨集聚、共同命运与华南地区工人集体行动》，《社会科学》2012年第7期。

战后菲律宾稻米种植区农业经营方式的演变

管晓宁[*]

菲律宾独立之后，贫困与分配不均问题并未得到很好解决。据菲律宾官方统计，[①] 2006 年菲律宾贫困人口达到了 2760 万人，占总人口的 33%；从 2010 年开始菲律宾的贫困率有所下降，按照低中等收入国家的贫困率计算，2019 年下降为 21.9%，即约有 2200 万菲律宾人仍然生活在贫困线以下。从收入分配的角度来看，贫富两极分化现象十分严重。据世界银行统计，1985 年菲律宾的基尼系数为 0.4104，且自此以后都在 0.4 以上，2000 年达到 0.477，调查显示，贫困的家庭和人口绝大部分分布在农村地区，[②] 2019 年基尼系数为 0.444。菲律宾粮食生产状况亦不如人意，2000—2005 年每年需要进口大米 100 万吨左右，2005 年以来每年进口大米数量增至 170 万吨左右，[③] 2019 年菲律宾大米进口数量为全球第一，约为 290 万吨。[④] 菲律宾人习惯以大米为主食，在世界粮食价格上涨时，菲律宾就不得不面临着购买高价粮的现实。2008 年，在世界粮食危机影响下，菲律宾一度面临着买不到粮食的困境，时任总统阿罗约也是多方筹措，颇费周折。2008 年菲律宾国家粮食局的大米补贴预算增加

---

[*] 作者管晓宁系北京大学历史学系博士研究生。

[①] Romulo A. Virola, *2006 Official Poverty Statistics*, National Statistical Coordination Board, 5 March 2008.

[②] Asian Development Bank, *Philippines: Critical Development Constrains*, Metra Manila, Philippine, December 2007.

[③] 菲律宾国家粮食署网站统计资料。The Web Site of National Food Authority: http://www.nfa.gov.ph.

[④] 参看中华人民共和国商务部网站：http://www.mofcom.gov.cn/article/i/jyjl/j/202002/20200202936008.shtml.

了5倍，达到国民生产总值的2.5%。① 受自然环境等因素的影响，菲律宾每年的粮食产量波动也较大，菲律宾的农业问题和粮食问题始终是人们关注的焦点。

一 农地制度和经营方式与菲律宾农业发展和贫困问题

粮食问题也好，贫困问题也罢，从来都不是孤立的，它们同菲律宾的农地问题和农业经营方式密切相关。二战结束，大多数发展中国家在获得独立后，发展的目标之一就是在农村减少贫穷和分配不均，以此来增加社会和政治的稳定性。历史上菲律宾的农村地区动荡，也多源自稻米生产中租佃关系的混乱。战后菲律宾经历了多次针对稻米和玉米粮食产区的土地改革和农业改革②，几乎每一位总统都是改革的倡导者。

在稻米生产中，家庭规模的小农经营占据主导地位。菲律宾受季风气候影响，稻米生产环境以时空变化大而著称，轻微的海拔和土壤的变化，都会直接影响稻米种植需水量的变化，这也成为种植的关键环节。由于阳光和降水是不可控的，农业经营者必须灵活调整经营以应对这些环境变化，经营者的主观判断和劳动付出已成为对大米生产的关键投入。这样的判断和付出不太能指望领工资的雇佣工人，他们工作的主动性和工作动力是不确定的，即便在严格的监督条件下也是如此，而且监督成本非常高。③亚洲季风区的地主通常会发现，把自己的土地以小块形式出租给佃农，比自己直接大规模经营更有利可图。租佃制在稻米种植方面占主导不仅是在中小型地主中普遍实行，大的种植园规模的地主也普遍采用这种方式。

农业经营方式同农业生产力、资源分配状况、农民收入状况等诸多因

---

① Shikha Jha and Aashish Mehta, "Effectiveness of Public Spending: The Case of Rice Subsidies in Philippines", Asian Development Bank Economics Working Paper Series, No138/December 2008.

② 参看 Ronald J. Herring, *Land to the Tiller: The Political Economy of Agrarian Reform in South Asia*, Delhi: Oxford university Press, 1983, p. 13; James Putzel, *A Captive Land: The Politics of Agrarian Reform in the Philippines*, London: Catholic Institute for International Relations, 1992, pp. xxiii, 3; Yujiro Hayami, Ma. Agnes R. Quisumbing, Lourdes S. Adriano, *Toward an Alternative Land Reform Paradigm*, Manila: Ateneo de Manila University Press, 1990, pp. 4 - 5.

③ [日] 速水佑次郎、弗农·拉坦:《农业发展的国际分析》，郭熙保等译，中国社会科学出版社 2000 年版，第389—393页；董正华:《现代小农制度的历史地位：对十九世纪马克思主义有关讨论的回顾》，《北大史学》（第3辑），北京大学出版社 1995 年版；文礼朋:《历史发展的悖论：农业生产的特殊性与家庭自耕农的生命力》，《现代化研究》第3辑，商务印书馆 2005 年版。

素紧密相关。在对农业经营方式的讨论中,以家庭成员作为主要劳动力来组织生产的农业经营方式,也被称为小农经营,同在科层制管理下依靠雇佣劳动经营的现代企业农场经营方式相对应,二者之间孰优孰劣成为讨论的焦点。笔者注意到在家庭占有土地的前提下,家庭规模的自耕经营在农业生产中普遍存在;而在家庭不占有土地所有权的情况下,靠租佃经营土地的家庭农业生产也是大量存在的。以"经营方式"作为切入点,更有利于深入了解农民实际生活状况的变化,因此笔者倾向于把小农经营看作一种以家庭成员为主要参与者的农业生产经营方式,而不强调在这种经营方式之下的所有制属性。

从最初的经济学家关于农民小生产者即将失去生存能力,将被资本主义雇佣劳动经营的大农场所取代的预言,[1] 到随着现代条件下农业生产力大幅提高,农民小生产者仍在顽强抗争,并展示了蓬勃的生命力,对于这种预言能否经得起历史的检验已然争议渐少。[2] 在目前发达的经济体,如西欧、北美和日本中,依靠家庭成员为主要劳动力经营的农场依然是组织农业生产的主要形式,而建立在科层管理体制下的靠雇佣劳动经营的公司农场已经成为少数。[3] 东亚以小农经营为主要导向的土地改革,使农业在现代化的过程中发挥了重要的作用,在农村形成了以家庭占有土地并自耕经营的小农经营生产方式,也有学者称之为"现代小农制"[4],这是在东亚迅速工业化背景下的小农经营发展状况。

随着改革的持续推进,在新的农业技术的引进和人口不断增长的条件下,菲律宾小农经营方式的发展变化是本文所要关注的重点问题,由此进一步完善对工业化不发达条件下小农经营方式的认知。为提高农业生产率,菲律宾大力倡导"绿色革命",引进高产作物品种,并一度解决了粮食自给问题,国际稻米研究中心(IRRI)总部就设在马尼拉地区。然而,

---

[1] [德] 考茨基:《土地问题》,梁琳译,生活·读书·新知三联书店1955年版,第14页。

[2] [日] 速水佑次郎等:《农业发展的国际分析》,郭熙保等译,中国社会科学出版社2000年版,第389—393页;董正华等:《透视东亚奇迹》,学林出版社1999年版;文礼朋:《历史发展的悖论:农业生产的特殊性与家庭自耕农的生命力》,《现代化研究》(第3辑),商务印书馆2005年版。

[3] Yujiro Hayami, "The Peasant in Economic Modernization," *American Journal of Agricultural Economics*, Vol. 78, No. 5, Proceedings Issue (Dec. 1996), pp. 1157 – 1167.

[4] 董正华:《现代小农制度的历史地位:对十九世纪马克思主义有关讨论的回顾》,《北大史学》(第3辑),北京大学出版社1995年版。

贫困和分配不均问题并没有得到解决，部分农民的生活有所改善，但在总体上贫困人口尤其是无地劳动者的状况没有得到好转；农业发展也没有如中国台湾地区和韩国那样满足、促进工业化、现代化的发展。为何菲律宾的农业发展并没有收到预期的成效，而贫困和分配不均的问题历经多次改革依然没有得到成功解决，它在农业生产过程中的真实状况究竟如何呢？

二 菲律宾土地改革对农地制度和农业经营方式的影响

二战后菲律宾的农地制度和农业经营方式状况比较复杂，既不同于传统的亚洲小农经营模式，也不同于拉丁美洲的大种植园模式，而是二者的混合型：存在小农经营的同时也存在大型种植园经营。据1978年的统计资料，1974—1975年，5公顷以下的农场数占53.9%，占农地面积的9.0%；5—10公顷的农场占农场总数的17.0%，占农地面积的9.0%；10—50公顷的农场占农场总数的13.0%，占农地面积的35.0%，50公顷以上的农场占农场总数的7.0%，占农地面积的47.0%。[1] 正是这种复杂的农地制度状况，给后来的菲律宾土地改革政策的制定和执行增添了非常大的难度，也使菲律宾的改革，屡次因改革范围不全面而呈现出不彻底性，这也是菲律宾模仿东亚国家的土改经验而不能取得成功的原因之一。

菲律宾土地状况具有独特的性质，是西班牙殖民统治政策的产物。在西班牙殖民政策的影响下，小农经营和大种植园生产模式并存，在此基础上，形成了独特的社会权力结构：拥有强大实力的大地主和种植园主，影响着菲律宾社会生活的方方面面，而无地的农村劳动者则因人口增大的压力而日渐贫穷。这样的状况就是菲律宾进行土地改革所面对的基本情况。

土地改革是菲律宾国家政策的一部分，农村的动荡和政治稳定的需要，促使政府推动土地改革。对于土改失败原因的解释更是仁者见仁，从领导人"不真诚，缺乏土地改革的主动性"到"官员腐败，执行不力""统计资料缺乏，推行困难"，还有人认为农民缺少获得土地的兴趣[2]，土

---

[1] Yujiro Hayami et al., *Toward an Alternative Land Reform Paradigm*, Manila: Ateneo de Manila University Press, 1990, table 7.

[2] David Wurfel, "The Development of Post-War Philippine Land Reform: Political and Sociological Explanations," Antonio Ledesma, Perla Q. Makil & Virginia A. Miralao edited, *Second View from the Paddy*, Quezon City: Institute of Philippine Culture, Ateneo de Manila University, 1983.

改的规章存在缺陷，配合土改的辅助性政策和措施不完善，[1] 等等。纵观历次土地改革的努力，无论成功与否，都是政府动用大量的人力、物力、财力来对农地所有制状况及土地经营方式进行的人为干涉，并产生了深远的影响。从这个意义上说，要想弄清楚菲律宾的农业发展和经营方式的变化，对于菲律宾土地改革历史过程的考察不可避免。

美国从占领菲律宾开始就对菲律宾的土地占有关系进行了调整。第二次世界大战之后，菲律宾取得独立，在社会动荡的压力下，更是借助国家的力量大力推进土改。虽然土改方案随着社会形势的变化而做出调整，但其主要内容具有内在的关联：在"耕者有其田"的指引下，通过土地的重新分配和规范租佃关系，以形成自耕农（owner-cultivatorship）和家庭规模的小农经营（the economic family-sized farm）来实现目标。

独立前，在曼努埃尔·奎松（Manuel Quezon）执政时期（1935—1941年）的土改方案就包括规范土地租佃状况，反高利贷，在公共土地上重新安置居民（把吕宋和宿务的无地人口重新安置在棉兰老岛），实行"土地财产政策"（landed estates' policy），为征购和重新分配私有土地提供帮助。后继者如曼努埃尔·罗哈斯（Manuel Roxas，1946—1948年）、埃尔皮迪奥·基里诺（Elpidio Quirino，1948—1953年）、拉蒙·麦格赛赛（Ramon Magsaysay，1953—1957年）等总统都是沿着这样的方向前行，重新安置居民、分配公共土地等措施在土地改革中一直占据着重要地位，而对私有土地的征收和重新分配则常遭忽略。随着过去70年来国家边界的固定，新增耕地越来越少，造成人均土地越来越少。为了应对不断增大的农村不安定局面，重新分配土地的改革措施在政府的日程上所占的比重不断增大。[2] 1963年，在马卡帕加尔总统时期通过的《农业土地改革法案》（Agricultural Land Reform Code）被认为是在土改的立法进程中有转折意义的法案，进而通过土地租赁（Operation Leasehold）和土地转让（Operation Land Transfer）政策来推行土改。而马科斯的土改法案（PD27）同早期的土改法案相比也有很大的改进，但土改方案的范围仅仅限定在大米和玉米种植区，其他作物种植区以及种植园农场被免于土改。直到阿基诺政府时

---

[1] 苏布拉塔·加塔克、肯·英格森特：《农业与经济发展》，吴伟东等译，华夏出版社1987年版，第230—239页。

[2] 比如，1955年的Land Reform Act就包含了稻米种植区超过300公顷的私人土地、600公顷的公司占有土地、1024公顷的私人其他作物农场，超出限额部分由国家征收。

期，全面的土地改革法才获得通过，要求在所有的土地上进行土改，然而执行效果仍有待继续观察。

表1对20世纪50年代以来的土地改革方案做了概括性总结。从表1中可以看出对于租佃的规范，对于征收土地进行重新分配等的操作，基本上都是在"耕者有其田"的指引下，实施的以小规模家庭经营为主的小农经营的改革模式。

表1　　　　　　　1955—1988年菲律宾土地改革法规的演变

立法时间、总统、法案	最高限额	针对土地类型	目标受益者	主要缺点
1955年 麦格赛赛 RA1400	●私人：300公顷连续大米耕地或1024公顷非大米耕地 ●公司：600公顷	不包括蔗糖和椰子种植区	佃农	只有大多数佃农提出请求的地区才执行，范围太窄
1963年 马卡帕加尔 The Agricultural Land Reform Code	●75公顷	大米和玉米种植区（只在那些宣布改革的地区）	佃农	只在少数地区执行，只在大米和玉米区实施改革，只有佃农受益
1971年 马科斯 Agrarian Reform Code	●24公顷	大米和玉米种植区（在全国范围）	佃农	只在大米和玉米种植区实施改革，只有佃农受益
1972年 马科斯 PD27	●7公顷（地主） ●5公顷（非灌溉区） ●3公顷（灌溉区的土地受益者）	只有大米和玉米种植区（在全国范围）	佃农	只在大米和玉米种植区实施改革，只有佃农受益
1988年 阿基诺 RA6657	●7公顷，在PD27执行的土地上 ●5公顷，另外对地主的继承人每人再增加3公顷 ●24公顷，自耕农 ●3公顷，土改的受益者	所有的作物类型	佃农和长期工人	利用股票来替代对于土地的重新分配；一些非农用地产被排除在外

资料来源：作者根据既有文献资料编辑整理。

随着人口压力的不断增大,农业不稳定和农村不安定状况也越来越严重。在有地和无地/少地农民之间收入存在着巨大差距,贫困现象广泛存在。人们普遍相信,土地在耕种者手中或者对农民有利的租约,不仅使农民获得更多的平等权利而且能够提高农业的生产力。① 在"耕者有其田"的指引下,通过土地重新分配和规范租佃关系来实现的土地改革被寄予厚望,并被周期性地重复尝试着。

根据范围和覆盖面,菲律宾土地改革法的覆盖面实际上超过了南亚和东南亚大多数的土改法。② 然而土改却因没能满足农村的实际需要而失败了,这从近些年来集中出现的粮食问题和农业不稳定问题中也可略窥一斑。一方面,土地改革确实取得了一定的成效,截至2003年,据称有580万公顷的土地进行了重新分配,改善了土地改革受益者的状况;另一方面,土地改革在全国范围内对农村贫困状况的改善十分有限,表现为自耕农的数量少(25%),靠租佃别人土地的无地劳动者数量巨大(约70%)。③ 这样的结果,与土改推动时预期的形成了巨大的反差,也同东亚一些地区的改革成果相去甚远

三 土地改革影响下稻米产区小农经营方式的变化

尽管土地改革有很多的缺点,受益面有限,也没有扭转菲律宾农业和农村的发展面貌,但是在马科斯军管法下推行的土地租赁(OLH, Operation Leasehold)和土地转让(OLT, Operation Land Transfer),成功地分解了很多大型稻米种植园,并产生了大量的固定地租承租者和分期付款购买土地的农民。随着现代高产水稻品种的引入和推广,在农业基础设施的完善等因素的作用下,农业的生产状况发生了显著的变化,稻米耕作区的主要经营方式——家庭规模的小农经营方式——也出现了新的变化。

(一)土地改革获益者的收入增加

随着土地改革的推进,土地租赁(OLH)和土地转移(OLT)政策的执

---

① Louis J. Walinsky editor, *Agrarian Reform as Unfinished Business: The Selected Papers of Wolf Ladejinsky*, New York: Published for the World Bank, Oxford University Press, 1977, p. 355.

② Yujiro Hayami et al., *Toward an Alternative Land Reform Paradigm*, Manila: Ateneo de Manila University Press, 1990, p. 4.

③ James Putzel, *A Captive Land: The Politics of Agrarian Reform in the Philippines*, London: Catholic Institute for International Relations, 1992, p. 26.

行，在环境条件不错的稻米产区，收入从地主向佃农的转移现象越来越显著。在传统的租佃制下，地租大约是当年大米收益减去生产成本，然后由地主分享50%的收益；土地改革后固定地租一经确定就不再更改，因而随着生产的发展，收入转移现象越来越显著。这在土改方案执行之初就逐渐取得了成效。

菲律宾尤其是在"米谷"①地区的大米产出，由于提供了灌溉和现代大米品种（需要大量的化肥投入），每公顷的产量迅速上升。在"米谷"灌溉区，产量从20世纪70年代的每公顷2—3吨到80年代中期翻番为4—6吨；固定地租和分期付款费用是一定的，而产出增长很快，所以地租的比重下降为10%—15%，在土地租赁市场的基本地租大约占收成的35%，②因此收入从地主到前佃农的转移作为技术变迁的结果相当的明显。③

关于土地改革获益者的状况，戴宁格尔（Deininger）等人的研究表明，在推行PD27下的获益者（70年代中期的获益者）在生产资本和教育方面的投入都比非获益者多得多；获益者和非获益者在这段时间里投入资金的累计差距大约达到了1000美金。④由此推断，在总体上，土地改革对于改革获益者的生产生活状况的提高确实起到了比较大的作用。

一些学者将菲律宾土地改革方案的失败——土地由地主到佃农的转移进程过于缓慢——归结为土地分期付款的认证发放率完成得很低。⑤这样的批评忽视了当佃农成为固定地租支付者和分期付款者时，虽然没有拿到认证但是主要的收入转移就已经真实发生了。而且分期付款者给银行的比较低的付款率——在1988年只有30%——也并不一定能反映付款者的贫困。因为银行要求那些延期付款的农民支付每年12%的利息，而私人贷款

---

① 米谷：吕宋岛中部和拉故那（Laguna）地区自古以来就是相邻的两个最大的大米生产地区，被称为"米谷"。

② Keijiro Otsuka, Hiroyuki Chuma, Yujiro Hayami, "Permanent Labour and Land Tenancy Contracts in Agrarian Economies: An Integrated Analysis," *Economica*, New Series, Vol. 60, No. 237 (Feb., 1993), pp. 57 – 77, Table 1; Yujiro Hayami and Masao Kikuchi, *Asian Village Economy at the Crossroads*, Tokyo: University of Tokyo Press, 1981, pp. 112 – 116.

③ Keijiro Otsuka, "Determinants and Consequences of Land Reform Implementation in the Philippines," *Journal of Development Economics*, Vol. 35, 1991, pp. 339 – 355.

④ Klaus Deininger, Pedro Olinto, Miet Maertens, *Redistribution, Investment and Human Capital Accumulation: The Case of Agrarian Reform in the Philippines*, Washington, D. C.: The World Bank, 2000.

⑤ 转引自Jeffrey M. Riedinger, *Agrarian Reform in the Philippines*, Stanford, California: Stanford University Press, 1995, p. 232.

则要支付每个作物季节（4 个月）25% 的贷款利率。因此，对于分期付款买地的农民来说，推迟还款而把钱用于土地再生产是合理的选择。①

在马科斯执政下土地改革的主要成绩是，通过土地所有权的全部或部分转移，使稻米种植区的经济收益从地主到佃农发生显著的转移。在一定程度上，土改实现了"耕者有其田"的目标。但是具有讽刺意味的是，土改的受益者由耕种者转变成了非耕种者或半地主。虽然农业生产力提高了，无地劳动者（非佃农的劳动者）的收入并没有增加，状况并没有改善，反而可能因人口压力的不断加大而每况愈下。

一方面，在固定地租/分期付款购买土地政策的执行之下，随着大米生产的增长，土改受益者的劳动积极性逐渐降低；另一方面，在人口压力增大、就业机会减少的情况下，无地劳动者的收入并没有增加，实际情况很可能是下降的。因此出现了无地劳动者代替土改受益者从事更多的生产劳动的现象，就是完全可以想象到的，事实上也确实如此。

（二）小农经营方式的变化

通常，在谈到土地改革的缺点时会提到，地主为了回避土地改革而采取驱逐佃农的办法，采用自己经营和雇用工人的方式，这样就可以回避把土地分给佃农或者以固定地租租给佃农。的确，地主回避租佃改革，而采用雇佣劳动的状况是比较普遍的。② 雇佣工人的合同通常是短期的，大多是按天数计算或 1 天之内可以完成的工作。此前长期如一年或一个作物季节的雇佣，在菲律宾和东南亚国家的稻米生产中很少见，虽然这在经济作物种植园中很常见。但调查表明，以一年或者一个作物季节为周期的长期劳动合同形式，已经在中吕宋的米谷地区出现。这种劳动合同已经作为土地租佃协议（Land tenancy contract）的替代形式产生了。IRRI 的调查人员 1987 年在中吕宋六个省 36 个地区以及拉故那地区进行了调查，发现了四种劳动就业方式的存在。速水佑次郎和他的同事对这些调查结果进行了总结，③ 对新的劳动就业方式也做了观察和概括，本文沿用速水佑次郎等几位学者的提法。

---

① Yujiro Hayami, Ma. Agnes R. Quisumbing, Lourdes S. Adriano. *Toward an Alternative Land Reform Paradigm*, Manila: Ateneo de Manila University Press, 1990, pp. 87–88.

② Keijiro Otsuka, Hiroyuki Chuma, Yujiro Hayami, "Permanent Labour and Land Tenancy Contracts in Agrarian Economies: An Integrated Analysis," *Economica*, New Series, Vol. 60, No. 237 (Feb., 1993), pp. 57–77.

③ Yujiro Hayami, Ma. Agnes R. Quisumbing, Lourdes S. Adriano, *Toward an Alternative Land Reform Paradigm*, Manila: Ateneo de Manila University Press, 1990.

1. 新的劳动就业方式的出现。新的就业方式的劳动合同分别指新的农场仆从（Farm servant）、半佃农劳动者（Semitenant laborer）、半依附劳动者（Semiattached laborer），这三种是长期的劳动协议。此外还发现了被称为 Gama 的劳动协议方式。

2. 新的劳动就业方式存在的范围。根据1987年8月的调查，"农场仆从"的就业协议集中在雨水浇灌区和从新怡诗夏省、打拉省（Tarlac）的边界到班诗兰省（Pangasinan）的南部。在调查中这样的协议和就业行为不但没有增加，反而在某种程度上有减少的趋势，因为年轻的无地工人更愿意迁移到河水灌溉区。半佃农类型在新怡诗夏省的灌溉区普遍存在。作为一种新的方式自20世纪70年代后期开始取代第一种类型（Farm servant）而变得普遍起来。在布拉干省（Bulacan）和邦板牙省（Pampanga），半依附劳动者和半佃农劳动者类型是共存的，这些情况特别是半佃农劳动者类型已在这些地区变得非常普遍。

在拉故那湾（Laguna de Bay）、马尼拉湾（Manila Bay）和林加延湾（Lingayen Gulf），以及南塔加路地区的甘蔗种植区中包裹着相对小规模的稻米种植农场，在这里，长期的劳动协议并没有被观察到。但在这些地区发现了另一种协议方式 Gama 的存在。[1] 20世纪70年代，在拉故那省，Gama 协议方式在很大程度上取代了传统的 Hunusan 方式，传统的 Hunusan 方式就是只要参与收获劳动的人，都可以参与收获物 1/6 的分成。[2] Gama 的协议方式可能是一种对于长期劳动协议在某种程度上的替代。随着替代劳动力的新机器设备的引进，分成的比例方式不断发生变化，而 1/7、1/8 甚至 1/10 的收获比例分成的新 Hunusan 雇佣方式，在80年代和90年代与 Gama 的劳动就业方式混杂存在，而 Gama 的分成比例也不断降低，甚至降到了 1/9。[3] 虽然在1987年8月的调查中，在拉故那省并没有发现长期劳动协议，但是，随后的一些调查显示，半佃农劳动和半依附劳动的协议已经在拉故那省的一些村子中实行了。

---

[1] 虽然速水佑次郎等学者并没有将 Gama 看作长期的劳动协议，但是几十年来参与 Gama 劳动的工人与雇主之间越来越需要进行长时间的关系建构。比如在雇主的土地上除草然后才能获得参与收获的权利。

[2] Yujiro Hayami and Masao Kikuchi, *Asian Village Economy at the Crossroads*, Tokyo：University of Tokyo Press, 1981, pp. 67 - 124.

[3] Yujiro Hayami and Masao Kikuchi. *A Rice Village Saga：Three Decades of Green Revolution in the Philippines*, Lanham·Boulder·New York：Barnes & Noble, 2000, p. 171.

3. 新的劳动就业方式存在和扩大的原因。研究显示，最初的半佃农劳动者和农场仆从是在伊洛戈斯（Ilocos）北部地区随移民一起被引进到中吕宋内陆的。中吕宋内陆在19世纪后期才对稻米生产开放。[①] 因为在人口稀少的边界地区，维持安定秩序还存在着很大的问题，偷窃事件频频发生，对于定居者来说，有年轻的男性在他们的农场帮忙是非常有利的。

然而，当土地扩展达到了边界的极限，对于无地的年轻人来说，获取土地更困难了。PD27的执行，保护了佃农的权利，同时固定了地租，地主更加不情愿出租土地，因此，无地劳动者成为佃农的道路基本上被中断了，除非他们幸运地继承了土地和租赁他们父母的土地。劳动者不是继续作为临时的农业工人生活在同一个村子里，就是为寻找更好的就业机会而去往他处。其中的一个出路就是成为灌溉区的半佃农劳动者，以及从事其他的工作。

为什么半依附劳动者和半租佃劳动协议等长期或半长期劳动就业方式在近些年开始向新怡诗夏省和布拉干省（Bulacan）的灌溉区发展呢？

第一，实际农业生产的需要。在作物的种植过程中，小农经营的生产方式对于生产和投入是有利的。因为在农业的生产过程中，需要持续性地投入和劳动，以及根据具体生产情况，比如水、化肥、天气等状况的变化而采取临场性的应对措施。如果没有土地改革的规定，土地所有者要么采用自耕的方式，要么采用租佃的方式来进行生产。但是在土地改革的规定下，地主极力回避租佃的生产方式，否则就要按照土地改革的规章来重新分配土地。而短期临时工在面对作物较长的生长周期时，日常工作很难满足作物实际周期的生产要求。因此，一方面，土地拥有者需要长期稳定的劳动者来为他工作，以便促进生产、增加收入；另一方面，大量的无地劳动者收入很低，需要提高收入。因此，在土地改革使土地拥有者不愿采用租佃方式的情况下，就会出现其他形式的劳动用工合同来满足这个需要。

第二，土地改革以及生产发展的推动。虽然地租和分期付款的费用被土地改革规章所规定好了，大米生产力的提高也使土改的受益者收入增多，但他们农业劳动的积极性却不断降低。他们中的很多人开始向非农业

[①] Marshall S. McLennan, "Land and Tenancy in the Central Luzon Plain," *Philippine Studies*, Vol. 17, 1969, pp. 651–682; Marshall S. McLennan, "Changing Human Ecology on the Central Luzon Plain: Nueva Ecija, 1705–1939," Alfred W. McCoy and Ed. C. de Jesus Edited, *Philippine Social History: Global Trade and Local Transformations*, Quezon City: Ateneo de Manila University Press, 1982.

的商业领域转移，诸如小商品生产和需要资本较少的制造业，从而增加收入。而且他们的孩子受过良好的教育，有更大的能力去获得财富和增加在城市就业的机会，这种情况在稻米的种植过程中进一步产生替代家庭劳动的需求。

如果一个土改的受益者在一块优质的灌溉土地上想付出最少的农场劳动和劳动监督，那么最有效的办法就是同劳动者签订一个租佃协议，把所有的任务都交给他，并收取固定的或者分成的地租。事实上，存在新的分期付款购买土地的农民和在固定地租下的农民向无地工人进行转租行为。然而，转租行为有很高的风险，如果次级承租人敢去土改办公室举报，当这个次级承租人可以证实他就是这块土地的真正的耕种者，出租者自身的租佃权就会被取消或转给次级承租人。因此，转租行为会限定在亲朋好友很小的圈子中。半佃农类型的劳动协议可以被看作在灌溉地区土改受益者既想从农业中退出，又想保有土地权利的一种制度性创新。它起到和租佃协议相似的作用，也很容易被误认为是一个劳动雇佣的协议。这样的协议的出现可以说是在菲律宾无地人口数量众多，劳动力成本低的情况下，与农业生产自身需要相结合的产物。像这种利用长期的劳动者来替代租佃协议的，并不仅仅限于土地改革的受益者，也在拥有并直接管理大块土地的地主中间流行，因为非租佃的土地不包括在土改的范围之内。

第三，半佃农和半依附劳动协议的扩散也可能反映的是土地改革受益者的租佃权或者购买土地权力的丧失，而实际的租佃权和购买权则转移到了富农、前地主、中间商人和高利贷者手中。当这些人获得租佃权或者土地购买权之后，并不能采用租佃的方式，而只能采用雇佣劳动的方式，这也促使我们上文所提到的几种新的无地劳动者就业方式的扩散。这在国际稻米研究中心（IRRI）的调查中得到了证实，土地使用权转移的方式就是通过抵押和出卖租佃权/土地购买权而形成的。

（三）租佃权/土地购买权的抵押和转卖对小农经营方式的影响

新劳动就业方式的扩展，一方面反映了土地改革受益者从土地耕种者向非耕种者和半地主的转型；另一方面也可能反映的是土地耕种权由小的自耕农受益者向大的农民、前地主、中间商人和高利贷者转移。转移方式就是通过非法的抵押出卖土改受益者的"租佃权"和"分期付款购买土地的权利"。这些获得租佃权的经营者在经营方式中混入了大量雇佣劳动的因素，促成了以家庭劳动力为主的小农经营的变化，而这些依靠新的就业方式获得工作的劳动者，在数据统计上通常被视为工人。虽然抵押和出卖租佃权的行为并没有官方的统计数字记录，但是仍然可以从米谷地区的两个村子的个案研究中做一些观察：一个村子就在拉故那省，称其为拉故那村，该村代表沿湖岸地区通过贸易和借贷而逐渐形成的小规模的地主所有制；另外一个村子在新怡诗夏省，代表中吕宋内陆在西班牙殖民统治下形成的较大的地主土地所有制，称其为新怡诗夏村。

对于拉故那村，长时间的调研形成了长时段的有效数据。这两个村子有着较好的灌溉体系，20世纪70年代，随着种子和化肥技术的提高，其生产都经历了较大的增长。新怡诗夏村的土地主要由六个地主拥有，每个都占有50—200公顷的土地；相反，在拉故那村，66个地主中只有一个占有稍稍超过7公顷的土地。尽管在地主所有制上有很大的差别，但是，在实际经营的过程中农场的大小和土地的分配在两个村子几乎是一样的。

在PD27土地改革方案执行以前，主要的租佃方式是分成租佃制，在拉故那村有70%的农场土地被用于租佃经营，而在新怡诗夏村有80%的土地用于租佃。在拉故那村，小地主和佃农之间的关系通常是家长制的，在土地改革之前他们不签订书面协议，在庇护关系下行使权利和义务。与此相对，在新怡诗夏村租佃关系是通过书面协议来确定的，通过地主—经理—监工管理方式来经营。

当土改方案应用于不同的农业结构时，产生了不同的租佃类型。在拉故那村，租佃方式主要变成固定地租租佃，几乎没有佃农在土地转让（OLT）方案下购买土地，因为超过限额的土地很少。很多地区仍然实施分成租佃制，因为佃农同地主的关系很好，他们不愿申请成为固定地租租佃者。相反，在新怡诗夏村的广大地区，实行了土地转让（OLT），大多数农民获得购买土地的权利或获得土地租赁权。分成租佃的情况在这个村实际上并不存在。

1987年的调查发现，在拉故那村有5块农地、在新怡诗夏村有6块农地存在典押行为，而在PD27发布之前并没有发现这样的事情。土地典押就是农民把土地抵押给那些能够给他们贷款的人，直到把所有的债务还清为止。目前，把土地改革下土地转移和固定地租所确立的耕种权典押出去的行为比将土地所有权典押出去的行为更为普遍。事实上，1987年的调查发现，这两个村子的调查案例都涉及土地耕种权的典押。土改的规定使耕种权拥有者得到很大的土地收益份额，在实际操作中又很难利用土地固地租的耕种权和购买土地的权利来获得合法的制度性贷款，土改受益者发现典押他们的耕种权来获得私人的贷款是很方便的。

在新怡诗夏村，村民把土地耕种权典押给放债者、商人、化肥提供者和生活在城市的地主是很普遍的现象。能够获得别人抵押的耕种权的大多数农民是相对较富裕的农民，他们通常拥有超过 3 公顷的土地。因此，在新怡诗夏村，土改带来的耕种权曾被转移到耕种者手中，现在又迅速地被转移到一些较大的农民和城市富人手中，其方式就是非法的典押行为。

在拉故那村，土地典押行为相对较少。然而，这个村的土地使用权由于土地租赁权的出售而转移了。农民把拥有承租权的土地出卖了，1977—1987 年，出卖的土地大大超过了购买的土地，反映了耕种权的外流。出卖土地租赁权的农民所拥有的实际土地在 2 公顷以下，而购买者不是超过 2 公顷的大地主就是城市居住者。

调查发现，在拉故那村抵押行为很少发生，转卖行为在新怡诗夏村也很少出现，二者的差别在什么地方呢？不同于典押行为，根据租佃权控制法案出售土地租赁权是合法的。如果一个卖者可以使他的地主自愿交出土地，同时地主同意把买者作为一个新的佃农，那么这项交易就是正当的。抵押租佃权是非法的，违反了正常的土地使用契约。当地主拥有的土地低于土改法规定的限额，当他发现农民典押土地，他就可以向土地改革办公室投诉，从而取消佃农的耕种权。因此，土地规模普遍较小的拉故那村出售行为比较多，而通过典押来获取贷款是有相当大的风险的。而在地主拥有大量土地的地区，比如新怡诗夏村，通过土地改革，超过 7 公顷以上的土地都由国家控制，并通过土地转让方案来分给农民，因此即便地主发现农民典押土地，他们也不能通过获得租佃权来恢复他们原有的土地。从理论上讲，政府可以取消那些从事非法典押行为的农民的租佃权，但实际上，在法庭上很难搜集到证据，因为抵押契约通常被伪装成一张简单的贷款协议。而且，这个过程包括先经由村委会的调解，然后到高一级别的地区机构，再到更高一级的法院。因为抵押协议得到了村社层面的非正式的认可，通常证明人就是村长或者土改委员会的人，要想对这种行为加以处罚是非常困难的。因此以法律手段对这种抵押行为进行管理是很难执行的，当地的农业改革部官员对这样的事情也就会采取多一事不如少一事的态度。

当抵押行为是一个相对安全和容易获得财政支持的方法的时候，耕种权的出卖就比较难以进行下去了，同时成本也是很高的。如果在土改中获得土地购买权的农民要想把他的购买权出卖，可能得先把权力提交给政府，再要求把权力转移给某个想买的人。然而，关于谁将获得购买权则由村委会来决定，经过暗箱操作通常会把权力转移给他们愿意给的人。

但是无论出现以上哪种情况，耕种权都会迅速地从实际的耕种者手中失去，在20世纪80年代后期耕种权抵押的事件迅速增加。这样的事件的发生，部分原因在于从规范机构获得贷款可能性减少，因为这类贷款在20世纪70年代的Masagana 99方案中是很充裕的；部分原因在于20世纪80年代以来大米价格的下降。在法律上和认可上的相对自由，将会促使这样的行为的扩散。这些情况也反映了为何土改的成效如此有限。

然而抵押和转让的行为，并不一定反映固定地租承租者和拥有土地购买权的持有者的必然贫困。当然，在这些案例中他们失去了耕种权，诸如粮食歉收或者因疾病而造成的不幸等原因。但是，也有很多情况是他们转移资金用于非农业的经营，或者是为了孩子的教育。后者是一个土地改革的受益者由土地耕种者向非农业的中产阶级转型的过程。在这个过程中，调查者并没有说明后者的比例有多大，事实上也很难统计这个比例的具体数据。一方面调查范围太大，另一方面由于很多行为都是为官方所禁止的，很难获得正确的信息。

只要农业劳动力相对于有限的土地资源的压力不断增大，非租佃形式长期或短期的劳动就业方式就会继续下去。比如在拉故那村，历史性的数据表明人口的压力导致人地比率的增大，也导致无地工人家庭在数量上的迅速上升。

四 稻米产区社会结构的变化、生产经营现状

在中吕宋和拉故那灌溉稻米耕作区，随着新的劳动就业方式和土地耕种权的转移，新的农业人口分化结构正在形成：一部分为非劳动的农民/半地主/地主，另一部分为无地无租佃权的劳动者。

在土地改革和新的大米培育技术引进之前，在菲律宾大米生产中通常形成了有钱的地主和贫穷的分成租佃农/无地农业劳动者两大块。分成租佃农和无地农业劳动者并没有严格的身份限制，无地农业劳动力作为佃农的补充形式而存在（实质上就是二者之间有没有承租地主土地的差别，没

有别的区分，可以说是共同贫穷）。随着土地改革的实施，无论土地资源还是从土地上获得的收益，都向着有利于佃农的方向分配。从那时起，土改受益者的收入得到迅速提高，同灌溉体系的完善和现代高产稻米品种的引进相呼应。然而，利益的分享主要局限在前佃农的范围，而更加贫困的无地劳动者的状况却没有得到改善。

另外，无地劳动者希望通过获得租佃权提高自身状况的道路被中断了。因为靠直接管理而占有一定土地的地主以及那些拥有耕种权的城市富人，在目前的土地改革规则之下并没有什么动力去出租他们的土地。而那些土地改革的受益者（尤其是那些小的固定地租持有者和分期付款购买土地的农民）的收益也很容易丧失，由于资金短缺而被迫出卖或者抵押他们的土地耕种权的现象十分普遍，从而又成为无地劳动者的一部分。随着土改受益者的劳动积极性减退，非农业经济行为增多，导致富人减少在农业劳动中的劳动投入，但是把土地租佃给无地劳动者来耕种的行为，又被土地改革法所禁止。无地劳动者在合法的长期的劳动合同之下勉强维持生计，这是好一点儿的情况；而差的则要过着打临工的生活，生活极其没有保障。

针对这些情况，速水佑次郎认为，如果禁止土地耕种权抵押的法令更加坚定地执行，小的固定地租佃农/分期付款购买土地的农民得到贷款的渠道将更加狭窄，贷款的利率和贷款者的风险同样增加。那么加强土改规章的执行与小农和无地劳动者的利益是相冲突的。如果政府想把耕种权转移给长期的劳动者，那么农场的雇主就会停止雇用无地的人口作为长期的劳动者，无地人口的状况将会变得更差，因为他们将会变成临时工。同时，为了纠正改革中的这些问题，速水佑次郎建议：土地拥有数额的上限规定必须执行；土地转让和租佃协议应该留给市场去执行，允许转租；允许土地改革所确立的给目前受益者利用土地转让和持有固定地租作为获得正常银行贷款的权力；实施累进的土地税将会减少大地主对土地的需求，从而使无地的佃农更容易提高自身状况而成为自耕农；同时对于穷人获得土地，应该有长期的信贷方案来支持，这可以建立在土地的税收之上；利用累进的土地税支持当地的基础建设和农村工业的发展，为无地劳动者创造更多的就业机会。

对于速水佑次郎等学者认为可以将土地转让和租佃协议的规定留给市场来决定这一建议，笔者认为，在菲律宾当前的条件下，无地人口的数量众多，占人口的比例巨大，如果将租佃协议留给市场决定的话，那么在激烈的竞争之下势必导致租佃协议不利于广大的无地人口，比如地租额会大幅度上升，即便无地工人成为佃农，其利益也必将受到极大的影响，甚至可能会重新回到土地改革前的状况；对于转租的探讨还需谨慎，否则，会进一步加剧租佃关系的混乱，如果一块土地经过连续的转租，那么最初的所有者和最后的承租人之间的关系就更加说不清楚了，这样势必会增加社会纠纷和生产关系的混乱；允许农民利用耕种权和购买权来获得金融机构的贷款一项，虽然是可行的，但是，恐怕其难点在于合法金融机构的贷款资金是否充足。马科斯土地改革虎头蛇尾，其中一个原因就是20世纪80年代的援助资金远远不如70年代充裕；实行累进的土地税（Progressive land tax），虽然可以随着土地占有规模的扩大而提高税额，从而在经济政策上限制大规模占有土地，但是执行起来势必要经过一番政治的、经济的、社会的权力较量，前景并不乐观。

　　随着土地改革的推进、现代高产作物品种的推广，给农业的生产和农村社会结构都带来了重要影响。一方面，较大的稻米种植园解体了，随着现代高产作物的推广，产量提高了，土地改革受益者的收入也有了较为明显的增加；另一方面，由于土改忽视了无地农民的利益，导致在农村逐渐形成了新的结构：贫困的无地少地的劳动者对应着地主/自耕农/固定地租的佃农。造成这种状况的很重要原因是土地改革的方案设计根本没有顾及这些不拥有土地同时又不是佃农的人群。当他们成为雇佣劳动者后，调查显示，他们的收入状况比租佃农民和自耕农要差很多。在土地改革方案限制土地转租的条件下，他们想成为佃农的希望基本破灭。土地租佃权抵押和转卖的情况表明了制度性财政支持的缺乏会使土地改革的成果大大降低，即便成为土地改革的受益者也可能会失去得到的成果。

　　随着人口压力的不断增大，人地比率不断提高，农村出现了新的劳动就业方式，大量的无地劳动力以不同的雇佣方式进入农业生产经营中，也促成了传统的小农经营方式的变形。数量巨大的雇佣劳动力进入以家庭为单位的农业生产经营单位，并成为生产中主要的劳动力提供者，其数量超过了农场需求劳动量的2/3。这种生产经营形式与传统的以家庭为单位的、靠家庭成员作为主要劳动力的小农经营方式并不一致。这也是研究菲律宾农业问题不得不面对的情况。

五 对菲律宾稻米区的农业状况和小农经营方式的思考

对菲律宾农业和农村的关注，一方面受到二战之后东亚国家普遍开展的卓有成效的土地改革的影响，另一方面在本国农村动荡形势的不断推动下，菲律宾的当政者将土地改革作为巩固统治、稳定动荡局面的法宝。历届主政者上台后，无不高举土地改革的大旗来稳固政局、促进发展，土地改革对土地经营方式产生了直接的影响。随着20世纪60年代中后期现代高产水稻品种的持续引进和推广，农业生产有了很大提高，在原有农业结构和土地改革规章的制约下，生产收入的分配是不均衡的，原有农业社会结构发生了变化，由原有的地主对应佃农和无地劳动者的社会结构，逐渐分为非劳动的农民、半地主、地主和无地无租佃权的劳动者两部分。在这个过程中，由于人口高速增长，无地劳动者数量增多，进入家庭规模小农经营的雇佣劳动者日渐增多，导致雇佣劳动的使用远远超过了家庭成员的劳动付出。这样的经营方式同恰亚诺夫所描述的"小农"的概念并不一致。[①] 在恰亚诺夫的小农概念中，家庭成员的劳动是农业劳作的主要来源。

通过分析在多种因素作用下菲律宾农村农业发生的变化，可以看到菲律宾的小农经营方式，同东亚其他国家的小农经营方式存在明显的不同。大量的无地劳动者滞留在农村，只能以雇佣劳动的方式参与农业生产，贫困问题难以解决；这样的生产经营方式促使菲律宾农村农业结构出现新的变化。那么，应该如何认识这些现象？这些现象在农业生产方式的讨论中具有怎样的意义呢？笔者试将这一现象置于以下两个层面的学术界讨论中加以分析。

（一）学术界在两个层面上展开的讨论

一是关于农民在农业发展中地位的讨论，同时涉及两种农业生产方式的讨论。一种是小农经营模式，英文通常表述为"Peasant""Peasant Economy""Peasant Farm"，这种生产方式是家庭规模的农业生产，家庭成员是主要劳动力，收入主要来源于农业生产，[②] 家庭成员的劳动分工是基本的

[①] [俄] A. 恰亚诺夫：《农民经济组织》，萧正洪译，中央编译出版社1996年版；Daniel Thorner, "Chayanov's Concept of Peasant Economy," Daniel Thorner, Basile Kerblay, R. E. F. Smith edited, *The Theory of Peasant Economy*, Madison, Wisconsin: The University of Wisconsin Press, 1986.

[②] [俄] A. 恰亚诺夫：《农民经济组织》，萧正洪译，中央编译出版社1996年版。

组织方式。这种经营方式既可以是占有土地等生产资料的自耕农,也可以是靠租佃别人土地的佃耕农。小农经营生产模式有着悠长的历史传统,至今仍为主要的农业经营方式。同小农经营的生产方式相对的是一种现代企业化的农业经营方式。其特点在于通常规模比较大,内部组织模式是现代的公司制科层管理,主要采用雇佣劳动来进行生产。当今的拉美和菲律宾等地的经济作物种植园多采用这种经营方式。

在对这两种农业生产方式的讨论中,19世纪以来的许多学者认为,代表封建残余的小农经营方式必将随着现代化的推进而消失,小农经营方式也必将为现代农业企业管理模式所取代。按照马克思的说法,由农业资本家经营的资本主义大农业将使原本拥有土地的农民变为纯粹的农业雇佣工人,完成农业的资本主义化。[1] 然而,这种以家庭为单位进行农业生产的经营方式,从16世纪开始到现在,无论是英国还是欧洲大陆、北美其他发达的资本主义国家,不但没有被消灭,反而依然占据着农业生产方式的主体,而资本主义的公司制农业经营方式时至今日仍是少数。[2] 正是由于家庭规模小农经营的顽强生命力,人们逐渐对于家庭规模小农经营方式的特点有了更进一步的了解,认识到其长期存在是由多方面因素造成的[3]:第一,家庭农民拥有不记工时辛勤劳作的传统,加上市场机制、教育和技术培训,以及适用的中小型农机与规模中等的农业技术,不仅可以使农户的土地生产率继续高出资本主义的或者集体化的大土地经营,也使在农户家庭经营基础上,大大提高劳动生产率成为可能;第二,资本向农业部门的扩张渗透,受农业生产的生物性特点(自然因素的影响、生产周期长而缺乏连续性等)的阻碍,因而(对农用品与产品两端)采用一种"控制"而不(对农业生产过程)"占领"的策略。[4] 此外,在众多土地资源稀缺的国家和地区,在工业化水平有限非农就业不足的情况下,农业人口多而耕地少,人均占有耕地面积狭小。这是欧亚众多国家和地区家庭农场盛行而平均规模长期难以扩大的重要原因。

---

[1] 《马克思恩格斯全集》(第34卷),人民出版社2008年版,第119页。

[2] Yujiro Hayami, "The Peasant in Economic Modernization," *American Journal of Agricultural Economics*, Vol. 78, No. 5, Proceedings Issue (Dec. 1996), pp. 1157–1167.

[3] 董正华:《关于现代农业发展的两个理论问题》,《马克思主义与现实》2006年第1期。

[4] 详见 Susan A. Mann and James M. Dickinson, "Obstacles to the Development of a Capitalist Agriculture," *Journal of Peasant Studies* 5 (4), 1978.

二是关于在农村中农民行为模式选择的讨论：是依据市场的规律来行动，还是按照农村村社（community）的习俗等非市场因素准则来行动。前一种经济理性主义的观点认为，在资本主义的市场条件下，行为的动机在于追求个人利益的最大化，新古典主义经济学派的舒尔茨[1]理性小农的观点被看作代表性的观点；而持农村村社的习俗原则制约农民的行为选择的观点认为，在村社中建立起来的各种习俗习惯的行为法则，是以维持社区成员的生存为目的的，带有利他的属性，道义经济学[2]就是对这种农民行为的讨论和总结。持不同观点的学者进行了长期的争论，也促进了我们对于这两种方法和思路的深入理解。笔者同意一些学者的看法，认为村社的传统习俗存在并发生着作用，农民在市场机制之下做出了理性选择，其中的关键问题在于，随着市场经济的冲击，村社保有的传统习惯和生存法则在多大程度上被破坏或改变了。技术的变迁、人口的流动、资源占有和市场结构的变化，都会给农民提供摆脱原有村社层面的固有习惯束缚的机会和动力，农民总是会在选择之间做出某种平衡。

（二）如何认识菲律宾小农经营方式的发展和变化

菲律宾的小农经营在发生变化之后还是小农经营吗？诚如前文所述，菲律宾的稻米耕种区的无地人口大量增加，在非农就业有限的情况下，劳动者以雇佣劳动的方式存留在农业生产中，甚至有些达到了农业家庭劳动生产需要劳动量的80%以上。在这种情况下，可否认定以家庭为基础的小农经营方式已经发生了根本性的变化？对于这个问题，笔者拟从以下两个方面作一些思考和评论。第一，要看到农业生产的规模依然处于家庭农场的范围里，农场归家庭成员所有或者由家庭承租经营。随着时间的流逝人口增多，实际农场的规模不是扩大了，而是缩小了。因此可以认为，农场的生产经营活动完全是家庭成员能够胜任和完成的。大量的雇佣劳动者进入家庭农场，与劳动力成本低廉等因素有关。第二，从家庭成员的劳动和雇佣劳动的分工来看，家庭成员的劳动起着最关键和支配的作用。根据在东拉故那村的调查，几乎所有的外来雇佣劳动者都是按天支付工资，随着农忙季节的到来雇佣劳动者大量增加。雇佣劳动者所从事的工作，主要是短时期内能够完成的较大量的工作，同时可以明显地通过劳动成果来监督

---

[1] 西奥多·W. 舒尔茨：《改造传统农业》，梁小民译，商务印书馆2006年版。
[2] 詹姆斯·C. 斯科特：《农民的道义经济学：东南亚的反叛与生存》，程立显等译，译林出版社2001年版。

所付出的劳动质量和数量，比如水稻移栽和收获时的劳动；而家庭成员主要从事那些长期的培育工作，需要临场的较强判断力从而随时调整工作内容，劳动成果不是立即可见的。也就是那些需要很强的责任心和长期的连续性付出，同时又不容易监督的劳动任务，通常是由家庭成员来完成的，而这些工作的体力劳动量并不大。比如对于作物需水量的控制，对于作物病虫害的判断和整治，对于化肥的应用，育种及耕地的培育等。在较早时期，用于耕地的牲畜都是由家庭劳动者来照管，这在耕作活动中是非常关键和重要的。如果从实际工作量的需求和劳动监督的角度来看，二者的分工是容易理解的。在拉故那省农村，传统的雇佣形式 *Hunusan*（塔加路语意为分成）就是劳动者按天参与工作，最后参与一定的收获分配。综上两方面，虽然从工作量来看，大量的雇佣劳动进入家庭农业生产经营中，但是小农经营的主要组织方式并没有发生改变。

家庭规模小农经营的存在和发展具有长期稳定性。对于这个问题的讨论已经很多了，大量的理论研究和经验事实都有利于这一结论的成立。对于菲律宾来说，虽然农业结构发生了一些变化，家庭农业的经营方式也有了一些新的变化，但是并没有从根本上改变家庭农业的组织方式。从菲律宾农村小农经营组织形式中的劳动分工来看，家庭成员和雇佣劳动者的分工内容，恰恰是劳动监督问题的关键，也是根据自然和生物生长的特性而做出的应对措施，这正说明了家庭小农经营长期存在的重要原因。

但是我们必须注意，菲律宾的稻米耕种区小农经营的外部环境，与东亚经济快速发展的日本、韩国是不同的。在这些国家和地区，伴随着土地改革推进的是高速发展的工业化和城市化，政府部门高效有力地推行土地重新分配的土地改革，并提供有利的配套措施予以保障，使得这些国家的农业形成了以自耕农为主的小农经营；而菲律宾的工业化和城市化发展水平并不理想，远远没有达到结构合理化，对农业发展的促进作用极其有限，大量的无地劳动者滞留于农业生产中，加之土地改革的一些规定和执行中出现的种种问题，造成菲律宾的农业现状。因此，菲律宾农村的小农经营发展状况可以说是适应当前条件而形成的，体现的是家庭经营的灵活性和弹性，还远远谈不上农业的发展和现代化。

菲律宾小农经营为什么不充分利用家庭成员的劳动而是选择雇用大量的劳动力呢？土地改革之后，自耕农、获得固定地租的佃农是土改的受益者，他们的收入明显增加，同地主一道成为农村较富裕的阶层，他们的子女由于拥有较高的受教育水平，更容易脱离农村农业生产生活环境，他们的劳动意愿是比较低的，而无地劳动者的生活状况迫使他们希望以各种方式的就业增加收入，这是一个方面原因。另一方面，似乎可以从农民行为模式的选择受到市场的和习俗的两个方面制约的角度思考。① 从菲律宾农村生产的发展过程来看，在20世纪70年代以前，农业生产基本属于粗放型，很少应用化肥和现代高产稻米品种，灌溉和排涝设施也不健全，对于单个村民来说保障生活并不容易。在这种情况下，拉故那省的农村普遍采用 Hunusan 雇佣方式，即参与收获的村民都可以获得一些收获分成，大约是收获物的1/6，这样的制度安排可以使村民之间通过互惠来保证共同的收入水平，不至于因为某户的产出太少而危及生存，这样的协议方式可以看作对于保障农村社会成员的生存，降低共同生活风险的一种措施；② 20世纪70年代以后，随着高产稻米品种的引进和推广，基础建设设施的改善，生产技术的提高，交通的便利，农业生产的水平提高了，对外联系加强了。最初的 Hunusan 雇佣协议不再流行，而是更多地采用了 Gama 协议，要想参与收获分成，必须在平时为生产经营者提供义务除草服务，而且收获比例逐渐降低至1/9，同时很多村民采用了新 Hunusan 的协议方式，参与者收获物的分成比例一再降低，甚至到了1/10。这个过程意味着，随着生产的发展和市场联系的加强，传统农村社会的习俗性保障机制逐渐弱化，但是仍然在一定程度上发挥着作用。是否可以这样理解，农民在家庭经营的同时采用雇佣劳动，在一定程度上也是对于农村社会传统习俗的继承，为整个农村社会的稳定发挥着一定程度的生活保障的意义。

---

① 速水佑次郎先生在著作中也从这两个学术视角进行了讨论，笔者深受启发。
② 一些经济学家对于低收入国家的农民采用一些措施来保障生存的行为进行了有益的探讨。[参见 Mark R. Rosenzweig, "Risk, Private Information, and the Family," *The American Economic Review*, Vol. 78, No. 2 (May, 1988), pp. 245–250; "Risk, Implicit Contracts and the Family in Rural Areas of Low Income Countries," *Economic Journal*, Vol. 98 (Dec., 1988), pp. 1148–1170.]

20世纪菲律宾中吕宋农村骚乱的起源

刘　坤*

菲律宾是典型的农业国，位于热带季风气候区。境内虽然有7000多个岛屿，但规模较大的只有13个，其中吕宋岛最大，面积超过10万平方公里，是岛国政治经济的中心。中吕宋则是中心中的中心。本文所指"中吕宋"和"中吕宋行政区"不同。中吕宋行政区是菲律宾中央政府下辖的大区之一。历史上，大行政区所覆盖的地域有过多次调整，中吕宋区也不例外。20世纪50年代，中吕宋行政区下辖六个省：布拉干、甲米地、新怡诗夏、邦板牙、黎刹和丹辘。70年代中期，根据菲律宾地方政府和社区发展部1976年的数据，中吕宋行政区覆盖巴丹、布拉干、新怡诗夏、邦板牙、班诗兰、丹辘、三描礼士七省。当前中吕宋涵盖省份又调整为奥罗拉、布拉干、新怡诗夏、巴丹、邦板牙、丹辘、三描礼士七省。可见，不同时期中吕宋区的覆盖边界是不同的。本文基于讨论的需要，不拘泥于某个历史时段的中吕宋地域范围，而是将菲律宾吕宋岛中部广袤的平原地区都列入讨论范畴。这样，本文所指的"中吕宋"涵盖了巴丹、布拉干、邦板牙、班诗兰、新怡诗夏、丹辘、黎刹、甲米地、内湖、三描礼士十省。由此，本文所指"中吕宋"更多的是一个经济地理概念，大致指代吕宋岛的中央平原。[①]

---

* 作者刘坤系北京大学历史系2008级博士研究生。本文曾以"菲律宾的火药桶——论20世纪中吕宋农村骚乱的起源"为题发表在《南洋问题研究》2012年第1期。

① 上述各时段中吕宋行政区的划分可参见阿莫斯·H. 郝蕾《中吕宋农村的生育情况》（Amos H. Hawley, "Rural Fertility in Central Luzon"），《美国社会评论》（*American Sociological Review*）1955年第20卷第1期。也可以参见圭勒莫·S. 桑托斯《菲律宾农业租佃的法律：有关农业租佃法、农业关系法庭和农业租佃委员会的解释手册》（Guillermo S. Santos, *The Law on Agricultural Tenancy in the Philippines: Handbook on the Agricultural Tenancy Act, Court of Agrarian Relations and Agricultural Tenancy Commission*），马尼拉：中央图书供应公司1957年版，第167页；G. T. 卡斯提罗《超越马尼拉——对菲律宾农村问题的探讨》（G. T. Castillo, *Beyond Manila, Philippine Rural Problems in Perspective*），渥太华：国际发展研究中心1979年版，第9—10页；马燕冰、黄莺编著《菲律宾》，社会科学文献出版社2007年版，第11页。

中吕宋地区土地肥沃、地势开阔，亚诺河和邦板牙河萦绕其间，灌溉体系相对完善，是绝佳的农耕所在，土地开发利用率全国第一，[①] 粮仓之誉即由此而来。中吕宋也是菲律宾工业、交通和贸易的中心，全国主要的公路和铁路干线都通过此地，因而商品经济最为发达，为资本侵蚀传统乡村打开方便之门。

既有的有关中吕宋地区农村问题的研究多围绕农村治理如土改、绿色革命、国民生计运动等展开，研究的地域范围多限于从微观视角所做的一村一镇的田野调查，很少对该地区延续日久的农村骚乱特别是骚乱的原因进行整体的讨论。本文尝试分析中吕宋农村骚乱的背景和根源，以期对日后以土改为核心的农村治理政策有更好的把握。冀以引玉之砖就教于方家。

一　中吕宋的农村骚乱

中吕宋的小农常年被大地主、土地掠夺者和高利贷者所蹂躏，早在西班牙殖民统治时代，农村骚乱就时有发生，尤以教会地产上的农民反抗为甚。不过早期骚乱还不严重。相对地广人稀的局面也缓和了冲突，故而农村问题并不受重视。进入20世纪，中吕宋的人地矛盾变得尖锐，小农的不满持续升温。农民无法像城市工人那样通过工会提出有效的诉求，于是这种不满最终演变为暴动。20世纪的头20年相继出现了两次规模较大的农民运动。一是被称作Kapisanan的组织，由克里斯玛型的农民领袖建立，旨在发动农民造反；二是菲律宾民族联盟（Philippine National Association）。二者都带有乌托邦和民族主义的色彩，但是最终都被镇压。同期，类似的小规模骚乱不断，到处都是自封的救世主。20世纪30年代之前，在农民暴动中起领导作用的是农民领袖，缺乏统一的组织和纲领。但从30年代开始，自发抗议的运动让位于有组织的农民运动，起领导作用的主要是马尼拉受过教育的有社会主义倾向的中产阶级分子。棠古朗运动（Tangulan Movement）和萨克达尔运动（Sakdalism）就具备这样的特点，尤其是后者。萨克达尔运动的领袖拉莫斯（Benigno Ramos）明确提出实现菲律

[①]　菲律宾普查办公室：《1918年在菲律宾议会指导下的菲律宾普查》（Philippines Census office, *Census of the Philippine Islands: Taken under the Direction of the Philippine Legislature in the Year 1918*），第3卷，马尼拉：印刷局1920—1921年版，第51页。

宾的立即独立，瓦解所有的大地产并将土地分给穷人。他的政党在内湖、布拉干、黎刹和甲米地诸省风靡一时。为谋求激进变革，拉莫斯在1935年发动暴动，是为著名的萨克达尔大起义。这次起义广泛波及中吕宋诸省，并数次威胁到首都马尼拉的安全，是胡克组织出现之前菲律宾规模最大的农民起义。农民运动的演变反映出农村问题正在进入国家政治的中心，城市中产阶级对农民运动的参与和领导使运动摆脱了以往的愚昧和盲目，使农民运动更具时代的自觉。

菲律宾第一批革命的农民组织也在俄国十月革命后出现于中吕宋。到1924年，这些农民组织已经拥有1.5万人，组成菲律宾农民全国联合会，影响遍及中吕宋。① 1930年11月7日，克里桑多·伊凡格里斯塔（Crisanto Evangelista）创建菲律宾共产党。农民全国联合会的领导人参加了菲共的组织工作，使得菲共的纲领中融入了农民的诉求。太平洋战争时期，入侵的日本人赶跑了中吕宋的大地主，导致菲律宾农村形成权力真空，客观上为左翼武装力量的壮大提供了机会。1942年3月29日，"人民抗日军"在中吕宋正式成立，② 他加禄语简称Hukbalahap或Huks；这就是中国学者笔下经常提到的胡克。在胡克的支持下，农民对于逃亡地主或充当菲奸的地主，乘机占领其土地；对于那些支持胡克的地主，则实行减租减息政策。③ 胡克还在根据地建立政府，并吸收小农担任职务。到战争结束时，胡克正规军达到2万人，另有后备部队5万人④，成为菲律宾当局半个世纪的梦魇。

二 中吕宋农村骚乱的根源

人地矛盾突出是中吕宋农村问题最根本的症结。人口的迅速增长不但

---

① 布兰迪·波、克里斯蒂娜·蒙泰尔：《菲律宾农村组织》（Blondie Po and Cristina Montiel, *Rural Organizations in the Philippines*），马尼拉：雅典娜马尼拉大学菲律宾文化研究所1980年版，第25—26页。

② 阿尔弗雷德·B. 萨罗：《共产主义在菲律宾：一个导论》（Alfredo B. Saulo, *Communism in the Philippines: An Introduction*），马尼拉：雅典娜马尼拉大学出版社1990年版，第32页。本书的不凡之处在于，作者与菲律宾共产党一起生活了8年（1950—1958年），对菲律宾共产党和胡克有深刻的了解。

③ 布兰迪·波、克里斯蒂娜·蒙泰尔：《菲律宾农村组织》，第27页。

④ 阿尔弗雷德·B. 萨罗：《共产主义在菲律宾：一个导论》，第32页。

造成租佃率上升，而且导致地块经营规模过于碎分；而农地单产的低下则使得小农无力在小地块上得到足够的产出，以维持全家的生计。随着人地矛盾的激化，小农越发陷入贫困的境地。而高利贷的蔓延和农闲时期兼业机会的缺乏则更强化了农民的贫困状态。贫困无疑是打造中吕宋火药桶的主要因素。

（一）中吕宋人烟稠密，人口增长过快

菲律宾的人口密度东南亚第一，而中吕宋则始终是菲律宾人烟最为稠密的地区。从表1可知，中吕宋十省的面积为11830平方英里（约30640平方公里），仅为全国面积的10.34%；然而，十省1918年的总人口高达210万人，占全国人口的21.3%。中吕宋各省的人口密度可以从表1中反映出来。

表1　　　　　　　　1918年中吕宋十省及全国人地状况

	人口	面积（平方英里）	密度（人/平方英里）
全国	10314310	114400	90
巴丹	58340	480	122
布拉干	249292	1007	248
甲米地	157355	464	339
内湖	195546	722	271
新怡诗夏	227096	2069	110
邦板牙	257620	823	313
班诗兰	565922	1944	291
黎刹	230256	899	256
丹辘	171876	1178	146
三描礼士	83750	1421	59

菲律宾普查办公室：《1918年在菲律宾议会指导下的菲律宾普查》（Philippines. Census Office, *Census of the Philippine Islands*: *Taken Under the Direction of the Philippine Legislature in the Year 1918*），第2卷，马尼拉：印刷局1920—1921年版，第28页。

到了太平洋战争爆发前夕，内湖省人口密度达到232.2人/平方公里，居全国最高位；中吕宋平均人口密度为130.4人/平方公里，而同期全国人口密度仅为53.8人/平方公里。[①] 根据学者的统计，中吕宋在一代人之

[①] 卡尔·J. 普策尔：《热带亚洲的拓荒》（Karl J. Pelzer, *Pioneer Settlement in the Asiatic*），纽约：太平洋关系研究所国际秘书处1945年版，第81—85页。

内就能使人口翻倍。①

　　人地压力持续上升导致地块碎分严重。1918年，新怡诗夏省是中吕宋农地平均地块规模最大的省份，为6.08公顷；而单位规模最小的三描礼士省则仅为1.22公顷。② 由Generoso F. Rivera和Robert T. McMillan负责完成的"1952年菲律宾农村调查"，发现中吕宋超过92%的农户经营地块面积不足5公顷。③ 很明显，这样的经营规模不足以维持一个农户家庭的温饱。④

　　人地压力持续升级诱发租佃比例的急剧上升。⑤ 从表2可以看到，1918年中吕宋的佃耕地比重，除内湖省外，都高于全国平均水平。这种局面随着时间的推移进一步恶化。至1939年，中吕宋的相应比例增至59.4%，其中涨幅最大的是内湖省，从1918年的10.51%猛增至1939年的44.3%；⑥ 而同期全国平均值仅为32.4%。⑦

---

　　① 阿莫斯·H. 郝蕾：《中吕宋农村的生育情况》，《美国社会评论》1955年第20卷第1期。
　　② 菲律宾普查办公室：《1918年在菲律宾议会指导下的菲律宾普查》（第3卷），马尼拉：印刷局1920—1921年版，第56页。
　　③ 阿莫斯·H. 郝蕾：《中吕宋农村的生育情况》，《美国社会评论》1955年第20卷第1期。
　　④ 圭勒莫·S. 桑托斯：《菲律宾农业租佃的法律：有关农业租佃法、农业关系法庭和农业租佃委员会的解释手册》（Guillermo S. Santos, the Law on Agricultural Tenancy in the Philippines: Handbook on the Agricultural Tenancy Act, Court of Agrarian Relations and Agricultural Tenancy Commission），第76页。
　　⑤ 菲律宾农地租佃主要有两种形式：一是分成制；二是租赁制。分成制是由地主提供以土地为主的投入要素，佃农则提供以劳力为主的投入要素，收获后双方按一定比例分成。租赁制相对简单，一般地主只提供土地，其余要素投入均由租赁农承担，相应地，收获后租赁农只向地主交付固定数额或固定比例的租金，而非与地主分成。在菲律宾，分成租佃显然占主导。另外，因奎拉脱制（Inquilinato）也是租赁租佃的一种形式，但该制度属于转租性质，比较特别，下文在论述教会地产时再做详述。（可参见大卫·沃夫《菲律宾稻谷分成租佃法》（David Wurfel, "The Philippine Rice Share Tenancy Act"），《太平洋事务》（Pacific Affairs）1954年第27卷，第1期；圭勒莫·S. 桑托斯《菲律宾农业租佃的法律：有关农业租佃法、农业关系法庭和农业租佃委员会的解释手册》；大冢庆智郎、速水佑次郎《分成租佃理论：一个批评性考察》（Keijiro Otsuka and Yujiro Hayami, "Theories of Share Tenancy: A Critical Survey"），《经济发展和文化变革》（Economic Development and Cultural Change）1988年第37卷第1期；索拉达·波若梅—布哀勒《甲米地省的因季里诺农：19世纪菲律宾的一个社会阶层》（Soledad Borromeo-Buehler, "The 'Inquilinos' of Cavite: A Social Class in Nineteenth-Century Philippines"），《东南亚研究》（Journal of Southeast Asian Studies）1985年第16卷第1期。
　　⑥ 卡尔·J. 普策尔：《热带亚洲的拓荒》，纽约：太平洋关系研究所国际秘书处1945年版，第86页。
　　⑦ 1939年，菲律宾全国佃耕地面积占耕地总面积的比例为35.1%，佃耕地块数占总数的比例为32.4%。（参见潼川勉《菲律宾土地问题的发展》，萧彬译，《南洋资料译丛》1974年第3期。）

表 2 1918 年中吕宋及全国佃耕地块数及比例

	地块数（块）	租佃地块数（块）	租佃地块数所占比例（%）
全国	1955276	435250	22.26
巴丹	8500	4157	48.91
布拉干	43639	16495	37.80
甲米地	27007	6769	25.06
内湖	57456	6038	10.51
新怡诗夏	33764	8049	23.84
邦板牙	28112	6484	23.06
班诗兰	161167	36063	22.38
黎刹	29995	11754	39.19
丹辘	35305	10565	29.92
三描礼士	30104	10664	35.42

菲律宾普查办公室：《1918 年在菲律宾议会指导下的菲律宾普查》，第 3 卷，马尼拉：印刷局 1920—1921 年版，第 72—83 页。

（二）农地单产极其低下

菲律宾的稻谷和玉米单产一直是亚洲最低。作为菲律宾的粮仓，中吕宋的产出情况在全国是最好的。但是，和同期的其他国家和地区比较，则远逊之。从表 3 可以看到，虽然上文讨论了中吕宋人地情况的严重性，但是和日、韩比较，其在人均地块规模上反而还占优。可见，小农的贫困并非由地块规模过小这一单因素造成的，还与中吕宋农地生产率的低下有密切的关系。[1]

表 3 不同时段日韩与中吕宋在稻谷生产上的比较

国家	年份	产出（吨/公顷可耕地）	可耕地面积（公顷）/男劳力
日本	1900	3.6	0.93
韩国	1920	2.9	1.03
中吕宋*	1918	1.8	1.12

* "中吕宋"资料引自菲律宾普查办公室《1918 年在菲律宾议会指导下的菲律宾普查》，第 3 卷，马尼拉：印刷局 1920—1921 年版，第 129 页。
资料来源：渡边菊池、速水佑次郎《土地资源约束下的农业发展：日本、韩国和菲律宾等的历史比较研究》，《经济史》（The Journal of Economic History）1978 年第 38 卷第 4 期，第 839—864 页。

[1] J. 因卡娜思恩：《菲律宾的经济问题》（J. Encarnacion, Philippine Economic Problems in Perspective），奎松市：菲律宾大学经济学院经济发展与研究所 1976 年版，第 17—21 页。

农地单产的低下同样在玉米作物上反映出来。从表 4 可以看到，中吕宋玉米单产不但很低，而且增产很慢。其中，巴丹、布拉干、甲米地、丹辘四省的玉米单产在 15 年间居然下跌了！

表4　　　　　　　　1903 年和 1918 年玉米单产情况　　　　（百公升/公顷）

省份	1903 年玉米单产	1918 年玉米单产
巴丹	12.22	11.89
布拉干	11.05	4.87
甲米地	9.5	8.3
内湖	4.14	12.3
新怡诗夏	1.67	9.39
邦板牙	4.37	10.38
班诗兰	11.79	19.69
黎刹	7.08	13.06
丹辘	8.29	7.75
三描礼士	1.21	11.88

菲律宾普查办公室：《1918 年在菲律宾议会指导下的菲律宾普查》（第 3 卷），马尼拉：印刷局 1920—1921 年版，第 24—25 页。

中吕宋农地单产低下的背后是投入要素缺乏。众所周知，一方面，稻谷是半水生作物，一般只有在水位保持日均 6 毫米时，才能达到稳定产出。中吕宋虽然降水丰富，但雨日太过集中，① 反会引起严重的旱灾。另一方面，水稻生产不但需要水，还需要阳光。因此相比于雨季，因为干季的日照时间较长，水稻能有更好的收获。然而受限于水利的缺乏，② 中吕宋的农地在干季往往被闲置，实在是巨大的损失。③

---

①　赵松乔等：《菲律宾地理》，科学出版社 1964 年版，第 17—28 页。
②　中吕宋的灌溉设施在西班牙时代有过一定的发展，在菲律宾国内是最好的，但依然不尽如人意。1918 年，中吕宋十省拥有灌溉设施的农地数为 148292 块，仅占农地总数的 28.42%；十省灌溉农地面积为 258642 公顷，仅占农地总面积的 25.83%。（参见菲律宾普查办公室《1918 年在菲律宾议会指导下的菲律宾普查》（第 3 卷），马尼拉：印刷局 1920—1921 年版，第 121 页。
③　速水佑次郎等：《一个世纪来日本的农业发展：对于亚洲发展的借鉴意义》（Hayami and Associates, *A Century of Agricultural Growth in Japan: Its Relevance to Asian Development*），东京：东京大学出版社 1975 年版，第 170—179 页。速水佑次郎、拉坦：《农业发展：一个国际视角》（Hayami and Ruttan, *Agricultural Development: An International Perspective*），巴尔的摩：约翰霍普金斯大学出版社 1985 年版，第 208 页。沃夫·兰登斯基：《未完成的土改》（Wolf Ladejinsky, *Agrarian Reform as Unfinished Business*），纽约：牛津大学出版社 1977 年版，第 178 页。

中吕宋农耕技术落后,作物的种植只是单一的连作;木犁和镰刀是基本的农具,除了大种植园外,脱谷机等机械农具很少使用。小农大多不用化肥,即便天然肥料,也没有好好利用。在土地管理上也不用心,多采用广种薄收的方法,也没有培育良种的办法,导致作物产量极低。中吕宋在不善保养地力的问题上已为学者广泛诟病。[1]

耕畜不足也是很大的问题。尤其是 20 世纪头 10 年暴发了严重的牛瘟,导致耕畜大批死亡。畜力缺乏导致耕畜价格猛涨。1888 年,普通耕畜的价格一头为 30 比索,30 年后竟涨到 97—150 比索,最好的耕畜一头超过了 200 比索。[2]

(三) 小农的贫困

如上所述,人地压力的持续上升是小农贫困的根本原因。人地压力可以通过一个例子很好地体现出来:20 世纪 30 年代的中吕宋,许多地方的佃农甚至必须为他能佃耕上优良的地块而向地主支付好处费,这种费用一般被称为 pamata 或 postura;这个好处费是不固定的,一般用来竞标,出价高的佃农才能得到耕作权;在班诗兰这样人地矛盾突出的省份,即便是很小一个地块,好处费也达到 75 比索。根据艾莉娜·丹尼森的研究,20 世纪 30 年代中吕宋一个普通佃农从地里赚取的年均收入才只有 125—130 比索,由此可见中吕宋的人地矛盾已经发展到了何种程度![3] 在农闲时期农民兼业机会的稀缺也是致贫的重要原因。据估计,1 公顷稻田要求 300 小时的劳力和 150 小时的畜力,对劳力的需求主要集中在移植插秧和收割环节。[4] 按户均地块 2 公顷计,只需要投入 600 小时;按一天劳作 8 小时计算,仅为 75 天,这意味着佃农在一年中的大多数时间无事可干,劳动力被严重浪费了!

---

[1] 参见卡尔·J. 普策尔《热带亚洲的拓荒》,纽约:太平洋关系研究所国际秘书处 1945 年版;沃夫·兰登斯基《未完成的土改》;陈烈甫《菲律宾的资源经济与菲化政策》,台北:正中书局 1969 年版。

[2] 菲律宾普查办公室:《1918 年在菲律宾议会指导下的菲律宾普查》(第 3 卷),马尼拉:印刷局 1920—1921 年版,第 39—40 页。

[3] 参见詹姆斯·S. 阿伦《菲律宾的农业趋势》(James S. Allen, "Agrarian Tendencies in the Philippines"),《太平洋事务》(*Pacific Affairs*) 1938 年第 11 卷第 1 期;艾莉娜·丹尼森《自治时期的菲律宾劳工》(Eleanor Dennison, "Philippine Labor under the Commonwealth"),《远东观察》(*Far Eastern Survey*) 1938 年第 17 卷第 24 期。

[4] 卡尔·J. 普策尔:《热带亚洲的拓荒》,纽约:太平洋关系研究所国际秘书处 1945 年版。

本尼迪克特以中吕宋20世纪20年代一个典型的分成稻农为例，估算出中吕宋普通稻农的生计状况。① 据作者观察，普通佃农一年户均收获是135卡弯。② 但是，在扣除种子、收割、脱谷等费用后，佃农还需要和地主对半分成。考虑到佃农一家全年的口粮消费和现金消费，每年户均反而亏损45卡弯。按当时稻谷的单价3比索③/卡弯计算，意味着佃农辛苦一年反而亏损135比索！

真相调查委员会（The Fact Finding Survey）是奎松总统在1935年建立的，旨在调查农村问题的性质、程度和根源。在劳动部的配合下，该调查覆盖了18个重要的农业省份。观察员在对中吕宋四处教会地产进行调查后发现，稻谷佃农中有48.1%的年均总收入为50—150比索；有26%的收入为151—250比索；超过250比索的仅占25.9%。但是生活在大地产上的佃农，家庭年均消费是253比索，意味着至少有75%的佃农处于负债状态。④

该委员会也深入调查了中吕宋甘蔗农的生存状态。在甘蔗产区，榨糖中心（Central）和地主是主要受益者。太平洋战争前，中吕宋的甘蔗园每公顷能产糖50担（约60公斤）。甘蔗地块平均规模为2公顷，因此总收成大约有100担，按均价7比索/担计算，为700比索。但经过榨糖中心和地主的分成，佃农真正到手的只剩下90.5比索。⑤

还要看到，传统农业是靠天吃饭的，任何灾变都足以使农户一年的辛劳付诸流水。菲律宾又处在东南亚台风活跃地带，每年都会遭遇台风数十次之多，这无疑是对小农的致命打击。尤其要考虑到，即便在中吕宋这样一个相对成熟的农业区，小农依然不具备仓储粮食的条件；这导致小农必须在收获季节出卖粮食，而被迫在随后的岁月里买进口粮。众所周知，收获季节的粮价是全年最低的，等到小农从市场上购粮时，粮价已经翻倍了。难以想象小农单凭地里的产出就能维持一家人全年的开支，于是势必求助于高利贷。

---

① 本尼迪克特·J. 柯克里特：《胡克叛乱》（Benedict J. Kerkvliet, *The Huk Rebellion*），伯克利：加州大学出版社1977年版，第12—13页。
② 菲律宾的度量单位 Cavan，1卡弯相当于75公升，合糙米（palay）45公斤。
③ 菲律宾货币单位 peso。
④ 詹姆斯·S. 阿伦：《菲律宾的农业趋势》，《太平洋事务》1938年第11卷第1期。
⑤ 詹姆斯·S. 阿伦：《菲律宾的农业趋势》，《太平洋事务》1938年第11卷第1期。

中吕宋的高利贷形式一般有三：（1）Takipan：每借贷 1 卡弯稻谷需要于第一次收获时归还 2 卡弯稻谷；如果不能及时归还，那么在第二次收获时需偿还 4 卡弯；（2）Talindia：每借贷 2 卡弯稻谷需归还 3 卡弯稻谷；（3）Terciahan：每借贷 3 卡弯稻谷需归还 4 卡弯稻谷。

地主放贷是很霸道的。菲律宾总督西奥多·罗斯福亲眼见过这样一个实例：一个小农从放贷者处借款 300 比索；到每年付利息的时候，如果小农愿意签订一份用他不认识的文字起草的合同，以取代原合同，那么利息可以减免；可以想见小农是极愿意的；但如是者三次，到第四年的时候，小农惊骇得发现自己已经莫名其妙地负债高达 3000 比索了！①

高利贷的流行使得小农永远没有还清借贷的指望。高额的利率足以使小农一旦负债，终身无法还清。为了糊口，他们不得不反复借贷，越来越陷入债务的漩涡，无法自拔。

三 导火索——中吕宋的变与不变

贫困是中吕宋农村骚乱的大背景，但单有"贫困"因素还不足以解释中吕宋的问题。事实上，菲律宾许多地区比中吕宋农村还要贫困，但是骚乱却不普遍。正如美国著名土改专家大卫·伍夫所说：租佃率高、人口密集、贫穷、农业技术的落后，引发了骚乱；但是，这些只是引子，要想知道骚乱的根源，必须在"变"字上找答案。② 中吕宋由于稻作经济发达，交通便捷，一直是菲律宾相对发达的地区。20 世纪前后，随着商品经济的泛滥，中吕宋首当其冲地受到资本大潮的冲击。

（一）变局之一——主佃关系不再"温情"

中吕宋一般的地主拥地规模并不大，他们大多在乡，尤其是小地主还

---

① 西奥多·罗斯福：《波多黎各和菲律宾的土地问题》（Theodore Roosevelt, "Land Problems in Puerto Rico and the Philippine Islands"），《地理评论》1934 年第 24 卷第 2 期。地主的强迫借贷也非常普遍。在布拉干省，这种强迫借贷被称为 Pasunod。佃农被强迫以现金、商品甚至珠宝的形式接受贷款，然后必须在下次收获的时候归还。[参见罗伯特·S. 哈定《菲律宾地权改革——分析与建议》（Robert S. Hardie, "Philippine Land Tenure Reform-Analysis and Recommendations"），马尼拉：共同安全总署特别技术经济代表团，1952 年，附录 C。]

② 大卫·沃夫：《菲律宾稻谷分成租佃法》，《太平洋事务》1954 年第 27 卷第 1 期。

和农户一起劳作,因此感情上比较贴近,主佃关系也较缓和。① 长期以来,地主更多地扮演着一个慈父的角色,利用自己的影响力和关系帮助佃农,并提供资金和工具上的援助,而后者以向地主效忠作为回报。这是地主确立自身合法地位的有效途径,也是保护地主财产、稳定租佃关系②最行之有效的办法。③

直到19世纪末中吕宋还覆盖着大片丛林,在开荒的岁月里,佃农耕作土地是免费的;即便到开荒期间过去后,租金的收取也是象征性的。慢慢地,随着农地耕作环境的成熟,产出增加到一定程度,地租就高了起来。进入20世纪,农作物商品化的兴起直接诱发商业大潮的涌入,资本的逻辑拷问着传统的乡村社会,"温情脉脉"的主佃关系逐渐成为明日黄花。当老地主故去,新地主定的租金就更高,于是农户开始愤慨。租佃关系的商业化不仅仅体现在地租上,过去在青黄不接时佃农借贷的口粮是不用支付利息的,现在反而成为地主施放高利贷的好机会;过去在地主的庄园捕鱼、采集野果都是被允许的,现在却成为有偿的了。新式地主还强迫佃农担负额外劳役,包括地主的家务,修桥铺路,修建大坝、护栏以及种植果树,却不支付任何报酬。地主越来越成为唯利是图的资本家,不再是一个有担当的慈父。④

从地主方面来看,抛开商品经济的因素,他们也有足够的动机开始漠视小农。这一切都源于美国人的到来,打破了传统地方精英威权赖以维系的渠道。在过去,传统地主以对佃农家长般的保护换取家长般的权威,以此维系自身的地位。但是美国人整合并提供了覆盖全国的政治舞台,吸引

---

① 本尼迪克特也指出了这一点,认为小地主拥地十多亩,自身也是农民。他们与佃农一起耕作,经常沟通,因此在佃农群体中,最无反抗意识的是那些租种小地主土地的佃农。[参见本尼迪克特·J. 柯克里特《胡克叛乱》(Benedict J. Kerkvliet, the Huk Rebellion),伯克利:加州大学出版社1977年版,第34页。]

② 租佃关系的稳定对地主也很重要。一方面,富有耕作经验的佃农是相对较少的;另一方面,租佃关系一旦稳定,地主的监督成本就会降下来。频繁地更动租佃关系对地主而言也是得不偿失的。因此,中吕宋地主的驱佃行为有时候也需具体问题具体分析。

③ 菲律宾共产党领袖西松出生在北吕宋的豪门。他在回顾童年的经历时,也认为旧式地主对佃农的态度是好的,他的父亲对待家里的佃农就很友善,并且是坚定的爱国主义者。[参见何塞·玛利亚·西松、蕾娜·魏宁采访编辑的《菲律宾革命:领袖的观点》(Jose Maria Sison with Rainer Werning, the Philippine Revolution: The Leader's View),纽约:克雷·罗萨克出版社1989年版,第15页。]

④ 本尼迪克特·J. 柯克里特:《胡克叛乱》,伯克利:加州大学出版社1977年版,第23页。

了地方精英走向马尼拉的政治、经济中心,从而妨碍了地主对本土社区的关注;而土地精英的威权地位也因为这种全新的政治参与机制而得到新的合法化方式,与佃农的关系变得冷淡了。

这一切都导致主佃关系日趋紧张,造成主佃之间的不信任和猜疑,反过来又强化了主佃矛盾。在20世纪30年代中期的一处教会地产上,佃农群体的负责人称,20年来,地租从每公顷2比索上升至35比索,并且佃农还要为他们的住宅缴纳租金,而以前这是免费的;此外,佃农所做的任何耕作改进以及自家饲养的家禽和果树,都被地主以提高租金的形式分利。这引发了众多的冲突,自那以来,此处地产上2000户佃农已有一半被驱逐。[1] 驱佃对于佃农而言是灾难性的,随着中吕宋农地的日益稀缺和人口的持续猛增,流离失所的佃农常常无法找到新的佃耕机会,而彻底沦落为无地农工,甚至进入城市成为流民。

总之,主佃之间越来越商业化的关系,扼杀着佃农的生计。租佃关系失去了往日温情的面纱,[2] 令小农越发不堪忍受。

(二) 变局之二——地权登记引发土地掠夺

在中吕宋内陆,自19世纪晚期以来,大庄园主利用地权登记的机会巧取豪夺,兼并了大量小农耕作的地块。所谓地权登记,就是西班牙殖民时期于1880年和1894年发布的有关登记地权的皇室法令,以及美国占领后在托伦斯体系下启动的地籍普查和地权登记,他们的目的都是想用西化的方法厘清传统乡村貌似混乱的地权体系,明确产权、确立权责,以便通过西化的方式起到定纷止争、发展生产的效果。殊不知,"所有权"概念本身就是西方文明强加的产物;在西方人眼中看似混乱的地权体系早已融入本土居民世代沿袭的生活环境之中,只是不为"所有权"观念浸淫的西方文明所了解罢了。传统土地占有体系最主要的特征在于使用。权利是实在的,通过行使来表现。实际使用才是所有的表现形态,所有权是具体的,而非抽象地存在于观念之中。传统社区没有抽象的所有权概念。土地占有在一个社区内世代传承。权利既无边界,亦无遭到剥夺的可能,社区居民世代聚居。拥有土地就拥有了身份,就被认可为社区的成员,失去土

---

[1] 詹姆斯·S. 阿伦:《菲律宾的农业趋势》,《地理评论》1934年第24卷第2期。
[2] 本尼迪克特·J. 柯克里特:《胡克叛乱》,伯克利:加州大学出版社1977年版,第23页。

地将被边缘化,遭到排斥。① 从法学理论上讲,这是一种日耳曼法意义上的地权观念,与日后以所有权为核心的大陆法系的地权理念大相径庭。②

地权登记给了土地掠夺者绝好的借口,以便侵吞小农的土地。在这个过程中,大量小农耕作的地块由于没有经过小农申请确权,反而被土地掠夺者抢先申请、成为投机者所有。这种卑劣的行径被称为"土地掠夺"(Land-Grabbing)。这个现象在20世纪早期还不常见,鉴于大多数人没有现代法律意识,同时申请程序冗杂,成本(勘测费、代理费、法庭费等)不菲,因此当时申请的人并不多。在1902年地权登记法通过后的前7年里,当局总共只发放了4000份地权确认。③ 不过,在这少数申请人中,绝大多数是地方上层,他们掠夺了大量小农的土地。更糟的是,为了加快地权登记,1913年,当局又通过了地籍法,不再像以前那样通过私人申请,再对地块进行勘测、确权,而是由当局对各个区域的地块进行主动、统一的勘测,然后向法庭提起要求占地者提供主张地权的证据。如果后者的举证成立,则授予地权。地籍法的实施在客观上更加剧了土地掠夺的风潮。传统小农是不可能具备现代产权意识的,而那些申明拥有地权并有能力和财力提供证据的主体往往是土地精英或是实力雄厚的有产者。事实上,在落后的中吕宋农村,大多数小农几乎没有接受过教育,即便有心主张地权,在繁冗的文件和公告面前也难免裹足不前。

---

① 伯纳多·M. 未来加斯、辛西娅·F. 巴格他斯:《菲律宾经济发展的相关资料》(Bernardo M. Villegas and Cynthia F. Bagtas, *Readings on Philippine Economic Development*),马尼拉:辛格—塔拉出版社1981年版。速水佑次郎、渡边菊池:《一个水稻村的故事——绿色革命在菲律宾的三十年》(Yujiro Hayami and Masao Kikuchi, *A Rice Village Saga—Three Decades of Green Revolution in the Philippines*),英国贝辛斯托克:麦克米伦出版社、马里兰州兰哈姆:巴恩斯 & 诺比出版社、国际稻米研究所2000年版。莱斯利·E. 包拯:《菲律宾土改:1880—1965》(Leslie E Bauzon, "Philippine Agrarian Reform 1880–1965"),新加坡:东南亚研究所第31期主题稿,1975年6月。马克·克里、彼得·伊顿:《传统与变革:东南亚的地权和农村发展》(Mark Cleary and Peter Eaton, *Tradition and Reform: Land Tenure and Rural Development in South-East Asia*),吉隆坡、纽约:牛津大学出版社1996年版。菊讷·普利尔—布列特:《菲律宾高地居民的本土地权观念及法律形态的多元化》(June Prill-Brett, "Indigenous Land Rights and Legal Pluralism among Philippine Highlanders"),《法律与社会评论》(*Law & Society Review*)第28卷第3期。卡尔·J. 普策尔:《热带亚洲的拓荒》,纽约:太平洋关系研究所国际秘书处1945年版。

② 参见李宜琛《日耳曼法概说》,中国政法大学出版社2003年版;陈华彬《民法总论》,中国法制出版社2011年版。

③ 卡尔·J. 普策尔:《热带亚洲的拓荒》,纽约:太平洋关系研究所国际秘书处1945年版,第109页。

地权登记引发了长达半个世纪的荒唐现象：有权的小农失去土地，投机者却大行其道！这一现象在中吕宋沿海地带也有，但内陆地区更普遍。更糟糕的是，当纠纷诉至法院时，后者的判决也常常偏袒投机者一方。由马尼拉大主教控制的滴露毗寒庄园是土地掠夺的典型。这块地产面积达4125公顷，最早由菲律宾农户拓荒垦殖。由于拓荒者并未向当局主张所有权，而是世代向当地的神父缴纳礼品，这被天主教会看作对地产拥有所有权的标志，并于1894年从西班牙政府处得到该块土地的确权。在另一个涉及7799公顷的里昂地产上，牧师何塞宣称拥有地权是出于前任所有者的遗嘱。但在1932年举行的听证会上，其既不能出示所有权证明，也不能出示前任的遗嘱证明。但是，法庭不顾众多农户的抗议，还是判决何塞胜诉。

土地掠夺进一步加剧了地权分布结构的畸形：小农的地块越来越小，而农村精英却继续着兼并地块的进程。① 土地掠夺者不但霸占耕地，往往还驱逐地上的小农。一个典型的案例发生在希望庄园。被庄园主驱逐的农户们宣称他们耕作的5000公顷土地是被庄园主强行霸占的。② 1935年自治政府成立后，劳动部收到过许多类似的控诉。在这样激荡的背景下，中吕宋小农的不满也就不足为奇了。

（三）变局之三——农工的不满

中吕宋大多数工人是农业工人。农工生活的恶劣是中吕宋农村持续动荡的原因之一。农业工人群体的扩大是在20世纪才出现的。美国殖民后，向菲律宾开放了蔗糖市场，引发大规模甘蔗种植园的兴起。③ 私人资本也涌入烟草、马尼拉麻等种植园。经济作物种植园与传统农庄不同，前者以

---

① 到1940年，邦板牙省有地主和自耕农2800人，占地4万公顷；而16600名佃农和4100名半佃农总共经营的地块规模才不过8万公顷。不要忘了，半佃农所耕地块中有相当大的部分属于自耕地块；也就是说，佃耕地块的面积其实是远不到8万公顷的。在丹辘省，40%以上的农地地块规模在1公顷以下，但是30多个大地主却拥有地块上万公顷。新怡诗夏的情况也很严重：69名地主总共拥有地块11500公顷，而6万名佃农和半佃农经营地块的规模仅为19.5万公顷。（参见 E. H. 雅谷比《菲律宾的土地危机》，慕恒译，《南洋资料译丛》1964年第2期。）

② 詹姆斯·S. 阿伦：《菲律宾的农业趋势》，《地理评论》1934年第24卷第2期。

③ 菲律宾的蔗糖业有悠久的历史，但耕作方式和榨取都比较原始。一战以前，菲律宾的蔗糖产量仅占世界蔗糖产量的2%弱，这种情况由于1913年美国市场对菲律宾蔗糖完全开放而改变。到1933—1934年，菲律宾的蔗糖产量就占到世界总产量的1/6。（参见塞缪尔·凡·沃垦伯格《亚洲农业区，第10部分——菲律宾》（Samuel van Valkenburg, "Agricultural Regions of Asia. Part X—The Philippine Islands"），《经济地理》（*Economic Geography*）1936年第12卷第3期。

出口为导向，以利润为依归。更重要的是，经济作物的种植迫切需要现代化的机械装备，农耕工序也较容易掌握，为普遍雇用农业工人耕作提供了可能。

但是，农工的生活是非常困苦的。表5显示了农业劳工与工商业部门劳工在日均收入上的差异。

表5　　　　　不同时期农工与工商业劳工的日工资比较　　　　　（比索）

项目	1903年	1911年	1917年	1918年
农业劳力收入	0.55	0.64	0.67	0.65
工商业者收入	0.73	0.88	1.28	1.98

菲律宾普查办公室：《1918年在菲律宾议会指导下的菲律宾普查》（第4卷），马尼拉：印刷局1920—1921年版，第20页。

迟至1939年，农工平均日工资不过在0.15—2比索。同期，在《菲律宾统计年鉴》[①]调查的58.1万农工中，有14.7万农工日工资为0.2—0.29比索；12.5万农工日工资为0.3—0.39比索；9.8万农工日工资为0.4—0.49比索；15.6万农工日工资为0.5—0.59比索；只有1.2万农工的日工资超过1比索；而不到0.2比索的也有4.3万人。这种收入水平被称为"饥饿工资"。进入20世纪20年代，中吕宋的农工组织开始出现。到了1941年，全国注册的工会有438个，会员10.1万人；另有各种未注册的工会和独立工会拥有19万名产业工人和农业工人。中吕宋农工组织的规模是全国最大的，其中工人联盟（general worker union）是社会主义性质的组织，有会员5万人；菲律宾农民联盟（Philippine confederation of peasants）和劳工之子（sons of sweat）也受共产主义的影响，分别拥有成员6万名和8万名。这些农工组织拥有较健全的维权手段，得到马尼拉一部分有识之士的支持。

农工组织的出现激起地主阶级的抵抗。中吕宋的土地精英在1939年建立了和平骑士团（knights of peace），公开反对佃农和农工的抗争。他们还到各省打击参加组织的农工：对于那些"不听话、不安分"的佃农实施驱佃，对参加维权组织的农工进行孤立，不再雇用他们从事耕作，在青黄不接时也不再提供接济。和平骑士团经常出入于马尼拉豪门，向当权者进行游说，打击农工组织的活动。和平骑士团与农工组织的针锋相对，无疑

[①]　转引自E.H.雅谷比《菲律宾的土地危机》，慕恒译，《南洋资料译丛》1964年第2期。

加剧了农村骚乱形势。

当然，中吕宋农村的骚乱其来有自，并非20世纪才开始出现的。早在上述变局出现之前，骚乱的因子就已深深扎根在固有的社会经济环境之中。20世纪以来，这些固有的问题持续发酵，也是中吕宋农村骚乱的原因之一。

1. pacto de retroventa 高利贷

笔者在上文曾讨论了高利贷，认为是小农遭受剥削并陷入贫困的强化剂。但是，从某种程度上说，这种高利贷还不是最坏的。中吕宋农村的高利贷可以分为两种。其一是主佃关系之下的高利贷，其二是主佃关系之外的高利贷。前者的特征是"剥削"与"庇护"相结合，目的是将佃农固定在佃耕地上，达到稳定主佃关系的目的；后者的特征是纯粹的"掠夺"，目的是赚取更多的利润，在客观上常常造成小农甚至中小地主被迫出卖土地还债，是土地兼并的罪魁。虽然这两种类型的高利贷都会使小农陷入贫困，但起到的社会效果不同。主佃关系之下的高利贷，由于没有剥夺佃农的佃耕权，佃农的不满尚不明显；但是基于纯粹掠夺的高利贷，由于逼得小农流离失所，往往会诱发无穷的社会问题。pacto de retroventa 就是后一种高利贷在中吕宋的典型。具体做法是以借贷者的土地做抵押，如果债务到期不还，则地块将归债主所有。放贷者多为当地华人及华菲混血儿，他们有很强的经商实力，资产雄厚。这种现象由来已久，早在18世纪末就出现了。通过这种方式被剥夺土地的小农户有很多，他们极为不满却又状告无门。通过 pacto de retroventa 流入华人及华菲混血儿手上的不但有小农的地块，还有小地主的地块，他们常常因为消费而花钱太多，最终不得不告贷。据 Leslie E. Bauzon 研究，有时候借贷人即便按期还债，债权人也会故意躲避，终至借贷人无法及时偿还，达到掠夺土地的目的。

高利贷问题如此严重，以至于美国人在殖民之初就意识到这个问题，并于1908年和1916年相继设立了菲律宾农业银行和菲律宾国家银行，希望通过向农户贷款解决这个问题，但是很快就失败了。因为现代的融资体系要求与同样现代的产权结构相配合。菲律宾传统社区的地块大多没有明晰的产权界定，导致农户无法提供有效的产权证明。[1] 而一旦启动地权登记和地籍普查，上文所述的土地掠夺现象就随之蜂拥而来。这确实是一个

---

[1] 欢子长野:《菲律宾农业银行：1908—1916》（Yoshiko Nagano, "The Agricultural Bank of the Philippine Government, 1908 - 1916"），《东南亚研究》（Journal of Southeast Asian Studies）1997年第28卷第2期。

进退两难的困境。

2. 教会地产

教会地产在中吕宋内陆的大量存在一直是农民骚乱的温床。大地产最初由西班牙人通过王室授权得到，监护征赋制（Encomienda）是大地产制最早的雏形。需要注意的是，监护征赋制本身只授予监护主管理当地人口的权力，并没有赋予其对当地土地的权力。然而，随着土地的重要性与日俱增，该制度出现了扭曲，监护主在管理土著之余，将权力要求伸向了土著耕作的土地，地上原有的住户则成为地产的附庸。大地产就这样形成了。

不过，西班牙人对于经营地产兴趣不大。随着时间的推移，越来越多的西班牙人转向海外贸易；而华人及菲律宾当地精英的实力还不强，这样大庄园的地产逐渐被教会兼并，并雇用佃农或农工耕作，逐渐发展出租赁制、分成制以及监工制。此外，教会还通过购买、强迫"捐赠"等方式兼并中小地主的土地。教会也利用土地登记的机会，勾结殖民官员把不属于其所有的土地划归己有。

早期的教士在菲律宾条件艰苦，且怀有理想。但是，随着生活的日益好转，环境的舒适，加上教士在当地的优越地位，他们的生活开始腐化堕落，征收的地租也越来越高。据官方统计，在罗隆贝庄园和班迪庄园的佃农，19世纪所付出的地租比一个世纪以前提高了一倍多。此外，教会向佃农发放的高利贷利率也飞速上涨。据统计，20世纪40年代，比南庄园的借贷年息是33%，到20世纪50年代，年息已达50%—60%；又过了30年，年息竟高达100%。[①]

教会的奢侈生活和横征暴敛刺激了佃农。主佃矛盾越发激烈。西班牙殖民时代，政府就反复收到控诉，指责教会掠夺土地。当局虽然进行干预，但效果不彰。到了19世纪后期，随着西班牙政府与教会关系的缓和，当局又重新加强了对教会地产的保护。绝大部分地产都在1880年和1894年地权登记时被确权。在教会地产最集中的布拉干、黎刹、甲米地、内湖省，教会地产占到当地耕地面积的40%。[②] 地权登记的过程也是本土农户

[①] 弗兰克·查尔斯·劳巴奇：《菲律宾人民》（Frank Charles Laubach, *The People of the Philippines*），纽约：乔治·H. 多勒出版社1925年版，第145—147页。

[②] 阿尔弗雷德·W. 麦卡伊、ED. C. 德·杰瑟斯：《菲律宾社会史：全球贸易与地方变迁》（Alfred W. McCoy and ED. C. de Jesus, *Philippine Social History: Global Trade and Local Transformations*），马尼拉、悉尼：澳大利亚亚洲研究协会联合雅典娜马尼拉大学出版社1982年版，第131页。

的血泪史，因为教会在地产确权中常常与农户产生纠纷，最终的结果是农户被驱逐或者沦为佃农。

教会地产的另一个特点是广泛采用因奎拉脱制（Inquilinato）。[①] 在教会地产发展早期，由于地广人稀，为吸引劳力耕作，教会采取了免役制，即教会与当局约定，举凡进入教会地产耕作的佃农不再担负殖民政府派发的劳役，教会还向他们提供耕畜、农具，发放信贷。最初，出于吸引小农及土地产出低下等原因，地租是象征性的，以后缓慢升高。但从18世纪末开始，随着农地开发的成熟及人口的日益稠密，土地出租越发变得有利可图。许多西班牙人、华人、混血儿和菲律宾人纷纷向教会租地，这些人自带耕畜和设备进行耕作，教会也不提供资金支持；在收获后，租赁农只向教会缴付固定地租，称为加农（Canon）。这就是因奎拉脱制的由来，这些租赁土地的群体被称为因季里诺农（Inquilino）。不过在实践中，因季里诺农常常是地方上的商人或富户，他们承包地块后很少亲自耕种，而是以分成形式转租给佃农。在中吕宋人烟稠密的省份，地主通过拍卖的方式将耕作权卖给出价最高的因季里诺农，这些人通常有足够的资金实力揽下耕作的活儿。教会地主由于不在乡，喜欢采用这种制度，从而避免担负监督成本，而且能得到固定地租，旱涝保收。但是大地产的经营模式对于讲求"人情味"的传统佃农而言是不能接受的；而诸如监工、因季里诺农等"二地主"模式的采用更加隔阂了地主和佃农之间的关系，也加重了分成佃农的负担，引起佃农极大的不满。[②]

[①] 因奎拉脱制是一种租赁形式的租佃，包括出租和转租。注意不要把因奎拉脱制与战后官方提倡的租赁租佃混为一谈。租赁租佃是禁止转包的，适用于全国所有的耕地，并且地租受到官方规制，比较低；而因奎拉脱制只存在于大地产上，所以集中活跃在中吕宋内陆，可以转包转租，并且地租很高。（可参见詹姆斯·C. 斯科特《农民的道义经济学》，译林出版社2001年版。卡尔·J. 普策尔《热带亚洲的拓荒》。）因奎拉脱制虽成明日黄花，但是转租现象在菲律宾还是大量存在的。（参见速水佑次郎、渡边菊池《一个水稻村的故事——绿色革命在菲律宾的三十年》，第67—71页。）

[②] 美国人接管菲律宾后，立即开始处理大地产尤其是教会地产，力图瓦解大地产并将土地分配给无地农民。1903年，菲律宾总督塔夫脱与罗马教皇达成协议，殖民政府出资723.9万美元买下16万公顷教会地产，再以成本价转卖给佃农，后者分期25年支付。这种做法部分地解决了教会和菲律宾农民的土地矛盾。但是有实力购买地块的小农并不多，并且由于缺乏资金、耕具和耕畜，这些地块很快就又转到了地主和商人手中。［参见查尔斯·H. 卡宁汉《菲律宾教会地产问题的起源》（Charles H. Cunningham, "Origin of the Friar Lands Question in the Philippines"），《美国政治科学评论》（The American Political Science Review）1916年第10卷第3期。詹姆斯·亚历山大·罗伯特森《议会成立以来的菲律宾》（James Alexander Robertson, "The Philippines Since the Inauguration of the Philippine Assembly"），《美国历史评论》（The American Historical Review）1917年第22卷第4期。］

四　结语

中吕宋是菲律宾人地矛盾最突出的地区，农耕条件的落后更加剧小农的贫困；兼业机会的稀少使得小农找不到贴补家用的工作机会，求助于高利贷无异于饮鸩止渴。小农的不满是显然的。

不过"贫困"并不能将中吕宋与岛国其他地区区别开来，而农村矛盾的激化却主要发生在中吕宋。这就需要考察中吕宋地区的独特性。20世纪前后，贫困的中吕宋农村出现了新情况。一是商品经济大潮严重侵蚀传统主佃关系，地主变得"刻薄"；二是雨后春笋般的公司制种植园产生了庞大的农工群体，出现农工的不满；三是土地登记引发的土地掠夺，成为小农的噩梦。最后，pacto de retroventa 高利贷和教会地产诱发种种矛盾，虽非中吕宋独有，却以此地最为集中，长久以来就被认为是中吕宋农村的毒瘤。

上述因素聚合在一起，使得中吕宋农村不但具备了传统乡村的诸多共性，又具备了独特的品质，才有了日后一浪高过一浪的骚乱，才有了风起云涌的胡克起义，也才使中吕宋在整个20世纪都成为菲律宾当局解决农村发展问题的重中之重。菲律宾的火药桶也就是在这样的大环境下一步一步炼成的。

农业资本主义的理论和现实：
印度旁遮普邦的个案

王立新[*]

在20世纪60年代中期至80年代初期，正像其他一些第三世界国家和地区那样，印度的主要农业区经历了一次被学者们称为"绿色革命"的农业技术革新。特别是位于印度西北部的旁遮普邦，是该国绿色革命最成功的地区，被誉为印度绿色革命的"心脏地带"。正是在绿色革命期间，旁遮普邦的农业经历了一种十分独特的发展过程。这种独特性表现在两个方面：一方面，与印度其他邦相比，绿色革命期间旁遮普邦的农业表现出了迥然不同的发展趋势；另一方面，与同一时期发达国家（如美国）的农业发展相比，印度旁遮普邦的农业发展也呈现出独一无二的特性。作为个案，印度旁遮普邦在绿色革命期间的农业发展对传统的农业资本主义理论提出了重大挑战。仔细考察印度旁遮普邦在绿色革命期间所经历的独特的农业发展过程，有助于我们重新审视和反思传统的农业发展理论，加深我们对实际的农业发展过程的理解。

一 旁遮普邦的农业发展：印度传统农业变迁中的资本主义农业现代化？

在考察绿色革命期间印度旁遮普邦的农业发展之前，我们有必要首先了解一下绿色革命对农业发展的一般影响。一言以蔽之，这种影响概括起来就是它启动了农业现代化过程。对此，曾任联合国粮农组织和国际复兴

---

[*] 作者王立新系华中师范大学历史系教授。本文曾以"农业资本主义的理论与现实：绿色革命期间印度旁遮普邦的农业发展"为题发表在《中国社会科学》2009年第5期。

开发银行投资中心副主任的 J. P. 巴塔查儿吉写道：

> 作为必要的启动器，"绿色革命"影响了大多数人关于农业现代化的思考和主张。绿色革命可看作代表了某种类型的技术突破。这种技术突破可广泛运用于热带和亚热带国家，与耕作规模无关，而且即便是在传统的人力密集的耕作条件下，也在经济上具有吸引力。这种进步起源于生物学中作物育种方法的改进。通过提高这些作物转化水、肥料和化学药剂的效率，这种新的作物育种方法为增加小麦、水稻和其他谷物的产量开辟了巨大的可能性。不过，这种进步并非仅止于此。它还进一步为多季种植、增加灌溉设施、使用更多的化肥和化学品投入、引入成套机械以及改进作物烘干、存储和加工设备等创造了有利条件。所有这些都要求大大增加投资和生产信贷，加强研究和推广服务，培育和加工种子，改进产品和生产条件的营销安排，稳定的价格和激励[措施]，以及对所有这些提供必要的机构支持。一般说来，正是这整个过程才被视作农业现代化。①

仔细考察一下巴塔查儿吉关于农业现代化的概念，我们会发现，农业的资本化构成了这个概念的核心和本质，从而传统的劳动密集型农业向现代资本密集型农业的转变也就构成了农业现代化过程的本质。无论是通过新育种方法培育出来的高产品种种子，还是增加的现代灌溉设施、化肥和化学品投入、引进的成套农业机械或其他现代农业设备，都是农业生产过程中的资本品，都表现为农业生产过程中资本投入的增加。至于生产信贷的增加、产品和生产要素营销安排的改进、稳定的价格和激励政策，以及这些方面的"机构支持"，也都不过是农业生产过程中增加资本投入的社会经济条件和制度保障。

的确，从 20 世纪 60 年代中期到 80 年代初期（准确地说，从 1962—1963 年度到 1980—1981/1981—1982 年度），随着绿色革命技术在印度农业中的推广和应用，印度农业经历了资本形成的狂飙时期。从 1962—1963 年度到 1980—1981 年度，印度农业中的资本形成总额呈现出持续快速上

---

① Thomas T. Poleman & Donald K. Freebairn eds., *Food, Population, and Employment: The Impact of the Green Revolution*, New York: Praeger Publishers, 1973, p. 246.

升的趋势，从 1962—1963 年度的 182.5 亿卢比增加到 1980—1981 年度的 524.2 亿卢比（见图 1）。不用说，位于印度绿色革命心脏地带的旁遮普邦也在这一时期经历了快速的资本形成过程。以三种重要的现代农业资本品（拖拉机、水泵和化肥）为例，在 1962—1965 年至 1980—1983 年，该邦每千公顷耕地上使用的拖拉机从 2.41 台增加到 25.35 台，水泵从 8.20 台增加到 157.69 台，而每公顷耕地上施用的化肥也从 7.84 公斤增加到 192.07 公斤，分别增长了 9.5 倍、18.2 倍和 23.5 倍。[①]

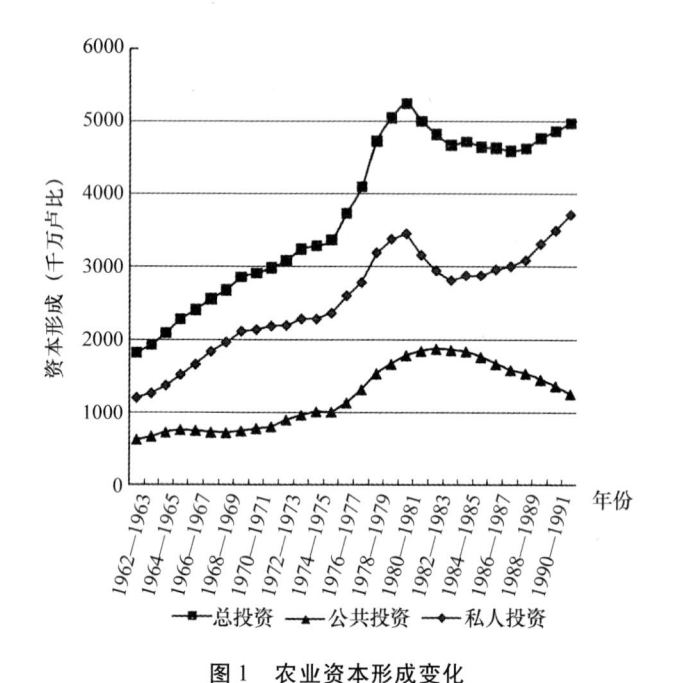

图 1　农业资本形成变化

资料来源：Subramanian Swamy, *India's Economic Performance and Reforms: A Perspective for the New Millennium*, Delhi: Konark Publishers PVT LTD, 2000, p. 74.

如果说绿色革命在包括旁遮普邦在内的印度各农业区不同程度地带来了农业现代化（即资本化）的话，那么，绿色革命对旁遮普邦和印度其他农业区的农业结构却没有产生相同的影响。实际上，与印度其他各邦相比，这一时期旁遮普邦农业结构的演变趋势是独一无二的。从表 1 我们可

---

① G. S. Bhalla and Gurmail Singh, "Recent Developments in Indian Agriculture: A State Level Analysis," *Economic and Political Weekly*, March 29, 1997, Table 5, p. A – 8.

以看到,除了旁遮普邦外,印度其他邦和主要农业区的平均农场规模都不同程度地缩小了,缩小幅度从哈里亚纳邦的 -6.6% 到喀拉拉邦的 -38.6%。同时,从表 2 中我们还可以看到,一方面,在小农户数比重于 1971—1972 年至 1982 年间减少的同时,边际农的户数比重却持续增加,说明部分小农户下降到了边际农的地位;另一方面,中农和大农的户数比重都持续下降,而小中农的户数比重却在 1971—1972 年至 1982 年间急剧增长了 4.84 个百分点,说明有很多中农和大农户下降到了小中农的地位。同时,边际农、小农和小中农的耕地面积比重都在持续上升,而中农和大农的耕地面积比重却在持续下降。

表 1　　印度主要各邦平均农场经营规模的变化 (1971—1981)

邦和地区	平均规模(公顷) 1970—1971 年度	平均规模(公顷) 1980—1981 年度	经营规模的变化率(%) 1970—1971 年度至 1980—1981 年度
原生地区			
比哈尔	1.52	1.00	-34.2
奥里萨	1.89	1.59	-15.9
北方邦	1.16	1.01	-12.9
西孟加拉邦	1.20	0.94	-21.7
中间地区			
安得拉邦	2.51	1.94	-22.7
古吉拉特	4.11	3.45	-16.1
马哈拉施特拉	4.28	3.11	-27.3
中央邦	4.00	3.42	-14.5
拉贾斯坦邦	5.46	4.44	-18.7
旁遮普邦	2.89	3.82	+32.2
哈里亚纳邦	3.77	3.52	-6.6
南部地区			
喀拉拉邦	0.70	0.43	-38.6
卡纳塔克邦	3.20	2.73	-14.7

资料来源:Lalita Chakravarty, "Agrarian Economies and Demographic Regimes in India: 1951 - 1981," in Jan Breman & Sudipto Mundle eds., *Rural Transformation in Asia*, Delhi: Oxford University Press, 1991, p.376.

这样一种农业结构的演变看来是符合埃斯特·博塞拉普所描述的农业变迁的传统模式的。按照博塞拉普的理论，传统模式的农业变迁是"人口压力下的农业变迁"[①]。随着人口数量的增加和土地稀缺性的增强，农业生产沿着劳动密集和土地集约的方向演变。具体而言，在人口压力下，单位耕地面积上投入的劳动及其他投入数量日益增加，土地利用强度随之不断提高，以便在耕地面积固定的情况下提高土地的单产量和总产量。在这个过程中，农场经营规模则不断缩小，土地碎分现象日趋严重。除了旁遮普邦外，绿色革命期间印度农业结构的演变呈现出的就是这样一幅传统农业变迁的景象。

表2　　　　　　　　　印度土地所有权分配状况的演变　　　　　　　　　（%）

	边际农 (1.01公顷 以下)		小农 (1.01— 2.02公顷)		小中农 (2.03— 4.04公顷)		中农 (4.05— 10.12公顷)		大农 (10.12公顷 以上)	
	户数	面积	户数	面积	户数	面积	户数	面积	户数	面积
1961—1962	60.06	7.59	15.16	12.40	12.86	20.54	9.07	31.23	2.85	28.42
1971—1972	62.62	9.76	15.49	14.68	11.94	21.92	7.83	30.73	2.12	22.91
1982	66.64	12.22	14.70	16.49	16.78	23.38	6.45	29.83	1.42	18.17

资料来源：John Harriss, "Does the 'Depressor' Still Work? Agrarian Structure and Development in India: A Review of Evidence and Argument," *The Journal of Peasant Studies*, Vol.19, No.2, 1992, p.194.

如果我们考察一下这一时期印度人口增长和农业产量提高的关系，这一点就变得更明显了。图2清晰地显示出，绿色革命期间印度的人口增长和农业产量的提高是按照大致相同的速率进行的。这进一步表明，整体而言，印度绿色革命期间的农业变迁仍遵循着传统的人口压力下的农业变迁模式。不过，与古典的传统农业变迁不同，这种农业变迁中包含着资本投入的快速增长。换言之，印度农业在现代化的同时遵循了传统的农业变迁模式。

---

① 参看 Ester Boserup, *The Conditions of Agricultural Growth: The Economics of Agrarian Change under Population Pressure*, London: Earthscan, 1964.

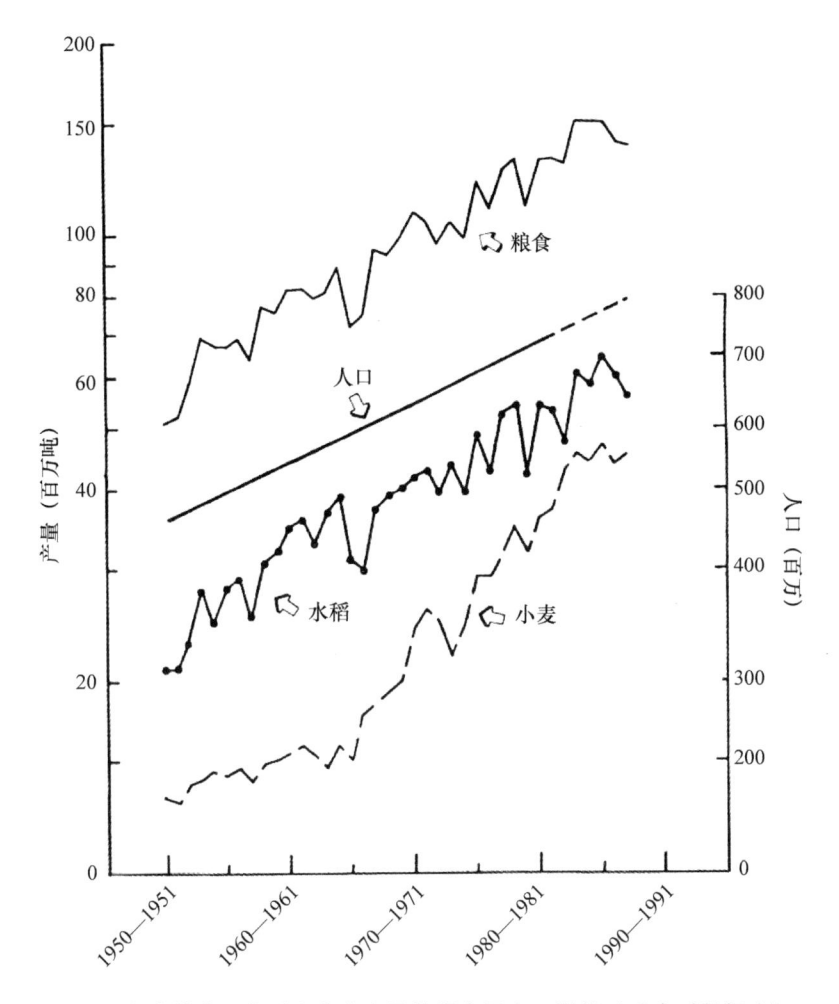

图 2　印度粮食、水稻和小麦产量的提高及人口增长（垂直对数标度）

资料来源：Rita Sharma & Thomas T. Poleman, *The New Economics of India's Green Revolution: Income and Employment Diffusion in Uttar Pradesh*, Ithaca: Cornell University Press, 1993, p. 15.

然而，正如前面所指出的那样，旁遮普邦似乎是一个例外。表 1 显示，与印度其他各邦平均农场经营规模缩小的趋势不同，1970—1971 年至 1980—1981 年旁遮普邦的平均农场经营规模扩大了 32.2%。表 3 和表 4 进一步表明，与全印农业结构的总体发展趋势不同，绿色革命期间旁遮普邦农业个体经营单位中的大单位和超大单位从数量和耕种面积两方面都获得了最大发展。①

表3　　1970—1971年至1980—1981年旁遮普邦不同组别
各类经营单位数量的分布变化率

经营单位组别	个体经营单位（个）			联合经营单位（个）			经营单位总数（个）		
	1970—1971	1980—1981	变化率（％）	1970—1971	1980—1981	变化率（％）	1970—1971	1980—1981	变化率（％）
边际单位（1公顷以下）	395603	195060	-50.7	121965	2234	-98.2	517568	197322	-61.9
小单位（1—2公顷）	193016	196167	1.63	67067	3201	-95.2	260083	199368	-23.3
中等单位（2—4公顷）	203820	279422	37.1	77283	7981	-89.7	281093	287423	2.3
大单位（4—10公顷）	166961	253906	52.1	80744	15157	-81.2	247755	269072	8.6
超大单位（10公顷以上）	37059	66256	78.8	31824	7649	-76.0	68883	73941	7.3
合计	996459	990811	-0.6	378883	36222	-90.4	1375382	1027126	-25.3

资料来源：Sucha Singh Gill, "Agrarian Capitalism and Political Processes in Punjab," in T. V. Sathyamurthy ed., *Industry and Agriculture in India since Independence*, Delhi: Oxford University Press, 1995, p. 255.

根据弗朗西斯卡·布雷的"农业资本主义"概念，农业资本主义包括两大要件：第一，持有地的合并；第二，那种由在其土地上雇用无地劳工

---

① 为什么旁遮普邦在农业现代化过程中没有像印度的大多数其他农业区那样遵循传统的农业变迁模式？旁遮普邦的独特性在哪里呢？最大的区别大概在于旁遮普邦位于印度开发较晚（从19世纪80年代开始）的"中等地区"，而不是位于历史悠久的"老水稻区"（下恒河平原和古吉拉特、喀拉拉、泰米尔纳杜的沿海平原）。这些老水稻区的农业变迁一直是按照传统模式进行的。"从莫卧儿时代开始，在殖民地时期加速出现了一种新趋势。这些老水稻区经常出现衰落的征兆，至少受到了那里本来就已很庞大的人口加速增长的困扰。"（Christopher J. Baker, "Frogs and Farmers: The Green Revolution in India, and Its Murky Past," in Tim Bayliss-Smith & Sudhir Wanmali eds., *Understanding Green Revolutions: Agrarian Change and Development Planning in South Asia*, Cambridge: Cambridge University Press, 1984, p. 42.）实际上，这些地区的绿色革命和农业现代化就是在人口压力下开始的。与这些老水稻区不同，由于开发时间晚得多，旁遮普邦受传统的农业变迁模式的影响要小得多，从而没有像老水稻区那样面临巨大的人口压力。

的大农场主—经营者代表的生产关系。① 显然,绿色革命期间旁遮普邦的农业发展与布雷农业资本主义概念的第一个要件一致。不仅如此,绿色革命期间旁遮普邦农业生产关系形式的发展也符合布雷农业资本主义概念的第二个要件。

表4　　　　1970—1971年至1980—1981年旁遮普邦不同组别
　　　　　　各类经营单位耕种面积的分布变化率　　　　　　　　（%）

经营单位组别	个体单位耕地面积（公顷）			联合单位耕地面积（公顷）			耕地面积总计（公顷）		
	1970—1971	1980—1981	变化率（%）	1970—1971	1980—1981	变化率（%）	1970—1971	1980—1981	变化率（%）
边际单位	171504.7	116680	-32.0	53750.9	1527	-97.2	225255.0	118230	-47.5
小单位	275782.2	276467	0.25	96343.6	4483	-95.3	372130.8	280900	-24.5
中等单位	574217.4	768686	33.9	220890.5	22118	-90.0	795107.9	790855	-0.5
大单位	1010325.5	1474348	45.9	503897.8	91290	-81.9	1514223.3	1565674	3.4
超大单位	531355.9	997842	87.8	523952.8	131822	-74.8	1067373.1	1434717	34.4
合计	2563185.7	3634023	41.8	1398835.6	251240	-82.0	3974090.1	4190376	5.4

资料来源: Sucha Singh Gill, "Agrarian Capitalism and Political Processes in Punjab," in T. V. Sathyamurthy ed., *Industry and Agriculture in India since Independence*, Delhi: Oxford University Press, 1995, p. 256.

S. S. 吉尔对旁遮普邦农业劳动力利用模式的经验研究表明,该邦农业中的雇佣劳动在绿色革命期间获得了很大发展,相对于家庭劳动的重要性日益增加。在绿色革命前,旁遮普邦农业中雇佣劳动对家庭劳动的比率就已经开始提高。根据吉尔引用的国家抽样调查数据,1956—1957年至1964—1965年,平均每个农业就业人员的工作时间增加了12天,其中雇佣劳动增加了20天,家庭劳动减少了8天。据估计,在1954—1955至1967—1968年,平均每公顷耕地上劳动需求量从51天增加到60天,其中家庭劳动从37天减少到31天,而雇佣劳动则从14天增加到29天。绿色革命进一步促进了这种趋势的发展,绿色革命期间雇佣劳动的重要性稳稳

---

① Willem Van Schendel, "Rural Transformation in Asia: Models and the Interpretation of Local Change," in Jan Breman and Sduipto Mundle, *Rural Transformation in Asia*, Delhi: Oxford University Press, 1991, p. 284.

地超过了家庭劳动。1971—1972 年至 1981—1982 年,小麦种植中的家庭劳动比重从 49.54% 减少到 41.46%,雇佣劳动比重相应地从 50.46% 增加到 58.54%。水稻种植的引进进一步增强了雇佣劳动的地位。相反,富裕农场主则正在使他们的家庭劳动力退出农场劳作,他们自己也或多或少专门从事管理和监督工作。相对于他们的劳动总需要量来说,他们的家庭劳动显得微不足道。①

这样看来,印度旁遮普邦农业中雇佣劳动的相对普遍化确实使得该邦农业发展与布雷农业资本主义概念的第二个要件吻合了。至此,我们似乎可以得出如下结论:绿色革命期间旁遮普邦的农业发展是一场真正的资本主义的农业现代化,一种不同于传统农业变迁的现代农业变迁。实际上,这正是吉尔关于绿色革命期间旁遮普邦农业发展的观点。②

二 旁遮普邦农业发展的悖论:发达的农业资本主义和欠发达的资本主义农业

然而,如果我们拿大致同一时期美国的农业发展和印度旁遮普邦的农业发展做一简单比较,就会发现,上述结论并不像我们最初想象的那样确定无疑。当然,在这个时期,美国农业在许多方面经历了与印度旁遮普邦类似的发展过程。例如,1970—1980 年,美国的农场数量从 294.9 万个减少到 242.8 万个,平均规模从 374 英亩扩大到 429 英亩,平均单个农场在资产负债表上的资产也从 9.20 万美元增长到 37.26 万美元。③ 如果从这些面向看,这一时期的美国农业发展代表了旁遮普邦农业发展的"放大版"的话,那么,同一时期美国的农业发展在一个十分重要的面向上却只能看作旁遮普邦农业发展的"缩微版":这就是这一时期美国农业中雇佣劳动

---

① Sucha Singh Gill, "Agrarian Capitalism and Political Processes in Punjab," in T. V. Sathyamurthy ed., *Industry and Agriculture in India since Independence*, Delhi: Oxford University Press, 1995, pp. 250 – 251.

② 吉尔认为:"独立后……该邦形成了它自己独特的转型模式,在商品生产的框架内以快速的资本主义农业发展为基础,同时伴随着小规模工业的发展。"(Sucha Singh Gill, "Agrarian Capitalism and Political Processes in Punjab," in T. V. Sathyamurthy ed., *Industry and Agriculture in India since Independence*, Delhi: Oxford University Press, 1995, p. 249.)

③ U. S. Department of Commerce and Bureau of the Census, *Statistical Abstract of the United States* (*1982 – 83*), No. 1140 (p. 652) & No. 1159 (p. 660).

的不发展。

表5　　　　　　　美国农业劳动力构成的演变（1960—1980）

	绝对值（1000个）			百分比（%）		
	1960年	1970年	1980年	1960年	1970年	1980年
农业劳动力总数	4025	2333	1722	100	100	100
1）自我雇佣者	2405	1411	1083	59.75	60.48	62.89
2）领取工资和薪金的工人	782	395	344	19.43	16.93	19.98
3）不领报酬的家庭工人	838	526	295	20.82	22.55	17.13

资料来源：U. S. Department of Commerce and Bureau of the Census. *Statistical Abstract of the United States* (1982–83), No. 1135, p. 650.

从表5中我们可以看到，一方面，1970—1980年，美国农业劳动力中领取工资和薪金的雇佣工人的数量同农业劳动力总数减少的趋势相一致；另一方面，这一时期领取工资和薪金的工人在整个农业劳动力中所占的比重也出现了略微的上升。但是，我们也能清楚地看到，和同一时期雇佣劳动在旁遮普邦的农业劳动中占据优势地位不同，家庭劳动在这一时期美国的农业劳动中仍占据着主导地位：1980年，自我雇佣者和不领报酬的家庭工人合计占了全部农业劳动力的79.02%，而领取工资和薪金的工人所占比重仅为19.98%。实际上，1980年，美国农业中雇佣劳动的比重只大略维持了1960年的水平。换言之，这一时期的美国农业并未像旁遮普邦农业那样出现雇佣劳动的大发展。

列宁在论述美国的资本主义农业区域时曾这样写道："人们往往认为中央西北部各州是美国农业的'模范的'资本主义区域，因为这里的农户都是大规模的（1910年的平均数为148英亩，仅按耕地计算），并且从1850年起，这种规模是迅速而一往直前地增长的。现在我们看见了：这种意见实在是非常的错误。使用雇佣劳动的高度，当然是资本主义发展的最确实和最直接的指标。"[①] 如果我们根据列宁这一判断农业资本主义发展的标准去比较印度旁遮普邦农业资本主义和同一时期美国农业资本主义的发展高度，看来我们就应该根据前面的经验研究得出这样一个结论：如果说

[①] 列宁：《农业中资本主义发展规律的新资料》卷一《美国的资本主义与农业》，中国人民大学出版社1957年版，第28页。

在我们研究的期间美国的农业资本主义获得了些许发展的话,那么相对而言,同一时期旁遮普邦的农业资本主义则可以说是获得了高度发展。也就是说,在绿色革命期间,印度旁遮普邦的农业高度资本主义化了!因为这一时期旁遮普邦农业中的雇佣劳动有了高度发展。

然而,这样一来,我们就必须面对经典的农业资本主义发展理论同现实之间的一个矛盾。按照经典的农业资本主义发展理论,农业资本主义的发展高度就是农业本身发展的标尺。农业中的资本主义愈发展,农业生产也就愈发达;反过来,农业中的资本主义发展得愈不充分,农业生产也就愈不发达。实际上,考茨基在《土地问题》一书中就是把资本主义农业同"现代农业生产"相等同的。在论"现代农村经济的资本主义性质"一章里,考茨基写道:"现代的农业企业要是没有货币,或者可以说,要是没有资本就无法经营,因为在现代生产方式之下,每一笔款子,只要不是作为个人消费之用,就可以变为,而且往往会变为资本,变为产生剩余价值的价值。因此,现代的农村经济就是资本主义的经济。"[①] 另外,在论"大生产与小生产"一章中,考茨基还指出:"农村经济愈带有资本主义的性质,则它愈益发展着大生产与小生产间技术之质的差异。"[②] 也就是说,与传统的小农业生产相比,资本主义的大农业生产拥有更高的技术水平,从而也代表着更发达的农业生产力。对于这一点,列宁是赞同的。针对布尔加柯夫在这个问题上对考茨基"把技术的优越性和经济的优越性混为一谈"的指责,列宁为考茨基辩护道:"考茨基根本没有把技术和经济混为一谈。他做得完全正确,他研究了资本主义经济环境中在其他条件相同的情况下农业大生产与小生产的相互关系问题。考茨基在第6章第1节的第一句话中,就确切地指出了资本主义的高度发展同大农业具有优越性这个规律的普遍适用程度之间的这种联系:'农业愈带有资本主义性质,它就使小生产和大生产在技术上的质的差别愈来愈大。'"[③] 实际上,对所有研究农业资本主义发展问题的学者来说,不管他们在其他方面具有怎样的分歧,农业资本主义与发达农业生产之间具有正相关关系则是一个不言而喻和无须论证的公理。依据这一"公理",一个自然而然的推论看来就是:

---

① [德] 考茨基:《土地问题》,梁琳译,生活·读书·新知三联书店1955年版,第72页。
② [德] 考茨基:《土地问题》,梁琳译,第116页。
③ 列宁:《农业中的资本主义》,《列宁全集》(第4卷),人民出版社1958年版,第103—104页。

印度旁遮普邦的农业生产应该比美国的农业生产具有更高的发展水平，因为如前所说，根据经典的农业资本主义发展标准，印度旁遮普邦的农业资本主义要比美国的农业资本主义发达得多！

然而，经验数据是否支持这一结论呢？我们不妨简单比较一下1981年旁遮普邦的农业劳动生产率和美国的农业劳动生产率。如果说雇佣劳动的发展程度可被视为衡量农业资本主义发展水平的最可靠指标的话，那么，劳动生产率的发展水平则是衡量现代资本主义农业发展的最可靠指标。早在《资本主义与农业社会——欧洲与美国的比较》一文中，马克斯·韦伯就曾指出："旧有的经济秩序关心的是：我如何能在这块土地上养活最大数目的人？而资本主义经济秩序所关心的是：我如何能在这块土地上，以最少劳力，向市场供应最大数目的农产品？"① 也就是说，在韦伯看来，传统农业发展的核心是土地生产率，即单位面积土地上的产出水平，而现代资本主义农业发展的核心是劳动生产率，即单位劳动投入所带来的产出水平。因此，劳动生产率的发展就是现代资本主义农业发展水平的天然指示器。实际上，这也正是当代研究农业变迁问题的学者们的主流观点。在《发展还是内卷？十八世纪英国与中国——评彭慕兰〈大分岔：欧洲，中国及现代世界经济的发展〉》一文中，黄宗智着重区分了传统农业中的"内卷化"和现代农业"发展"。关于后者，他明确指出："'发展'意味着通过增加单位劳动的资本投入而提高劳动生产率，即如18世纪英国农业以及现代机械化农业所展示的情形。"②

根据这一标准，我们在比较美国和旁遮普邦的农业发展水平时会得出什么结论呢？从表6我们可以清楚地看到，美国的农业劳动生产率远高于旁遮普邦的农业劳动生产率：1981年，美国平均每个农业劳动力的小麦产出约为旁遮普邦的15.6倍，平均每个农业劳动力的水稻产出约为旁遮普邦的3.9倍。因此，从资本主义农业发展的角度来看，与印度旁遮普邦的资本主义农业发展相比，美国的资本主义农业发展无疑代表了一个更高的阶段。

这样，通过比较印度旁遮普邦和美国的农业发展，我们看到了绿色革

---

① 马克斯·韦伯：《资本主义与农业社会——欧洲与美国的比较》，《民族国家与经济政策》，甘阳等译，生活·读书·新知三联书店1997年版，第114页。

② 黄宗智：《发展还是内卷？十八世纪英国与中国——评彭慕兰〈大分岔：欧洲，中国及现代世界经济的发展〉》，《历史研究》2002年第4期。

命期间印度旁遮普邦农业发展的一个悖论：如果说以雇佣劳动为标志的农业资本主义在旁遮普邦得到了高度发展的话，那么，相对来说，以劳动生产率为标志的资本主义农业发展本身则还停留在一个初级阶段上。这样一个悖论是与传统的农业资本主义发展理论不相容的。问题出在哪里呢？究竟是传统的农业资本主义发展理论有问题，还是旁遮普邦的农业资本主义发展过程需要进一步的审视？

表6　　　　　旁遮普邦和美国农业劳动生产率比较（1981年）

	农业劳动力数量（个）	小麦总产量（公吨）	平均每个劳动力的小麦产出（公斤）	水稻总产量（公吨）	平均每个劳动力的水稻产出（公斤）
旁遮普邦	2859511	8553000	2991	3750000	1311
美国	1628000	76000000	46683	8300000	5098

说明：旁遮普邦的小麦总产量和水稻总产量是1981—1982年度的数据。

资料来源：B. S. Hansra & A. N. Shukla, *Social, Economic and Political Implications of Green Revolution in India*, New Delhi: Classical Publishing Company, 1991, Table 14.1 (p. 149); Himmat Singh, *Green Revolutions Reconsidered: The Rural World of Contemporary Punjab*, Oxford: Oxford University Press, 2001, Table 3.5 (p. 58), Table 3.8 (p. 61); U. S. Department of Commerce & Bureau of the Census, *Statistical Abstract of the United States* (1982–83), No. 1116 (p. 634); U. S. Department of Commerce & Bureau of the Census, *Statistical Abstract of the United States* (1986), No. 1170 (p. 657).

三　旁遮普邦农业资本主义的停滞与雇佣劳动的发展：假设和证据

如前所述，在经典的资本主义发展理论中，雇佣劳动的发展被等同于资本主义的发展。这个观点对整个社会的资本主义生产方式的发展来说，可能是正确的，但是对农业资本主义来说，雇佣劳动的发展却可能只是代表了资本主义的相对不发展，而不是资本主义的相对发展。实际上，把雇佣劳动的发展等同于资本主义发展的这种传统观点来自一个隐含的理论预设：雇佣劳动只有在资本主义生产方式的基础上才能发展起来。与这个传统的资本主义发展理论的"公设"相反，笔者对绿色革命期间印度旁遮普邦农业中雇佣劳动的高度发展提出的"假设"是：这种发展并不是该邦农业资本主义发展的结果和反映，而是该邦农业资本主义发展遭遇危机乃至停滞的结果和反映。

我们知道，资本主义生产方式的基本特征之一是可积累剩余的生产和再投资，亦即不断扩大的再生产过程。马克思说："为积累而积累，为生产而生产——古典经济学用这个公式表达了资产阶级时期的历史使命。"①也就是说，积累既是资本主义生产方式的历史使命，也构成了资本主义生产方式的生命活动。如果积累的动力消失了，资本主义生产方式也就随之终结。绿色革命期间旁遮普邦农业现代化的成功意味着该邦农业经历了资本积累的过程。吉尔认为，自1965—1966年以来旁遮普邦的农业经历了比较迅速的资本主义发展，农民阶级中拥有较多土地和资本资源的部分已经转变为一个"资本主义农场主阶级"。与他们拥有的土地占全部土地的比重相比，这些农场主拥有的拖拉机、脱粒机和水泵之类的资本资产占全部资本资产的比重更大。② 另外，该邦的"资本主义农场主""不仅从农业生产和生产率的提高中获益，还从政府的农村发展计划中受益。他们通过租赁、抵押或出售等方式吞并贫农的成果。"③ "拥有10公顷以上土地的大耕作者占全部耕作者的5.01%，他们经营的土地面积却占全部土地面积的26.86%（1970—1971年）。1980—1981年，他们在全部耕作者中的比重增加到了7.19%，而他们控制的土地面积份额也增加到了29.17%。这些农场主拥有可投资于土地的剩余。"④

但不幸的是，与此同时，"这种投资的回报率日益下降，使得这种投资越来越无利可图。每公担小麦的收益率从1970—1971年度的24.50%下降到1977—1978年度的1.32%。结果是，从每公顷小麦中所获得的净收入从1971—1972年度的328卢比减少到1981—1982年度的54卢比。由于来自农业的收益率日益降低，资本主义农场主深受困扰。他们中的一些人将剩余投资于非农业领域，特别是交通、电影和冷藏等行业。但是这些行业的投资回报率也日益下降。对他们来说，要进入工商业领域是很困难的。首先，他们不具备从事工商业活动所必需的技能和经验；其次，他们

---

① 马克思：《资本论》（第1卷），人民出版社1975年版，第652—653页。
② Sucha Singh Gill, "Agrarian Capitalism and Political Processes in Punjab," in T. V. Sathyamurthy ed., *Industry and Agriculture in India since Independence*, Delhi: Oxford University Press, 1995, p. 250.
③ Sucha Singh Gill, "Agrarian Capitalism and Political Processes in Punjab," in T. V. Sathyamurthy ed., *Industry and Agriculture in India since Independence*, p. 253.
④ Sucha Singh Gill, "Agrarian Capitalism and Political Processes in Punjab," in T. V. Sathyamurthy ed., *Industry and Agriculture in India since Independence*, p. 253.

必须面对现有工商企业的残酷竞争。只有传统的商人阶层和手工业者，特别是木匠和铁匠，才能进入该邦的新兴工业部门"。① 也就是说，旁遮普邦的剩余农场主在资本主义农业发展的过程中碰到了积累危机。

在遭遇积累危机、缺乏投资机会的情况下，剩余农场主会怎样处理生产出来的可积累剩余呢？显然，在不能为可积累剩余寻得生产性用途的情况下，这些剩余就只能用于消费。具体来说，就是用来扩大农场主本人及其家庭成员的"奢侈消费"和提高"生活质量"。提高生活质量的方式是多种多样的，它不仅表现在改善衣食住行等物质条件方面，还表现在提高生活的悠闲度上。实际上，旁遮普邦农业中雇佣劳动的发展或者说雇佣劳动对农场主的家庭劳动的替代，与其说是为了在资本主义基础上适应生产规模扩大的需要，还不如说是为了使农场主本人及其家庭成员摆脱繁重的农业劳作，提高他们的生活悠闲度。② 早在 1974 年，旁遮普邦农村消费水平就已经在印度各邦独占鳌头。根据该年度的国家抽样调查，旁遮普邦农村中月消费支出在 43 卢比以上的农户比例高达 87.0%，远远高于仅次于它的哈里亚纳邦 78.6% 的水平。③ 鉴于旁遮普邦农业中雇佣劳动的非资本主义性质，雇佣劳动也不再是资本主义剥削的代名词。换言之，旁遮普邦农业中雇佣劳动的非资本主义性质允许雇佣劳动者把自己的收入提升到古典资本主义生产方式下雇佣劳动者的正常收入水平以上，从而使旁遮普邦农业中出现一种比较公平的增长。这种在典型的资本主义发展过程中不大可能出现的现象，的确在旁遮普邦农业发展过程中出现了。关于这一点，默里·李夫对旁遮普邦中东部一个村庄的田野研究为我们提供了实例。在这个村庄，与农场主净收益的增长相比，绿色革命期间农业劳工在总产量中获得的份额更大。结果，农业劳工的福利几乎与农场主出现了同等的提高："住宅是一种主要的终极收入形式和一般福利的基础，在该村那些从

---

① Sucha Singh Gill, "Agrarian Capitalism and Political Processes in Punjab," in T. V. Sathyamurthy ed., *Industry and Agriculture in India since Independence*, Delhi: Oxford University Press, 1995, p. 253.

② 这种现象在劳动密集的传统农业的发展过程中似乎更为常见。约翰·梅尔（John Mellor）在论述传统农业中农场的一般特征时指出："［在传统农业的农场中，］使用更多的雇佣劳动的趋势主要是由于与雇主的收入相比，雇工的工资水平很低，以及缺乏有吸引力的消费品。低工资率使雇主情愿支付雇佣劳动的工资从而给自己带来更多的闲暇时间，并因之提高自己的社会地位。"（约翰·梅尔：《农业经济发展学》，何宝玉等译，农村读物出版社 1988 年版，第 130 页。）

③ Krishna Bharadwaj, "Regional Differentiation in India," in T. V. Sathyamurthy ed., *Industry and Agriculture in India since Independence*, Delhi: Oxford University Press, 1995, p. 206.

事农业劳动的人中间新房添置率几乎与土地所有者中间的新房添置率相等。"① 在这里,"资本主义积累的绝对的、一般的规律"即劳工贫困的积累的现象没有出现。

这样看来,旁遮普邦的所谓资本主义农业已经基本上失去了它的资本主义生产方式的性质,而转向一种与之对立的农业生产方式:如果说资本主义农业生产方式是一种生产取向的农业生产方式,那么,旁遮普邦的农业在投资机会不断缩小和积累危机日趋严重的情况下就日益转化为一种消费取向的农业生产方式。当然,这里存在着两种可能:一种是旁遮普邦的农业在绿色革命开始时是建立在资本主义生产方式基础上的,只是在后来遇到积累危机时才转化为那种与资本主义生产方式相反的消费取向的生产方式;另一种是旁遮普邦的农业生产方式从绿色革命一开始就是消费取向的,而积累仅仅被当作扩大消费的手段。华盛顿大学教授保罗·布拉斯更倾向于认同后一种可能性。针对许多学者把印度绿色革命中新兴的富裕农场主阶级视作"资本主义的"见解,他写道:

> 在确定富裕农场主或 kulak(富农)阶级的身份时,出现了过分简单化的做法。尽管印度现在确实存在着许多大农,这些大农即便不符合我们对 kulak 的描述,也符合(我们)对资本主义农场主的描述,但是,来自支配种姓的大部分农民在极大程度上既不是从事劳动剥削的,也没有把他们的土地及其产品主要看作用于交换和投资的商品,从而在这个意义上可以被视为资本主义的。大部分人依然依靠家庭和牲畜的力量来满足他们对劳动需求的半数以上,他们经营农场,而这些农场的产品除了在市场上出售外,还用来满足相当部分的生计需要。相对于必须依靠他们土地的产品来活命的依附者的人数而言,只有一小部分人才拥有足够多的土地,使他们能够主要根据市场销售的需要来安排他们的生产。②

不管实际情况到底如何,有一点是无可置疑的。那就是,由于旁遮普

---

① Murray Leaf, "The Green Revolution in a Punjab Village, 1965 – 1978," *Pacific Affairs*, Vol. 53, No. 4 (Winter, 1980 – 1981), p. 621.

② Paul R. Brass, *The Politics of India since Independence* (Second Edition), New York: Cambridge University Press, 1994, p. 332.

邦的农场面积相对狭小（根据表3和表4中的数据，我们不难计算出1980—1981年度旁遮普邦的"超大单位"农场的平均面积仅为48.51英亩，而同一时期美国农场的平均面积已经达到了429英亩），旁遮普邦农业中的积累冲动从一开始就受到这个资本积累的不利条件的严重限制。而到绿色革命结束时旁遮普邦农业已成为一种非资本主义农业，看来是一个可以肯定的事实。我们将旁遮普邦前述1980—1981年的农业数据与1990—1991年的同类数据加以比较，就可以清楚地看到这一点。

表7　　1990—1991年旁遮普邦农户结构和不同组别农户的经营面积

	边际单位 （1公顷以下）	小单位 （1—2公顷）	中等单位 （2—4公顷）	大单位 （4—10公顷）	超大单位 （10公顷以上）	合计
户数（千个）	296	204	289	261	67	1117
耕地面积（千公顷）	164	328	842	1622	1077	4033
平均规模（公顷）	0.55	1.61	2.91	6.21	16.07	27.35

资料来源：Department of Agriculture & Cooperation, Ministry of Agriculture, Government of India, *Agricultural Statistics at a Glance*, 2002. http://agricoop.nic.in/stat2003.htm.

将表7与表3和表4中的同类数据加以对照，我们不难发现：在1980—1981年至1990—1991年，一方面，旁遮普邦边际单位、小单位和中等单位的数量不同程度地增加了（其中边际单位数量的增长特别引人注目，约增长了一半），而大单位和超大单位的数量则明显下降了。另一方面，在边际单位、小单位、中等单位和大单位耕地面积增加的同时，超大单位占有的耕地面积却大大减少了，减少幅度几达1/4。最后，就最有可能在资本主义基础上发展的超大单位来说，其平均规模在1980—1981年至1990—1991年从19.40公顷减少到16.07公顷，减少了17.16%。总之，旁遮普邦在这个十年中农业结构的演变趋势与上一个十年形成了鲜明对照：如果说该邦农业结构在1970—1971年至1980—1981年表现出了鲜明的资本主义发展特征的话，那么，该邦农业结构在1980—1981年至1990—1991年却表现出了同样鲜明的非资本主义农业的发展趋势。

如果说旁遮普邦1980—1981年至1990—1991年农业结构的变化，只是为绿色革命后该邦农业已经转变为一种消费取向的非资本主义农业这一事实提供了间接证据的话，那么，1990年H.S.舍吉尔对旁遮普邦耕作农场主间土地市场交易状况所做的一项随机抽样调查研究则提供了一个直接的证据。该研究表明，在该邦土地市场上最倾向于出售土地的是那些原来拥有较多土地，现在却沉溺于酗酒和吸食鸦片的土地所有者（见表8）。该研究还表明，较大的地主更倾向于"沉沦"。① 对我们来说，这当然是一个十分有趣而且很能说明问题的发现。它表明，在绿色革命后的旁遮普邦农村中，对农业资本主义的发展必不可少的那种"资本主义精神"（马克斯·韦伯语）已经消失殆尽了，即便它在历史上曾经引人注目地存在过。取而代之的是一种与资本主义精神截然对立，然而却符合消费取向的农业生产方式规律的享乐主义。因此，V. 什瓦认为，旁遮普邦的绿色革命不仅是一种"技术和政治战略"，还是一种"替换传统的农民价值观的文化战略：竞争取代了合作，炫耀性消费取代了俭朴的生活，对补贴、利润和盈利价格的算计取代了对土地和作物的操持。"② 他不无担忧地写道："旁遮普邦经济、社会和文化二十年的迅速转变已经产生了一种伦理和道德危机。压倒一切的金钱和利润文化破坏了旧的社会，撕碎了从前支配着社会的道德规范。在一个旧生活形式已被扰乱的社会中新出现的现金流通造成了许多社会病的流行，如酗酒、抽烟、吸毒、黄色电影和文学的泛滥以及针对妇女的暴力等"。③ 在什瓦看来，20世纪80年代初旁遮普邦锡克教原教旨主义的兴起正是对这种"文化堕落"的矫正性反映，而不是出于反印度教和印度教徒的教派主义鼓噪。④

在资本主义精神缺失的情况下，当代旁遮普邦的农业生产方式自然就很难是资本主义的了。与此相适应，旁遮普邦农业中的资本形成也已经不是以资本主义生产方式为基础。据迪潘卡尔·巴苏说，他的一位研究旁遮普邦农业关系的密友让他注意当前该邦农业中存在的一个十分重要的事实，即"像'社会荣誉'这样的意识形态因素对农业机械化过程的侵入（他指出，在当代的旁遮普邦拥有拖拉机，与其说是一个从生产条件中产

---

① Himmat Singh, *Green Revolutions Reconsidered: The Rural World of Contemporary Punjab*, New Delhi: Oxford University Press, 2001, p. 145.

② Vandana Shiva, *The Violence of the Green Revolution: Third World Agriculture, Ecology and Politics*, London: Zed Books Ltd., 1991, pp. 184 – 185.

③ Vandana Shiva, *The Violence of the Green Revolution: Third World Agriculture, Ecology and Politics*, London: Zed Books Ltd., 1991, p. 185.

④ Vandana Shiva, *The Violence of the Green Revolution: Third World Agriculture, Ecology and Politics*, London: Zed Books Ltd., 1991, pp. 185 – 188.

生出来的某种资本主义动机的问题,不如说是一个关于农民的'社会荣誉'的问题)"。[1] 如果说当代旁遮普邦的农业生产方式已经基本上失去了资本主义性质,并已经转变为一种消费取向的农业生产方式,那么,它就应该符合传统的农业变迁模式,从而在农业变迁过程中伴随着人口的快速增长。假如这个命题能得到经验事实的支持,那么,我们就可以更有把握地说,绿色革命后旁遮普邦的农业确实已经转化为非资本主义的农业生产方式了。幸运的是,我们确实找到了支持这个命题的经验数据。

表8　　　　耕作农户间的土地市场交易/土地分配的变化

规模分组根据出生时占有的土地规模(英亩)*	成长型和衰败型农场数目**	出生时所有的土地数量	出生后购买的土地数量	出生后出售的土地数量	通过土地市场得到/失去的土地净量 英亩数(第4—5栏)	通过土地市场得到/失去的土地净量 所占百分比(第6栏/第3栏×100)	目前所有的土地数量
小农户(0—9.99)	27(45)	148.2(17.33)	60.1(38.48)	30.2(34.09)	29.9(44.45)	20.2	178.1(19.30)
中等农户(10.00—19.99)	18(30)	272.5(31.87)	47.6(30.47)	27.2(30.70)	20.4(30.18)	7.5	292.9(31.75)
大农户(20.00以上)	15(25)	434.3(50.80)	48.5(31.05)	31.2(35.21)	17.3(25.59)	4.0	451.6(48.95)
全部/总计	60	855.0	156.2	88.6	67.6	31.7	922.6

注释:括弧中的数字表示对总计的百分比。
* 出生是指农户的当前户主开始管理农场的时间。
** 成长型农户购买的土地和衰败型农户出售的土地之间的差额67.6英亩是指非耕作所有者向耕作所有者转让的土地净额。这样,该研究完全集中于从事耕作的所有者农户。
资料来源:H. S. Shergill, "Land Market Transaction and Expansion/Contraction Owned Area of Cultivating Peasant Families in Punjab," *Indian Journal of Agricultural Economics*, Vol. 45, No. 1, Jan. - Mar., 1990, p. 19. (转引自Himmat Singh, *Green Revolutions Reconsidered*: *The Rural World of Contemporary Punjab*, New Delhi: Oxford University Press, 2001, p. 146.)

旁遮普邦政府的经济和统计机构与旁遮普农业大学的经济和社会学系

---

[1] Dipankar Basu, "Some Questions about Agrarian Structure in Contemporary India," May 7, 2007, http://radicalnotes.com/journal/2007/05/12/some-questions-about-agrarian-structure-in-contemporary-india/.

对该邦的农场收入状况做了全面的调查研究。表9是S.S.格里瓦尔等人利用前者的调查数据制作的一张表格。对我们来说，这张表格中的数据令人瞩目的地方，既不是它反映了旁遮普邦在减少和消除贫困方面所取得的成绩（在这张表中，只有最低一组10%的农户低于1987—1988年印度官方规定的贫困线标准：人均年收入1538卢比），也不是它反映了绿色革命后旁遮普邦收入不平等状况的延续这一事实，而是它表明了这样一个十分有趣的关系：随着平均农场规模、平均农场总收入和人均收入的提高，平均家庭规模呈现出递增的态势。

如果我们把表9中的10个十分组进一步划分为4个大的组别：第Ⅰ组包括前10%—20%十分组的农户，第Ⅱ组包括30%—50%十分组的农户，第Ⅲ组包括60%—80%十分组的农户，第Ⅳ组则包括余下的90%—100%十分组的农户，那么，我们将不难发现两个有趣的事实：首先，每一大组中农户的平均家庭规模是十分接近或比较接近的，可以说大致处在同一个数量级上；其次，随着大组别等级的提高（即随着平均农场规模、平均农场总收入和人均收入水平的提高），较高的大组别农户的平均家庭规模也相应地提高到一个新的更高的数量等级，即从第Ⅰ组的平均5.75人，依次递增到第Ⅱ组的6.14人，第Ⅲ组的7.02人和第Ⅳ组的9.29人。这个事实清楚地表明，在旁遮普邦，农场主的家庭规模与他们的农场规模、农场总收入和人均收入之间存在着正相关关系。不用说，较大的家庭规模既是较高的人口增长率的函数，也是较高的人口增长率的自变量。因而，在旁遮普邦，这个被当代许多学者看作印度"资本主义农业"心脏地带的地方，我们现在看到的却是一幅完全不同于资本主义农业发展的景象：较大的农场规模及其带来的较高的农场总收入和较高的人均收入并没有被这些处在有利地位的农场的主人用作市场竞争的武器，用作进一步扩大他们的农场规模和实现土地合并的工具，而是成为这些农场主得以过着相对优越甚至"腐朽"的生活和卖力地繁衍子嗣的经济基础！这绝不是资本主义农业发展中的现象。

这样看来，如果说绿色革命期间旁遮普邦的农业发展还表现出某些资本主义特征和表象的话，那么，绿色革命后的旁遮普邦农业无论从哪个方面来看都很难说是资本主义的了。然而，再次与传统的农业资本主义发展理论相矛盾的是，绿色革命后旁遮普邦农业中的雇佣劳动不但没有由于非资本主义化而出现消退的迹象，反而获得了更大的发展。从表10中我们可以看到，1981—2001 年，旁遮普邦农业劳工的数量不但没有减少，还增长了 36.41%；同时，农业劳工占农业劳动力总数的比重也进一步提高了，从 1981 年 38.20% 提高到 2001 年的 41.91%，增加了 3.71 个百分点。这些经验数据再次有力地证明在农业部门中，雇佣劳动的发展完全可以建立在非资本主义生产方式的基础之上。

表9　1987—1988 年旁遮普邦不同组别农户人均农场收入的变化

十分组（百分比）	平均农场总收入（卢比）	平均农场规模（英亩）	平均家庭规模（人）	人均收入（卢比）	大分组（平均家庭规模）
10	4845.86	2.85	5.86	827.34	Ⅰ
20	9609.95	4.56	5.64	1704.99	(5.75)
30	14614.62	4.52	6.19	2360.82	
40	19306.36	4.42	6.09	3169.70	Ⅱ
50	24256.57	7.58	6.14	3948.74	(6.14)
60	31350.45	8.30	7.63	4257.47	
70	40239.86	8.23	6.71	5993.17	Ⅲ
80	56870.59	13.63	6.73	8453.74	(7.02)
90	78156.57	18.36	8.71	8968.79	Ⅳ
100	110018.40	21.82	9.86	11153.94	(9.29)

资料来源：Grewal, et al. (1990), "A Study of Farm Incomes in Punjab", Research Report, Department of Economics and Sociology, Punjab Agricultural University, Ludhiana, p. 34. 转引自 Himmat Singh, *Green Revolutions Reconsidered: The Rural World of Contemporary Punjab*, New Delhi: Oxford University Press, 2001, p. 148.

表10　绿色革命后旁遮普邦农业中雇佣劳动的进一步发展　　　（个）

年份	农业劳动力总数	耕作者	农业劳工	农业劳工占农业劳动力总数的比重（%）
1981	2859511	1767286	1092225	38.20
2001	3554928	2065067	1489861	41.91
变化率（%）	24.32	16.85	36.41	3.71

资料来源：B. S. Hansra & A. N. Shukla, *Social, Economic and Political Implications of Green Revolution in India*, Table 14.1 (p. 149); Census of India, 2001: T00-009: Distribution of Workers by Category of Workers, http://www.censusindia.net/t_00_009.html.

四　结论

在关于农业资本主义的传统理论中，雇佣劳动（或工资劳动）一直被看作农业资本主义的基本要素和标志。[1] 罗伯特·布伦纳在《前工业时代欧洲的农业阶级结构和经济发展》一文中就对"农业资本主义"作了如下界定："在资本改良基础上使用工资劳动耕作的大型的、统一的地产。"[2] 不仅如此，布伦纳还认为，正是他所谓的农业资本主义造成了近代英国农业乃至整个经济的发展。在同一篇文章中，布伦纳写道："在我看来，正是古典的地主—资本主义佃农—工资劳动结构的形成使得英国农业生产的转型成为可能，而这又进一步成为使英国独占鳌头的整个经济发展的关键。"[3] 然而，我们对绿色革命期间印度旁遮普邦农业发展所作的考察却表明，雇佣劳动的发展可能不仅不是农业资本主义发展的标志，还可能是农业资本主义发展遭遇危机乃至停滞的结果和反映。雇佣劳动完全可以在非资本主义生产方式的基础上得到发展。

诚然，许多研究农业问题的学者早已认识到雇佣劳动和农业资本主义之间的复杂关系。乌莎·帕特内克在考察独立前印度农业中雇佣劳动的发展时就已经指出："从表面上看，这似乎表明在殖民主义时期结束时资本主义生产关系已经大大渗透到前资本主义结构中；大土地所有者和工资劳动者之间的关系本质上已经是一种资产阶级关系；大土地占有者以利润形式从工资劳动者那里榨取的剩余价值也因而至少是一种与地主从小佃农那里榨取的前资本主义地租同样重要的剥削方式。然而，我认为，如果简单

---

[1] 实际上，这也是我国研究农业资本主义问题的学者的传统观点。在《明清时代的农业资本主义萌芽问题》一书中，李文治等就把自由的雇佣劳动当作农业资本主义的根本标志。他说："农业生产力的发展是农业资本主义萌芽发生发展的前提条件，没有这个前提条件资本主义萌芽就很难产生。农业雇佣关系性质的变化，自由劳动的出现，则是鉴别农业资本主义萌芽发生发展的根本标志。"（李文治等：《明清时代的农业资本主义萌芽问题》，中国社会科学出版社1983年版，第2页。）

[2] Robert Brenner, "Agrarian Class Structure and Economic Development in Pre-industrial Europe," *Past and Present*, No. 70 (Feb., 1976), p. 45.

[3] Robert Brenner, "Agrarian Class Structure and Economic Development in Pre-industrial Europe," *Past and Present*, No. 70 (Feb., 1976), p. 63.

地把大量农业劳工的存在当成农业资本主义组织发展的证据,将是错误的。"① "这里提出的基本观点是,虽然历史地看小农的贫困化、他们的无产化和'自由'劳动力的产生对农业资本主义——事实上对整个资本主义——的发展都是一个必要条件,但它还远不是充分条件。"② 同样,W. 申德尔在考察印度孟加拉邦农业中的无产阶级化现象时也指出:"在分治后时期,工资劳动的增长伴随着长期劳动束缚的衰落和临时性日工的增长,(工资劳动)只是偶尔通过消费预付款实行季节性束缚。雇主和劳工之间的关系已经大大失去了原来的特殊的个人庇护性质,但是不应该将这种变化毫不犹豫地理解为农村资本主义的发展。在总体上,资本主义生产关系在后英印统治时期的孟加拉农村中并没有取得特别显著的进展。一个庞大的农村无产阶级的形成与其说是'积极的'无产阶级化——在这个过程中,资本家迫使边际土地持有者离开他们的土地——的产物,不如说是经济停滞和人口增长相结合的产物。"③ 詹·布莱曼则进一步把印度农业中雇佣劳动的发展理解为"农业内卷化"。他说:"一支日益增长的农业劳工队伍并不必然意味着资本主义分化过程的存在。无地化当然可以反映这样一种分化。但是它也可能反映人口对土地的日益增长的压力,这种压力将逐渐把处在土地占有阶层底层的农民排挤到没有土地的农业劳工阶级队伍中去。这种可能性是首先在吉尔茨对印度尼西亚农业内卷化的论文中指出的。范·穆伊吉森伯格(Van den Muijzenberg)以及后来的速水和菊池验证了他的这个观点对菲律宾吕宋岛中部地区的适用性。还有一些研究表明,至少在印度的某些地区也存在着这种过程。"④

这样,在乌莎·帕特内克、申德尔和布莱曼等人那里经典的资本主义概念已得到了修正。雇佣劳动的发展不再被等同于资本主义的发展。不过,我们也会注意到,他们在讨论非资本主义的雇佣劳动发展时是把这个问题放在同一个背景下的:农业衰败。换言之,他们是把雇佣劳动的"发

---

① Utsa Patnaik, "Development of Capitalism in Agriculture - I ," *Social Scientist*, Vol. 1, No. 2 (Sep., 1972), p. 17.

② Utsa Patnaik, "Development of Capitalism in Agriculture - I ," *Social Scientist*, Vol. 1, No. 2 (Sep., 1972), pp. 22 - 23.

③ Willem Van Schendel, *Three Deltas: Accumulation and Poverty in Rural Burma, Bengal and South India*, New Delhi: Sage Publications, 1991, pp. 190 - 191.

④ Jan Breman and Sudipto Mundle, *Rural Transformation in Asia*, Delhi: Oxford University Press, 1991, p. xxi.

展"同农业"衰败"而非农业发展联系在一起的。雇佣劳动的发展被看作农业衰败的表现，而非农业发展的标志。然而，经典的农业资本主义理论家们（如列宁）却是把农业资本主义置于农业发展的背景下考察的。所以，在乌莎·帕特内克等人证明了雇佣劳动的发展不能绝对地等同于资本主义发展后，依然存在着这样一个问题：在农业发展的背景下，雇佣劳动的发展是否就意味着农业资本主义的发展？

对这个问题，绿色革命时期旁遮普邦的农业发展提供了一个可资检验的个案。作为印度绿色革命的"心脏地带"和农业现代化最成功的地区，绿色革命时期的旁遮普邦无疑经历了相当程度的劳动生产率的提高和农业发展。以1990—1993年价格水平计算，旁遮普邦男性农业工人平均产值在1962—1965年是11302卢比，在1970—1973年是14950卢比，在1980—1983年是20646卢比，在1962—1965年至1970—1973年年均增长3.56%，在1970—1973年至1980—1983年年均增长3.28%。[1] 这个事实也在这一时期该邦农业工人工资水平的持续提高上得到了进一步证实。[2] 然而，我们也看到了，即便是在这种农业发展的背景下，旁遮普邦农业中雇佣劳动的"高度"发展依然不是农业资本主义发展的标志，而是农业资本主义"不发展"的产物。相对而言，美国高度发达的农业资本主义却是以雇佣劳动的相对不发展为其特征的。这两个事实看来都有悖于传统的农业资本主义理论。在这里，传统的农业资本主义发展理论必须做出某种修正，也就是必须解构雇佣劳动和农业资本主义的等同性。雇佣劳动并非无条件的就是农业资本主义发展的标志。雇佣劳动只有在农业生产过程中加以生产性使用（即为了增加利润而非为了增加休闲）时，才是农业资本主义发展的"最确实和最直接的指标"。农业生产中对雇佣劳动的消费性使用（即不是为了增加利润而是为了增加休闲）不仅不是资本主义发展的标志，还是资本主义不发展的结果和反映。或许在农业资本主义经典理论家

---

[1] G. S Bhalla and Gurmail Singh, "Recent Developments in Indian Agriculture: A State Level Analysis," *Economic and Political Weekly*, March 29, 1997, p. A – 12.

[2] 关于这一点，沙尔马写道："在绿色革命的高潮期（1967—1973年），农业田间工人和熟练工人的工资率提高了100%以上。不过，在随后的几年里，熟练工人的工资率提得比田间工人快。例如，在1974年至1984年，农业田间工人的日工资提高了3.50卢比，而熟练工人的日工资提高了12.50卢比。"(J. L. Sharma, "The Impact of Green Revolution on Income and Employment in Punjab," in B. S. Hansra & A. N. Shukla eds., *Social, Economic and Political Implications of Green Revolution in India*, New Delhi: Classical Publishing Company, 1991, pp. 166 – 167.)

们的意识中,生产过程中雇佣劳动的使用总是生产性的。然而,这个从有限的经验研究中得出的一般假设并非总是事实。本文对绿色革命期间旁遮普邦农业发展过程的分析表明,绿色革命期间旁遮普邦农业中对雇佣劳动的使用就是非生产性的,从而使这一时期旁遮普邦的农业经济成为一种现代农业中的"消遣经济"。① 由此,绿色革命期间旁遮普邦的农业发展也就表现为一种十分独特的类型,即雇佣劳动基础上的非资本主义农业现代化。

---

① "消遣经济"是费孝通描述 1938—1939 年云南禄村"传统经济态度"的术语。按照费老的解释,消遣经济是更看重"消遣"而较不看重"消费"的经济:"消费是以消耗物资来获取快感的过程,而消遣则不必消耗物资,所消耗不过是一些闲空的时间。"(费孝通、张之毅:《云南三村》,社会科学文献出版社 2006 年版,第 113 页。)与这种经济态度相一致,禄村农业中盛行雇佣劳动,以便把土地所有者从农业劳动中解放出来,享受"闲暇"。这种现象与绿色革命期间印度旁遮普邦农业中盛行雇佣劳动的现象十分相像,然而两者之间的差别也是显而易见的。按照费老的说明,禄村农业中雇佣劳动盛行的前提是低劳动价格,而这一点恰恰不是旁遮普邦农业雇佣劳动的特征。更重要的是,禄村农业并没有像旁遮普邦农业那样经历资本化或现代化的过程,它依旧是以土地为基础和核心的"传统农业"。所以,可能正像费老所主张的那样,"雇佣自营"的禄村农业只能作为反映工商业不发达条件下中国内地传统农业状况的个案,而不适于用来说明和评价另外一种性质完全不同的农业(即以资本为基础和以资本形成为核心的现代农业)的内部结构和相关理论。事实上,无论是马克思、列宁、考茨基,还是其他考察农业资本主义发展的学者,无不预设了农业中存在着资本形成的动态变迁过程,从而都以"资本"而非"土地"为参照点。

土耳其尝试加入欧盟的曲折进程与原因评析（1987—1999）

张 杰[*]

地处欧亚大陆交界处的土耳其的"欧化"梦想由来已久。其源头可以追溯到土耳其共和国建立以前。现代土耳其的前身是历史上盛极一时的奥斯曼帝国。奥斯曼帝国后期，在内忧外患日益严重的局势下，帝国的部分政治精英放弃了因循守旧的复古路线，将目光投向西方。从18世纪末期开始，以苏丹塞利姆三世为先驱，在奥斯曼帝国内部掀起了连绵不绝的以效法西方为导向的改革运动。主要的效法对象是法国、德国等欧洲强国。革新力量最终并未能实现挽救帝国危亡的愿望，而效法西方的国家发展思路却在精英阶层中保存下来，并为在帝国废墟上崛起的土耳其共和国所继承和发扬。

冷战开始后，土耳其成为西方阵营中的重要成员。同时，欧洲一体化运动也逐渐兴起。对于土耳其无论就其基本国策还是现实利益而言，加入欧洲的一体化组织都是一种有利的选择。1948年和1949年，土耳其接连加入欧洲经济合作组织和欧洲议会。1959年7月，土耳其向新成立的欧洲经济共同体的部长理事会提交了成为其联系成员国的申请。1963年9月12日，土耳其与欧洲经济共同体签署了《安卡拉协议》，获得欧洲经济共同体联系成员国的身份。《安卡拉协议》第二十八条写道："如果土耳其完全接受共同体赖以建立的条约中所规定的义务，缔约组织将审视土耳其加入共同体的可能。"这项条款意义重大：它对土耳其未来的完全成员国身份做出了原则上的承诺，并成为欧盟1998年以来对土耳其进行年度常规

---

[*] 作者张杰系北京大学历史学系2002级硕士研究生。

评估报告的"基石"。①

在土耳其成为共同体完全成员国之前，土耳其与共同体关税同盟的实现是一个必经的阶段。就《安卡拉协议》的直接效用而言，主要涉及的就是关税同盟建立问题，规定关税同盟将经由预备、过渡和完成三个阶段。1970年11月23日，为了解决关税同盟建立的方式问题，土耳其与欧共体签订了《安卡拉协议》的附加议定书。附加议定书规定，除了纺织品等少数产品外，欧共体将废除从土耳其进口产品的关税壁垒和份额限制。1971年7月，土耳其大国民议会批准通过附加议定书。1973年1月1日起附加议定书正式生效，并为关税同盟的实现设定了明确的时间表：规定土耳其与欧共体的关税同盟将在22年内，即于1995年底之前建立。1980年9月12日，以埃夫伦将军为首的土耳其军方发动政变，罢黜德米雷尔总理及其政府，接管了国家政权。政变发生后，欧共体委员会发表决议说，欧共体极度关注土耳其的事态发展，希望人权得到尊重。欧共体国家的外长们也发表一项联合声明，称欧共体与土耳其的关系将依赖土耳其军人政权能否履行以下三个条件：重建民主制度；对人权进行报告；尊重政治犯的生命权。欧洲议会的态度则更为强硬，警告土耳其如不能尽快恢复民主制度，将考虑中止关系。1982年1月，欧共体决定正式中止《安卡拉协议》，并冻结了与土耳其的政治关系。土欧关系遂陷入僵局。

在1983年11月举行的土耳其大选中，厄扎尔领导的祖国党赢得选举胜利，土耳其军方还政于民。厄扎尔政府继承和发展了德米雷尔政府的"经济稳定计划"，实施外向型经济发展战略。在土耳其的政治家和国内商团中，恢复和发展与欧共体关系的呼声日渐高涨。从欧共体发展情况来看：1986年2月17日，欧共体通过《单一欧洲法令》，确定到1992年建成欧共体内部的统一大市场。对土耳其而言，加入这样一个欧共体对国内经济发展大有裨益。另外从国际环境考虑，与土耳其在塞浦路斯和领土问题上存在纠葛的希腊早在1981年就加入欧共体，从而得以占有一些维护其国家利益的便利。这也激发了土耳其政府加入欧共体的迫切心情。在上述因素的作用下，厄扎尔政府将加入欧盟定为其"终极目标"②。1986年9

---

① 1998 Regular Report: From the Commission on Turkey's Progress towards Accession.
② Ihsan D. Dagi, "Human Rights, Democratization and the European Community in Turkish Politics: The Ozal's Years, 1983–1987," Middle Eastern Studies, Vol. 37, No. 1, January 2001, pp. 17–40.

月，土耳其—欧共体联系理事会会议举行。土耳其政府在会上初步表达了申请加入欧共体的愿望，而土耳其国内的政治和经济形势变化也让欧共体软化了对土耳其的态度。中断数年的土耳其与欧共体关系重新展开。在这样一种时代背景之下，土耳其在1987年4月14日这一天，正式向欧共体提出了加入的申请，土耳其欧盟申请之路开启。

一　从第一次申请到关税同盟的实现（1987—1995）

1987年4月14日，土耳其国务部长博泽尔向欧洲理事会主席廷德曼斯递交了土耳其政府加入欧共体的申请书。博泽尔表示，正式申请加入共同体"对土耳其来说是个庄严和具有历史意义的时刻"[1]。不过，欧共体的态度却并不明朗。欧洲议会在土耳其递交申请后不久，先后通过要求土耳其承认亚美尼亚屠杀行为和尊重库尔德民族权利的决议，还敦促欧共体委员会和欧洲理事会就后者向土耳其施压。几个欧共体大国在人权问题上做起文章：法国议会于1987年11月专门组织会议讨论土耳其的人权问题，要求土耳其废止政治监禁，赦免政治犯。1988年4月，英国首相撒切尔在与土耳其总统会晤时，也把土耳其的人权状况作为主要话题。1988年10月土耳其总统访问联邦德国期间，联邦德国政府明言土耳其的人权问题将会伤害土耳其与欧共体的关系。与土耳其在领土和塞浦路斯问题上存在严重争端的希腊，则坚决反对土耳其的申请。初次申请所面临的这些问题，几乎贯穿于土耳其政府的欧盟追求之始终。

1989年12月18日，欧共体委员会对土耳其的申请做出正式表态：首先肯定了土耳其成为成员国的基本资格。但又认为虽然80年代以来土耳其经济和社会的发展已经取得了长足的进步，但与欧共体的标准还有着不小的距离，并提到了土耳其与希腊关系和塞浦路斯问题的消极影响。最后得出结论："立即与土耳其开始加入问题的谈判是无益的。"[2] 从而拒绝了土耳其的这次申请。此外，欧共体也提到了拒绝土耳其的自身原因：当时正值欧共体吸纳希腊（1981年）、葡萄牙（1986年）和西班牙（1986年）三个新成员不久；而欧洲"单一市场"也在计划建设中。忙于内部整合的

---

[1] 《土耳其申请加入欧洲共同体和西欧联盟》，《人民日报》1987年4月16日。
[2] *1998 Regular Report: From the Commission on Turkey's Progress towards Accession.*

欧共体暂且不再考虑继续扩大的问题。不过，欧共体委员会还是表达了加强与土耳其关系的愿望，建议与土耳其实现当年《安卡拉协议》所计划的关税同盟。

1990年2月5日，欧洲理事会认可了欧共体委员会的基本观点，并要求欧共体委员会制定加强与土耳其关系的详细建议。1990年6月7日，欧共体委员会通过了与土耳其合作的一揽子建议，其中涉及的方面有：完成关税同盟，恢复和强化财政合作；推动工业与技术合作；加强政治和文化联系。虽然这套方案因希腊的反对而未能在欧洲理事会通过，但它所反映的欧共体大部分成员国的积极态度，还是让土耳其看到了改善与发展欧共体关系，乃至实现成员国梦想的希望。

1990年海湾危机期间，土耳其坚定地站在了美国为首的西方一边。土耳其总统厄扎尔认为，这是"敲开西方大门的一次机会"[1]。而经过海湾危机的考验，土耳其在中东的战略地位在西方特别是在美国眼里也进一步强化。[2] 但与此同时，冷战的结束使得东欧国家开始向欧共体靠拢。而欧共体此时的扩大战略也是有意向东欧国家倾斜。这样一来，仿佛在一夜之间就为土耳其平添了不少竞争对手。土耳其本来早已站在了欧洲的门槛上，此时却面临着被后来者赶超的尴尬局面。1991年12月2日，土耳其外长切廷指出：土耳其希望加入欧共体，并愿意满足欧共体提出的要求。[3]

在土耳其政府对早日加入欧共体充满期待的同时，欧共体自身也发生了划时代的转变。1991年12月9日，欧共体首脑会议在荷兰马斯特里赫特召开。会议决定将欧洲共同体正式改名为欧洲联盟。会议签署了《欧洲联盟条约》，规定欧洲联盟的未来是要建立经济与货币联盟以及试图建立某种政治联盟。《欧洲联盟条约》的签署，标志着欧洲一体化开始向纵深层次发展。欧共体的性质也将由成立时的一个经济实体转变为一个经济和政治的双重实体，且后者的色彩将越来越浓。欧共体性质的转变所引起的一个相应的变化，就是对申请加入组织的国家提出了更为严格和全面的要求。1993年6月，欧盟诞生前最后一次欧共体首脑会议在哥本哈根举行，欧共体正式推出了为申请加入的国家制定的加入标准：一是政治标准。实

---

[1] 《海湾危机中的土耳其》，《人民日报》1990年9月13日。
[2] Canan Balkir and Allan M. Williams, *Turkey and Europe*, London: Pinter Publishers, 1993, p. 4.
[3] 《土强调独立自主外交政策》，《人民日报》1991年12月4日。

行民主政体、法治，实行多党制，尊重人权和保护少数民族的权益。二是经济标准。建立起有效的市场经济体制，在欧共体内部统一大市场具有竞争力。三是法律标准。建立西方的法律制度，现有制度要与欧共体国家的法律制度相融合。四是同意《马斯特里赫特条约》所规定的经济货币联盟和政治联盟的标准。为将来加入经济货币联盟、实行单一货币、执行共同的外交和安全政策做准备。要具备履行成员国义务的能力，包括坚持政治、经济和货币联盟的目标，是为一般所言的"哥本哈根标准"。1993年10月，欧共体各成员国都完成了对《欧洲联盟条约》的批准工作。1993年11月1日，《欧洲联盟条约》正式生效，欧洲共同体从此正式变身为欧洲联盟（简称"欧盟"）。

欧共体的变身，特别是"哥本哈根标准"的提出，对申请国家的影响是巨大的。它使得申请加入眼前的这个欧盟，再也不会像加入一个单纯的经济合作组织那样简单。申请国家必须按照这个看似无所不包的"哥本哈根标准"，经历一个漫长而深刻的、涉及各个领域的调适和转变过程。这对土耳其这样一个具有独特的历史传统和复杂的现实状况的国家而言，其中蕴含的挑战是不言而喻的。特别是新生的欧盟还把哥本哈根政治标准上升到其"共同价值观"的高度，以此向土耳其政府提出严格要求，成为以后几年内土耳其政府申请之路上的突出障碍。

在"哥本哈根标准"颁布前后，土耳其政府都表达了加入欧共体的愿望。1993年3月2日，在布鲁塞尔访问的土耳其副总理伊诺努对新闻界说，土耳其一直在为在不远的将来加入欧共体而努力。土耳其不指望欧共体现在就确定土耳其的加入日期，但土耳其希望欧共体在此问题上给予支持。[①] 1993年6月30日，土耳其新任总理奇莱尔在执政纲领中明确表达了加入欧共体的愿望。[②] 不过，根据《安卡拉协议》的精神，土耳其政府在此时的当务之急，是实现与欧盟国家的关税同盟。这也成为奇莱尔总理任期内对欧盟关系的主要任务。

1993年10月，土耳其—欧共体联系理事会举行会晤，确认双方已经为关税同盟做好了技术上的准备，具体的谈判工作势在必行。从1994年开始，土耳其与欧盟展开了关于实现关税同盟的谈判。

[①] 《土耳其要求尽早加入欧共体》，《人民日报》1993年3月5日。
[②] 《土耳其总理宣布施政纲领》，《人民日报》1993年7月2日。

1995 年初，在欧盟轮值主席国法国的积极斡旋下，欧盟加快了与土耳其实现关税同盟的步伐。1995 年 3 月 6 日，欧盟十五国外长[①]和土耳其外长在布鲁塞尔签署《关税同盟协议》。根据协议，双方将在 1995 年 12 月 31 日前在工业产品和加工农产品领域建立关税同盟。《关税同盟协议》还规定，欧盟将恢复自 1980 年土耳其军人干政以来所冻结的财政援助及合作。《关税同盟协议》的签署，被当时一些舆论认为是为土耳其最终加入欧盟"迈出了重要的一步"[②]。《关税同盟协议》签署后，面临的就是欧洲议会的通过问题。相比于欧盟委员会的积极运作，欧洲议会对于关税同盟的态度保守了许多。欧洲议会对土耳其国内的政治状况抓住不放，认为土耳其国内不理想的民主和人权状况将会影响关税同盟的实现。基于这种态度，欧洲议会能否在年底通过该协议，还是一个未知数。

　　为了让关税同盟不致胎死腹中，土耳其政府在国内和国际上进行了双管齐下的努力。在国内敦促大国民议会通过修改《1982 年宪法》的法令，扩大了国民的政治参与范围；并修改了《反恐怖法》中为欧盟所诟病的条款。不过迫于军方的压力，土耳其政府并没有在库尔德问题上接受欧盟提出的政治解决的要求。在国际上，奇莱尔总理和巴卡尔外长几乎遍访欧盟每一个成员国，以求得它们在欧洲议会里对土耳其的支持。奇莱尔总理在游说中将关税同盟放在了事关土耳其的世俗化方向的重要位置：关税同盟一旦实现，政府就能把代表伊斯兰复兴力量的繁荣党排除在外。[③] 反之，土耳其就很可能会屈从于伊斯兰原教旨主义潮流。[④] 在此期间，土耳其政府还不忘向民众宣传关税同盟的重大意义。奇莱尔总理号召国民为这个"两个世纪的共同梦想"[⑤] 的即将实现而欢呼。在她看来，关税同盟的实现称得上是一次伟大的胜利，等于是批准了土耳其成为欧洲国家的请求。

　　此时最强烈的反对声音来自繁荣党。在那时的繁荣党看来，欧盟是一

---

　　① 1995 年 1 月 1 日，瑞典、芬兰和奥地利三国加入欧盟。欧盟成员国的数量由 12 个增至 15 个。

　　② 《土耳其大步靠近欧盟》，《人民日报》1995 年 3 月 10 日。

　　③ *Turkish Daily News*, 27 November 1996（http：//www. turkishdailynews. com. tr，以下引用此报处同此网址）

　　④ Marvine Howe, *Turkey Today：A Nation Divided over Islam's Revival*, Boulder Co：Westview Press, 2000, p. 31.

　　⑤ *Turkish Daily News*, 3 January 1997.

个企图在政治和经济上支配土耳其的"基督教俱乐部"①，而关税同盟将使土耳其变成"西方的奴隶"②。繁荣党当时一位名叫埃姆雷的领袖分别致信土耳其总统、议会发言人和检察官，表示如果土耳其打算进入欧盟，就要准备打一场独立战争。③ 繁荣党主席埃尔巴坎信誓旦旦地说：如果繁荣党能够上台执政，他就会把《关税同盟协议》撕成碎片。④ 国内的这些不和谐声音并没能阻止奇莱尔政府努力成果的取得。1995 年 12 月 13 日，欧洲议会终于以多数票批准通过了欧盟十五国与土耳其建立关税同盟的协议。土耳其成为当时唯一和欧盟国家实现关税同盟的非欧盟成员国。

关税同盟的实现对于土耳其和欧盟双方而言总体上是一种积极的成果，但双方对关税同盟的期许其实又是不对称的，或者说存在着严重分歧。在土耳其眼里，通过关税同盟而加入欧盟，是土耳其的"国家梦想"⑤。早在 1994 年 12 月举行的土耳其—欧盟联系理事会会议上，与会的土耳其外长卡拉亚金就曾表示：关税同盟本身并不是土耳其的追求。它应该是通向联系国协议的最终目标（土耳其成为欧盟完全成员国）的一块垫脚石。后者才是土耳其政府的真正追求。⑥ 而且这种期许又是有历史依据的：按照 1963 年《安卡拉协议》第二十八条的规定，关税同盟将是成为欧盟成员国的最后一步。既然关税同盟已然实现，那么完全成员国身份的获得就应当是自然而然且为期不远的。

在欧盟看来，实现关税同盟和加入欧盟是两码事。前者与欧盟和其他地中海国家签署的自由贸易协议并无本质的不同；⑦ 而后者所牵涉的问题更多更复杂，有待双方进行更为漫长而艰苦的谈判。欧盟无法为土耳其提

---

① Kohen, Sami, "Turkey's Crusade to Join EU Forces a Historic Decision," *Christian Science Monitor*, 3 March 1995.

② Kohen, Sami, "Turkey and Europe Set to Bury the Scimitar as EU Votes on Pact," *Christian Science Monitor*, 12 December 1995.

③ Ayse Gunes-Ayata, "From Euro-scepticism to Turkey-scepticism: Changing Political Attitudes on the European Union in Turkey," *Journal of Southern Europe and the Balkans*, Vol. 5, No. 2, August 2003, pp. 205 – 222.

④ Yael Navaro-Yashin, *Faces of the State: Secularism and Public Life in Turkey*, Princeton: Princeton University Press, 2002, p. 57.

⑤ *Turkish Daily News*, 3 January 1997.

⑥ *Minutes of the 35th Meeting of the EC-Turkey Association Council*, 转引自 Arikan Harun, *Turkey and the EU: An Awkward Candidate for EU Membership?* Burlington, VT: Ashgate, 2003, p. 28.

⑦ Ziya Onis, "Turkey, Europe and Paradoxes of Identity: Perspectives on the International Context of Democratization," *Mediterranean Quarterly*, Vol. 10, Issue 3, Summer 1999, pp. 107 – 136.

供一个指日可待的加入日期。由此看来，土耳其政府以为欧盟成员国地位会紧随而至的想法，完全是一厢情愿的美好愿望，是大大低估了加入欧盟的难度。

关税同盟的实现让土欧关系看似一片大好，但事实上双方的固有分歧依然存在，只不过真正麻烦的问题被暂时搁置了。关税同盟实现后，不管双方的期许是怎样的不同，土耳其加入欧盟的问题总归是被正式摆上了谈判桌面，需要土欧双方直接面对。这使得此前被搁置的种种分歧和问题又浮出了水面。它们是土耳其政府无法绕开而又难以轻言让步的。而欧盟的"哥本哈根标准"从此也真正开始有了用武之地。从这一点上说，关税同盟对土耳其政府接下来的欧盟追求而言，既是一个希望的开端，又是一个麻烦的开始。

二　土耳其对欧盟成员国地位追求的受挫 (1996—1998)

1996年1月1日，《关税同盟协议》正式生效。从土耳其对欧盟关系发展的正常逻辑来看，此时重心向申请成为欧盟一员的转移是顺理成章的。不过，土耳其的国内政治也在这时出现了一个新变数，对土与欧盟关系产生了不可忽视的影响：具有伊斯兰背景的繁荣党上台执政。

繁荣党主席埃尔巴坎与正确道路党主席奇莱尔曾在竞选活动中大唱对台戏，而政局的演变却让他们在1996年6月28日组成联合政府同台执政。有评论者把新政府比作一辆由两位司机驾驶的汽车，"每个人都努力想开往彼此相反的方向"①。但是，土耳其国内世俗主义的强大力量是不会容许国家偏离凯末尔所设定的轨道的。埃尔巴坎总理宣布：土耳其新政府要加强同伊斯兰世界的关系，但也会继续保持与西方的密切联系。自己不反对关税同盟的建立，但它不应损害到土耳其的国家利益。② 事实上，这等于已经承认并肯定了关税同盟的建立。身为总理的他终于没有将上台前撕烂《关税同盟协议》的豪言付诸实施。8月11日，即将出访马来西亚的埃尔巴坎在接受《土耳其每日新闻》的采访时又提出"穆斯林日本"的说法：他表示自己并不想让土耳其背离西方，而是想让土耳其在保持穆斯林身份

---

① William Hale, *Turkish Foreign Policy: 1774 - 2000*, London: Frank Cass, 2000, p. 239.
② *Turkish Daily News*, 30 June 1996.

和民族价值观的前提下，推动现代主义的改革进程。"我们的目标是使土耳其成为一个'穆斯林日本'。我们希望一手举保守主义，一手举现代主义。"① 在这样一种总体思路的指导下，埃尔巴坎领导的繁荣党此时就不大可能中断或阻止政府对欧盟成员国目标的追求，在客观上为副总理奇莱尔的积极努力提供了一个较为宽松的空间。

从1996年下半年开始，确保欧盟将土耳其纳入新一轮扩大名单，成为土耳其政府对欧盟关系的中心任务。欧盟方面则为土耳其的入盟申请设置了较之关税同盟高得多的门槛。在7月中旬举行的欧盟都柏林峰会上，欧洲理事会敦促土耳其按照联合国安理会的决议解决塞浦路斯问题；还要求土耳其尊重"高标准"的人权。这些问题显然不是土耳其政府在短期内所能解决的。不过，以副总理兼外长奇莱尔为代表的土耳其政府领导人仍然表现出迎难而上的决心。10月17日，奇莱尔在一次记者招待会上表示，政府计划启动人权问题上的改革，以不再授欧盟以违反人权的口实。"如果他们依然如故（拒绝土耳其的申请），就等于承认自己是一个基督教俱乐部。"②

1996年12月13日，在布鲁塞尔举行的土耳其—欧盟联系理事会会议上，奇莱尔呼吁欧盟对本届土耳其政府保持国家稳定、实现经济快速增长和改善人权的能力予以充分信任。奇莱尔一方面强调改革不是为了取悦欧洲，而仅仅是为了土耳其人民的利益；但另一方面又对欧盟提出警告：如果在这种情况下欧盟仍然拒绝接纳土耳其，后果就会非常的糟糕。"土耳其人民就会质疑他们为什么被拒之门外。土耳其不应该是一个被遗漏和抛弃的国家。"③

在此时的正确道路党与繁荣党联合政府的欧盟追求中，存在着明显的温差。埃尔巴坎抱怨欧盟方面只盯着人权和库尔德问题，而对土耳其在本地区的战略意义和稳定作用视而不见，他对加入欧盟的态度似乎可谓不冷不热，强调土耳其在与欧盟打交道时的本位意识。埃尔巴坎的繁荣党的态度显得相对平淡，但至少也不像上台前那样拒斥欧盟，原来的他们甚至连关税同盟都坚决反对。从埃尔巴坎在这方面有限的表态中可以看出，同是对欧盟的批评，上台前是针对欧盟对土耳其的接近，而上台后针对的却是

---

① *Turkish Daily News*, 12 August 1996.
② *Turkish Daily News*, 18 October 1996.
③ *Turkish Daily News*, 14 December 1996.

欧盟对土耳其的疏远。两者的出发点是大相径庭的。面对外界对繁荣党上台前后政策转向的质疑，繁荣党发言人是这样解释的："在过去，我们要捍卫以我们自己的规则与欧盟打交道的权利，以免沦为欧盟的牺牲品。现在我们捍卫的还是相同的东西。我们必须捍卫土耳其的荣誉，不允许他们把我们的加入问题作为手中王牌来和我们游戏。"[①] 在这里，埃尔巴坎似乎已经褪去了上台前强烈的伊斯兰政治的色彩，为自己罩上了一层民族主义的光环。

以正确道路党领袖——副总理兼外长奇莱尔为代表的土耳其领导人显得积极主动。奇莱尔则表示把土耳其拒之门外的行为对欧盟本身更为有害，它将是对"欧洲理想"和世界和平的威胁。[②] 奇莱尔在对欧盟关系上秉承的是争取实现关税同盟时的策略：通过密切的政治对话解决双方分歧。在政治对话过程中，更多的是按照欧盟的思路来予以建设性的表态，表现出土耳其方面主动适应欧盟要求的姿态。在具体表态中无论是提到欧盟的自我认同还是土耳其的民意反映，奇莱尔的言外之意似乎都在于以此向欧盟施压，实质上仍是对通过政治对话尽快解决双方分歧、对尽快实现土耳其加入欧盟目标寄予很大的希望。

尽管土耳其政府在欧盟面前努力表现出国家的西化特征，欧洲的一些政要却还是要在土耳其的伊斯兰信仰背景问题上老调重弹。1997年3月4日，在布鲁塞尔举行的基督教民主欧洲人民党会议上，该党主席马汀就放言：欧盟的基督教价值观与土耳其的价值观是不一样的，土耳其永远也别想成为欧盟的候选成员国。在该党当日发表的声明中也称："欧盟是一项文明事业，土耳其在这项事业里没有位置。"[③] 并称与会者在此问题上已经达成了一致性认识。因为与会者中还包括像德国总理科尔、西班牙首相阿兹纳和意大利总理普罗迪这样的欧盟大国的政要，所以对土耳其而言意义非同小可。

在"文明事业"论调暗流涌动之际，欧盟在台面上仍对土耳其表现出一种公允客观的态度。1997年3月16日，欧盟各国的外长开会讨论了土耳其的入盟问题。最后声明：欧盟会像对待其他申请加入的国家一样对待

---

① *Turkish Daily News*, 3 January 1997.
② *Turkish Daily News*, 16 December 1996.
③ Meltem Muftuler-Bac and Lauren M. Mclaren, "Enlargement Preferences and Policy-making in the European Union: Impacts on Turkey," *European Integration*, Vol. 25, 2003, pp. 17 – 30.

土耳其。这在某种意义上似乎是对此前基督教民主欧洲人民党过激言论的修正。奇莱尔认为,这是为土耳其打开了一扇门,土耳其已经正式进入了完全成员国的轨道。[1] 当时的土耳其政府对欧盟态度高度在意,高度在意的背后则是对欧盟接纳土耳其所抱有的热切期待。

1997年4月29日,土耳其—欧盟联系理事会会议在卢森堡举行。欧盟在会上再次肯定了土耳其具备成为欧盟成员国的资格,重申对土耳其的评判标准和对其他国家并无二致。欧盟的《主席国声明》仍不忘提及一些土耳其加入欧盟的政治条件。如对于土耳其国内的库尔德人问题,"联盟仍然要强调的是,对恐怖主义的斗争要尊重人权和法治,并呼吁采取政治解决的方式。"[2] 同时还提到了与希腊关系、塞浦路斯问题,认为这些都是欧盟与土耳其关系继续发展的依赖因素。

1997年6月23日,繁荣党主席埃尔巴坎在军方压力下被迫辞去总理之职。一周后,由祖国党、民主左派党和民主土耳其党三党组成新的政府。祖国党主席耶尔马兹出任政府总理,民主左派党主席埃杰维特出任副总理。对于土耳其加入欧盟的目标,祖国党的总理耶尔马兹尤其对欧盟方面寄予厚望,并为此四处奔走。此时国内政局的趋于稳定,也为耶尔马兹在此问题上集中精力提供了必要的环境条件。

1997年7月16日,欧盟委员会通过《2000年议程》,提议波兰、捷克、匈牙利、斯洛文尼亚、爱沙尼亚和塞浦路斯为欧盟第一批入盟候选国。其中也提及了土耳其入盟问题:承认土欧关税同盟正在令人满意地发挥作用,土耳其至少在经济领域具备适应欧盟标准的能力。在这一天,欧盟委员会还公布了强化与土耳其关税同盟乃至经济技术合作的《通讯》。但作为推动双方关系的前提,再次向土耳其提出了塞浦路斯问题等有待解决的政治难题。土耳其外交部随后发表声明说,根据欧盟既定的标准,土耳其的状况并不比任何一个可以开始入盟谈判的申请国家更糟。欧盟委员会在这里显然已经违背了它此前对土耳其一视同仁的承诺。不过,土耳其政府此时的反应还是比较克制的,还是把主要希望寄托在了年底的欧盟卢森堡峰会上。

在土耳其政府的高度关注下,1997年12月欧盟卢森堡峰会如期召开。

---

[1] *Turkish Daily News*, 18 March 1997.
[2] *1998 Regular Report: From the Commission on Turkey's Progress towards Accession.*

会议决定：从 1998 年 4 月开始，欧盟将同波兰、捷克、匈牙利、斯洛文尼亚、爱沙尼亚及塞浦路斯六国分别展开入盟谈判。同时还将与保加利亚、斯洛伐克、罗马尼亚、立陶宛和拉脱维亚五个暂不符合入盟条件的国家，分别进行准备入盟的谈判。在讨论土耳其入盟问题时，法国和意大利持支持态度，而德国、希腊和欧盟轮值主席国卢森堡则予以反对。最终会议仅是无关痛痒地承认了土耳其具备加入欧盟的资格。而土耳其若想成为正式的欧盟候选国，就必须先满足三项政治条件：第一，人权记录的改善；第二，与希腊的关系状况；第三，塞浦路斯问题的解决。这样，土耳其仍然不在被欧盟接纳的行列，早日加入欧盟的希望又一次化为泡影，此前为此付出的种种外交努力也付之东流了。如果说十年前的初次申请由于恰逢欧盟内部整合之际，尚可用未逢其时来解释或安慰的话，那么十年过后在其他申请国家纷纷后来居上的背景下再次受挫，对于土耳其政府而言就不啻为一次空前的打击甚或屈辱。

卢森堡峰会的决定就像一盆泼向土耳其希望火花的冷水，令土耳其国内大失所望。一家主要的日报在报道此事时，更是使用了一个火药味十足的标题："下地狱吧，欧洲！"① 卢森堡峰会结束后的第二天，总理耶尔马兹在记者招待会上宣布，土耳其对欧盟提出的政治条件概不接受，并冻结与欧盟的政治关系。"土耳其不会参与泛欧会议。欧盟从现在起不用接受有关土耳其的政治议题。（不过）我们同欧盟成员国的关系还会一如既往。"耶尔马兹还扬言将加快与北塞浦路斯的一体化进程，这与欧盟的立场无疑是针锋相对的。

耶尔马兹认为，卢森堡峰会的决定是土耳其所不能接受的。"第一，土耳其没有和其他候选国家一样被纳入一个相同的框架中评估，或说没有被按照相同的标准。第二，会议为土耳其所提供的所谓的新的、积极的变化实际上是欧盟在过去曾经答应土耳其却未能做到的。第三，对土耳其的国内结构和外交政策充斥着歪曲、不公正和夸大的论断，而土耳其政府所取得的成就和进步却被总体上忽略了。第四，在这些错误的方法作用下，强加给土耳其不公正的政治条件。"在随后对美国的访问过程中，耶尔马兹继续抨击欧盟的做法：认为欧盟内部某些势力就是要把欧盟建成一个

---

① Paul Kubicek,"The Earthquake, the European Union and Political Reform in Turkey," *Mediterranean Politics*, Vol. 7, No. 1, Spring 2002, pp. 1 – 18.

"基督教俱乐部"。如果欧盟在明年6月前不能改变态度,土耳其就将撤回长期以来的欧盟申请。①

在野的党派里,繁荣党的态度最值得玩味。在卢森堡峰会前夕,曾几何时视西方如洪水猛兽的繁荣党主席埃尔巴坎,摇身一变仿佛成为西方价值的信徒。他声称:"西方的民主是最适宜保护人权和人的尊严的整体。"并就繁荣党所面临的取缔命运而愤懑地表示:"西方应该质问那些所谓的亲西方的执政当局,为什么他们现在不尊重西方价值。"② 卢森堡峰会之后,在朝野上下几乎一致对欧盟表示不满的背景下,繁荣党的副主席库坦的观点却独树一帜:"欧洲的确对土耳其持有不同的立场。但这个问题不能只靠控诉欧洲人来解决"。③ 他认为,对繁荣党的取缔正暴露了当局在人权和民主问题上的虚假性,而欧洲方面的决定也是意识到这一点后的结果。言谈话语中似乎带着一些幸灾乐祸的味道。埃尔巴坎和库坦们此类言语的醉翁之意是显而易见的:他们希望借助西方或欧盟的压力来阻止当局对他们的惩罚。西方的民主和人权在这时便成了他们政治生命的保护伞、护身符。

从1987年的第一次申请到1997年底卢森堡峰会的被拒绝,土耳其政府对欧盟成员国地位的追求已然历经十年。在这十年里,许多的申请国家后来居上,纷纷抢在土耳其之前加入欧盟或基本吃到了入盟的定心丸,进度之快令人瞩目。1989年,在土耳其政府提交申请两年后,奥地利、芬兰和瑞典也相继提出加入欧共体的申请;1992年欧共体开始与三国进行加入谈判;1995年1月1日,三国正式加入欧盟。从申请到正式加入,前后不过六年的时间。而东欧国家从1989年的政治巨变开始,到欧盟卢森堡峰会上成为欧盟候选国,也不过用了八年的时间。相比之下,土耳其的境遇则很可怜:经过十年的追求也不过是实现了与欧盟的关税同盟,连一个成员国的候选资格也没能获得。卢森堡峰会是土耳其政府欧盟追求的一个阶段性失败。在接下来的一年里,土耳其政府的欧盟追求就消极了许多,土欧关系也陷入了空前的低谷。

在卢森堡峰会结束后的1998年,土耳其与欧盟的关系基本上是在空

---

① *Turkish Daily News*, 15 December 1997.
② Kohen Sami, "Possible Bans on Party Divides Turkey," *Christian Science Monitor*, 26 November 1997.
③ *Turkish Daily News*, 15 December 1997.

前的低谷中徘徊。建设性的政治对话不再进行。自说自话几乎构成了这一年里双方有限接触中的主流姿态。1998年1月初，土耳其总理耶尔马兹表示："与其他候选国相比，我们受到了歧视待遇。接纳我们为成员国的政治意向很清楚是不存在的。我们不能对这种明显的歧视再沉默下去了。"①

1998年3月4日，欧盟委员会公布了为土耳其起草的"欧洲战略"。在解释这份"战略"时，欧盟有关的权威人士承认："我们知道对土耳其存在某种歧视，这导致了今天的僵局。"②但这种认识并没有充分体现到"欧洲战略"中。"欧洲战略"实际上是要在关税同盟的框架内，推动和扩大欧盟与土耳其在经济领域的合作。对土耳其政府最在意的成为欧盟候选国的问题却避而不谈。这对此时双方关系的症结而言，显然是避重就轻。而且"欧洲战略"对有关的财政工具的解决也语焉不详，这就更加强化了土耳其政要对欧盟的既有疑虑。因此，"欧洲战略"并未起到改善土欧关系的显著作用。"欧洲战略"公布后，土耳其总理耶尔马兹公开谴责欧盟在卢森堡峰会上对土耳其的歧视，特别指责了德国政府在卢森堡峰会上对土耳其进入扩大名单的阻挠，甚至称"德国人的战略一如既往，他们仍然信奉（纳粹主义的）'生存空间'"。③

1998年3月12日，由15个欧盟成员国和11个欧盟候选国参加的欧洲大会在英国伦敦召开。土耳其政府拒绝与会。这次会议讨论了欧盟的共同外交和安全政策、司法和内政事务以及经济合作等问题，旨在配合欧盟的东扩进程。欧盟表示土耳其是欧洲大家庭的一员，欧盟的大门仍然向它敞开。但除此之外并未向土耳其提供任何实质性的有利内容。土耳其驻英国大使萨伯克对此不以为然，认为所谓的土耳其入盟的障碍性问题不过是欧盟的一个托词而已。"我们被告诉说要改善人权，可人权上的弊端在其他一些欧盟候选国和成员国里也是存在的。"④

1998年6月15日至16日，欧盟首脑会议在英国加迪夫举行。在这次会议上，欧盟国家的领导人签署了欧盟委员会为土耳其制定的"欧洲战略"，并要求欧盟委员会切实解决"欧洲战略"的财政工具问题。会议还提出欧盟委员会应在1998年底之前提交对每一个候选成员国（包括土耳

---

① *Turkish Daily News*, 17 January 1998.
② *Turkish Daily News*, 2 March 1998.
③ *Turkish Daily News*, 7 March 1998.
④ *Turkish Daily News*, 14 March 1998.

其在内）的发展报告。关于对土耳其的报告，会议强调应该以《安卡拉协议》的第二十八条和卢森堡峰会决议内容为根据。会议的这些结果是带有积极意义的，但它们与土耳其政府的期许之间仍然有着较大的距离。会后土耳其外交部对此发表声明说：土耳其方面注意到了这次会议中的积极因素。但旨在强化关税同盟下经济合作的"欧洲战略"，与欧盟为其他国家加入欧盟所制定的"先期准备战略"是不可同日而语的。同时土耳其也依然不会接受与候选国身份相联系的政治条件。1997年12月14日的政府声明仍然有效。① 话虽如此，土耳其政府也没有真的像总理耶尔马兹半年前所说的那样：因此而撤回土耳其加入欧盟的申请。

1998年8月初，土耳其人权部长图克在接受路透社采访时说："我们不想让人权问题变成被用以拒绝我们（欧盟）成员国地位的借口。""我不否认我们是有一些问题，但我们正处在更为民主化的进程中。这是一个永无止境的进程。"② 值得注意的是，图克明言土耳其国内存在着库尔德分离主义和伊斯兰激进主义两大威胁，而这极大地限制了土耳其政府在人权纪录上的改善力度。图克的这个表示正好从一个侧面说明了，后来的库尔德人和伊斯兰主义者的政治代表何以对国家加入欧盟采取支持态度：在政府为适应欧盟要求而进行的政治改革中，他们将从中渔利，从而得到更宽松的政治生存空间。

欧盟方面试图通过有限的接触来改善双方关系。1998年11月4日，欧盟委员会公布了对土耳其的第一次发展报告。该报告对土耳其的经济状况表示肯定，而把关注的焦点仍然放在了政治问题上。也许是出于避免激怒土耳其政府的考虑，该报告有意回避了卢森堡峰会对土耳其提出的政治条件，但对土耳其的人权状况还是予以明确的批评。在最后的结论中，欧盟委员会认为，人权和少数民族问题是土耳其履行"哥本哈根标准"的障碍。③ 值得关注的是，欧盟委员会在该报告中将土耳其界定为欧盟的第十二个候选国。欧盟外交委员布鲁克在向欧洲议会提交报告时又表示："土耳其具备成为欧盟候选国的资格，但其政治状况确实还有许多需要考虑的地方。"④ 土耳其外长塞姆回应称，此举打开了改善土欧关系的道路，但还

---

① *Turkish Daily News*, 18 June 1998.
② *Turkish Daily News*, 9 August 1998.
③ *1998 Regular Report*; *From the Commission on Turkey's Progress towards Accession*.
④ *Turkish Daily News*, 5 November 1998.

不足以让土欧关系走上正轨,因为必须观望年底欧盟维也纳峰会的态度。对于报告提到的土耳其政治状况和塞浦路斯问题,塞姆斥之为"没有根据"。

1998年12月欧盟首脑峰会在维也纳举行,土耳其政府拒绝与会。峰会决议指出:"在欧盟与土耳其关系的进一步发展中,欧洲理事会强调推行为土耳其的成员国地位准备的'欧洲战略'的重要性。有鉴于此,它(欧洲理事会)认可在符合卢森堡峰会和加迪夫峰会决议的情况下,'欧洲战略'占据着中心的地位。"[①] 就这样,在欧盟坚持此前两次峰会(特别是卢森堡峰会)决议的情况下,土耳其对候选国身份的要求再一次被拒绝了。土耳其外长塞姆早先的担心得到了印证:欧盟委员会在土耳其发展报告中的积极信号,并没有在这次会议上落到实处。

三 欧盟候选国身份的获得

1998年11月25日,耶尔马兹政府因其本人涉嫌腐败而垮台。1999年1月8日,土耳其总统德米雷尔授权议会中的第四大政党民主左派党主席埃杰维特组建新一届政府。由于三个月后就要举行大选,新政府又是一届短期政府。尽管如此,欧盟方面却对此表示关注。欧盟委员会外部事务委员布鲁克的发言人拉安说:欧盟希望新政府能致力于土耳其的欧盟之路。[②] 欧盟此时做出这样的表示,多少体现了收拾土耳其前任总理耶尔马兹留下的土欧关系残局的意图,也可以理解为它将改变对土耳其态度的一种暗示。对此土耳其新政府并未做出非常积极的回应。但欧盟方面的主动示意,也算是为这一年的土欧关系开了一个好头。

1999年2月15日,土耳其特工人员在肯尼亚首都内罗毕拘捕土耳其政府的心腹大患——库尔德工人党领袖奥贾兰。土耳其政府取得了与库尔德工人党二十多年斗争的最大胜利,即从对土耳其与欧盟关系的影响上看,奥贾兰的被捕也是一个重大事件。它的影响具有两面性:从眼前来看,它引起了欧盟国家在是否对奥贾兰执行死刑问题上与土耳其政府的激烈争论,似乎造成了土欧关系的一时紧张。但从长远来看,奥贾兰的落网

[①] *Turkish Daily News*, 14 December 1998.

[②] *Turkish Daily News*, 13 January 1999.

极大地缓解了库尔德分离主义对土耳其政府的困扰，使土耳其政府的"东南（库尔德地区）政策"得以进入一个"新阶段"[1]。这就为日后土耳其政府深化民主和人权方面的改革减少了一大障碍或顾虑。而土耳其政府在这方面的改革正是欧盟所乐意看到的。从这个意义上说，它又对土欧关系乃至土耳其政府的欧盟追求产生了间接而长远的积极影响。

在1999年4月18日的土耳其大选中，在国内外多种因素的共同作用下，民族主义成为支配选举的最重要的"意识形态力量"[2]。《土耳其每日新闻》的报道标题更是一语中的："胜利者是土耳其民族主义"[3]。参选的民族左派党和民族行动党是代表民族主义的两大政党。在民主左派党和民族行动党之间，从整体上说又以后者的民族主义倾向更为强烈。民族行动党在其竞选纲领中写道：欧盟对土耳其的态度是不友好的。土耳其必须要让欧盟明白，它不会接受外界意愿的强加。欧盟必须公开宣布土耳其的候选国地位并确定加入欧盟的时间表。

1999年5月29日，由民主左派党、民族行动党和祖国党三党组成联合政府。总理埃杰维特在政府施政纲要报告中，就土耳其与欧盟关系问题做出第一次正式表态："土耳其的欧盟完全成员国身份是建立在历史、地理和国际条约的基础之上的。我们将尽力实现土耳其加入欧盟的目标。土耳其在参与欧洲一体化的过程中，将继续小心翼翼地保护自己的民族权利和利益。在这样的前提下，我们将谨慎地把握和发掘一切可能推动与欧盟关系的机会。"[4] 埃杰维特在报告中同时宣布，本届政府将进行全面的民主化改革。埃杰维特的设想也体现了第二大党民族行动党的主张，民族行动党主席巴赫利就认为，民主改革和人权改善是土耳其融入世界所必须做的事。[5]

就在埃杰维特作施政纲要报告的同一天，欧盟首脑会议在德国科隆闭幕。德国施罗德政府上台后，在土耳其入盟问题上一改此前科尔政府的强硬政策，转为支持土耳其尽早入盟。在这次会议期间，德国政府利用欧盟

---

[1] *Turkish Daily News*, 18 February 1999.

[2] Sayari, Sabri, "Turkish Foreign Policy in the Post-cold War Era," *Journal of International Affairs*, Vol. 54, Issue 1, Fall 2000, pp. 169 – 182.

[3] *Turkish Daily News*, 23 April 1999.

[4] Heinz Kramer, *A Changing Turkey: The Challenge to Europe and the United States*, Washington: Brookings Institution Press, 2000, p. 246.

[5] *Turkish Daily News*, 23 April 1999.

轮值主席国的身份，力求促成欧盟对土耳其候选国地位的正式承认。不过，德国的努力终因希腊、瑞典和意大利等国的强烈反对而未果。① 此时的土耳其政府尽管仍然没有在口头上松动不与欧盟进行政治对话的立场，但毕竟已不再将欧盟整体摆在一个对立面上，而是通过表明自身改革的意愿，来博得德国等对土耳其态度有所改变的欧盟国家的同情和支持。这一点已经迥异于耶尔马兹政府在卢森堡峰会后的态度。

得益于埃杰维特政府积极而务实的政策，土耳其与欧盟的关系出现了回暖迹象。埃杰维特政府上台后不久，便以实际行动落实民主化改革的承诺。在埃杰维特总理的授意下，负责人权问题的国务部长埃塔姆西里克牵头召开"人权协商高层会议"，他在会上明确宣布："提高土耳其民主和人权的水准是本届政府的优先事宜之一。"② 在埃杰维特政府的压力或说服下，土耳其大国民议会相继通过一些重大的改革举措，包括议会司法委员会通过防止刑讯的法案，议会宪法委员会通过对政党法的修正案，议会通过关于实行国际仲裁的宪法修正案等。

埃杰维特政府上台后所实施的富有新意的举措，首先是其施政纲领的现实体现，并非在欧盟"指挥棒"下的被动行为。但毕竟这些举措所涉及的民主和人权问题是欧盟对申请国家最关心的问题，又是此前土欧关系中争论与分歧的焦点，根据欧盟的官方解释，更是土耳其不能加入欧盟的主要症结。因此，埃杰维特的这些新政措施在客观上无疑就会增加欧盟对土耳其政府的好感。至少会让欧盟认识到土耳其政府在改革问题上并非铁板一块。后来的事态发展证明，这对于土欧关系的改善及土耳其获得欧盟候选国身份，都起到了较大的积极作用。

正当土耳其在欧盟眼里的印象分通过其国内改革而有所增加之时，一场严重的自然灾害的发生在客观上拉近了土耳其与欧盟之间的距离。1999年8月17日，土耳其伊兹米特发生7.8级大地震，造成严重的人员伤亡和财产损失。地震发生后，欧盟和欧盟各成员国纷纷向土耳其提供救灾援助。欧洲各国民众也对土耳其表示同情，这对欧盟成员国对土耳其态度的转变产生了不可忽略的影响。土耳其与欧盟众成员国之间一时呈现出一种

---

① 一个月后意大利总理达莱马致信埃杰维特，又表示意大利支持土耳其成为候选国。土耳其政府投桃报李，称意大利为土耳其的"朋友"和"未来的欧盟伙伴"。埃杰维特政府灵活与务实的入盟政策由此可见一斑。(*Turkish Daily News*, 1 September 1999.)

② *Turkish Daily News*, 24 June 1999.

空前的和睦氛围。① 与土耳其长期不睦的希腊政府,在这次地震发生后也对土耳其给予了相当的同情和帮助。希腊外长帕帕多洛表示:"这是改善两国关系的历史性机遇。"② 土耳其政府对希腊的示好予以积极回应,土希关系因此出现很大的好转。这样一来,联系到埃杰维特政府上台以来的民主化改革,无论其出发点如何,土耳其政府事实上已在卢森堡峰会所提三项条件中的两项(人权纪录和与希腊关系的改善)上取得了明显进步。这在客观上为双方的接触和对话找到了共同点。欧盟方面此时也希望恢复和发展与土耳其的关系,并修正卢森堡峰会的决定。就这样,冷却土耳其与欧盟关系长达一年之久的坚冰以这次救灾为契机,以双方各自的内部转变为基础,终于开始慢慢化解开来。

随着土欧关系逐渐走出低谷,加入欧盟的问题重新成为土耳其政府外交上的头等大事。③ 1999年9月1日,土耳其外长塞姆在接受英国《金融时报》的采访时表示,土耳其的候选资格问题必须在赫尔辛基峰会上得到解决。赫尔辛基峰会将是土耳其政府为此进行的最后一次努力。④ 同日,欧盟新任的专门负责与土耳其关系的委员维亨根向欧洲议会提出,如果欧洲想让土耳其成为一个民主的和西方导向的国家,就必须为土耳其提供一条加入欧盟的明确路径。在维亨根看来,土耳其还不符合哥本哈根入盟标准里的政治标准,"土耳其政府应该很明白,土耳其与欧盟的友好关系依赖于政治改革的实行"⑤。但她同时又肯定了埃杰维特政府上台以来在立法改革上的成就,认为这将对土耳其的人权状况产生积极的影响。她相信,如果土耳其获得加入欧盟的明确路径,就能够变成符合标准的欧盟一员。对于土耳其政府所关心的赫尔辛基峰会前景问题,维亨根表示欧盟内部正在进行关于是否应修正卢森堡峰会决定(不将土耳其纳入候选国之列)的讨论,在赫尔辛基峰会上可能会做出一个新的决定。

1999年9月4日,欧盟国家外长在芬兰召开非正式会议,讨论欧盟扩大等问题。在这次会议上,各国外长一致认为欧盟应改善与土耳其的关系。除瑞典和丹麦外,与会者都赞同土耳其在赫尔辛基峰会上获得欧盟候

---

① *Turkish Daily News*, 31 August 1999.
② *Turkish Daily News*, 31 August 1999.
③ *Turkish Daily News*, 31 August 1999.
④ *Turkish Daily News*, 3 September 1999.
⑤ *Turkish Daily News*, 2 September 1999.

选国身份。就连一向是土耳其入盟的最大反对者的希腊，也在会上表示将放弃原有立场。土耳其外长塞姆对会议发表评论，希望土欧关系目前的积极氛围能够继续下去，"我们需要的是平等的待遇。我们很明白欧盟成员国的地位需要履行一定的标准，但为土耳其设置的条件要和其他国家一模一样——既不多也不少。"①

1999年10月13日，欧盟委员会公布了对土耳其的第二次发展报告。该报告明言土耳其还不完全符合"哥本哈根标准"里的政治标准。"在人权和少数民族权利保护方面还存在严重的问题。刑讯虽不再成体系但依然存在，当局仍然经常地对言论自由进行限制。"② 不过，该报告还是承认了土耳其在过去一年里所取得的进步，并且正式向欧盟提出土耳其应获得欧盟候选国身份（但正式的入盟谈判须待土耳其完全符合"哥本哈根标准"之后方可开始）的建议。第二天，土耳其外交部发表声明对该报告表示满意，认为如果欧盟委员会的建议能在欧盟赫尔辛基峰会上通过，就将为土耳其与欧盟关系开启一个"新纪元"。埃杰维特总理称这份报告是"令人鼓舞"的，但基于这方面的前车之鉴，又强调说："我们应该等待赫尔辛基峰会上的最后结果。"③ 同一天，土耳其负责人权问题的国务部长埃塔姆西里克在安卡拉召开了一次重要的人权讨论会：与会者包括国内的各人权团体，大学教授和所有与人权问题有关的政府部门代表。以实际行动及时向欧盟表明了土耳其对所受批评的积极态度。

值得一提的是，就连土耳其政府的国内宿敌——库尔德工人党领导人奥贾兰此时也表示愿意看到土耳其成为欧盟一员。12月8日，被拘的奥贾兰通过其律师发表声明，表示承认土耳其为欧盟候选国将会加速土耳其国内的人权改革。"土耳其应该无条件地为欧盟所接纳……文明欧洲大家庭的标准和价值应该在这个国家盛行起来。"④ 显然，奥贾兰话语的背后主要是对库尔德人利益的考虑。因为只有土耳其加入欧盟，欧洲的"标准"和"价值"才有可能更全面而有力地渗透进土耳其的政治生活；在这种情况

---

① *Turkish Daily News*, 6 September 1999.
② *1999 Regular Report: From the Commission on Turkey's Progress towards Accession*.
③ *Turkish Daily News*, 15 October 1999.
④ *Turkish Daily News*, 9 December 1999.

下,库尔德人的民族权利状况也会借此东风而获得较大的改善。①

1999年12月10—11日,欧盟首脑会议在芬兰首都赫尔辛基举行。此次会议在决定斯洛伐克、罗马尼亚、保加利亚、拉脱维亚、立陶宛和马耳他为欧盟候选国的同时,承认了土耳其的欧盟候选国身份。在《主席国声明》中,欧盟肯定了土耳其在过去一年里所取得的进步,承诺将在人权问题上加强双方的政治对话。并提出:"土耳其将和其他候选国一样,受益于激励和支持其改革的'先期准备战略'。"② 不过,与前六个国家不同的是,欧盟表示还不能马上与土耳其启动入盟谈判。欧盟强调土耳其必须遵守"哥本哈根政治标准"(特别是人权标准),认为这是启动入盟谈判的前提条件。欧盟还要求土耳其政府妥善处理塞浦路斯问题和与希腊的关系,表示它们都是影响入盟谈判启动的重要因素。

赫尔辛基峰会的决定,于土耳其政府的欧盟追求而言是一个历史性的突破。从1987年厄扎尔政府第一次提出申请开始,历经12年的努力,土耳其终于成为欧盟的正式候选国。埃杰维特总理宣布:"也许还存在一些我们尚难消化的细节。但总体而言,我们被平等地接受为候选国,对土耳其而言是一个伟大的成就。"③ 他还略带得意地通过国内电视向公众说道:"我早就预料到迟早有一天欧洲会上门邀请我们加入他们的行列,这一天果然就来到了。"同时他也承认:就在半年之前,自己还无法想象能有今天的这个收获。而自从第57届政府上台之后,一切都改变了。④

不过,摆在土耳其面前的这条入盟谈判之路注定将是漫长而艰难的。土耳其政府在完成欧盟所布置的"家庭作业"的过程中,在有些问题上会不可避免地遭遇到国内的强大阻力或掣肘。这些阻力或掣肘既可能出现在政权以外,也可能出现在政权内部。以塞浦路斯问题为例。在欧盟《主席国声明》公布后,土耳其国内的两大在野党——正确道路党和美德党即表示坚决反对政府在此问题上向欧盟做出让步。执政的民主左派党、民族行动党和祖国党则发表声明,否认在此问题上考虑让步。德米雷尔总统和埃

---

① 两年后,奥贾兰本人也实实在在地尝到了欧洲"标准"进入土耳其的甜头:2002年8月3日,土耳其议会通过在和平时期废除死刑的决议,奥贾兰因而得以免去一死。
② *Conclusions of the European Council on Turkey since Luxembourg* (*December 1997*). http://europa.eu.int/comm/enlargement.
③ *Turkish Daily News*, 12 December 1999.
④ *Turkish Daily News*, 14 December 1999.

杰维特总理则强调政府在塞浦路斯问题上的政策没有改变。但事实上，为了实现加入欧盟的国家目标，一成不变又是不可能的。即便在政权内部，要在敏感问题的具体解决方案上达成一致也绝非一朝一夕的事情。

尽管前方的路并不平坦，土耳其政府还是表现出了坚定的信心和决心。12 月 13 日，塞姆外长在记者招待会上说道："我知道每一份奖赏都是有代价的，但我们已经做好了准备，决定去做我们必须做的任何事。"①1999 年 12 月 25 日，在新千年即将到来之际，德米雷尔总统在年终的记者招待会上表示，适应作为欧盟成员国的条件，是土耳其在新千年开始之际所面临的最重要的任务。"我们应当充满信心和乐观地进入 21 世纪，但不能忘记我们还有很多工作需要去做。"② 随着新世纪钟声的响起，土耳其政府的欧盟追求也进入了一个新的阶段：开始为早日启动与欧盟的入盟谈判而努力。

四　土耳其加入欧盟受挫的原因分析

从 1987 年土耳其政府向欧共体提出加入申请开始，到 1999 年底获得欧盟候选国身份，其间经过了 12 年的努力。而在这 12 年里，其他一些申请国家甚至已经完成了从候选国到正式成员国的转变。何以有如此大的反差？似乎不宜简单地归结为土耳其自身的问题和不足，欧盟对土耳其的微妙、复杂的态度同样值得重视。

欧盟在这 12 年里拒绝土耳其的原因有两个特点：一可谓理由众多。"他们（欧盟政要）每年都能编出新的理由。"③ 综观这些理由所涉及的问题，可分为两类：一类是与入盟标准直接相关的问题，如国内的民主和人权问题（包括库尔德人问题），经济结构问题、法律制度问题等。欧盟指出的这类问题并非空穴来风，但它是否到了连欧盟的候选资格也不能给予的程度，即使在欧盟内部也并非没有分歧。而且，欧盟根据抽象的"哥本哈根标准"提出的要求，有时也难免有忽视土耳其的国情之嫌。另一类则是历史遗留或国际争端问题，如塞浦路斯问题、与希腊关系问题等，而这些显然不是土耳其单方面和短期内所能够解决的。二可谓背景复杂。欧盟

---

① *Turkish Daily News*, 14 December 1999.
② *Turkish Daily News*, 26 December 1999.
③ Ali Carkoglu and Barry Rubin: *Turkey and the European Union*, London, 2003, p. 2.

的性质决定其在考虑申请国家的资格时，往往把欧盟的自身考虑和成员国家的个体诉求掺杂在一起。这一点在土耳其入盟问题上表现得尤为明显：从欧盟的自身考虑来看，当时拥有七千万人口的土耳其加入欧盟，将意味着其很可能成为欧盟人口最多的成员国。为此就可能为欧盟带来一系列经济援助、权力席位分配和移民压力等方面的问题和负担。同时，欧盟在这 12 年里做出有关决议时，其背后又往往受到个别成员国的立场所左右。譬如，与土耳其在塞浦路斯问题和爱琴海问题上存在争端的希腊，就屡屡运用自己在欧盟中的否决权让土耳其无功而返，并让欧盟对土耳其的一些财政援助胎死腹中。德国、英国和法国等国对土耳其的人权问题更为在意，而作为土耳其邻国的德国又有对土耳其移民数量的担忧。

除上述问题外，土耳其之所以迟迟无法加入，还因为一个心照不宣而又不容讳言的因素，那就是土耳其的伊斯兰教信仰背景。作为现代土耳其前身的奥斯曼帝国，在历史上曾是欧洲基督教国家的一大宿敌。如果对欧洲一体化运动追根溯源，就会发现欧洲联合的早期恰恰主要是针对奥斯曼土耳其的外部威胁的。[①] 尽管现代土耳其是一个世俗化的伊斯兰国家，尽管土耳其历届政府都坚持与伊斯兰政治划清界限的立场，但在欧盟部分政要看来，土耳其终归是一个应当敬而远之的异质文明的另类。特别是冷战结束以后，当土耳其对欧洲不再有当年阻遏苏联势力南下的战略意义时，对土耳其信仰背景的疑虑也就越来越多地浮现出来。欧盟在正式决议中固然从未将这一点明言于纸面，但在欧盟正式决议之外，诸如此类的论调却始终不绝于耳。[②] 在这种看法顽固存在的情况下，欧盟的有关决议就很难说没有受到其潜移默化的影响。有不少论者就认为，土耳其之所以在欧盟扩大进程中屡屡被边缘化，根源在于文化上的差异。[③] 土耳其领导人在谴责欧盟时经常提到的"基督教俱乐部""文化柏林墙"也并非无稽之谈。

面对艰难的欧盟之路，土耳其政府从未言弃。从意识形态层面考虑，毕竟西化国策和欧洲定位是土耳其共和国的立国之本，以此为重要内容的

[①] 早在 16 世纪的法国亨利四世时期，法国首相萨利就曾提出将欧洲 15 个国家联合组成欧洲联邦的计划，其主要目的就是对付奥斯曼帝国的威胁。

[②] 2002 年 11 月，欧盟制宪委员会主席德斯坦更是公开坦言：身为伊斯兰国家的土耳其加入欧盟就意味着欧盟的灭亡（http：//www. xinhuanet. com，2002 年 11 月 25 日）。

[③] Chris Rumford, "Human Rights and Democratization in Turkey in the Context of EU Candidature," *Journal of European Area Studies*, Vol. 9, Issue 1, May 2001, pp. 93 – 105.

凯末尔主义是土耳其共和国的指导原则。在当代土耳其，是否坚持对欧盟成员国地位的追求，在很大程度上就关系到凯末尔主义的坚持和发扬问题。从现实利益层面考虑，加入欧盟这样一个欣欣向荣的一体化组织，对土耳其各方面发展的巨大推动作用也是自不待言的。因此，在这 12 年里，无论是温和的世俗主义政党，还是打着宗教旗帜的伊斯兰政党，或者是激进的民族主义政党，也许他们在上台之前对欧盟态度不尽相同，可一旦进入政府，就不想或不可能在这个问题上产生大的动摇和改变，而在对欧盟的追求态度上表现出了高度的延续性。正如 1999 年 4 月 27 日土耳其总统德米雷尔在访问美国时所说的那样：加入欧盟是一项国家议题，和由谁来执政并无关系。[①] 这就决定了土耳其历届政府在申请受挫折时对欧盟的爱怨交织、欲走还留的矛盾态度。只要土耳其还坚持自己的现代化国家之路，对欧盟成员国地位的追求也就会一直坚持下去。

纵观土耳其政府这 12 年的欧盟追求历程，如果说对于欧盟成员国地位这个最终目标的追求体现了高度延续性的话，那么在具体的认识和态度上还表现出了日益的开放性。当 1987 年第一次正式提出加入欧共体的申请时，土耳其政府的主要根据还是 1963 年《安卡拉协议》的有关规定。主要的努力方向则是解决经济领域的问题，指望通过关税同盟的实现来获得欧共体完全成员国地位，而对欧共体提出的政治要求的在意程度则相对不足。至于在库尔德问题这样的敏感问题上，20 世纪 90 年代初期的土耳其政府基本上是我行我素。1995 年关税同盟实现后，欧共体已经变身为欧盟。欧盟对土耳其的申请设置了更多的政治条件，那时的土耳其政府虽然也曾试图在一定程度上顺应欧盟的新思路，但国内在政治问题上反对向欧盟让步的声音不绝于耳，执政后的繁荣党在此问题上的表现中规中矩。即如奇莱尔这样的积极分子也是有些有心无力。1997 年欧盟卢森堡峰会是土耳其政府与欧盟之间隔阂与分歧的集中体现。经过卢森堡峰会以后长达一年多的双方关系低谷，1999 年上台的埃杰维特政府在政治改革问题上呈现出前所未有的新气象。特别是在库尔德等敏感问题上，也表现出了前所未有的开放性。而对人权和民主改革的空前重视，不管是否包含取悦欧盟的主观意图，客观上毕竟为土欧双方拓宽了对话的平台。无论是执政的民族主义政党，还是在野的主要伊斯兰党派，在支持国家加入欧盟问题上表现

---

① *Turkish Daily News*, 29 April 1999.

出了高度的一致。在这 12 年里，从整体趋势来看，土耳其政府与欧盟之间可供对话的话题越来越多，也越来越深入。1999 年欧盟赫尔辛基峰会上的历史性突破固然是多方因素共同作用的结果，但假如土耳其政府的认识和态度自始至终就是铁板一块，那么就算有再多的外力支持恐怕也无济于事。造成其日益开放的具体原因是复杂的，如果归结为一点，大概就是土耳其国内所存在的坚韧而开明的西化力量。这从根本上决定了土耳其政府在入盟追求的过程中能够审时度势，不断做出与时俱进的调整和转变。高度延续性和日益开放性，构成了土耳其政府这 12 年入盟追求的相辅相成的两个基本特征，体现了原则性和灵活性的有机统一。

欧盟赫尔辛基峰会以后，土耳其政府进入了以适应欧盟要求为取向的改革快车道。2001 年 3 月，土耳其议会通过了适应欧盟法律的《国家计划》。9 月，土耳其议会通过 30 项宪法修正案，以符合欧盟的哥本哈根政治标准。2002 年 8 月，土耳其议会通过包括废除死刑等多项民主改革法案。11 月，埃尔多安领导的正义与发展党赢得土耳其大选的胜利，组建了十多年来土耳其第一届单一政党政府。埃尔多安政府接过历届政府入盟追求的接力棒，继续推进改革进程。2002 年 12 月 13 日，欧盟哥本哈根峰会决定：如果在 2004 年底的欧盟首脑会议上，根据欧盟委员会对土耳其的评估报告和建议而确认土耳其符合哥本哈根政治标准，欧盟就会与土耳其展开入盟谈判。2004 年 12 月，欧盟首脑会议在审查了接收委员会对土耳其的评估报告和建议之后，终于做出了在 2005 年 10 月与土耳其展开入盟谈判的决定。这于土耳其政府而言，是继 1995 年底实现与欧盟的关税同盟，1999 年底获得欧盟候选国身份的又一次重大突破，加入欧盟的前景似乎空前明朗起来。

不过，接近并加入欧盟于土耳其政府自身而言，又是一个极富挑战性的时代课题。欧盟对其成员国的严格要求，决定了其追求者必须完成一个深刻的转变过程，尤其对于土耳其这样一个特殊的候选国来说更是如此。以土耳其共和国的指导原则凯末尔主义为例，加入欧盟在某种意义上既是对凯末尔主义的坚持，也对它的部分原则提出了历史性的挑战。而随着土耳其对欧盟大门的逐渐接近，相关改革和调整的逐渐深入，挑战的意义就可能会得到越来越多的凸显。

代表西方文明的欧盟标准与凯末尔主义的某些原则如共和主义、人民主义和改革主义都有相契合或相通之处。但由于时代和主体的不同，两者还是有很多不一致甚至相冲突的地方。以库尔德问题为例，按照凯末尔主义的民族主义原则，只有在土耳其境内实现同质的单一民族国家，才能保证土耳其的国家安全和领土完整。在这种认识的指导下，历届土耳其政府几乎都对境内的库尔德人实行强硬的同化政策，坚决打击他们对民族权利的呼吁。但是，按照欧盟的哥本哈根政治标准的要求，希望加入欧盟的国家必须尊重人权和少数民族的权利。因此，无论土耳其政府是否承认库尔德人是一个独立的民族，都不得不面临欧盟这方面的责难。如果不想因此而停下入盟追求之路的脚步，就必须在政策上做出与时俱进的相应调整和改变，是否还能完全符合当年的民族主义原则的设想，就是一个不好断言的问题。

同样的道理，土耳其国内的伊斯兰主义者也把欧盟看作一个为其撑腰的外部后台。在土耳其政府的入盟追求过程中，伊斯兰主义者的政治代表已经因此在政治上有所受益；一旦国家完全加入欧盟，按照欧盟的标准，他们就很可能会享受到和国内其他政治力量一样的政治权利。而这在土耳其历史上几乎是不可想象的。在这种情况下，凯末尔主义的世俗主义原则也许就会面临一些新的挑战，从目前来看虽不至于在原则上受到动摇，但至少在具体的表现形式上存在变化的可能。

欧盟是一个超国家的一体化组织。它的发展和壮大从某种意义上说，就是将权力触角延伸到各成员国及申请国家内部。在欧洲一体化的大势所趋之下，成员国无论愿意与否，都要面临一个国家部分主权（很可能会越来越多）的让渡问题。围绕着维权（民族国家的需要）与让权（欧盟的需要）之争，就构成了欧盟与作为民族国家的成员国之间的一个重要矛盾。这个矛盾在具有深厚的"强国家"历史传统的土耳其这里，就会显得更加突兀。土耳其共和国建立以后，在社会经济生活领域长期遵循凯末尔主义的国家主义原则，强调国家对社会经济生活的主导作用和权威性。虽然20世纪80年代以来在经济领域对此有所改变，但作为一种延续几十年的重要传统，它在国家各个领域都会存在深远的影响。接近并加入欧盟，就必须进一步对这种传统做出改变：需要对国家权威有所软化，以适应欧盟越来越明显的一体化趋势。

此外，从民族心理上看，土耳其对欧盟的真正融入也是一项艰巨的事业。现代土耳其兴起于奥斯曼帝国的废墟上。奥斯曼帝国在其末期为欧洲列强所宰制的命运，和一战结束时青年土耳其党政府的惨淡下场，在今天土耳其国内的部分政治家和民众心里也留下了巨大的历史阴影。在土耳其与欧盟打交道的过程中，当涉及国家主权和民族尊严问题时，他们的反应就可能会变得较为敏感甚至激进。尤其是在和几个欧洲强国打交道时，在似曾相识的讨价还价过程中，更容易勾起对屈辱历史的不快回忆（繁荣党人竟一度将《关税同盟协议》比作《色佛尔条约》就可见一斑）。在这种具有深刻历史背景的民族情感的支配下，土耳其国内对让渡主权于欧盟的阻力可能就会远远超过其他一些申请国家，从而造成入盟进程的滞缓。同时，土耳其的伊斯兰教信仰背景，也还是一个需要土耳其政府小心处理的问题。从目前来看，伊斯兰极端势力在土耳其国内难成气候。但如果土耳其在今后的入盟之路上再遭受重大挫折，就很难保证伊斯兰极端势力不会以民众对西方的不满为温床而崛起。这反过来就可能进一步授欧盟内部的保守人士以口实，进而阻碍土耳其入盟进程。这种民族情感和宗教意识相交织的民族心理的改变，决不可能是朝夕可就的事情。如何将其纳入一条不致影响大局的理性轨道，或如何应对因其而引发的土欧关系危机和国内政治危机，就成了摆在土耳其政府面前的一个潜在难题，需要土耳其领导人拿出很大的政治智慧乃至勇气来应对。土耳其与欧盟关系波动的变数依然存在，目前断言土耳其加入欧盟的确切日期还为时尚早。土耳其的欧盟之路仍然任重而道远。

土耳其现代化进程的历史反思

昝 涛*

2008年是青年土耳其革命（Young Turks Revolution，1908）一百周年纪念，是土耳其国父穆斯塔法·凯末尔·阿塔图尔克（Mustafa Kemal Atatürk，1881—1938）逝世70周年，同时，或许更鲜为人知的是，2008年还是奥斯曼—土耳其语实行拉丁化（也就是现代土耳其语之诞生，1928）80周年。现在，再度回首那曾经为中国的康、梁和孙中山等人所艳羡的土耳其成就，我们仍然很难说，它们在土耳其历史乃至世界历史上的地位已经盖棺定论。在现今之土耳其，亲伊斯兰的正义与发展党（简称"正发党"，AKP）已经形成一党独大之局面，而以共和人民党（CHP）及土耳其军方为代表的传统意义上的世俗主义者，在某种程度上正面临着被边缘化的危险与挑战；在土耳其的东南部，以伊拉克北部山区为基地的库尔德工人党（PKK）发动的分裂和恐怖主义活动，使土耳其焦头烂额。历史是连接过去与现在的桥梁。要理解当代土耳其所面临的困境，我们需要从其百年来的历史发展特征着手。

本文所讨论的问题主要包括两个方面——民族主义与世俗主义，这两者是凯末尔主义（Kemalism）的基础，也是理解当代土耳其的两个重要维度。青年土耳其（Young Turks）是奥斯曼帝国末期最早的一批民族主义者，他们梦想通过推行突厥化（Türkleşme）和现代化来拯救奄奄一息的帝国（这是青年土耳其党人1913年后所推行的政策）。实际上，青年土耳其拯救奥斯曼国家的努力虽然失败了，然而，他们的事业在随后建立的新土耳其共和国以凯末尔主义为名而得以延续。

---

* 作者昝涛系北京大学历史系副教授。本文部分内容曾以"'被管理的现代性'及其挑战者——对土耳其现代化进程的历史反思"为题发表在《史学理论研究》2009年第1期。

本文提出并使用了一个概念——"被管理的现代性"（guided modernity）。这个术语的提出受到了"被管理的民主"①的启发。青年土耳其和凯末尔党人及其所推行的改革，代表了土耳其精英阶层在他们的国家自上而下地推行和实施欧洲现代性方案的努力（欧化或西化）。土耳其通往现代性的道路是一种在国家精英②主导和监护下所进行的转型，故称此类现代性为"被管理的现代性"。不过，在当代土耳其，"被管理的现代性"正面临巨大的挑战。

一　从奥斯曼主义到土耳其民族主义

今天，库尔德民族主义的持续发展对土耳其国家各个方面产生了很大影响，因此，民族主义成为学者和专栏作家们乐于讨论的一个重要主题。③有关土耳其民族主义的当代争论，基本上是围绕土耳其认同的凯末尔主义模式及其可能的转变方向展开的。在文化上和政治上，凯末尔主义的民族主义（Kemalist nationalism）植根于土耳其主义（Türkçülük，即 Turkism）的意识形态，而土耳其主义是在 20 世纪最初十年的青年土耳其党统治期间开始发展起来的。

作为一种民族主义意识形态，土耳其主义形成于奥斯曼帝国从一个多种族、多文化的帝国向以讲突厥语族人口占多数的、相对单一的民族国家转变的过程中。列文（Lieven）曾对之进行了一般性的概述："在 1850—1918 年这一时期，帝国的主要困境是，一方面如何维系有着巨大领土、人口和权力的政体，另一方面如何使这个优先性与满足民族主义、民族和经济动力的要求相一致。"④ 这一描述同样适合于同一时期的奥斯曼帝国。

19 世纪是一个民族统一的世纪。在奥斯曼帝国境内，非穆斯林臣民是

---

① 西方学者在讨论冷战后俄罗斯的转型时指出，俄罗斯拥有民主，但它是"被管理的民主"。

② 此处接受土耳其学者赫培尔（Metin Heper）对国家精英（state elites，包括技术官僚和军官）和政治精英（political elites，主要是指代表不同利益集团的政客）的划分。（参见 Metin Heper, "The Ottoman Legacy and Turkish Politics," in *Journal of International Affairs*, fall, 2000.）

③ 比如，可以参考《土耳其每日新闻》中一些专栏作家讨论的土耳其民族主义的特征。（*Turkish Daily News*, November 30, 2005, September 11, 2005 and September 12, 2005.）

④ Dominic Lieven, "Dilemmas of Empire 1850 – 1918, Power, Territory, Identity," in *Journal of Contemporary History*, Vol. 34, No. 2 (Apr., 1999), p. 165.

最早探索和实践民族主义的。塞尔维亚是第一个觉醒的民族,他们在1804年2月发起了反对奥斯曼的抗争。"1815年,第二次塞尔维亚人起义更为成功,他们获得了奥斯曼宗主权之下的自治公国地位。几年后的希腊起义则获得了广泛的欧洲支持,并取得了希腊王国的主权独立。"① 最终,奥斯曼帝国苏丹马哈穆德二世(Sultan Mahmud Ⅱ)不得不接受希腊的独立以及塞尔维亚和埃及的自治地位。

讲突厥语的人民是奥斯曼帝国境内最后一个觉醒并接受民族主义的群体。对此,格卡尔普解释道:"(在奥斯曼帝国)民族主义的理想首先出现在非穆斯林人民中,然后是阿尔巴尼亚人和阿拉伯人,最后才是土耳其人。它最后才出现在土耳其人中并不是偶然的:奥斯曼国家是由土耳其人自己创造的。(对土耳其人而言)国家本身就是一个已经建立的民族(nation de fait),而民族主义理想所鼓吹的是建立在主观意志基础上的民族(nation de volonté)。从直觉上我们就能理解,土耳其人开始的时候是不愿意以理想来牺牲现实的。因此,土耳其思想家当时信仰的不是土耳其主义而是奥斯曼主义。"② 1901年,"联合与进步委员会"(青年土耳其党的组织,Committee of Union and Progress——CUP,他们也被称为"联合党人"——Unionists)收到一封来自阿尔巴尼亚的信,这封信认为该委员会是一个"土耳其人的"组织,在对这封信的答复中,委员会强烈地否认该组织是专为"土耳其人的"。③

在20世纪中期以前,"联合与进步委员会"是由信奉"奥斯曼主义"(其核心是打破伊斯兰教划教区而治的传统,使帝国臣民不再区分宗教和种族,都是奥斯曼公民,在法律面前人人平等)的人构成的。然而,即使是奥斯曼主义,在帝国的历史上还是一个十分新鲜和现代的事物。奥斯曼主义的提出是针对帝国境内的非穆斯林民族运动的一个反弹。在西方压力下开始的改革(坦齐麦特,Tanzimat,1839—1876),一个重要原因就是帝国境内的非穆斯林民族主义。在1876年的"玫瑰园

---

① Lewis, *What Went Wrong? The Clash between Islam and Modernity in the Middle East*, Weidenfeld & Nicolson, 2002, p. 34.

② Ziya Gökalp, *Turkish Nationalism and Western Civilization: Selected Essays of Ziya Gökalp*, translated and edited with an introduction by Niyazi Berkes, New York: Columbia University Press, 1959, pp. 71 – 2.

③ 引自 Zana Çitak, *Nationalism and Religion: A Comparative Study of the Development of Secularism in France and Turkey*, unpublished Ph. D dissertation, Boston University, 2004, p. 148.

敕令"（*Gülhane Hatt-ı Hümayunu*）中，当时的帝国改革家力图对奥斯曼社会的很多方面进行大刀阔斧的变革，"玫瑰园敕令"实际上就是一种权利和政治改革的宣言，它赋予奥斯曼公民身份一种新的含义。坦齐麦特是奥斯曼政府自发进行的一场改革，主要包括如下四个方面：（1）确保苏丹臣民的生命、荣誉和财产有所保障；（2）建立有序合理的税收制度；（3）实行新的征兵制；（4）所有臣民不分宗教，在法律面前人人平等。[1] 这些原则的核心考虑就是，建立帝国的合法性，并防止帝国因种族和宗教而发生分裂。

我们很难说坦齐麦特的改革家们力图建立一个同质化的奥斯曼民族，[2]毋宁说那只是一种团结帝国内所有不同元素的一种努力而已。对于坦齐麦特的改革者而言，奥斯曼主义在某种程度上类似于联邦主义。不幸的是，对那些少数族群来说，民族主义就像毒品，对那些尝过一次的人来说就很难再戒掉。诚如格卡尔普所观察到的："痛苦的经验证明，除了那些发起这个概念的人，'奥斯曼'的新意义并没有受到任何其他人的欢迎。发明这么一个新词不但毫无用处，而且是有害的，因为，它给国家和不同的民族——特别是土耳其人自己造成了有害的后果。"[3]

在1867—1878年活跃的一群开明士人，被称为"青年奥斯曼人"（Young Ottomans），他们谴责坦齐麦特改革，说它只是肤浅的西方化。他们要求更为激进的改革，包括引入代议制。他们认为，在西方科学与伊斯兰价值之间可以达到和谐一致。青年奥斯曼人在爱国主义的意义上支持奥斯曼主义的理念，并以其作为确保奥斯曼国家存续的手段。在奥斯曼帝国的历史上，是青年奥斯曼人最杰出的代表纳末克·凯末尔（Namık Kemal）首次将"瓦坦"（Vatan，祖国）这个概念推广和普及开来，强调国民不分人种、种族缘起、宗教和教派的差别。然而，也正是纳末克在1878年8月30日如此写道：

"如果我们必须尽力地消灭我们国家中除土耳其语之外的语言，我们还应该给阿尔巴尼亚人、拉兹和库尔德人一个能够保持其自身特征的精神武器吗？……对民族统一来说，语言……或许是最牢固的障

---

[1] Erik J. Zürcher, *Turkey: A Modern History*, I. B. Tauris & Co. Ltd. Publishers, 1993, p. 53.
[2] Ziya Gökalp, *Turkish Nationalism and Western Civilization: Selected Essays of Ziya Gökalp*, p. 72.
[3] Ziya Gökalp, *Turkish Nationalism and Western Civilization: Selected Essays of Ziya Gökalp*, p. 72.

碍——或许比宗教更为牢固。①

纳末克·凯末尔在同年 9 月 13 日还写道：

  当然，我们不可能在希腊人或保加利亚人中间鼓励传播我们的语言，但是，在阿尔巴尼亚人和拉兹人之中，即在穆斯林中间，这肯定是可能的。如果我们在他们的地方建立规范的学校，贯彻目前尚未实现的方案，拉兹和阿尔巴尼亚人的语言必将在 20 年内被彻底忘记。②

  从纳末克晚年的上述思想中我们可以看出，在一定程度上，帝国的奥斯曼主义将不可避免地导向一种土耳其化（同化）。③ 在以后的岁月中，特别是在青年土耳其党人掌权后，土耳其化的确发生了。

  土耳其主义的目的是激发奥斯曼—突厥人的一种土耳其民族意识。在土耳其主义者那里，突厥人皈依伊斯兰教之前的历史被看作黄金时代。在很长一段时间里，"成为一个土耳其人"这个理念被看作与奥斯曼主义和伊斯兰主义相一致的。④ 随着欧洲地区大部分领土的迅速丢失，奥斯曼帝国开始成为一个在人口/民族结构上更为同质化的国家，这有利于促使土耳其主义成为一种国家政策。

  在 20 世纪头 10 年，当土耳其主义最重要的理论家齐亚·格卡尔普来到萨洛尼卡的时候，他关于土耳其主义的演讲受到了"联合与进步委员会"成员的热烈欢迎，这其中，后来成为土耳其国父的穆斯塔法·凯末尔

---

① 引自 Masami Arai, *Turkish Nationalism in the Young Turk Era*, Leiden: E. J. Brill, 1992, p. 3.
② Masami Arai, *Turkish Nationalism in the Young Turk Era*, p. 3.
③ 1910 年 8 月，后来成为青年土耳其"三雄"之一的塔拉特，在"联合与进步委员会"的一次秘密会议上分析了当时的形势。塔拉特认为，基督徒的分裂主义将使拯救帝国的所有努力归于失败，他主张尽快地在帝国内实行"奥斯曼化"。当时的英国大使对此评论说："对他们来说，'奥斯曼人'显然就意味着'土耳其人'，而他们目前所执行的'奥斯曼化'政策，无疑是要把非土耳其分子放在一个土耳其臼内捣碎。"（参见刘易斯《现代土耳其的兴起》，商务印书馆 1982 年版，第 229—230 页。）
④ Hugh Poulton, *Top Hat, Grey Wolf and Crescent: Turkish Nationalism and the Turkish Republic*, London: Hurst & Company, 1997, pp. 61 – 3.

也是听众之一。① 这种情况表明，土耳其民族主义发展的环境正在改变。

在青年土耳其党的历史上，土耳其主义只是在1912—1913年的巴尔干战争之后才演变为一种主流的民族主义意识形态。在巴尔干战争期间，巴尔干诸民族以实际行动反抗了奥斯曼主义，而奥斯曼帝国则永久地失去了其在欧洲的几乎所有领土。为了确保剩余人口对帝国的忠诚，（泛）伊斯兰主义就成为帝国的首要考虑。但是，当看到同为"穆斯林兄弟"的阿尔巴尼亚人和阿拉伯人也被民族主义的激情所鼓动之后，土耳其人就不得不承认，在这个国家里，只有"土耳其元素"才是唯一靠得住的。显而易见，当权的土耳其人是在迫不得已的情况下才采取了土耳其主义的民族主义政策。

在这一时期，"联合与进步委员会"开始拒绝接受任何阿拉伯会员。土耳其人的首要政策是土耳其主义与突厥化。土耳其主义主要体现在语言和文化政策上。1911年10月，"联合与进步委员会"通过了一项决议："……其他民族可以保持其宗教，但不能保留自己的语言。土耳其语的普及是确保伊斯兰教优势和同化其他因素的主权手段之一。"② 在当时的土耳其舆论界，的确存在一种日益上升的土耳其主义呼声，甚至明确主张要对整个阿拉伯地区实行彻底的殖民化进而使其土耳其化，让阿拉伯人忘记自己的历史和语言，创造机会使土耳其语成为伊斯兰教的宗教语言，并把觉醒中的阿拉伯民族意识扼杀在摇篮中。③

1916年，青年土耳其政府颁布了语言法，规定商号的账册和来往函件必须使用土耳其文，他们还企图把土耳其语强加给阿拉伯人、阿尔巴尼亚人以及其他的非土耳其的穆斯林，例如，在阿拉伯地区火车票也不再用阿拉伯语印刷了，一律用土耳其语和德语。在黎巴嫩建立了一个土耳其人的军事法庭，逮捕了大量活跃的民族主义分子，一个土耳其军官说："那些阿拉伯人想摆脱我们，他们秘密地同情我们的敌人，但是，在他们把同情转化为行动之前，我们必须亲自除掉他们。"④

---

① Andrew Mango, *Atatürk: The Biography of the Founder of Modern Turkey*, Woodstock & New York: The Overlook Press, p. 96.
② Arnold Joseph Toynbee, *Turkey: A Past and a Future*, New York: George H. Doran Company, 1917, p. 26.
③ Arnold Joseph Toynbee, *Turkey: A Past and a Future*, pp. 27 – 28.
④ Arnold Joseph Toynbee, *Turkey: A Past and a Future*, p. 29.

在奥斯曼帝国灭亡之后，土耳其主义的事业在凯末尔主义的土耳其得以延续并达到高峰。从联合党人到凯末尔主义—民族主义之间的历史延续性，就表现为从土耳其主义向土耳其史观（Turkish History Thesis）的演变过程。

土耳其共和国于 1923 年 10 月建立之后，民族主义是凯末尔主义的重要支柱之一。土耳其史观的提出标志着土耳其民族主义在凯末尔主义的土耳其达到了顶峰，该史观是由凯末尔主义史学家于 20 世纪 20 年代末 30 年代初提出来的。根据这一史观，世界历史上最早的人类诞生于中亚，这里被认定为土耳其人的故乡；中亚最早的人类就是土耳其人；土耳其人是白种人，土耳其人在中亚创造了高级的文明；后来由于剧烈的气候变化，中亚的大多数土耳其人被迫迁出，在这个迁移过程中，正是土耳其人把他们的高级文明传播给世界上还处于野蛮状态的其他民族；这个过程发生在近万年以前。作为这个过程的一个自然结果，土耳其人就是西亚地区最早的土著，一个推论就是，赫梯人实际上就是土耳其人。[1] 其实，土耳其史观与土耳其主义采用了相似的论证逻辑。土耳其史观继承了土耳其主义的文化遗产。这两种意识形态都是要把土耳其的历史和传统追溯到伊斯兰教之前的历史阶段，并以此来证明，在土耳其的民族传统中，有着重要的非伊斯兰因素，那是一个"世俗的"时期，而且与西方文明有着千丝万缕的联系。这样，世俗化和西方化的改革在土耳其就获得了"托古改制"意义上的支持。

青年土耳其党人的土耳其化政策主要针对的是帝国境内的阿拉伯人和阿尔巴尼亚人，到了共和国时代，类似的同化政策则主要是在库尔德地区展开。根据土耳其史观的一个推论，安纳托利亚的库尔德人实际上就是生活在山区的土耳其人，他们只是忘记了自身的土耳其身份。这一论调为针对库尔德人的土耳其化提供了合法性。[2] 在凯末尔时代的土耳其，所有的穆斯林，不管其种族根源，都被强制接受一种土耳其的民族身份。所有的小学生都必须在上课开始时齐声朗诵："我是土耳其人，我是正直的，我是勤奋的。"（Türküm, Doğrum, Çalışkanım.）土耳其国家一直否认库尔德民族身份的存在。在 1925 年谢赫·赛义德（Sheikh Said）领导的库尔德反

---

[1] *Tarih I*, Istanbul: Kaynak Yayınları, 2001（1932）. 关于该史观的一般性描述，参见 Afet İnan, "Atatürk ve Tarih Tezi," in *Belleten*, Vol. 3, Ankara: 1939.

[2] Ismail Beşikçi, *Türk Tarih Tezi, Güneş-Dil Teorisi ve Kürt Sorusu*, Istanbul: Komal Yayınlar, 1977.

叛之后，同化政策的实施则更加紧迫了。在这些政策中，最为有名的就是一个被称为"公民，请讲土耳其语"（"Vatandaş, Türkçe konuş!"）的运动。以此种方式，土耳其语就成为使安纳托利亚地区的库尔德人、阿拉伯人、高加索人、拉兹人、阿尔巴尼亚人和其他穆斯林族群土耳其化的主要工具。[①]

二 土耳其的世俗主义

自近代以来，伊斯兰教与现代社会（或现代性）之间的关系就占据了数代穆斯林有识之士的头脑。关于这个问题的争论，也一直持续至今。在土耳其，伊斯兰教的地位问题是伴随着奥斯曼帝国的衰落而提出来的。

奥斯曼帝国最早的衰落迹象出现在 17 世纪。在 1699 年卡罗维茨（Carlowitz）大败之后，奥斯曼人不得不开始考虑学习新的理念和新的方式来应对欧洲国家。欧洲军事技术的优越性不得不被承认。这就导致人们接受了一个对穆斯林而言非常具有震撼性的理念，即他们必须向他们从前所鄙视的"低贱的异教徒"（"inferior infidel"）学习。奥斯曼帝国的苏丹塞利姆三世（Selim Ⅲ，1789—1807）和马赫穆德二世（Mahmud Ⅱ，1808—1839）是最早承认这一点的皇帝。帝国的现代化需要最初仅仅被局限在军事技术领域。但是，随着西方教员、技术和理念的到来，奥斯曼人开始意识到，为了使帝国现代化并得以拯救，他们或许不得不采纳一种全盘西化的进程，包括技术的、体制的、文化的甚至心理上的。

坦齐麦特的领导人力图按照欧洲的形式，在不同层面改革奥斯曼社会的重要体制。实际上，奥斯曼主义的提出已经标志着帝国世俗化的开始，因为不考虑宗教或种族出身，承认所有民族在法律面前人人平等，这样的主张对于伊斯兰教的米勒理念和制度来说，已经是革命性的。[②] 此外，在

[①] 参见 A. Yıldız, *Ne Mutlu Türküm Diyebilene*, Istanbul: letişim, 2001, pp. 286 – 90.

[②] 米勒制度的特征是，让拥有不同宗教和文化认同的群体实行自治，而不考虑其种族或语言的差异。这样，就是要在帝国的穆斯林（土耳其人、库尔德人、拉兹人和阿莱维派）、东正教徒（亚美尼亚人和希腊人）与犹太教徒之间进行划分。在奥斯曼帝国的历史上，米勒的数量是不断变化的。由于西方列强的压力，新的米勒被建立起来。比如，在 1875 年的时候，一共有 9 个被承认的米勒，其中有 6 个规模颇大。到 1914 年的时候，一共有 17 个米勒。（Kemal K. Karpat, *An Inquiry into the Social Foundation of Nationalism in the Ottoman States: From Social Estates to Classes, from Millets to Nation*, Princeton: Princeton University Press, 1973, pp. 88 – 89）；关于米勒制度的一般性讨论，参见 Ilber Ortayli, "The Ottoman Millet System and Its Social Dimensions," in Rikard Larsson, ed., *Boundaries of Europe?*, Holland: Cordon Art B. V., 1998, p. 123.

其他领域,比如在教育、法律和管理领域的世俗化也已经开始了。西式教育的现代学校被建立起来。世俗的法庭被建立起来,西方式的法律条文(特别是法国的)被采纳;新的管理体制也根据法国模式被设计出来。

然而,坦齐麦特的改革者们并没有也不可能触动传统的伊斯兰教建制,比如宗教学校和宗教法庭。坦齐麦特改革所带来的最重要结果就是一种双元结构的形成,在其中,世俗的现代体制与传统制度并存,后者没有受到什么触动。

青年奥斯曼人则致力于使伊斯兰教与西方的现代科学技术相融合。青年奥斯曼人的出现主要就是对坦齐麦特时代的一个反弹。凯杜里曾说,这一反对派的出现是政治改革自身的一个产物。①"他们是奥斯曼知识分子首次组织起来的一个反对派团体,他们使用的是启蒙理念,力图使现代化与伊斯兰教相适应。"②青年奥斯曼人认为,坦齐麦特运动没有一个坚实的意识形态或伦理的基础;而使国家现代化的方式可以在伊斯兰教中找到。对纳末克·凯末尔来说,代议制政府的原则与沙里亚(Sharia,伊斯兰教法)高度一致。③ 这样,他就使伊斯兰教成为向西方学习的合法性框架,因为根据纳末克的看法,伊斯兰教"已经为政治家提供了一整套基本的政治原则"④。所以我们可以发现,对于青年奥斯曼人来说,伊斯兰教并非帝国落后的原因,相反,正是由于缺乏对伊斯兰教的正确遵守,才导致了现今落后的状态。

当历史发展到青年土耳其党人的时候,情况开始发生改变。青年土耳其党人是一群在医学院和军事院校接受教育的人,这些人接受了欧洲的思潮,比如生物进化论和唯物主义,这使得他们日益与伊斯兰教社会的价值体系相疏离。总体来说,青年土耳其党人与伊斯兰教疏远了,联合与进步委员会的成员只是作为一个政治工具来利用伊斯兰教而已。在他们的思想中,重要的是根据科学的原则来改变奥斯曼的社会结构,而且要用科学代替宗教,并将科学作为社会的基础。一旦获得了权力,他们将毫不犹豫地

---

① Kedourie, *Politics in the Middle East*, Oxford: Oxford University Press, 1992, p. 50.
② Hugh Poulton, *Top Hat, Grey Wolf and Crescent: Turkish Nationalism and the Turkish Republic*, p. 55.
③ Şerif Mardin, *The Genesis of the Young Ottoman Thought*, Syracuse University Press, 2000, pp. 81, 308.
④ Şerif Mardin, *The Genesis of the Young Ottoman Thought*, p. 309.

践行这些目标。

1913年1月,联合与进步委员会开始掌握帝国的政权。利用他们在议会中的绝对优势地位,联合与进步委员会可以强制推行一套政治和社会改革的方案。与此同时,除了那些在军队、中央政府和行省级的管理方面所进行的改革之外,改革更有影响力的一个方面是,司法和教育体制的进一步世俗化,以及乌来玛(Ulema,伊斯兰教教士)阶层地位的进一步降低。1916年,帝国议会不再给伊斯兰教大教长(Şeyhüislam,伊斯兰教最高教职)留有职位,并在很多方面限制其权限。1917年教法法庭被划归世俗的司法部控制之下,宗教学院(medress)则被划归教育部的控制之下,还创建了一个新的宗教基金部来管理传统的伊斯兰宗教基金——瓦克夫(Evkaf)。与此同时,高等宗教学院的课程也被现代化了,甚至欧洲语言被规定为必修课程。在联合与进步委员会的统治之下,妇女在家庭和社会中的地位开始发生改变,特别是在上流社会和中产阶层中,这个方面的改变是非常大的。①

与1913—1918年期间执政的青年土耳其党人类似,凯末尔党人的改革目标也是要使土耳其社会实现全面的世俗化与现代化。在凯末尔的领导下,土耳其进行了如下的世俗改革:与青年土耳其党人相比,在社会生活的改革方面,凯末尔政权的步子迈得更大,走得也更远,1925年,凯末尔党人废除了一夫多妻制;1926年,强制推行文明婚礼;1934年,国家规定妇女和男人在担任公职方面享有平等的权利;1926年上半年,土耳其开始采用欧洲历法,并同时照搬瑞士民法和意大利刑法;通过了多部法律对银行和财政部门进行重组;除了在军队中以外,在社会生活中取缔封建时代的敬称(如贝伊、艾芬迪和帕夏);1925年9月,土耳其封闭了所有的宗教神殿(turbe)和托钵僧修道院(tekke);同年11月,国家禁止男人戴传统的土耳其费兹帽(fez,红毡帽,自苏丹马赫穆德二世以来奥斯曼绅士戴的传统头饰),代之以西方式的礼帽。② 许理和评论说:"苏丹和哈里发制度的废除以及宣布共和,这些措施构成了凯末尔改革的第一次浪潮。显然,这些改革构成了坦齐麦特和联合党人改革的延续,这些改革已经使大多数的法律和教育制度世俗化了。通过使苏丹—哈里发成为点缀性的角

---

① Erik J. Zürcher, *Turkey*: *A Modern History*, p. 125.
② Erik J. Zürcher, *Turkey*: *A Modern History*, p. 180.

色,以及从内阁中废除大教长职位,国家本身早就在很大程度上被世俗化了。"①

青年土耳其党人与凯末尔党人的世俗化政策,反映了他们对伊斯兰教与西方式现代性之关系的理解。对作为一种民族主义思潮的土耳其主义来说,"民族的"东西要比"宗教的"东西更为重要。所以,我们可以发现,无论是在土耳其主义还是在土耳其史观中,且不管其对土耳其人的历史是追溯到新石器时代还是较近的古代,它们都力图使土耳其人皈依伊斯兰教之前的那段历史古典化和理想化。在格卡尔普对土耳其历史的理解中,土耳其人皈依伊斯兰教就标志着"中世纪"的开始,而随着土耳其人开始与西方文明接触,以及采纳西方文明,一个新的时代又开始了。② 对土耳其主义者来说,土耳其人皈依伊斯兰教之前的那个"过去",就是他们民族主义意识形态中最重要的因素,因为通过把土耳其人描述为在信奉伊斯兰教之前是一个世俗、勇敢、诚实、尊重女性、民主、进步和爱国的民族,它可以较容易地使土耳其人与伊斯兰教疏离,并转而采纳西方文明(实证科学、工业技术等)。那么,这里的论调就是,对于土耳其人来说,成为现代的,就是回到他们荣耀的过去而已。③ 当时土耳其的一些民族主义者认为,伊斯兰在土耳其人的历史上只是一个临时的过渡阶段。这样,土耳其社会的世俗化就被合法化了。

对凯末尔主义者来说,他们对土耳其中世纪历史的理解也使用了同样的逻辑。在第一届土耳其历史大会上(Birinci Türk Tarihi Kongresi, 1932年7月2—11日),一些凯末尔党人探讨了土耳其民族与伊斯兰文明之间的关系。他们都认为,土耳其人对伊斯兰教的发展做出了重要贡献,但是,同样也是伊斯兰教后来阻碍了土耳其民族的进步。伊楠(Afet İnan)还认为,对土耳其人来说,伊斯兰教认同相对于突厥民族认同来说是次要的。④

在意识形态上,伊斯兰教被凯末尔主义者所诟病;在制度安排上,伊

---

① Erik J. Zürcher, *Turkey*: *A Modern History*, p. 181.
② Ziya Gökalp, *Türk Uygarlığı Tarihi*, Istanbul: İnkılap Kitabevi, 1991, p. 4.
③ 参见 Uriel Heyd, *Foundations of Turkish Nationalism*: *The Life and Teachings of Ziya Gökalp*, London: The Harville Press, 1950, p. 112.
④ *Birinci Türk Tarih Kongresi*: *Konferanslar Müzakere*, Istanbul: Matbaacılık ve Neşriyat Türk Anonim Şirketi, 1932, pp. 428 – 44.

斯兰教则被置于国家的严密控制之下。在凯末尔主义的土耳其,跟青年土耳其党人时期一样,宗教人士变成了国家的公务员。此外,土耳其于1924年设立了"宗教事务局"。该局的成立意味着,土耳其并没有实现美国意义上的政教分离,而是建立了一种国家干预型的政教关系,是一种国家管理下的世俗主义模式。

对凯末尔党人来说,他们与青年土耳其党人一样,都坚信社会生活必须建立在实证主义和科学而非伊斯兰教的基础之上。他们把人民大众界定为需要从早期的也因此是发展的"落后"阶段中"拯救"出来。把自身看成是现代的、进步的和普世主义的凯末尔主义者们自认为肩负着伟大的历史使命,即要把"文明"世界的标准引荐给人民。凯末尔主义者认为,他们有义务教育土耳其的大众如何穿、怎么吃、如何看待别人以及如何说话,等等,并将此说成是文明化。

三 结论:被管理的现代性及其挑战

在过去的一个世纪中,土耳其精英致力于在土耳其社会中植入西方式的现代性。但是,他们是通过对政治权力的垄断来实施其政策的,换句话说,是政治权力保证了他们对公开的和潜在的反对者们的控制与主导。对于青年土耳其党人来说,尽管联合与进步委员会被宣布为一个政党,但他们主要依靠军官团体充当自己的保护者,并不断镇压那些对自身权威的挑战者。[1] 1923年之后,凯末尔党人在土耳其建立了一个威权主义的政体和一党体制,这也确保了他们对共和国"敌人们"的掌控。[2]

青年土耳其党人和凯末尔党人设计并贯彻了一个现代主义方案,力图在一种国家主导下的(或者说自上而下的)民族主义基础上使土耳其社会实现"文明化"。为了拯救帝国或者保持国家的统一,他们都推行了一种针对少数族群的同化政策。为了赶超西方式的文明,世俗化是在国家的控制下进行的,是在国家允许的范围内展开的,换句话说,其限度是由国家

---

[1] M. Naim Turfan, *Rise of the Young Turks*: *Politics, the Military and Ottoman Collapse*, London and New York: I. B. Tauris Publishers, 2000, pp. 143 – 162.

[2] 正如许理和向我们展现的那样,凯末尔党人的世俗化措施遭到了人民群众的激烈反对。独立法庭在镇压这些反抗的过程中发挥了重要作用。在《维持秩序法》之下,近7500人被逮捕,660人被处死。(Zürcher, *Turkey*: *A Modern History*, p.181.)

自身所设定的。在这个意义上,我们称青年土耳其党人和凯末尔党人的现代性是一种"被管理的现代性"。

在土耳其的历史上,被管理的现代性与这个国家的国家主义特质紧密相连。我们知道,凯末尔主义有"六个箭头"(altı oku),即六大原则,其中一个即被称为"国家主义"(devletçilik)。国家主义并不仅仅是一种经济管理的手段,① 而是包含了一套基本的价值观,包括由官僚所代表的国家应该负责政治、经济和社会发展的方向,甚至要负责塑造个人。伯纳德·刘易斯认为,在像土耳其这样的国家里,"国家必须负责"的教条是一种简单而又使人熟悉的做法,非常符合其长期的统治者与被统治者这一关系所产生的传统和习惯。对于凯末尔政权来说,威权的、官僚的和家长式的作风,以及在经济生活中的国家主导与控制,是统治精英的权力、特权和功能的自然而明显的延伸。② 对像奥斯曼—土耳其这样的赶超型现代化模式而言,精英而且几乎只有精英才有力量选择一条他们认为对社会、人民和他们自身都正确的道路。根据凯末尔1931年的说法,"国家主义,如同我们所采纳的那样,在给予个人工作和努力优先权的同时,也包含了这样的意思,即在各个领域中,只要是与民族的整体利益有关的,国家都要干预,而这样做的目标就是,引导国家毫不拖延地走向繁荣与幸福。"③

随着民主化时代的到来,土耳其"被管理的现代性"注定要受到挑战。自1946年土耳其实现了多党民主制后,文化多样性的原则逐渐在这个国家获得了政治上的重要性。经过20世纪50年代土耳其的民主化和社会结构变迁,在民主党的统治之下,伊斯兰教势力和少数族群意识开始在这个时期发出它们在民主时代的声音。

当前的埃尔多安政府已经开始公开讨论库尔德问题,并且他们也正努力在上位(公民)和次级(族群)认同之间做一个明确的划分。④ 所以,

---

① 1923年,格卡尔普指出:"新土耳其必须引入欧洲最新和最先进的技术,但却不愿等待个人之中自发兴起的企业精神来使这个国家工业化。就像我们已经在军事技术领域中做过的那样,我们必须通过全民族的努力来达到欧洲的工业水准……因此,只有国家有能力完成在所有领域中引入大规模工业化的任务。"(Ziya Garkalp, *Turkish Nationalism and Western Civilization*, p. 310.)

② [英]刘易斯:《现代土耳其的兴起》,范中廉译,商务印书馆1982年版,第471页。

③ 引自J. Landau, ed., *Atatürk and the Modernization of Turkey*, Leiden: Westview Press, 1984, p. 39.

④ 参见Selcan Hacaoğlu, "Erdoğan's Remarks on Kurdish Identity Stir Debate over Turkey's National Identity," in *Turkish Daily News*, November 30, 2005.

我们可以看到一个迹象，当代土耳其的官方民族主义正在经历变化。甚至如有的学者所言，某种"奥斯曼主义"的政策正在复苏。① 伊斯兰主义的发展已经使国家精英和政治家们正式地接受了伊斯兰教，并将其作为土耳其认同中一个不可或缺的部分。② 在这一时期，土耳其人意识到，他们必须承认伊斯兰教是不能从社会生活中疏离的。广大人民仍然需要宗教，而且现在传统的穆斯林已经成为选票持有者。在这种条件下，以往被边缘化了的伊斯兰主义政党和其他的社会力量开始通过民主获得权力。

带有浓厚伊斯兰背景的正发党（AKP）③ 以其在2002年和2007年具有压倒性的选举胜利，已经证明它在土耳其正形成一党独大的体制。土耳其的世俗主义者意识到了这一情形，并在2007年发动了数次大规模的反对正发党的抗议。④ 2007年4月27日，为了显示其对世俗主义原则的坚定支持，就在议会要选举被认为有伊斯兰背景的居尔当总统之前，土耳其军方在其网站上挂出一个备忘录，发誓要与政治伊斯兰战斗到底，这显然是对正发党的一个警告。⑤ 但是，这并没有阻止居尔在另一轮投票中被选为土耳其第十一届总统。

正发党代表的温和伊斯兰主义，倡导一种青年奥斯曼人式的综合性立场，并将其命名为"伊斯兰主义的现代性"，宣扬伊斯兰教与现代性是不相违背的。正发党在议会和总统选举中的胜利暗示着，在某种程度上，对"被管理的现代性"的挑战已经在土耳其取得了胜利。土耳其的历史经验暗示着，多元现代性或许仍需建立在较充分的"现代化"之后。

---

① Ioannis N. Grigoriadis, "Türk or Türkiyeli? The Reform of Turkey's Minority Legislation and the Rediscovery of Ottomanism," in *Middle Eastern Studies*, Vol. 43, No. 3, May 2007, pp. 423 – 438.

② 参见 Etienne Copeaux, Türk Tarih Tezinden Türk-Islam Sentezine, translated by Ali Berktay, Tarih Vakfı Yurt Yayınları, 1998.

③ 它是繁荣党的间接继承者。

④ *Milliyet*, April 15, 30, and May 14, 2007.

⑤ *Turkish Daily News*, April 30, 2007.

中国现代化

马克思主义在中国早期传播的两种形式

杨卫民[*]

郑超麟在回忆中共早期马克思主义传播的人文形式时指出，第一阶段，陈独秀、瞿秋白等虽然懂些文学或文学评论，但大家一般不谈文学和一般文化，彭述之还曾反感瞿秋白在《新青年》季刊上评论文学和文化；第二阶段，文化工作从下层自发兴起，太阳社组织起来。这里不少中共出版人都从事文学创作：蒋光赤代表用心创作的一群人；洪灵菲代表业余写小说的；老资格党员如高语罕、杨匏安、罗绮园等人大半挂名。郑超麟并不重视这事。[①] 现在看来，事情并非如此简单。早期马克思主义在中国的传播，一开始就形成了哲学社会科学和文艺并作的两种传播形式，并且与传播者的各种革命实践密切相关。此处以中共出版人的革命实践活动为例解析之。

一 哲学社会科学和文艺并作的两种传播形式

中共出版人通过出版工作，进行马克思主义传播，基本上有两种传播形式：社科进路和文艺进路，反映了马克思主义传播过程中传播主体理性认识和感性表达的结合。1843年，马克思在谈到出版的理性和感性问题时说："报刊是带着**理智**，但同样也是带着**情感**来对待人民生活状况的；因此，报刊的语言不仅是超脱各种关系的明智的评论性语言，而且也是反映这些

---

[*] 作者杨卫民系上海理工大学马克思主义学院讲师、沪江文化研究所研究员。本文曾以"马克思主义在中国早期传播的人文特质——以中共出版人在上海的思想宣传为例"为题发表在《济南大学学报》（社会科学版）2015年第6期。

[①] 郑超麟：《谁领导了中央文化工作委员会？》，《新文学史料》1989年第2期。

关系本身的充满热情的语言，是**官方的发言**中所不可能有而且也不允许有的语言。"① 这在一定意义上也应该是中共出版人两条进路的经典表达。

在早期的《新青年》这一传播园地，陈独秀既注重哲学社会科学之张扬，也不放弃文学之表达。他自己谈哲学社会科学问题较多，如在《新青年》成为共产党刊物之前，就曾在该刊上发表《敬告青年》《法兰西人与近代文明》《妇人观》《现代文明史》（译）、《今日之教育方针》《赞歌》《美国国歌——亚美利加》《抵抗力》《现代欧洲文艺史谭》《欧洲七女杰》《东西民族根本思想之差异》《现代欧洲文艺史谭》（二）、《一九一六年》《吾人最后之觉悟》《新青年》《当代二大科学家之思想》《我之爱国主义》《驳康有为致总统总理书》《现代文明史》（二，译）、《宪法与孔教》《当代二大科学家之思想》（二）、《孔子之道与现代生活》《袁世凯复活》《西文译音私议》《再论孔教问题》《文学革命论》《对德外交》《俄国革命与我国之觉悟》《旧思想与国体问题》《时局杂感》《近代西洋教育》《复辟与尊孔》《科学与基督教》《人生真义》《驳康有为共和评议》《有鬼论质疑》《今日中国之政治问题》《偶像破坏论》《随感录》《质问东方杂志记者》《克林德碑》《本志罪案之答辩书》《对于梁巨川先生自杀之感想》《再质问〈东方〉记者》《实行民治的基础》《自杀论》《基督教与中国人》《马尔塞斯人口论与中国人口问题》《人口论底学说变迁》《新文化运动是什么？》《劳动者底觉悟》和《上海厚生纱厂湖南女工问题》，也发表文学诗歌《丁巳除夕歌》《答半农 D—诗》；恽代英 1917 年曾在《新青年》上发表作品《物质实在论》（文言）②、《论信仰》（文言）③，探索哲学、宗教研究问题；高语罕发表有《青年与国家之前途》（文言）④、《青年之敌》（文言）⑤ 和《芜湖劳工状况》。⑥

《新青年》被陈独秀带往上海后，很快成为中国共产党机关刊物，编辑思想开始以宣传共产主义、马克思主义为重点。中共发起组成员陈望道、沈雁冰、李达、李汉俊等相继成为主要撰稿人和编辑主力。陈独秀不断与胡适

---

① 《马克思恩格斯全集》（第 1 卷），人民出版社 1995 年版，第 378 页。
② 《新青年》第三卷第五号，1917 年 3 月 1 日。
③ 《新青年》第三卷第五号，1917 年 7 月 1 日。
④ 《新青年》第一卷第五号，1916 年 1 月。
⑤ 《新青年》第一卷第六号，1916 年 2 月 15 日。
⑥ 《新青年》第七卷第六号，1920 年 5 月 1 日。

联系，陈望道等人也与鲁迅兄弟联系，希望发表相关文学作品。胡适、周作人、汪静之等非中共学者、作家，继续在《新青年》上发表自己研究和创作领域内的相关作品。1922 年 7 月初，在《新青年》月刊的最后一期①，陈独秀发表了《马克思主义学说》一文。② 同期，胡适还在该刊发表了两首很有意思的诗歌。③ 第一首是《平民学校校歌》："靠着两只手，/拼得一身血汗，/大家努力做个人，——/不做工的不配吃饭！//做工即是学，/求学即是做工：/大家努力做先锋，/同做有意识的劳动！"第二首是《希望》："我从山中来，/带得兰花草；/种在小园中，希望开花好。//一日望三回，/望到花时过。/急坏种花人，/苞也无一个。//眼见秋天到，/移花供在家。/明年春风回，/祝汝满盆花。"④ 有意思的是，1922 年 10 月 4 日，中共《向导》周报第四期还刊登了胡适主编的《努力》周报广告。

可以说，《新青年》在中国开创了马克思主义以哲学社会科学和文艺两种形式传播的传统。而且在瞿秋白看来，两条进路不是割裂的，而是紧密结合的。1923 年 6 月 15 日，他在《新青年》季刊发刊词中强调，"新青年当表现社会思想之渊源，兴起革命情绪的观感""尤其要收集革命的文学作品，与中国麻木不仁的社会以悲壮庄严的兴感"。⑤ 但侧重点还是有的：基本上，在 1927 年之前以哲学社会科学之路径为主；之后，文艺的表现形式更加多样化。

以文学为主的创造社，在增加一批搞社会科学的生力军后，也开始出版社会科学的书，如林伯修（杜国庠）译《金融资本论》《旧唯物论底克服》《无神论》，朱镜我译《社会主义底发展》，沈绮雨译《社会变革底必然性》，柳岛生（杨贤江）译《世界史纲》，彭康论文集《前奏曲》，彭芮生译《科学的社会主义底基本原理》，屈章译《历史的唯物主义》等。⑥ 创造社的《思想》月刊很明显就是哲学社会科学和文艺两条进路的划分

---

① 《新青年》此后经过季刊发展时期，尽管在 1925 年 1 月后宣称恢复月刊性质，但实际上是不定期出版，在出版界被称为"半停刊"阶段。
② 陈独秀：《马克思主义学说》，《新青年》第九卷第六号，1922 年 7 月 1 日，第 9 页。
③ 黄兴涛认为："没有了胡适等北京编辑同人，'新青年社'依然存在，只是已纯粹成为中国共产党党内的理论宣传机关，直至 1926 年《新青年》终刊。"（见黄兴涛《中国人民大学博物馆藏"陈独秀致胡适信札"释读》，《中国人民大学学报》2012 年第 1 期。）此说需要资料进一步佐证。
④ 胡适：《平民学校校歌》《希望》，《新青年》第九卷第六号，1922 年 7 月 1 日，第 75 页。
⑤ 瞿秋白：《〈新青年〉之新宣言》，《新青年》季刊第一期，1923 年 6 月 15 日，第 4、5 页。
⑥ 《关于社会科学的书》，《创造月刊》第二卷第六期，1929 年 1 月，广告页。

(见表1);《文化批判》(朱镜我主编)也是包含社会科学和文学的综合性杂志,既积极宣传马克思主义,也主张建设革命文学,当然也错误地与鲁迅进行革命文学论争。

表1　　　　创造社《思想》月刊第一、二期文章篇目

期次		文章	作者
第一期	社科	1. 社会与个人底关系——自由与平等底意义	朱镜我
		2. 思想底正统性与异端性	彭康
		3. 社会底自己批判	李铁声
		4. 金融资本与帝国主义	傅克兴
		5. 苏俄教育研究(一)	柳岛生(杨贤江)
		6. 新术语	同人
	文艺	7. 凭吊(诗)	冯宪章
		8. 泄漏(小说)	龚冰庐
		9. 瞬间(小品)	冯乃超
		10. 流血的日耀日(译剧)	达尼列夫斯基作,李初梨译
	其他	11. 编辑后记	编者
第二期	社科	1. 自然生长性与目的的意识性	李初梨
		2. 中国社会底研究	朱镜我
		3. 意识形态的变革与唯物辩证法	克兴
		4. 大战将临之国际现势	扶助
		5. 社会与国家	石英译
		6. 哲学贫困底拔粹(萃)——马克思的方法底形成	马克思著,李铁声译
		7. 新术语	同人
	文艺	8. 干(诗)	伊林
		9. 被收买了的生命(小品)	冯乃超
		10. 莘庄镇(小说)	龚冰庐
	综合	11. 批判栏(五篇)	孟晖等
	其他	12. 编后杂记	编者

资料来源:创造社《思想》月刊第一、二期,1928年8月15日、9月15日。另,第一期还有未录入表格中的插图若干幅,可归入文艺行列。

20世纪30年代"左联"和"社联"的共生及联合,可以视为两种路

径的显性表现；30 年代创造社成员不少成为"社联"成员，可以看出两种路径的转化。不过，这里需要注意的是，不同于欧洲社会主义传播过程中非常重视科学技术的不断创新和发展，中共出版人对科学技术这一块儿的认识相对薄弱。中国共产党人其实也认为科学很重要，但他们同时认识到，要救中国，社会科学比技术科学重要得多，因为中国在不断遭受帝国主义掠夺的情景下，有技术之人也会不断沦为洋奴。①

二 两种传播形式各擅胜场

（一）哲学社会科学：从主义宣传到问题解决

哲学社会科学形式以重点宣传马克思主义、社会主义思想为基础，重视从主义宣传到问题解决。这其实是在探寻红色革命传播的指路明灯。

中共出版人立意高远、志向甚高，他们对马克思主义、社会主义的信仰和追求是纯正的、持续的。中共初创时期，出版人曾利用自己的出版物，如《新青年》《共产党》月刊、《中国青年》等，翻译和论述宣传马克思主义和社会主义。中共出版机构也集中于马克思主义、社会主义类图书出版。1921 年 9 月 1 日，人民出版社发布该社宗旨："近年来新主义新学说盛行，研究的人渐渐多了，本社同人为供给此项要求起见，特刊行各种重要书籍，以资同志诸君之研究。本社出版品的性质，在指示新潮底趋向，测定潮势底迟速，一面为信仰不坚者祛除根本上的疑惑，一面和海内外同志图谋精神上的团结。各书或编或译，都经严加选择，内容务求确实，文章务求畅达。这一点同人相信必能满足读者底要求，特在这里慎重声明。"② 其实就是对马克思主义、社会主义出版物的追求。在中共出版人早期的图书出版计划和实际出版图书中，此中的情况多有反映。

中共出版人还在《民国日报》副刊《觉悟》上介绍马克思主义、社会主义理论。如陈独秀《社会主义批评》③《社会主义对于教育和妇女二方面的关系》④，李汉俊《研究马克思学说的必要及我们现在入手的方法》⑤。

---

① 代英：《学术与救国》，《中国青年》第一卷第七期，1923 年 12 月 1 日，第 4 页。
② 《人民出版社通告》，《新青年》月刊第九卷第五期，1921 年 9 月 1 日。
③ 《民国日报》副刊《觉悟》1921 年 1 月 28 日，第四张，第二—三版。
④ 《民国日报》副刊《觉悟》1921 年 4 月 23 日，第四张，第一—二版。
⑤ 《民国日报》副刊《觉悟》1922 年 6 月 6 日，第四张，第一—二版。

施存统留日期间，为翻译介绍社会主义思想做了不少工作；回国以后，他在1923年翻译了《资本制度解说》《中间阶级的社会主义论》《劳农俄国底农业》《"新经济政策"与俄国之将来》《无政府主义和科学的共产主义》《日本农村之阶级化》等，还著有《欢喜的日子和悲苦的日子》《十月革命的历史的根源》《十五日和十七日》《李卜克内西和卢森堡》。1922年，董亦湘翻译了考茨基《伦理学与唯物史观》等。① 其他还有张闻天《苏维埃俄罗斯政策之发展》、瞿秋白《十月革命与经济改造》，等等。

大革命失败后，哲学社会科学形势依然很突出。《红旗》旗帜鲜明、始终如一地传布马克思主义、社会主义。1932年7月1日，《布尔塞维克》在中断数月后重新出版，其《卷头语》声称："为马克斯主义而斗争，是我们党目前最中心任务之一。我们的《布尔塞维克》必须担负起这一伟大的任务！"② 艾思奇在申报流通图书馆以及后来的读书生活出版社成绩突出。据已故的李慎之先生回忆，在20世纪30年代，尤其是"九一八事变"以后，钱亦石、潘梓年、沈志远、邓初民、李平心、华岗、曹典琦、张仲实等一批社科理论学者，少说也有好几十人，其中不少是中共出版人，都成了他崇拜的青年导师。③

主义的宣传，归根结底是为了解决中国的实际问题。在具体的实践中，因应时代需求，中共出版人十分注意阶段性地灵活调整出版物。如：在1927年之前，《新青年》主要宣传马克思主义和社会主义；《向导》周报始终把宣传党的纲领和政策放在首要地位；《前锋》月刊通过对新闻与世界政治经济形势的分析，宣传中国共产党的纲领主张；《先驱》半月刊是中国共产党领导下最早的一份青年报刊，做出较多努力传播和普及马克思列宁主义理论，发表政论以及青年运动的方向的文章；在1927年之后，《布尔塞维克》《红旗》等也有各自的主题和重点把握的方向。

据说，毛泽东曾言中共出版人李达最先为他的《实践论》《矛盾论》写了解说，做了哲学的通俗宣传，而中共出版人艾思奇则能够按《实践论》《矛盾论》的本义解释许多哲学上的问题和政治理论上的问题。④ 这

---

① 《民国日报》副刊《觉悟》1923年1月11—12日。
② 《卷头语》，《布尔塞维克》第五卷第一期，1932年7月1日，第1页。
③ 李慎之：《不能忘记的新启蒙》，《炎黄春秋》2003年第3期。
④ 何定华：《难忘的记忆》，《一个哲学家的道路——回忆艾思奇同志》，云南人民出版社1981年版，第60页。

种较高的评价不但公允，而且是中共出版人一贯重视哲学社会科学研讨的必然结果。

（二）文艺：从"文学革命"到"革命文学"

中共出版人并不缺乏文学创作的环境及其创作园地。以上海为例，从1920年到1927年国民党"清党"，大的文学环境是新文学勃兴时期，小的文学环境则由《中国青年》《民国日报》、创造社、太阳社等出版机构和文学团体创设。"四·一二"政变后，革命文学、无产阶级文学兴起，并且结成了同盟。

在新文化运动成员看来，文学可以革命，创造社成员认为文学与革命并不两立，[1]并且革命文学还具有永恒性（人性）[2]；新文化运动的文学干将鲁迅、茅盾等明显带有坚守文学革命的意味，创造社公开宣称继承了新文化运动的传统，并将文学推向革命的境界。二者的结合最终促成了从"文学革命"到"革命文学"的阶段嬗变。

其间更蕴含着青年激情和文学创作相结合的传统，从而意味着马克思主义传播的不断突破。李求实比较看重文学与社会问题的结合，他于1923年11月在《中国青年》上鼓励文学青年以社会问题为重，抛下锦绣之笔、离开诗人之宫，诚心去寻实际运动的路径，脚踏实地一步一步走下去。[3]恽代英认为，文学家应是现时代的，而且是现时代所需要的。[4]他提倡新文学要能激发国民的精神，使他们从事于民族独立与民主革命的运动，这样自然会赢得一般人的尊敬。[5]邓中夏反对不研究正经学问、不注意社会问题，而专门作新诗的"偷懒"风气。[6]1928年初，蒋光慈则发文认为，现代社会生活变化太快，作家跟不上社会生活变化的步伐，跟不上革命的步骤。[7]1930年，冯乃超作为《拓荒者》的编辑提醒道，无产阶级文学的

---

[1] 郭沫若：《革命与文学》，《创造月刊》第一卷第三期，1926年5月，第1—11页。
[2] 成仿吾：《革命文学与他的永恒性》，《创造月刊》第一卷第四期，1926年6月，第1—4页。
[3] 秋士：《告研究文学的青年》，《中国青年》第一卷第五期，1923年11月17日，第5—7页。
[4] 济川：《今日中国的文学界》，《中国青年》第一卷第五期，1923年11月17日；第13页。
[5] 代英：《八股?》，《中国青年》第一卷第八期，1923年12月8日，第4页。
[6] 中夏：《新诗人的棒喝》，《中国青年》第一卷第七期，1923年12月1日，第4页。
[7] 蒋光慈：《现代中国文学与社会生活》（1927年12月10日），《太阳月刊》第一卷第一期，1928年1月，第1—14页。

作品要超过生活的认识而组织生活。① 其实质都是新文化运动以来文学革命传统的突破和发扬。

1927年以后，国民党刊物面对中共领导下革命文学的发展，曾评论道："《海上》所说的某刊物，当然是指《文化批判》、《创造月刊》、《流沙》、《战线》、《畸形》半月刊、《戈壁》、《洪荒》、《我们》、《太阳月刊》等刊物了。他说是提倡革命文学，但我们除了见满纸写着《向导》、《中国青年》式的文艺薄纱盖不住的共产党论调，实找不到革命文学主张之所在，有之就是普罗特勒利亚文学（无产阶级文学），革命文学和普罗特勒利亚文学的涵义是弄不清的，就是共产党把革命定义和无产阶级革命定义都部分不清楚一样糊涂。"② 这从另一方面印证"文学革命"到"革命文学"发展中红色革命传播文艺路径的连续性。

三 传播形式与传播者革命实践密切相关

两种传播形式，其实反映了两种类型的革命实践，即两条出版人生活的线索：一条是中共中央机关的线索，另一条是进步出版机构的线索；前一种可谓是政治宣传的传统，后一种则更多地表现为文艺的创作和路线的表达。二者都有思想，并且可以交融。在上海，一直是前者为主、后者为辅，二者相辅相成，缺一不可。

有的出版人坚持自己的某种传统，比如陈独秀、蔡和森、向警予等坚持政治宣传的传统，而沈雁冰则坚持了文学创作的传统。

有的发生一些转型，比如潘汉年从文学创作转向政治宣传和领导，瞿秋白则在政治宣传和文学创作之间不断转换。瞿秋白是一位在文章上"长短武器"结合的高手。在短篇杂文小说《猪八戒》中，他借猪八戒在高老庄与夫人之春宵难醒的故事，引用其同乡吴稚晖在《一个新信仰的宇宙观及人生观》③一文和北大青年才俊梁漱溟这位"东西哲"在《东西文化及

---

① 冯乃超：《作品与生活——本报第一期的批判》，《拓荒者》第一卷第二期，1930年2月10日，第808页。
② 莫邪：《因〈海上〉而谈共产党文艺运动》，《青年战士》第9—11期（1928年），第23—24页。
③ 稚晖：《一个新信仰的宇宙观及人生观》，《太平洋》第四卷第一、三、五号，1923年8月—1924年3月。

其哲学》一书中的言论，辛辣地讽刺了后者在新时期的中庸调和思想。①张闻天写长篇小说，比茅盾还早。胡愈之或许代表一种例外，或者是这两种主流的补充，他利用秘密身份，在自己从事的各个领域都有独特的造诣。

应该说，他们都是成功的，正是因为他们的成功，才保证了马克思主义传播在曲折多变的环境中不断行进，才铸就了马克思主义传播中革命性和现代性的密切结合。

---

① 原文见瞿秋白《猪八戒》，《中国青年》第一卷第五期，1923年12月17日，第8—10页；较为深入的评论见王文强《两大文化论争的余绪——读瞿秋白杂文〈猪八戒〉》，《常州教育学院学报》（综合版）2000年第2期。

近代报刊传媒与中国民族共同体意识的产生和流变

曹 磊[*]

在传统宗教渐趋没落的时代,民族主义成为活跃的政治思潮。亨廷顿认为,民族主义是一种世俗的宗教。[①] 从报刊角度入手研究一个国家的民族主义思潮的兴起和流变,是一个很好的视角。报刊是报纸和杂志的合称。[②] 尽管在中国和欧洲古代都诞生过邸报和新闻信等信息传播媒介,但这种古代的信息传播媒介与现代报纸之间还是有一定区别的,学术界也莫衷一是。[③] 现代报纸出现在17世纪初的欧洲,最早的报纸和杂志之间没有明确的区分,报纸也装订成册出版,所以将之笼统地称为报刊。本文所涉及的报刊就属于这种类型。

---

[*] 作者曹磊系河北大学新闻传播学院讲师。本文部分内容曾以"清末报刊与民族主义思潮——媒介作用下共同体意识的产生和流变"为题发表在《北方民族大学学报》(哲学社会科学版)2017年第6期。

[①] [美] 萨缪尔·亨廷顿:《变化社会中的政治秩序》,王冠华、刘为等译,上海人民出版社2015年版,第275页。

[②] 报纸是以刊登新闻为主的定期连续向大众发行的印刷品。通常有固定名称、散页印刷、不装订、无封面。综合性、新闻性和周期性是报纸的特点。杂志是以刊载文章和评论为主的,由多位作者撰写的不同题材的作品所构成的定期发行的印刷品,通常有固定名称,按卷、期,或年月顺序编号,每期的开本、版式基本相同。(参见程曼丽、乔云霞编《新闻传播学词典》,新华出版社2012年版,第53—54页,以及 Ursula Rautenberg & Ulrich Jorg 编:《汉译德国出版词典》,曹纬中等译,中国书籍出版社2009年版,第9页。)

[③] 戈公振认为,汉代就出现了中国最早的报纸——邸报。方汉奇认为,斯坦因与伯希和分别从敦煌莫高窟取走,现存英国不列颠博物馆和法国巴黎图书馆的两份中国唐代的"进奏院状"是现存最古老的报纸。张国刚则认为,进奏院状只是唐代藩镇进奏官发回地方的公函而已,不能看作报纸。(参见方汉奇《报纸与历史研究》,《历史档案》2004年11月,以及张国刚《两份敦煌进奏院状研究》,《学术月刊》1986年第7期。)

一　近代报刊的出现与民族共同体意识的产生

报刊作为一种大众媒体，由于其便捷、迅速的特点，它甫一出现就在公众当中产生了巨大的影响。它改变了人们接受信息、理解世界的方式。通过报刊产生的公共话语，一个观念上的"共同体"得以出现。中国最早的近代报刊是鸦片战争以前传教士主办的一些西文报刊，这类报刊主要面向在华的外国人，同时与中国社会也有了一些联系。林则徐在广东主持禁烟，为了解西方的情况，特别命令下属翻译西人报纸，编辑《四洲志》，收集了一些有关西方国家的信息。后来魏源在编辑《海国图志》时采用的资料很多来自这个时期的资料。鸦片战争之后，开放通商口岸，上海作为经济中心崛起，1850 年英国在上海创办了最早的英文报《北华捷报》（*North China Herald*）。1911 年以前，在中国境内的 136 种外文报刊当中，有 54 种在上海出版。[①]

真正影响中国人意识的大众传媒要等到中文商业报纸的产生。这类报纸为了扩大销售，吸引中国读者这个巨大的市场，开始把关注的目光转向中国，研究中国问题。1861 年，《上海新报》创立，成为上海历史上第一家中文报纸。由于当时正值太平天国运动，《上海新报》利用自己在江浙一带的人脉关系，报道了大量的战况，当地士绅利用该报作为了解战况的最便捷渠道，这是中国最早报道战争的报纸。

1872 年，英国商人美查创立《申报》，聘用中国人作为报馆执笔，开创了一个华文报纸的新时代。《申报》从一开始就采取本土化原则，聘请的主笔都是江南一带的文人，如蒋芷湘、何桂笙、钱昕伯等人，因而带有强烈的中国传统色彩。从初创时期的《申报》上，我们仍然可以看到中国古代笔记小说的影子。中国的报纸就是脱胎于这种环境。

> 新闻纸之制，创自西人，传于中土，向见香港唐字新闻，体例甚善，今仿其意，设申报于上洋，凡国家之政治风俗之变迁，中外交涉之要务，商贾贸易之利弊，与夫一切可惊、可愕、可喜之事，足以新人听闻者，靡不毕载。务求其真实无妄，使观者明白易晓，不为浮夸

[①]　陈冠兰：《近代中国的租界与新闻传播》，中国书籍出版社 2013 年版，第 61 页。

之辞,不述荒唐之语,庶几留心时务者,于此可以得其概。而出谋生理者,于此亦不致受其欺。此新闻之作,固大有益于天下也。且夫天下至广也,其事亦至繁也,而其人又散处不能相见也,夫谁能广览而周知哉?自新闻纸出,而凡可传之事,无不遍播于天下矣。自新闻纸出,而世之览者亦皆不出户庭,而知天下矣。岂不善哉?惟是事,虽继兴例,若初创,或恐囿于方隅,限于知识,遗漏滋多,尚希四方君子进而教之,匡其不逮,实有厚望焉。

申报主人谨白。①

在这份告白当中,作者指出了新闻纸"真实无妄,使观者明白易晓,不为浮夸之辞,不述荒唐之语",使"留心时务者,于此可以得其概。而出谋生理者,于此亦不致受其欺",因此有着"大有益于天下"的优点。同时作者敏锐地感觉到:"自新闻纸出,而凡可传之事,无不遍播于天下矣。……而世之览者亦皆不出户庭,而知天下矣。岂不善哉?"文章向中国读者普及了报纸的概念,一种脱离了传统小说传奇,关注现实生活的媒介开始在中国产生,一个由新闻传播所构建的公共空间是中国开辟以来未有之事。

本·安德森认为,民族是人类在进入现代社会之后在思想观念上建构的产物。而在这个过程中,由印刷技术突破而产生的大众传媒打破了封建社会各阶级、各地域之间相对隔绝的状态,起到了连接社会群体、形成共识的作用。因而是民族产生的助推器。"18 世纪初兴起的两种想象形式——小说与报纸——为重现民族这种想象的共同体提供了技术手段。"② 麦克卢汉认为,印刷术在 16 世纪造就了个人主义和民族主义。③ 印刷术的产生和《圣经》被翻译为各种民族语言导致教会和教士权威的下降,为宗教改革奠定了基础。"《圣经·新约》由路德译成德文,约翰·加尔文译成法文,威廉·廷代尔译成英文之后,人们对《圣经》有了更深入的了解。同时,1450 年古腾堡发明活版印刷术之后,为《圣经》以印刷形式实现

---

① "本馆告白",《申报》第 1 期,1872 年 4 月 30 日,国家图书馆《申报》全文数据库。
② [美] 本迪尼科特·安德森:《想象的共同体》,吴叡人译,江苏人民出版社 2010 年版,第 9 页。
③ [加] 麦克卢汉:《理解媒介:论人的延伸》,何道宽译,译林出版社 2011 年版,第 31 页。

广泛传播提供了契机。"①

传播学的媒介环境学派侧重以媒介演变的视角观察历史和社会问题。②中国历史上几次媒介形态转换的时期恰好也是中国社会发生巨大动荡的时期。李鸿章所谓"数千年未有之大变局",其实从传播学的角度看,正是中国由倾向于时间的传播方式——书籍、文牍,转向倾向于空间的传播方式,即大众媒介(报刊)的过程。也是传统知识垄断被打破,古代社会结构解体,新社会结构产生的过程。西方现代印刷技术的普及,白话文的推广,打破了士阶层对文化的垄断,文化向社会底层的扩散,社会结构趋向扁平化,历史上中国人第一次有了大众舆论的概念。人们积极讨论时事,冷落了传统的儒家经典。公共政治事件通过报纸和杂志进入了普通知识分子的视野。这代表了一种公共领域的形成和共同体观念的树立。在这种背景下,我们可以清楚地看到中国是怎样由一个传统多元帝国向一个现代民族国家转变的。

近代以来,报纸杂志这样的大众媒介开始进入中国读书人的阅读空间。这种转变的背景是中国近代不断沦为西方的半殖民地,在政治、经济、文化领域的全面落后,激发了读书人救亡图存、保种保教的激情。白鲁恂认为,民族主义与现代化之间的关系无疑是中国近代史的一个基本问题。中国知识分子在国家救亡的激励下不断从西方引进并不断变换尝试各种思想资源,力图在中国这个广大的空间里实现从政治到思想的统一,而这种统一恰好是民族主义思潮的基础。③ 报纸和杂志在这个过程中发挥了巨大的作用。"晚清报刊确在儒家典籍规范的前人世界和日常生活的周遭世界之外,创造出一个具体而可见的共同世界,这个世界关注现实,充满政治色彩……改善了民众对政治的消极态度,赋予了转型时代的人们一种

---

① [英]理查德·唐金:《工作的历史》,谢仲伟译,电子工业出版社2011年版,第38页。
② 麦克卢汉的名言"媒介即讯息",就是突出在社会发展过程中媒介的作用。他认为,媒介对个人和社会的任何影响,都是由于新的尺度产生的。任何一种延伸(或曰任何一种新的技术),都要在我们的事物中引进一种新的尺度。如果以这种理论框架来回顾中国的历史,中国大概也经历了几次媒介转换时期。从春秋战国到秦汉,文字的标准化和竹简作为书写工具的普及,是中国历史上第一次媒介转换。晚清时期现代印刷机的引进和大众媒介的产生,是第二次媒介转换时期。20世纪后期,印刷媒体逐渐式微,电子和网络媒体崛起,是第三次媒介形态转换时期。
③ L. Pye, "How China's Nationalism Was Shanghaied," *The Australia Journal of Chinese Affairs*, No. 29, 1993, pp. 107 – 133.

新的精神气质。"①

二 清末民族主义思潮的类型

在某种程度上，民族主义和大众媒介是伴生物。在大众媒介的影响下，中国知识分子的世界观由儒家的"天下"，变成了近代意义上的民族国家。他们抛弃了传统的华夷秩序，将自己看成是欧洲威斯特伐利亚体系当中的一员。现代国家的主权、领土、民族概念逐渐被中国人所接受。列文森认为，近代以来"中国作为国家的概念正在发生变化，即从原来官绅文化繁荣时期的天下概念变成了一个民族的概念"②。这个过程产生了中国的民族主义。民族主义从诞生开始就具有一种空间偏向，人们只在乎目的，不在乎方法。如果传统的文化不能满足让国家更强大的愿望，民族主义者就会毫不犹豫地抛弃它，采用外来的思想。然而，这种偏重空间倾向的传播模式蕴含着深刻的问题。它忽视了文明的持久性和在中国这样一个广大区域里存在的各种多元文明形态，力图让人们达到一种思想上的同质化。

美国历史学家汉斯·科恩曾经以莱茵河为界，将民族主义分为两种类型：一种是在现有的区域内以自由、理性、公民身份和政治参与为基础，科恩称之为 liberal nationalism，典型代表是法国（包括英国、美国）；另一种是以血缘和种族为基础，除去了所有的世界主义（cosmopolitan）元素，主张建立自己的民族共同体（volksgemeinschaft），科恩称之为 romantic and reactionary nationalism，典型代表是德国（包括意大利）。前者强调个人权利，后者强调国家的独立和权威。"在19世纪后期及本世纪初，我们到处都可以发现这两种潮流——自由的、进步的和人道主义的和空想的、反动的，强权政治的民族主义。"科恩也承认这种分类存在问题，比如法国也有反民主、反自由的力量，如布朗热危机、德雷福斯事件等，但他指出这种潮流在法国和英国只是暗流，不占据主导地位。科恩提到："俾斯麦和加富尔，这两个政治家站在远超出同时代人的高度，将民族主义这一革命

---

① 卞冬磊：《古典心灵的现实转向：晚清报刊阅读史》，社会科学文献出版社2015年版，第15页。

② ［美］约瑟夫·列文森：《儒教中国及其现代命运》，郑大华等译，中国社会科学出版社2000年版，第36页。

的、自由的、反政府的力量,用于服务他们保守的政权。他们认为民族主义这一19世纪中产阶级的伟大思想力量,可以变成他们政策动员的最好的工具。"① 我们一般把第一种称为文化民族主义,把第二种称为政治民族主义,科恩写作的时候正值法西斯主义、纳粹主义甚嚣尘上的时代,作者的这种划分不可避免地带有明显的政治色彩,为反对极权主义制造舆论。但这种分类给我们认识民族主义提供了一种路径。

东方的民族主义离不开殖民扩张的刺激,因此文化民族主义的色彩更重。日本学者吉野耕作对于文化民族主义有过这样的描述,(文化民族主义)"是一种在民族文化自我意识缺乏,不稳定和受到威胁时发生的,想通过文化自我认同意识的创造、维持、强化来争取民族共同体再生的一种活动"②。其动力和目标都来自于国家的强大,因而更加强调威权。但也有内在的差别。中国的民族主义深受日本影响,而日本的民族主义思想师承德国。中国最早的一批鼓吹民族主义的思想家从日本将这种思想带回了中国。"正是在日本社会通过国粹主义的阶段,使'民族'一词和由'一个民族'所构成的'一个国家'才是最优秀国家的思想得到普及的时期,中国近代思想家们来到日本,并且与日本国粹主义者有了直接的思想交流。这一点在解释中国近代民族主义思想家们之所以追求一个民族一个国家,以及孙中山之所以要在中国实现一个汉族的'民族国家'的问题上,具有不可忽视的重要意义。"③

清末的"保皇派"("立宪派")与"革命派"之争代表了中国民族主义的两条道路,即主张在清帝国旧有疆域内完成民族国家转型的道路和主张实行民族革命,建设汉民族的民族国家的道路。前者以康、梁为代表④,后者则以章太炎、汪精卫等人影响较大。孙中山在革命早期主张的是第二条道路,然而,随着形势的发展,他接受了第一条道路。如果套用汉斯·

---

① H. Kohn, *Nationalism*, Harvard University Press, 1938, pp. 17 – 27.
② [日]吉野耕作:《文化民族主义的社会学》,刘克申译,商务印书馆2004年版,第11页。
③ 王柯:《民族主义与近代中日关系》,香港中文大学出版社2015年版,第63页。
④ 梁启超对于"革命"和"保皇"的立场则随着时代的发展有所变化。在主持长沙时务学堂时,梁启超曾经秘密印刷带有反清立场的《扬州十日记》等书。他也曾经在戊戌变法期间鼓动湖南巡抚陈宝箴"自立"。在1902年5月致康有为的信中,梁启超也曾经指出没有民族主义则无法立国,唤起民族精神则势必排满。引得康有为大怒,以断绝师徒关系相要挟。夏晓虹认为,梁启超最终之所以选择用"开明专制"代替"革命"立场,是他游历欧美之后的切身感悟使然。(参见夏晓虹《新广东:从政治到文学》,《学术月刊》2016年第48卷第2期。)

科恩的分类来看,革命派的三民主义当中,民族和民权似乎应该放在不同的类别。在民族方面,保皇派主张带有某种政治民族主义的色彩,不强调种族、血缘,以历史上存在的帝国为架构完成民族国家的现代转向。而革命派鲜明的排满和种族主义观点则更具有文化民族主义色彩。在民权方面,保皇派主张保存现有的王朝,实行君主立宪。而革命派主张推翻现有的王朝,建立共和,则更具政治民族主义的特点。

革命派建立之初,成员大多数是会党分子,缺乏能够写文章的宣传家。根据冯自由的回忆,起初革命派印刷的宣传品,不过是《扬州十日记》《嘉定屠城记》及黄宗羲的《明夷待访录》当中的一些章节。而保皇派由于康、梁在士林中的地位和声望,以及他们本人的杰出才华,在宣传方面大占上风。仅出版报刊一项,保皇派在戊戌变法之前国内有《时务报》,戊戌之后宣传立宪维新的报刊在全世界有华人的地方遍地开花,例如,日本有《清议报》《新民丛报》《亚东报》,美国有《新中国报》《文兴报》《维新报》,澳洲、新加坡等地还有一些报纸。革命派在这些媒体中的形象,和叛贼相当。连革命派的大本营檀香山、横滨等地都因为舆论的缘故而逐渐倾向保皇派。1899年陈少白在香港创立《中国日报》,为革命派报纸之滥觞。然而终究势单力薄。直到清末新政之后,大量学子留学日本,接受了日本的民族主义思想,鼓吹革命排满者越来越多,革命派的报纸才开始占上风。《湖北学生界》《新湖南》《浙江潮》《江苏》等著名刊物纷纷出版,"由是留学界有志者与兴中会领袖合冶为一炉,革命出版物,风起云涌,盛极一时,在壬寅上海苏报案前后,已渐入革命书报全盛时期矣"[①]。1905年《民报》在东京创刊,由胡汉民代替孙中山执笔的《民报》在发刊词当中正式提出了三民主义的思想。在《民报》第一期的扉页上,画有黄帝像,黄帝被誉为"中国民族开国之始祖"和"世界第一民族主义大伟人"。早期的民族主义者试图利用大众媒介的传播力,为汉人创造一个血缘上的共同祖先。这种想法可以追溯到王夫之。王夫之在《黄书》当中将黄帝树立为汉人的始祖,通过歌颂黄帝时代来反思汉人政权的盛衰。他在《原极》一篇中将宇宙分为天、地、人三个维度,他认为华夏如果不排除夷狄,则是违反了"地"的维度,"人不自畛以绝物,则天维裂矣。华夏不自畛以绝夷,则地维裂也。天地制人以畛,人不能自畛以绝

---

① 冯自由:《革命逸史》初集,中华书局1981年版,第11页。

其党，则人维裂矣。"为了树立黄帝为汉人始祖的形象，《江苏》《国民日日报》《二十世纪之支那》等刊物都纷纷刊载皇帝肖像，使用黄帝纪年。刘师培在《黄帝纪年说》一文中说道："欲保汉族之生存，必以尊黄帝。黄帝者，汉族之黄帝也，以之纪年，可以发汉族民族之感受。"然而关于黄帝到底是谁，在当时就争论不休。① 孙隆基认为，中国人都是黄帝子孙的说法是20世纪的产品，在中国被纳入西方民族国家体系之前，根本不会有民族肇始者的说法。②

革命派先后在上海、东京、南洋、美洲创办发行报刊图书232种，其中杂志50种，日报67种，图书115种。"以上海为例，1905—1911年革命派先后出版了15家报刊，它们是《国粹学报》《竞业旬报》《中国女报》《神州女报》《民呼日报》《民吁日报》《民立报》《越报》《中国公报》《民声丛报》《光复学报》《锐进学报》《大陆报》《天铎报》等。"③

梁启超认为，20世纪是西方"民族帝国主义"瓜分中国的时代，要避免这种瓜分，只有中国人自己实行民族主义，他在《新民说》当中指出：

> 欧洲所以发达，世界所以进步，皆由民族主义所磅礴冲击而成。民族主义者何？各地同种族、同语言、同宗教、同习俗之人，相视如同胞，务独立自治，组织完备之政府，以谋公益而御他族是也。……而民族帝国主义者何？其国民之实力，充于内而不得不溢于外，于是极汲焉求扩张权力于他地，以为我尾闾。……夫所谓民族帝国主义者，与古代之帝国主义迥异……彼则由于一人之雄心，此则由于民族之涨（张）力。彼则为权威之所役，此则为时势之所趋（驱）。……故今日欲抵抗列强之民族帝国主义，以挽浩劫而振生灵，惟有我行我民族主义之一策。④

---

① 孙隆基认为，清末流行的"汉人西来说"出自法国学者拉库伯里（Terrien de Lacouperie），他认为，黄帝是两河流域的君主尼科黄特（Nakhunte），他率领人民辗转来到中土，驱逐了苗人部落，成为汉民族之前身。此说因为符合社会达尔文主义的适者生存原则，同时将中国人与白种人建立了血缘上的联系，被章太炎、黄节、蒋观云、宋教仁等人所采纳，而梁启超、刘师培等人亦因而相信黄帝与中国民族起自昆仑山。
② 参见孙隆基《清季民族主义与黄帝崇拜之发明》，《历史研究》2000年第3期。
③ 刘兴豪：《报刊舆论与中国近代化进程》，光明日报出版社2016年版，第155页。
④ 梁启超：《新民说》，辽宁人民出版社1994年版，第5页。

梁启超的民族建构，延续了有清以来的传统，欲把一个包含汉族和少数民族在内的中国塑造为一个民族，更准确地说是"国族"。他认为，中国的幅员辽阔、民族众多，而蒙古、西藏和新疆的少数民族是在清王朝的权威下统一的，如果推翻清王朝，这些边疆民族就没有了可以效忠的对象，在列强的干预下，他们不可避免地会走向独立。而蒙古、新疆和西藏如果独立，中国无法避免被列强瓜分的命运。"作为立宪党人的梁启超则是清醒的，在他看来不仅满族和汉族同为中国的民族，而且除其外，蒙古族、回族、藏族等民族也是中国大家庭里的一员，并以此见识为基础，提出了大民族主义和小民族主义之说。"① 关于小民族主义和大民族主义的区别，梁启超在《政治学大家伯伦知理之学说》一文中说道："小民族主义者何？汉族对于国内他族是也。大民族主义者何？国内本部属之诸族，以对于国外之诸族是也。……吾中国言民族者，当于小民族主义之外，更提倡大民族主义。"②

而章太炎、汪精卫等人则鼓吹"一切以排满为先务"，他们认为中国之所以落后，全是因为有一个外族的政府在统治，因此推翻这个外族的统治是建立民族国家的第一步。为了宣扬排满思想，革命派不断宣传清初满人对汉人征服过程中产生的屠杀和破坏，鲁迅在回忆留学日本的情形时提到：

> 别有一部分人，则专意搜集明末遗民的著作，满人残暴的记录，钻在东京或其他的图书馆里，抄写出来，印了，输入中国，希望使忘却的旧恨复活，助革命成功。于是《扬州十日记》，《嘉定屠城记略》，《朱舜水集》，《张苍水集》都翻印了，还有《黄萧养回头》及其他单篇的汇集，我现在已经举不出那些名目来。别有一部分人，则改名"扑满""打清"之类，算是英雄。这些大号，自然和实际的革命不甚相关，但也可见那时对于光复的渴望之心，是怎样的旺盛。③

邹容的《革命军》模仿美国《独立宣言》，把满人比作英国人，指出

---

① 王人博：《中国的近代性》，广西师大出版社2009年版，第147页。
② 梁启超：《政治学大家伯伦知理之学说》，《饮冰室合集·文集13》，中华书局1989年版，第75—76页。
③ 《杂忆》，《鲁迅全集》（第1卷），人民文学出版社2005年版，第233页。

汉人要从满人的统治下"独立"。《革命军》把黄种人分为两种：中国人种和西伯利亚人种。汉族（包括朝鲜人、日本人）、西藏族、交趾支那族（中国西南少数民族及越南、泰国人）都属于中国人种。西伯利亚人种则包括蒙古族、通古斯族（历史上的契丹、女真、满洲等）、土耳其族（历史上的突厥、回纥以及现代新疆的少数民族）。这种舶来的有关种族的知识虽然相当粗浅，但在当时的舆论环境看来有助于割裂满汉之间的联系，为排满革命论寻找一个科学的依据。章太炎回忆自己走上革命道路的思想历程时说：

> 余十一二岁时，外祖朱左卿授余读经，偶读蒋氏《东华录》曾静案，外祖谓"夷夏之防，同于君臣之义"。余问："前人有谈此语否？"外祖曰："王船山、顾亭林已言之，尤以王氏之言为甚，谓历代亡国，无足轻重，惟南宋之亡，则衣冠文物，亦与之俱亡。"余曰："明亡于清，反不如亡于李闯。"外祖曰："今不必做此论，若果李闯得明天下，闯虽不善，其子孙未必皆不善。惟今不必做此论耳。"余之革命思想伏根与此，依外祖之言观之，可见种族革命思想原在汉人心中，惟隐而不显耳。①

章士钊说："当时凡可以挑拨满汉感情，不择手段，无所不用其极。"②对于舆论中突如其来的反满言论，康有为也不能理解，他说："谈革命者，开口必攻满洲，此为大怪不可解之事。夫以开辟蒙古、新疆、西藏、东三省之大中国，二百年一体相安之政府，无端妄引法、美以生内讧，发攘夷别种之论以创大难，是岂不可已乎？"③

清人入关200多年，满族已经接受了中原文化，满汉畛域已经越来越淡薄，而在中国的知识分子当中反倒兴起了强烈的、带有种族主义色彩的排满思想。邹容在《革命军》中从当时流行的种族主义出发，把汉人与朝鲜人、日本人都列为中国人种，认为日本人和朝鲜人都是中国人殖民的产物。而把满人、蒙古人和新疆的少数民族列为西伯利亚人种，从人种上割

---

① 汤志钧：《章太炎年谱长编》（上册），中华书局1979年版，第5页。
② 章士钊：《疏黄帝魂》，《章士钊全集》（第8卷），文汇出版社2000年版，第206页。
③ 康有为：《答南北美洲诸华商论中国只可行立宪不能行革命书》，《辛亥革命前十年间时论选集》（第1卷上册），生活·读书·新知三联书店1960年版，第334页。

裂满汉之间的联系。孙隆基认为："种族主义的复苏，可以针对外敌，但也可把矛头指向内敌。从解构学角度看，一个名词没有先天的含义，它之指称对象视其处于"差异性系统"（system of difference）内之位置而定。'种族'一词如用来界定满汉之别，就会引申出光复汉族的结论。"①

杨国强则认为：

> 族类之辨只重归纳不重分析，因此族类之辨一起，人都会被族淹没。用这些从历史中引来的观念说时事，得到的不会是观念与时事的对应，而是观念对时事的笼罩。因此，观念虽能一传再传，却始终是一种空洞的东西，但在20世纪的最初10年里，这种缺乏对应性因而缺乏真实性的观念曾越播越远，非常真实地成了当时社会中具有强势的一方。②

《革命军》这本仅有两万多字的小册子重印20多次，行销110万册③，创造了一个清末的大众媒介传播奇迹。章士钊评价这本书："邹氏之《革命军》也。以国民主义为主干，以仇满为用，捋扯往事，根极公理，驱以犀利之笔，达以浅直之词，虽顽懦之夫，目睹其字，耳闻其语，则罔不面赤耳热，心跳肺张，作拔剑砍地、奋身入海之状。呜呼！此诚今日国民教育之第一教科书也！"④鲁迅则评价它："倘说影响，则别的千言万语，大概都抵不过浅近直截的'革命军马前卒邹容'所做的《革命军》。"⑤

从种族出发的民族主义思潮，理论上具有明显的缺陷，从而影响现代民族国家的建构。白鲁恂认为："中国的民族主义与现代化之间的关系呈现出与其他国家都不同的面貌。尽管中国历史非常伟大，中国文明具有超强的持久力，但中国现代化的模式给中国留下了一个相对初级和原始的民族主义形式。换言之，文化习惯和种族区分在某些方面占据了民族主义的先机，使民族主义在中国仍然处于初级的、未定型的状态，相对缺乏实质

---

① 孙隆基：《清季民族主义与黄帝崇拜之发明》，《历史研究》2000年第3期。
② 杨国强：《论清末知识人的反满意识》，《史林》2004年第3期。
③ 谢尚品：《革命马前卒邹容》，《炎黄春秋》2001年第9期。
④ 《章士钊全集》（一），上海文汇出版社2000年版，第27页。
⑤ 《杂忆》，《鲁迅全集》（第1卷），人民文学出版社2005年版，第233页。

内容。"①

三 大众媒介与民族主义的相互作用

大众媒介充当了信息倍增器的作用，能够以前所未有的速度和广度传播信息。施拉姆认为，大众传媒在历史上对国家发展具有特殊的重要性，它们是伟大的增殖者，可使人类信息增殖到前所未有的程度。② 在19世纪末20世纪初，中国经历了洋务运动、维新变法和清末新政，西方的观念、思想已如潮水般涌入。时人莫不以谈论西学为荣耀。在西学当中，民族主义和社会达尔文主义由于其强烈的功利色彩，正契合了中国知识分子保种的理想，所以备受中国读书人推崇。而大众媒介在这场思想革命当中，恰好起了"倍增器"的作用。以其快捷便利和即时性满足了当时人的需要。报纸形成了上海、香港、东京等几个中心。在东京，仅由留学生创办的报纸就有30多家。③

宣扬排满主义的革命派报纸吸引了更多的年轻读者，除了各种社会政治原因之外，与报纸这种媒介的特点有关系。"印刷工业有一个特征：非集中化和地方主义。分割西方世界的民族主义就是其表现，国家内部的地区分割和不稳定也是其表现。"④ 报纸是一种空间偏向的媒介，它以在最短的时间内吸引最多的读者为目的，因此报纸不需要像书籍一样有严格的学术性，往往是越激进越吸引人，特别是年轻人。与立宪派不同，革命派大多来自社会的中下层，普遍年龄比较小⑤，以康、梁为代表的上一代知识分子，与更加年轻、更加激进的新一代学人之间的话语之争，在某种程度上也是一种代际革命，一种文化上的弑父情结。

尼尔·波兹曼认为："印刷术帮助了国家民族的成长，却把爱国主义

---

① L. Pye, "How China's Nationalism Was Shanghaied," *The Australia Journal of Chinese Affairs*, No. 29, 1993, pp. 107–133.

② ［美］施拉姆：《大众传播媒介与社会发展》，金燕宁译，华夏出版社1990年版，第95页。

③ 戈公振：《中国报学史》，中国文史出版社2015年版，第115页。

④ ［加］哈罗德·伊尼斯：《传播的偏向》，何道宽译，中国传媒大学出版社2015年版，第119页。

⑤ 除了章太炎之外，革命派的其他代表年龄普遍很年轻，1905年，汪精卫22岁，胡汉民25岁，陈天华30岁。

变成了一种近乎致命的狭隘情感。"① 胡适曾经说：民族主义有三个方面：最浅的是排外。其次是拥护本国固有的文化。最高又最艰难的是努力建设一个民族的国家，因为最后一步是艰难的，所以一切民族主义运动往往最容易先走上前面的两步。② 报纸和杂志这样以追求订阅量为目的的大众媒介善于以耸人的题目、夸张的话语来吸引年轻人，所以以排满为口号的革命派刊物，获得了大量年轻人的追捧。据统计，《民报》的初版印刷6000份，7次再版。其他各期也常印四五版，销售数量达四五万份。③ 这种媒介传播的速度是历史上所不具备的，它所构建的舆论空间改变了舆论的走向，让革命的话语在年轻知识分子当中深入人心。根据同盟会员汪东的回忆，当时的年轻人都以提革命为荣，以谈保皇为耻。有许多《新民丛报》的读者都转而看《民报》了。原来倾心立宪的人与革命党人开始交朋友。大庭广众下谈论革命的人变得更加自信，理直气壮；而谈立宪保皇的人则在人前显得吞吞吐吐。④ 同时排满革命思想也通过报纸渗透到了军队当中，湖北新军的士兵经常传看宣扬排满革命的报刊，使当时的军官"畏报如虎，恨报刺骨"⑤。

四 结语

媒介环境学派认为，媒介不单单是一种中立的存在，它会影响社会生活。不同的媒介会使社会生活呈现出不同的相貌。清末民族主义思潮与大众媒介结合的思想运动，显示出了报刊这种大众媒介的强大。康、梁这些早已成名的学者面对初出茅庐的年轻人并没有太多优势，社会舆论向着革命派的方向在倾斜。舆论日益把清王朝推向了绝路，正如亨廷顿所说："一个如满人那样的外族建立的王朝就难以使自己与日益日渐发展的民族主义精神认同，因为皇帝既出身少数民族，又无力保卫国家，无力抵御其他外族人的入侵。"⑥

---

① ［美］尼尔·波兹曼：《娱乐至死》，章艳译，中信出版社 2015 年版，第 33 页。
② 胡适：《个人自由与社会进步——再谈五四》，《独立评论》第 150 号，1935 年。
③ 朱浤源：《同盟会的革命理论》，"中研院"近代史研究所 1985 年版，第 32 页。
④ 黄顺力：《〈民报〉宣传与辛亥革命》，《深圳大学学报》2009 年第 26 期。
⑤ 陈旭麓：《清末新军与辛亥革命》，《学术月刊》1961 年第 4 期。
⑥ ［美］萨缪尔·亨廷顿：《变化社会中的政治秩序》，王冠华、刘为等译，上海人民出版社 2015 年版，第 137 页。

辛亥革命以清帝逊位而结束，满洲贵族退出了政治舞台，民族矛盾缓和。然而，关于中国民族形式问题的争论一直在继续。民国以"五族共和"为口号，以"五色旗"为国旗，形成了中华民族和"五族"并存的二元结构的民族叙事，延续的是立宪派提出的思路。然而这个融合的过程缓慢而曲折，并且时常会有一些反复。20世纪30年代，面对日本的侵略，中国学术界又兴起了一场关于中华民族到底是不是"一个"民族的争论。费孝通先生提出的中华民族"多元一体"格局实际上还是这种结构的继续。在外来压力增大的时候，"一体论"会更加突出，而如果内外的压力比较小，国家面临的环境宽松时，"多元"又会呈现出比较繁荣的局面，这将会是中国的民族建构的一种长期的现象，在多元的文化和一体的政治之间寻求一种动态的平衡，打破这种平衡会对中国的民族建构带来不良的影响。

20世纪五六十年代中国经济状况：
美国中央情报局的情报评估

姚 昱[*]

20世纪五六十年代是中国经济发展最复杂的时期。在这20年中，中国在经济领域中既取得过令世界瞩目的成就，也遇到过巨大的挫折。中国经济的这种剧烈起伏引起了当时美国政府情报机构的密切关注，他们希望能够及时了解中国的经济实力并把握其经济中长期发展的趋势，以便在美国决策者制定对华政策时提供经济方面的参考。近来解密的美国政府相关情报评估说明，美国政府的情报专家对中国经济的认识虽有不足之处，但也不乏真知灼见。虽然他们未能预料到"大跃进"的严重后果，却准确地预测"大跃进"不会在1959年止步。同样，虽然未能预测到在60年代经济困难的情况下中国会强调先进武器的发展，但是他们对调整时期现实主义经济政策可能会被打断的担心很快就变成现实。更令人惊叹的是，相比于中国迟至70年代末才开始的改革开放，美国情报专家们在60年代中期就已经指出，中国要想改变当时经济发展的困境，必须刺激农民生产积极性并走向世界。无论从学术还是现实角度来看，把握美国情报部门观察中国经济的方式与角度，都具有十分重要的借鉴意义。

美国政府对中国国内经济的情报评估工作主要由中央情报局承担，[①] 而中央情报局生产的众多相关情报又以NIE（National Intelligence Estimates，国家情报评估）文件最为重要。NIE文件以分析影响中国宏观经济

---

[*] 作者姚昱系华东师范大学周边国家研究院教授。本文部分内容曾以"二十世纪五六十年代美国中央情报局对中国经济状况的情报评估"为题发表在《中共党史研究》2010年第1期。

[①] 20世纪50年代初期，美国国务院情报部门在评估中国经济情况时所起作用很大，中央情报局后来逐步全面承担起经济情报评估的主要责任，但国务院情报部门的评估活动仍然活跃。（相关介绍见吴云《美国中央情报局的经济情报工作简介》，《国际资料信息》2005年第8期。）

发展的基本因素并预测中长期趋势为主旨，其分析的全面性与深入性是其他情报文件都难以比拟的。同时NIE文件作为中央情报局生产的最高级情报，其分析与结论得到美国政府其他情报机构的首肯，并经常成为美国最高决策者决策时的重要参考。由于NIE文件的重要性，本文即以中央情报局NIE文件中专门评估中国部分的NIE系列文件为主要考察对象。① 根据相关NIE文件对中国经济认识的演变过程，本文将20世纪70年代以前中央情报局对中国经济的情报评估分为50年代与60年代两个阶段加以论述，比照当代中国经济史的现实而着重说明中央情报局对中国经济看法与认识的演变，希望能对当今的相关研究与实践有所借鉴。

一 20世纪50年代：美国情报机构对华经济评估的初步展开阶段

20世纪50年代中央情报局并无专门分析中国经济的NIE文件，而关于中国整体局势的NIE文件中虽有对中国经济的宏观分析与评估，但比较简略，只能勾勒出中国经济的大致图景，而且在短期预测方面有严重问题。这一点既说明了当时中央情报局相关情报评估工作才初步展开，也与中国统计机构初步建立、经济统计数据发布的范围与质量有限有关。② 这一特点在第一次尝试对中国经济进行宏观分析与把握的NIE 13-54文件中表现得非常清楚。③

---

① 关于中国部分的NIE文件被列入NIE 13系列。2004年中央情报局公开了71份专门分析中国各个方面的高级情报文件，全部可见于中央情报局电子阅览室：http://www.foia.cia.gov/nic_china_collection.asp。美国国家情报委员会（National Intelligence Council）挑选出37份文件结集出版，即 Tracking the Dragon: Selected National Intelligence Estimates on China, 1948-1976, Washington, D.C.: Government Printing Office, 2004; 并发布电子版，见 http://www.dni.gov/nic/NIC_foia_china.html。在这些文件中有较为完整的NIE 13系列文件。

② 关于此时中央情报局NIE所使用的信息情况，见各个文件对数据的讨论部分。美国学术界对中国经济情况进行评估所依赖的资料基础及其问题的探讨，可见陈乃伦《对中国经济资料的估计：可得到的程度、可靠程度和可供使用的程度》，美国国会联合经济委员会编：《对中国经济的重新评估（1975）》，北京对外贸易学院等译，中国财政经济出版社1997年版，第102—134页。

③ 在NIE 13-54文件之前中央情报局还生产了NIE 2（1950年）、NIE 10（1951年）、NIE 58（1952年）、NIE 80（1953年）文件，但这些文件的针对性很强，NIE 2关注的是中国介入朝鲜战争，NIE 10考察中共政权、中苏关系与对外行动方针，NIE 58分析的是中苏关系，NIE 80则考察中国对朝鲜半岛的政策。[见 National Intelligence Council（以下简称NIC），Tracking the Dragon: National Intelligence Estimates on China During the Era of Mao, 1948-1976（以下简称 Tracking the Dragon），http://www.dni.gov/nic/NIC_foia_china.html。]

1954 年 6 月 3 日完成的 NIE 13 – 54 文件是以分析中国整体局势为目的，其中关于中国经济的部分相对简略，主要关注的是中国此时刚刚开始的"一五计划"。在当时中国"一五计划"尚未公布的情况下，该文件预测"一五计划"的大致目标是实现 1957 年国民生产总值比 1952 年增长 20% 到 25%。相比中国 1955 年正式公布的"一五计划"以及后来"一五计划"实现了国民生产总值增长 70.9% 的事实来看，NIE 13 – 54 文件的这一估计显得过于保守。同时，该文件对"一五计划"的工业布局也预测不足，认为"一五计划"的工业建设将主要集中在东北，其他地区主要是扩建，而实际上"一五计划"的许多大中型项目都分布在中西部地区。①

NIE 13 – 54 文件对"一五计划"的保守估计源自它认为中国共产党难以解决一系列棘手的问题。该文件认为，中国经济虽然历经三年恢复，但仍然是以农业生产为主的落后经济。在此薄弱的经济基础之上要执行"一五计划"，最根本性的问题是共产党政府必须能够积累足够的重要经济资源并能有效地加以分配。这一根本性的问题具体表现为以下几个难题：第一，作为中国主要经济部门的农业必须同时承担三项任务：喂养日渐增多的人口、向工业提供原料、出口创汇以支付资本物进口。第二，必须能有效地控制消费，以保证将中国的资源尽可能多地用于生产上。第三，必须获得苏联的大规模援助。此外，当时已经开始的社会主义三大改造对生产者积极性的负面影响、中国科研管理人才的缺乏导致经济管理机制低效等问题，也是摆在中国共产党领导人面前的棘手问题。正因为如此，NIE 13 – 54 文件虽然认为中国领导人可以解决这些问题而实现"一五计划"的目标，但该目标指它预测的保守目标。②

---

① CIA, "NIE 13 – 54: Communist China's Power Potential through 1957," June 3, 1954, Secret, p. 8, in *Tracking the Dragon*. 关于"一五计划"的发展目标与工业布局见薄一波《若干重大决策与事件的回顾》（上卷），人民出版社 1997 年版，第 303 页以下。

② CIA, "NIE 13 – 54," June 3, 1954, Secret, pp. 9 – 11, in *Tracking the Dragon*. 关于"一五计划"期间农业生产的增长速度有不同看法。1957 年 10 月 1 日《人民日报》发布数据为 4.8%，根据《李富春传》与《若干重大决策与事件的回顾》中的相关数据估算，年平均增长率为 4.5%［见房维中、金冲及主编《李富春传》，中央文献出版社 2001 年版，第 471 页；薄一波《若干重大决策与事件的回顾》（上卷），人民出版社 1997 年版，303 页］。中国学者杨坚白、李学曾计算为 3.8%［见马洪、孙尚清主编《中国经济结构问题研究》（上册），人民出版社 1981 年版］。该数据被美国学者尼古拉斯·拉迪采用（见［美］R. 麦克法夸尔、费正清主编《剑桥中华人民共和国史：革命中国的兴起，1949—1965》，中国社会科学出版社 1990 年版，第 161 页）。而 NIE 13 – 54 文件的估计是 3%，并为之后的 NIE 文件一直采用。

不可否认，NIE 13-54 文件关于中国经济发展所面对的难题的看法是相当深刻的。农业发展缓慢、人口增长迅速、消费过低后来都的确成为中国经济发展的瓶颈。但 NIE 13-54 文件低估了中国共产党政府解决上述经济问题的能力，也因此低估了"一五计划"的实际发展速度。这一点很快就被 1955 年 7 月公布的"一五计划"所证明。①

中央情报局情报专家的尴尬在 1956 年 1 月 5 日完成的 NIE 13-56 文件中清晰可见。该文件在重新评估"一五计划"时，特别强调原来的估计未能预料到中国的社会主义三大改造运动在 1955 年夏季突然加速并在 1955 年底 1956 年初基本完成。在该文件看来，社会主义三大改造的迅速进行对中国的工业化产生了两大贡献：第一，使得中国政府全面控制了中国的经济资源，这使得中国政府可以重新配置资源以保证对重工业的集中投入；第二，三大改造通过合并原来的分散生产而实现了生产效率上一定程度的提高。②再加上中国也获得了苏联的大规模援助以及中国政府通过统购统销与配给制度实现了对消费的有效控制，NIE 13-56 文件认为，中国有可能实现工业的快速增长，但对"一五计划"公布的 1957 年工农业生产目标仍然持怀疑态度。该文件认为，NIE 13-54 提出的各种根本性问题仍未彻底解决，其中承担人口消费、工业原料与出口创汇三项重任的农业投入不够的问题最为严重，此外，农业合作化运动对农民生产积极性的伤害也是一个关键因素。NIE 13-56 文件颇有先见之明地指出，中国农业发展的滞后势必会拖工业发展的后腿。③

"一五计划"在 1956 年的表现证明了 NIE 13-56 文件的结论正误参半，这使得 1957 年 3 月 19 日完成的 NIE 13-57 文件又进行了新的修正。NIE 13-57 文件承认中国"一五计划"的工业发展到 1956 年底就已经超过了预订 1957 年实现的目标。但是在农业方面，相对于官方预计"一五

---

① "一五计划"的公布情况见《人民日报》1955 年 7 月 8 日第 3 版。

② CIA, "NIE 13-56: Chinese Communist Capabilities and Probable Courses of Action through 1960," January 5, 1956, Secret, pp. 8-10, in *Tracking the Dragon*.

③ CIA, "NIE 13-56," January 5, 1956, Secret, pp. 1-2, in *Tracking the Dragon*. 关于"一五计划"期间农业发展落后对工业发展与整个国民经济发展的负面影响，见[美] R. 麦克法夸尔、费正清主编《剑桥中华人民共和国史：革命中国的兴起，1949—1965》，中国社会科学出版社 1990 年版，第 166—181 页。

计划"年平均增长速度4.3%①以及后来中国官方宣布达到的4.5%②，NIE 13-57文件的估计仍然保守，认为农业生产的实际年平均增长率只有大约3%。其理由仍然是中国政府对农业的相对忽略与投入不足。虽然该文件在具体数据上可能有所偏差，但是它在一般认识上还是十分自信的，因为中央情报局的专家们已经敏锐地发现，由于过去几年经济发展不平衡现象十分严重，而且1956年出现了冒进，中国领导人已经准备在1957年放缓经济发展速度以避免出现严重的经济发展失衡，并强调消费与经济刺激。③

针对中国从1955年下半年开始着手准备的"二五计划"，该文件强调，如果中国政府不能在农业合作化后刺激农民的生产积极性，不能加强对农业的投入，那么预计农业生产只能达到年增长率3%，而不是中国政府此时提出的6%，农业的这种缓慢发展肯定跟不上"二五计划"期间人口消费、工业原料与出口三方面的需要，也会拖工业快速发展的后腿。④此外，中国还不得不在"二五计划"期间面临苏联不再提供贷款与人口增长过快的问题。苏联贷款的终止会进一步加重承担创汇主要任务的农业的压力，并可能会导致中国资本物的进口。而人口增长过快虽然未被该文件赋予紧迫性，但是也会使中国领导人在就业与消费两个领域面临挑战。该文件认为，中国领导人注意到这一问题并准备开展计划生育，但认为其具体效果还有待观察。不过，即使有这些问题以及存在像消费水平过低、经济刺激不足、计划协调不够、技术人员不足等其他问题，NIE 13-57文件对"二五计划"的前景也是乐观的。它认为中国领导人已经注意到了这些问题，根据中国在前几年出色地解决经济问题的表现，该文件相信中国能够实现"二五计划"的工业目标，农业虽难以完成目标，但也会以相当快的速度发展。⑤

---

① 《人民日报》1955年7月8日第3版。
② 房维中、金冲及主编：《李富春传》，中央文献出版社2001年版，第471页。
③ CIA, "NIE 13-57," March 19, 1957, Secret, p. 5, in *Tracking the Dragon*. 这一观察是正确的，1957年周恩来、陈云进行了反冒进，调整经济发展过快、经济发展不平衡所带来的问题。[见房维中、金冲及主编《李富春传》，中央文献出版社2001年版，第474—499页；薄一波《若干重大决策与事件的回顾》(上卷)，人民出版社1997年版，539—560页。]
④ 此时NIE 13-57文件所说的"二五计划"只是初步大纲，而且受到了反对"右倾保守"运动与1956年冒进的影响，各项指标过高，后在1957年有较大的调整。(关于详细情况见房维中、金冲及主编《李富春传》，中央文献出版社2001年版，第474—499页)
⑤ CIA, "NIE 13-57," March 19, 1957, Secret, pp. 6-8, 23-24, in *Tracking the Dragon*.

对中国农业问题的关注使得 1958 年 5 月 13 日完成的 NIE 13-58 文件注意到，中共领导人此时已经看到了农业投入不够、农业发展缓慢的问题，并在"二五计划"中对农业赋予优先性。但中国人口的迅速增长令 NIE 13-58 文件对"二五计划"期间中国农业发展持谨慎态度，认为在人口快速增长的巨大压力下，如果农业合作化运动严重打击了农民生产积极性并出现恶劣天气，中国农业会遭到重大打击。不过，该文件认为，中苏良好关系的持续发展会使得中国在困难时期得到苏联的帮助，再加上中国可以采取减少粮食出口并增加粮食进口的应对措施，因此如果出现农业问题也可以解决。① 在工业发展方面，该文件更是保持了之前的乐观态度，认为虽然苏联贷款的减少会加重中国的资本短缺，再加上科技人才不足与部分原料供应紧张等问题，中国工业会在"二五计划"期间继续保持高速发展。②

就"一五计划"而言，上述论述说明中央情报局经济分析专家们的认识还是具有相当深度的，在某些方面丝毫不亚于国人自己的认识。上述 NIE 系列文件与以马寅初为代表的中国学者几乎同时提出中国人口增长过快问题。③ 同时，毛泽东 1956 年发表《十大关系》，反思苏联模式的工业化道路在许多方面也与上述 NIE 文件的一些看法不谋而合。④ 特别值得强调的是，这些 NIE 文件都指出了这样一个在文件中虽未特别强调但无处不在的事实，即获得苏联的支持对于中国实现工业化所具有的极端重要性。相比之下，中国领导人对此虽然有所认识，但未能在实践中加以贯彻，以至于后来的"大跃进"与中苏政治分歧都干扰了苏联对华援助并致使苏联撤销对华援助，从而对中国经济发展造成了极为深远的负面影响。⑤ 但这些 NIE 文件也说明了中央情报局相关认识中的一个重大缺陷，那就是未能了解毛泽东对经济发展的看法与态度。这些文件并未认识到 1956 年中国

---

① CIA, "NIE 13-58: Communist China," May 13, 1958, Secret, pp. 12-13, in *Tracking the Dragon*.

② CIA, "NIE 13-58: Communist China," May 13, 1958, Secret, pp. 13-15, in *Tracking the Dragon*.

③ 马寅初：《新人口论》，《人民日报》1957 年 7 月 5 日。

④ 关于中国领导人对"一五计划"期间苏联模式工业化道路的反思过程，见薄一波《若干重大决策与事件的回顾》（上卷），人民出版社 1997 年版，第 482—514 页。

⑤ 中国学者关于苏联援助对中国经济发展极端重要性的研究还很少，已有著作集中在技术援助方面。［见沈志华《苏联专家在中国（1948—1960）》，中国国际广播出版社 2003 年版；张柏春等《苏联技术向中国的转移（1949—1966）》，山东教育出版社 2004 年版。］

经济发展过快是因为毛泽东的鼓动而发生的,而周恩来、陈云在 1957 年的反冒进反而招致了毛泽东的反反冒进批评,并随之引发了"大跃进"。① 直到 60 年代,中央情报局的专家们才确定毛泽东对经济发展持十分急躁的态度。

正是对"一五计划"内在矛盾的深刻认识以及对中国领导人政策调整的敏感,1959 年 2 月 10 日完成的 NIE 13 - 2 - 59 文件与 1959 年 7 月 28 日完成的 NIE 13 - 59 文件都将 1958 年下半年开始的"大跃进"与人民公社运动看作中国领导人探索新的发展模式的重要尝试。② 这两份文件认为,中国领导人发动"大跃进"、推行人民公社的目的,就是要动员中国最丰富资源——农村非熟练劳动力,以加强劳动力投入的方式促进农业、农村工业与地方工业的发展,从而避免苏联模式工业化的弊病,并能有效解决喂养中国迅速增长的人口和苏联终止贷款后资本紧缺的问题。从中国寻找新的发展道路的角度来看"大跃进"与人民公社两个运动的发生,这两份文件的这一角度可谓相当深刻,③ 但是它们却严重低估了"大跃进"运动中的非理性因素。NIE 13 - 2 - 59 与 NIE 13 - 59 文件虽然都发现"大跃进"与人民公社引起了不少问题,如人力储备耗尽、人民筋疲力尽、农业丰产不丰收、统计数据混乱并出现浮夸、缺乏管理、经济计划变动大等,却肯定"大跃进"与人民公社对 1958 年农业丰产的促进作用,并预计中国领导人会在 1959 年进行相应的调整,这将保证中国经济——包括农业——会继续高速发展。④

中央情报局经济情报专家对"大跃进"中非理性因素的误读在随后的相关情报评估文件中表现得更加明显,其中最为典型的是 1959 年 9 月 1 日

---

① 薄一波:《若干重大决策与事件的回顾》(修订本),人民出版社 1997 年版,上卷,第 539 页以下;下卷,第 658—680 页。
② 两份文件的分析与结论十分相似,而 NIE 13 - 59 更为简练与全面。
③ 这种观点后来被中国与美国学者普遍采纳(相关中文研究综述见李庆刚《十年来"大跃进"研究若干问题综述》,《当代中国史研究》2006 年第 3 期)。外国学者的类似观点见 Alexander Eckstein, *China's Economic Development: The Interplay of Scarcity and Ideology*, Ann Arbor: The University of Michigan Press, 1975; Victor D. Lippit, *The Economic Development of China*, Armonk: M. E Sharpe, Inc., 1987; Stephen P. Andors, "China's Industrialization in Historical Perspective," in Neville Maxwell (ed.), *China's Road To Development*, Oxford: Pergamon Press, 1979.
④ CIA, "NIE 13 - 2 - 59: Present Trends in Communist China," February 10, 1959, Secret, pp. 2 - 7, in *Tracking the Dragon*; CIA, "NIE 13 - 59: Communist China," July 28, 1959, Secret, pp. 5 - 12, in *Tracking the Dragon*.

中央情报局下属国际共产主义高级研究参谋提交的 CIA/SRS—12 文件。庐山会议决议与公报发布后，美国舆论普遍认为，其中关于"大跃进"出现失误的论述说明中国领导人已经承认"大跃进"失败。但该情报的看法恰恰相反，认为中国领导人虽然承认"大跃进"出现了失误，但这恰恰表现出中国领导人的自信，说明中国领导人仍然将坚持"大跃进"与人民公社，同时会对其中的问题进行调整。不过，该文件严重高估了毛泽东对"大跃进"出现的问题的理性认识。虽然该文件也质疑"大跃进"中的浮夸与虚报，但确信中国领导人——特别是毛泽东——对此有着十分清醒的认识，认为毛泽东之所以鼓励"大跃进"中的浮夸，目的是要通过制定过高的目标来动员人民以实现更为实际的目标，也就是"取乎其上，得乎其中"。令人啼笑皆非的是，该文件最担心的是"大跃进"会促进中国农业实现极大的发展，从而打破整个亚洲的经济均衡，并对美国构成挑战。[1]

1960 年 12 月完成的 NIE 13-60 文件也采用了上述错误看法。虽然已经发现中国农业出现了比较严重的问题，例如粮食储备耗尽、有些地区出现了粮食供应不足，但 NIE 13-60 文件显然并未意识到问题的严重性，并未对此进行深入的分析与预测，其关注的问题仍然是"二五计划"是否能够增加对农业投入的问题。同时，该文件对中苏关系也持过度乐观的态度，虽然发现中苏之间出现了严重的争吵，但是预计中苏合作关系在短时期内不会破裂。它对中国工业的发展更加乐观，认为重工业会在 1961—1965 年有迅速增长，并会在煤炭、粗钢、电力、机械等领域取得长足进步。[2]

二 20 世纪 60 年代：中央情报局对中国经济情报评估的成熟期

随着 1961 年初中国的经济困难日益明显与苏联撤走专家这一事实的

---

[1] Senior Research Staff on International Communism, CIA, "CIA/SRS - 12: The Tenth Anniversary Celebration of the People's Republic of China," Sept. 1, 1959, Confidential, pp. 11 - 14, 美国盖尔公司 "解密档案参考系统"（Declassified Document Reference System, DDRS）数据库, Document No. CK3100101278.

[2] CIA, "NIE 13 - 60: Communist China," Secret, Dec. 6, 1960, pp. 4 - 9, in *Tracking the Dragon*.

公开，原先一直确信中国经济会相当快速发展的中央情报局专家们显得十分被动。为此，在 NIE 13 – 60 文件出台之后不到半年，中央情报局就在1961 年 4 月 4 日完成了第一份专门分析中国经济状况的 NIE 文件——名为《中国经济局势》的特别国家情报评估 SNIE 13 – 61 文件，其重点在于评估当时中国农业问题的严重性及其对中国整个国民经济所产生的影响。此后，由于中国国内外环境的复杂变化，中央情报局接连形成了长达数十页甚至上百页的系列 NIE 文件来专门处理中国经济问题，以求及时准确地把握中国经济的动态。至此中央情报局，可以说对中国经济情报评估的工作进入了一个相对成熟的时期。①

SNIE 13 – 61 文件仍然认为"大跃进"是中国领导人为了突破苏联模式工业化中农业发展落后这一瓶颈而进行的尝试②，但承认"大跃进"与人民公社在实际效果上引发了中国经济管理混乱与农民过度疲劳、政治淡漠两大问题，加上 1959 年与 1960 年天气恶劣，中国农业生产反而出现了极大的倒退。这反过来又使得中国农业难以承担喂养人口、提供工业原料、出口创汇三项重负，从而导致整个国民经济出现困难。③ 相比之下，苏联撤走技术专家与工业"大跃进"的失败只是加重了中国的经济困难，其影响主要限于工业领域。前者主要导致了中国一些工业建设项目的拖后，以及中苏贸易可能出现了某种暂时性中断，而后者则引起了生产效率降低、损耗过大、产品质量差、工业管理混乱等问题。④

SNIE 13 – 61 分析了中国的补救措施，认为其目的主要在于恢复农业生产。为了减少对农业的压力，中国开始实行严格的食物配给制度并将食

---

① 此时中国官方统计数据的发布工作停止。中央情报局主要以 50 年代官方发布的数据做基础，以中国报纸、电台广播中透露出来的数据进行推算。同时还大量采访中国离境者与到中国旅行的外国人获取相关资料进行补充。同时，中央情报局与其他情报机构还使用了各种先进的经济分析方法。总的来说，NIE 文件对预测中国经济长期趋势较有信心（见各个文件的相关段落）。

② CIA, "SNIE 13 – 61: The Economic Situation in Communist China," Apr. 4, 1961, Secret, pp. 2 – 3, in *Tracking the Dragon*.

③ 该文件估计中国的粮食生产从 1958 年的 2.12 亿吨降到了 1959 年的 1.9 亿吨，1960 年估计只有 1.8 亿吨到 1.9 亿吨。同时中国人饮食质量下降，肉类、植物油与豆类这样高营养食物的摄入量降低。同时，国民经济增长率急剧降低：估计 1958 年为 18%、1959 年为 12%，而 1960 年只有大约 8%。此外，中国主要出口产品农产品大量减少，由于之前的资本物进口与此时的大规模粮食进口，中国外贸收支平衡出现了严重的赤字。（CIA, "SNIE 13 – 61," Apr. 4, 1961, Secret, pp. 3, 5, in *Tracking the Dragon*.）

④ CIA, "SNIE 13 – 61," Apr. 4, 1961, Secret, in *Tracking the Dragon*, pp. 2 – 4.

物配给数量减少约10%。同时降低工业增长指标与重工业投资率、大幅削减工业进口,以此减轻工业在资本与进口上对农业的压力。为了解决农业已经难以喂养人口的问题,中国开始大规模进口粮食,仅1961年上半年,中国已经达成要进口接近3百万吨粮食的协议,所需资金为2亿美元。而之前中国每年粮食贸易为粮食净出口超过1百万吨。同时,为了恢复农民的生产积极性以加快农业的复苏,政府着手给予农民更大的生产自由,一方面调整人民公社减少集体控制,另一方面允许农民保有自留地并恢复了自由市场。①

即使有这些调整,SNIE 13-61文件对中国未来几年的经济前景并不持乐观态度。该文件认为,就农业而言,即使之后几年天气良好,但中国人口增长太快使得粮食供应问题难以解决,而中国领导人仍然坚持中国经济发展的重点是工业化这一取向,使得农业很难获得充足、持久的投入以保证长期稳定的发展。这些农业问题与苏联不可能再对中国进行大规模技术援助也决定了中国工业发展速度势必要放缓。SNIE 13-61还预计,在没有苏联援助的情况下中国可能会改变工业发展方向,会放缓甚至放弃发展高精尖工业,而将注意力放在填补中国已经有所发展的领域——主要是冶金、化学与机器制造等基础工业——在技术上的差距。该文件还预计,中国农产品出口减少所导致的中国外汇收入减少会迫使中国减少从社会主义国家进口资本物,并会缓和与苏联的关系以求延缓偿付对苏债务。同时,中国还会因为要增加粮食进口与出口创汇而加强与西方国家的联系。②

中国在60年代初扩大与西方国家的贸易,并缓和中苏矛盾的事实证实了SNIE 13-64文件相关估计有一定的准确性。③但该情报评估既未预见到中苏关系的缓和只是暂时的,也未能准确估计中国工业的发展方向。事实说明,自1961年末期,中苏之间的分歧再次激化,此后中苏关系逐步走向彻底决裂。④同时,中国非但没有放弃开发高精尖工业,反而下定

---

① CIA, "SNIE 13-61," Apr. 4, 1961, Secret, in *Tracking the Dragon*, pp. 6-7.
② CIA, "SNIE 13-61," Apr. 4, 1961, Secret, in *Tracking the Dragon*., pp. 7-9.
③ 苏联在1961年向中国提供了米格歼击机等方面的军事援助。同时中国还接受了苏联50万吨蔗糖的援助,而拒绝了100万吨粮食援助的提议。1961年4月,中国与苏联达成协议,将1960年中国贸易欠款分5年归还。1961年苏联还向中国贷款3.296亿卢布等。此时中苏外交关系也有所缓和。(见沈志华主编《中苏关系史纲(1917—1991)》,新华出版社2007版,第284—295页。)
④ 沈志华主编:《中苏关系史纲(1917—1991)》,新华出版社2007年版,第296页以下。

决心要加速发展尖端武器。① 中央情报局的情报专家们之所以出现这样的错误,依然是未能深刻把握中国领导人对待经济问题的态度——那就是往往从政治角度而不是从经济理性角度来考虑经济问题。

由于中苏分歧与中国发展尖端武器在1961年、1962年表现得并不明显,因此1961年9月、1962年完成的 SNIE 13-2-61、NIE 13-4-62 两份分析中国综合状况的文件,在经济问题的看法上都采用了 SNIE 13-64 文件的结论。② 但1963年中苏公开论战的爆发,1964年初中国经济的基本恢复与"三五计划"编制的开始,以及中国很有可能会马上掌握核武器,③这些都证明之前 NIE 的看法亟须修正。正是在这种背景下,1964年1月28日中央情报局完成了第二份专门分析中国经济的 NIE 文件——NIE 13-64 文件。

NIE 13-64 文件继承了以前的看法,认为中国经济发展的根本性矛盾是经济资源有限与中国领导人要快速实现工业化的愿望之间的矛盾。"大跃进"尝试以群众动员的手段来解决这一矛盾,但由此产生的农业生产倒退以及此时苏联撤销援助导致这一矛盾加剧。由于未能从根本上触及这一矛盾,中国政府在60年代初采取的补救措施效果不佳。④ 该文件特别强调了思想与意识形态因素严重制约了中国解决这一矛盾的能力:一方面,希望成为强国的强烈民族主义情绪,使得中国领导人非但没有放缓工业化速度,反而寻求开发先进武器系统,这对中国有限的经济资源造成了沉重的压力;另一方面,敌视外国经济资源的利用,集体主义对农民生产自由的限制,政治教育对劳动力时间与精力的占用,中国群众政治上的淡漠,都妨碍了中国获得与使用国内外各种资源。⑤

由于上述限制,NIE 13-64 文件对中国经济发展的前景估计并不乐观。就农业而言,虽然粮食生产到1963年已经恢复到1957年的水平,但

---

① 戴超武:《中国核武器的发展与中苏关系的破裂(1954—1962)》,《当代中国史研究》2001年第3、5期。
② CIA, "SNIE 13-2-61: Communist China in 1971," Sept. 28, 1961, Secret; "NIE 13-4-62: Prospects for Communist China," May 2, 1962, Secret, in *Tracking the Dragon*.
③ 关于美国情报部门对中国核武器计划的评估情况,见詹欣《美国情报部门对中国核武器计划的评估与预测(1955—1967)》,《华东师范大学学报》(哲学社会科学版)2007年第3期。
④ CIA, "NIE 13-64: Economic Prospects for Communist China," Jan. 28, 1964, Secret, pp. 3-4, in *Tracking the Dragon*.
⑤ CIA, "NIE 13-64," Jan. 28, 1964, Secret, pp. 4-5, in *Tracking the Dragon*.

人口却增加了 7500 万,而计划生育运动又难以在短期之内减缓人口增长。中国支持农业发展的措施如加强农业生产电气化、加强灌溉、发展化肥工业、使用动物驱动机械都需要相应的配套投入,且其影响只能是长期的。①而到 1963 年整体状况已经恢复到 1957 年水平的中国工业也面临着许多问题。具有优先性的工业部门(如石油、合金钢、军事工业等)虽然恢复了,而且发展速度很快,但由于中国不愿意从苏联或者西方国家获得大规模的经济技术援助,技术落后与缺乏关键进口设备与部件成为主要限制。而不具有优先性(如原钢、轻工业等)的工业,由于原料供应不足或产品需求不大,因此恢复缓慢,未来发展也不乐观。同时中国整个工业发展都面临着高级人才缺乏但人才培养方式十分落后这样一个普遍性矛盾。②

NIE 13-64 文件颇有见地地指出,中国经济未来发展的最大问题是意识形态方面的限制,这使得中国领导人不太可能采取下列三个实现经济稳定快速增长的最好措施:一是真正重视农业,让其他经济部门的发展服从农业的发展;二是采取鼓励自留地发展、扩大私人贸易、保存私人小企业等办法来使经济刺激与生产效率最大化;三是积极引进外国先进机械设备与援助。③ 未来中国经济发展的最可能方式是:为了防止粮食生产出现问题而有限度地支持发展农业与相关工业,但会在农业情况出现好转的情况下停止;与西方的经济联系会继续但范围有限;在经济发展优先次序上军事工业仍然占据主导地位,但中国工业发展不平衡问题与技术落后问题仍将难以解决。NIE 13-64 文件还特别提出两个后来被证实了的担心:一是中国政府并未改变其工业发展优先的经济取向,因此中国政府非常有可能急于重新调整经济政策以强调工业的发展,甚至会在条件还不成熟的时候就这样做。二是中国领导人中激进主义者力量强大,随着中国经济的好转,中国当前的务实主义经济政策很有可能会被打断。④

应当说,NIE 13-64 文件的许多看法十分深刻。该文件关于中国经济

---

① 1963 年粮食总产量很可能为 1.75 亿吨到 1.8 亿吨,接近 1962 年与 1957 年的水平。但是主要经济作物棉花的生产仍未能有较大的恢复。(CIA, "NIE 13-64," Jan. 28, 1964, Secret, pp. 5-6, in *Tracking the Dragon*.)

② CIA, "NIE 13-64," Jan. 28, 1964, Secret, pp. 6-8, in *Tracking the Dragon*.

③ NIE 13-64 文件认为,这些措施虽然需要两三年才能发挥效果,并且需要推迟中国工业的现代化(可能推迟 5-10 年),但会使中国农业与整个经济的发展基础更为牢固与健康。(CIA, "NIE 13-64," Jan. 28, 1964, Secret, p. 10, in *Tracking the Dragon*.)

④ CIA, "NIE 13-64," Jan. 28, 1964, Secret, p. 11, in *Tracking the Dragon*.

发展路径的最佳看法被十多年后中国进行的改革开放所实践。而它对中国当时务实经济政策能否持久的担心不久就变成现实。1964年4月，中央情报局研究报告处的CIA/RR ER 64－13文件就指出中国开始展开社会主义教育运动，自留地与自由市场受到了打击与限制。① 之后的"文化大革命"在这方面更是走向了极端。而原本以继续调整为主旨的"三五计划"也于1964年5月被突然否定，中国开始进行以建设军事工业——特别是尖端武器——为核心内容的三线建设，并在以后几度引起国民经济发展失调。②

1964年10月与1965年4月中国两次成功的核试验，使得中央情报局肯定了军事工业在中国经济发展中的最优先地位。同时越南战争的升级也迫使中央情报局不得不关注中国为此进行的经济动员。对这两个问题的处理，成为1966年1月13日完成的NIE 13－5－66文件的核心内容之一。③

NIE 13－5－66文件提出，越南战争升级后中国在1965年加大了对北越的军事与经济援助，并相应地加强了中国南方地区以七个机场、三条铁路干线、若干条公路为中心的军事与交通能力建设，但除了运送中国与苏联援助物资对中国铁路运输产生一些暂时性的影响外，中国经济并未受到很大影响。不过，如果越南战争持续升级导致中国援越与国防措施升级，那么中国经济就会承受更大的压力。④

NIE 13－5－66文件承认中国在核武器等先进武器的研制开发上取得了突破，但指出中国为此付出了巨大的代价——严重损害了中国工业基础的发展。中苏关系破裂使得中国只能依靠自己的力量来发展先进武器。由于中国科学与工业基础薄弱，这些先进武器的研发工作实际上抽走了中国

---

① Office of Research and Reports, CIA, "CIA/RR ER 64－13：Little Chance of Communist China Regaining Economic Momentum," Confidential, Apr. 1964, p.7, *DDRS*：Document Number：CK3100355266.

② 中国否定"三五计划"，转而要求进行三线建设十分突然，连当时负责"三五计划"设计的国家计委主任李富春都感到十分意外。（见房维中、金冲及主编《李富春传》，中央文献出版社2002年版，第619—647页。）关于三线建设的历史过程见陈东林《三线建设——备战时期的西部开发》，中央党校出版社2003年版。

③ 在NIE 13－5－66文件形成之前，1965年12月1日中央情报局研究与报告处提交了CIA/RR ER 65－32文件分析中国经济状况，其内容与结论与NIE 13－5－66文件相似，但十分详细，可作为进一步参考。（Office of Research and Reports, CIA, "CIA/RR ER 65－32：Economic Prospects for Communist China," 1965, December 1, Secret, *DDRS*：CK3100107678.）

④ CIA, "NIE 13－5－66：Communist China's Economic Prospects," Jan. 13, 1966, Top Secret, pp.6－7, in *Tracking the Dragon*.

十分稀缺的经济资源——高级的科技人才、工业原料与机械与设备。而中国不愿获得外国大规模援助以及缺乏外汇的现实状况也决定了中国不可能从外国获得这些资源的补充，其结果只能是其他不具有优先性的工业的发展被严重滞后，从而致使中国工业基础的发展受到极大的限制。同时，先进武器的开发进一步加重了农业发展缓慢这一中国经济发展瓶颈问题。在农民自由生产十分有限、人口增长迅速（年增长速度估计为2.25%）的背景下，中国政府虽然强调要发展化肥与农业机械等工业以支持农业，但投入远远不够，中国政府每年不得不花费大约4亿美元来进口5百万—6百万吨粮食以满足人口消费需要。在这种情况下中国领导人反而赋予先进武器以最高的优先性，无疑妨碍了农业问题的解决。①

考虑到中国领导人执意发展代价巨大的军事工业，同时又不愿意为了物质刺激与经济效率而减少意识形态上的控制，NIE 13-5-66文件认为，中国经济发展仍然将以速度缓慢为特征，并以副总理陈毅宣布中国将用30—50年的时间成为一个强国这一声明作为佐证。特别值得强调的是，该文件对中国发展先进武器的前景持非常冷静的态度，认为中国要继续先进武器的研发甚至部署工作，会对中国的资金、高级人才、原料、先进设备提出更高的要求。该文件预测，中国先进武器的研发与部署虽会继续，但由此对中国经济资源的争夺会削弱中国经济的稳定性，并可能使中国经济面临危机。②

1966年5月"文化大革命"的全面爆发印证了中央情报局关于中国可能会结束现实主义经济政策的预测，不过具体内容要复杂得多。为了及时了解"文化大革命"对中国经济的影响，中央情报局研究报告处首先在1967年1月提交了一份题为"'文化大革命'对中国经济影响"的备忘录，③之后中央情报局于1967年6月29日又完成了专门针对这一

---

① CIA, "NIE 13-5-66," Jan. 13, 1966, Top Secret, pp. 7-10, in *Tracking the Dragon*.
② CIA, "NIE 13-5-66," Jan. 13, 1966, Top Secret, p. 10, in *Tracking the Dragon*.
③ Office of Research and Reports, CIA, "Memorandum: The Impact of the 'Cultural Revolution' on the Economy of Communist China," January 10, 1967, Top Secret, *DDRS*: Document No. CK3100165559, pp. 1-3. 该文件指出，到1966年末为止，"文化大革命"对经济的负面影响有限。虽然一些工厂出现停工、运输出现堵塞以及原定涨工资的取消对工人积极性造成了打击，但都影响有限。"文化大革命"产生的破坏性影响表现得十分严重的是教育方面与经济管理方面：各种学校的关闭以及研究人员被迫从事革命；党的系统在经济管理方面的权威被削解，经济管理出现了混乱。该文件认为，如果"文化大革命"继续扩散，军事工业与农业会遇到麻烦，而且各种混乱将可能产生互动而使负面影响进一步扩大，因此中国经济的前景并不乐观。

问题的 NIE 13－5－67 文件——这也是 60 年代最后一份中国经济 NIE 文件。

三 结语

在中华人民共和国成立后的最初 20 年里，美国中央情报局对中国经济的情报评估工作呈现出一个非常明显的发展过程：逐步由简单走向深入、由错误百出到日渐成熟。这固然反映了美国情报机构信息搜集的逐步累积，也说明中央情报局对中国经济问题的认识不断发生着变化。

由于中国经济基础薄弱，在中华人民共和国成立初期中央情报局对中国经济发展的评估并不乐观，因此对中国"一五计划"进行了保守的预测。但"一五计划"的实际发展使得中央情报局的情报专家们认识到，他们低估了中国共产党在社会动员与统筹全国经济资源方面的巨大能力。随后的 NIE 却矫枉过正，虽然认识到苏联模式工业化的经济不平衡问题与中国农业发展滞后问题，却过于相信中国政府对这些问题的理性理解与解决能力，因此对"大跃进"盲目乐观，以至于未能充分认识到"大跃进"的灾难性后果。经过如此认识上的起伏，进入 60 年代后，中央情报局对中国经济的认识日臻成熟，虽然未能料到中国坚持发展先进武器，但是却成功地预测到调整时期现实主义经济政策的短命。之后更是指出过度强调军事工业对经济发展的阻碍，以及"文化大革命"期间政治动荡可能的持续及其对经济发展的干扰。

总的来说，一方面，中央情报局误读中国经济状况并做出错误预测，几乎都是因为它未能准确把握中国政治领域的变化。

另一方面，中央情报局在一些问题上的看法不可谓不深刻。NIE 文件很早就强调了中国人口快速增长与农业缺乏投入问题，在农村合作化运动之后又关心农民的生产积极性问题。在 60 年代初的调整时期，NIE 文件指出各种意识形态因素对中国经济发展的限制，更担心激进主义对现实主义经济政策的干扰。在"文化大革命"爆发后，又指出国家经济管理机器——党政机关的被打倒会对经济产生深远的负面影响。这些问题中的许多也早就被中国领导人认识到了，例如毛泽东的《论十大关系》，刘少奇两种用工制度、两种教育体制的试验，以及周恩来、陈云关于中国经济综合平衡发展的思考。相比中国在党的十一届三中全会之后坚持改革开放数十年而取得的重大成就，中国五六十年代这种思想上的创新在实践中难以持久，其中的经验教训十分值得今天反思与借鉴，这也许就是中央情报局情报评估文件的参考意义之所在。

中国 20 世纪 60 年代初经济外交和外宣
——以缺席 1962 年莱比锡展览会为视角

童　欣[*]

冷战初期，中国与民主德国互为社会主义阵营内部的重要伙伴。对中国而言，民主德国地处冷战前沿又拥有发达的工业体系，所以无论在政治上还是在经济上都有重要意义。拥有 700 多年历史的莱比锡博览会（以下简称"莱展"），正是两国交往的重头戏。从 1951 年到 1961 年这 11 年里，中国每年必参加"莱展"，而且在民主德国遭遇重大困难的 1953 年给予了巨大的支持。可就在民主德国再次急需支持的 1962 年，在北约国家因柏林墙一事而集体抵制春季"莱展"的情况下，中国首次缺席莱展，[①] 在外交上给民主德国政府造成了极为不利的影响。这又是为什么呢？如果说这是因为中苏分裂而导致的结果，那么为何在中苏两党意识形态论战于 1964 年再度升级之后，中国又于 1965 年重新出现在"莱展"之上了呢？中国政府对"莱展"的定位究竟是什么？该事件与两国各自的内政又有怎样的联系？"莱展"可以视作中国与民主德国关系的晴雨表，通过"莱展"研究两国关系，特别是梳理 1961 年下半年民主德国方面（以下简称"德方"）一再殷勤邀请中方参展，而中方最终拒绝的过程，是一个观察冷战时期社会主义阵营内部国家关系的绝佳视角。本文认为，中国坚持拒绝参加 1962 年"莱展"的主要原因是对德方政治态度的失望和不满，次要原因是参加展览对当时已陷入困境的国内经济而言负担太重。1965 年重新参加"莱展"，则与中共企图分化苏联与东欧国家的策略相关。

---

[*] 作者童欣系华东师范大学周边国家研究院助理研究员。本文部分内容曾以"中国未参加一九六二年莱比锡春季展览会原因探析"为题发表在《中共党史研究》2019 年第 6 期。

[①] 1962 年，中国仅派出以驻柏林大使王国权为首的政府代表团参观春季"莱展"，并没有像从前一样派展览团参展。

一 新中国与莱展

"莱比锡集市"（Leipziger Messe）被称为"众展览会之母"，历史十分悠久。在中世纪的欧洲大陆，在东西方向上，有一条从巴黎起头，经法兰克福、艾尔福特，再经波兰直抵乌克兰的"国王大道"；在南北方向上，有一条从德意志北部起头，穿过纽伦堡，最终到意大利的"皇帝大道"。莱比锡，就位于这两条大道的交叉点上。从12世纪起，这里出现了地方性集市，并且随着贸易规模的扩大而发展为与法兰克福齐名的欧洲大宗贸易中心。从18世纪末开始，莱比锡市场的最大特色是它成为西欧与东欧（特别是波兰、俄罗斯）贸易的枢纽。"从19世纪下半叶起，莱比锡市场由商品市场转变为展览市场，在莱比锡的买卖双方凭样品就可订立合同，近代的交通工具也保证了交货的迅速性和供应的经常性。"

二战结束之后，莱比锡博览会的恢复速度惊人。苏联红军在1945年7月即把相关场地交还给了市政当局，这年10月就恢复了当地商品的展览。1946年3月8日至12日，举行了战后的首次"莱展"。此后每年开两次博览会，春季博览会主要展览工业技术和样品，规模较小的秋季博览会主要展示消费品样品。[1] 民主德国成立前后，拥有历史传统且能吸引众多资本主义国家商人的"莱展"，成为德国统一社会党（SED，由德国共产党与德国社会民主党合并而成）极为看重的一个政治和外交舞台。苏联对"莱展"也大力扶持，它在1950年春季"莱展"上首次在国外大规模展出自己的工业产品，犹如为1949年10月刚刚成立的民主德国送上一份大礼。

几乎与民主德国同时成立的中华人民共和国也收到了参加1950年春季"莱展"的邀请，只是因国内战事未熄、百废待兴而未能赴会。1951年3月，新中国首次参展即备受瞩目：累计参观人数达40多万，"拥挤的时候，要从楼下走上去，二十余级的楼梯需时七分钟"。[2] 中方的展览是按周恩来总理关于展品要能表现出中国的"地大物博、富丽堂皇"的指示组

---

[1] 在开始的几年中，中国每年参展一次，有时参加春季博览会（如1951年），有时参加秋季博览会（如1952年、1953年），后来几乎只参加春季博览会。

[2] 陈适五：《四十万人争看中国馆——莱比锡博览会纪事（柏林通信）》，《世界知识》1951年第23卷。

织和布置的①，主旨是"表现我国在解放后取得的辉煌进步"②。图片部分以介绍中国的整体经济情况、建设情况、抗美援朝运动为主，实物部分以大豆、丝绸、茶叶等土特产为主，同时也展出少量特色工业产品（如滚珠）。中国媒体认为，这次展览初步打破了欧洲人心目中"愚昧、落后"的中国印象。③ 1952年9月再次参展时，中国展区的面积扩大了3倍多，独占一馆，"为仅次于苏联的第二个独立综合展览馆"④，而且首位访客即是民主德国总统威廉·皮克。⑤ 这次的展品除土特产外，主要突出了日用工业品和机械工业方面的成就，引起各国关注。⑥

1953年中国参加秋季"莱展"有特殊的背景。这一年，民主德国所碰到的紧张局面与后来的1961年有相似之处。从1952年起，原本还保留着诸多非共产主义国家特色的民主德国开始了激进的苏联化过程，重工业被提升到绝对优先的地位，可是经济比例的失调使得人民群众生活水平不断下降。1953年3月5日斯大林去世后，从莫斯科传来新一届苏共领导层（马林科夫、贝利亚和莫洛托夫）对统一社会党的批评意见。6月9日，惊魂不定的统一社会党领导层开始在莫斯科的首肯下推出"新路线"（Neuer Kurs）政策，检讨过去工作中的"错误"，承诺重视消费品工业以改善人民的生活条件。可就在统一社会党改弦更张之时，柏林的数百名工人在6月16日因对提高工作定额不满而举行小规模罢工。当政府拒绝工人们的要求之后，在西柏林媒体的鼓动之下，包括东柏林在内的多个大城市出现骚乱，直到6月17日苏联坦克开上大街并造成人员伤亡之后才初步平息，是为"六·一七事件"（联邦德国政府一直称之为"6月17日起义"）。⑦ 此次风波发生之后，整个民主德国人心惶惶，大批对政府失望或

---

① 《中国参加德、捷国际博览会筹备工作总结》（1951年4月2日），中国外交部档案馆藏，档案号109—00154—01（1）。转引自陈弢《新中国对欧公共外交的开端——以莱比锡为中心的考察》，《中共党史研究》2018年第2期。
② 《参加莱比锡博览会展览品内容》（1951年1月10日，中国外交部档案馆藏，档案号109—00154—01（1）。转引自陈弢《新中国对欧公共外交的开端——以莱比锡为中心的考察》，《中共党史研究》2018年第2期。
③ 陈适五：《四十万人争看中国馆》，《世界知识》1951年第23期。
④ 吉茵：《莱比锡博览会中观众热爱的中国馆》，《世界知识》1952年第49期。
⑤ 吉茵：《德国人民热爱新中国——旅德散记》，《世界知识》1952年第50期。
⑥ 参见吉茵《莱比锡博览会中观众热爱的中国馆》，《世界知识》1952年第49期。
⑦ 参见 Hermann Weber, *Die DDR 1945 – 1990*, München: Oldenbourg Verlag, 5. Auflage, 2012, S. 41.

不满的民众逃往联邦德国,其人数之多竟导致耕地耕种面积下降。① 这时,承受着巨大国际压力的民主德国政府急需像中国这样的大国在"莱展"的舞台上展现出社会主义兄弟国家的团结,所以也将原本规模较小的秋季"莱展"办成了一场规模空前的"莱展"。

中国政府也十分愿意展现自己的团结精神。在1953年的"莱展"上,中国派出高规格的政府代表团,携带了超过往届的商品和图书赴莱比锡参展,并让驻德大使姬鹏飞以官方身份前去参观。这样的安排是"对德国政府予以政治支持,影响很大""德官方对此表示满意"②。1953年秋季"莱展"之后,中国驻柏林使馆曾为参加"莱展"总结出"对德国人民的政治支持""扩大东西贸易""交流和观摩技术"三大意义,并以此得出结论"如国内无有大困难,我国仍以每年参加莱比锡博览会为好"③。在此后的数年里,中国果然每年必到,并使各项安排趋于常规化:一般由中国国际贸易促进委员会(以下简称"贸促会")负责带队参展,只不过在宣传上没有前三次那么突出,一般仅发简讯。④

然而,当1961年民主德国再次陷入内政、外交双重困境而急需中国在1962年初的"莱展"上显示团结的时候,中国政府却没有再像1953年那样伸出援手,而是在德方反复劝说之后拒绝了德方的邀请。这又是为什么呢?对此,中、德双方的说法各有不同。

二 中方解释:国内经济困难

需要强调的是,由于参加"莱展"牵涉面甚广,所有决策一般都需要在半年前做出。也就是说,谈1962年春中国是否参加"莱展",起决定性作用的是1961年秋的双边关系。

1961年秋,民主德国对中方支持的强烈渴望,源自该国所处的窘境,

---

① 《周总理与柯尼希团长的谈话记录》(1953年7月),中国外交部档案馆藏,档案号109-00286-01。
② 《参加1953年莱比锡博览会工作团总结报告》(1953年12月22日),中国外交部档案馆藏,档案号109—00275—01(1)。转引自陈弢《新中国对欧公共外交的开端——以莱比锡为中心的考察》,《中共党史研究》2018年第2期。
③ 《我驻德使馆关于莱比锡博览会问题的馆委会会议记录要点》(1953年11月13日),中国外交部档案馆藏,档案号113-00189-03(1)。
④ 如《我国政府参观莱比锡博览会代表团赴德》,《人民日报》1956年2月16日第4版。

而这又与当时社会主义阵营中出现的"赶超资本主义国家"的热潮及其失败有关。① 统一社会党总书记瓦尔特·乌布利希（Walter Ulbricht）在1958年该党的"五大"上宣称民主德国要在1961年在经济方面赶超联邦德国，但随后所采取的"农业集体化"措施却遭受了惨重的失败。② 此次困境与1953年的不同之处，在于外部环境更加严酷：1958年11月，赫鲁晓夫向美、英等国发出最后通牒式的声明，要求西方军队在6个月之内撤出西柏林，使柏林成为一个"自由的和非军事化的"城市，引发"第二次柏林危机"③。1960年9月至12月，联邦德国暂时废止了与民主德国的贸易协定（即《柏林协定》），使后者本已陷入困境的经济雪上加霜。而经济困难的严重后果之一，是"波恩政府能够顺利地从德意志民主共和国诱骗劳动力"（这是乌布利希写给毛泽东信中的话）。④ 1959年有14.33万人逃往联邦德国，1960年有近20万人，到了1961年，仅4月一个月就有3万人逃往联邦德国。⑤ 在这种局面下，民主德国政府在得到赫鲁晓夫首肯之后于1961年8月13日开始修建"反法西斯防卫墙"。然而，柏林墙的修建固然暂时中止了人口"失血"，但也使得民主德国在国际上空前孤立，北大西洋公约组织还特别号召北约国家集体抵制1962年的莱展。⑥ 所以，民主德国政府非常盼望在1962春季开幕的莱展上获得政治盟友们的支持。

但中方的反应令民主德国政府很失望。1961年9月22日，莱展办公室收到民主德国驻北京商务处（Handelspolitische Abteilung）发来的消息，中国贸促会以自然灾害为理由拒绝参加1961年秋季莱展。⑦ 但这还不是最严重的情况，因为秋季莱展的规模一向较小，受重视程度相对较低。可就

---

① 1957年莫斯科会议之后，赫鲁晓夫声称苏联要在15年内赶超美国，毛泽东宣称中国要在15年内赶超英国并于次年发动了"大跃进"运动。

② 详见童欣《对1960—1961年苏联向中国"逼债"一说的辨析——参考与东欧国家相关的新史料》，《冷战国际史研究》第21辑。

③ Hermann Wentker, Außenpolitik in engen Grenzen, Die DDR im Internationalen System 1949 – 1989, R. Oldenbourg Verlag München 2007, S. 128.

④ 《瓦·乌布利希致毛泽东主席函》（1961年1月11日），中国外交部档案馆藏，档案号109 – 03760 – 02。

⑤ Hermann Weber, Die DDR 1945 – 1990, S. 57.

⑥ 后来，英国还是参加了1962年春季莱展。

⑦ Vermerk über die Teilnahme der Volksrepublik China an der Leipziger Frühjahrsmesse 1961 bzw. Nichtteilnahme an der LFM 1962, BArch – SAPMO, DY 30/IV 2/6.10 179, Bl. 412. (BArch是德国联邦档案馆的缩写，现在收藏了原德国统一社会党中央档案馆的档案，Bl指档案上的页面编号（有些卷宗没有页面编号）。德国文件中日期的顺序为"日 – 月 – 年"。

在不久之后,又从北京传来消息,中方连1962年的春季莱展也不参加了。这一下让德方有些发慌,反思是哪里出了问题,首先想到的是:是不是因为1960年在展览面积的问题上"得罪"了中方。

1960年,当中国于6月同意参加1961年的春季莱展之后,德方莱展办公室曾于9月22日致信中国贸促会,承诺将在第五展厅为中国保留3514平方米的展览面积。大约一个月后,莱展办公室再次致信贸促会,陈述参展的巨大政治意义,并再次承诺了上次提到的展览面积。然而,莱展办公室主任在1961年1月26日从民主德国外贸部得知,由于西德参展商增加,只能拨给中国1890平方米的展览面积。而最后交付给中方的,仅有1675平方米。①

于是,在得知中国拒绝参加1962年春季莱展之后,莱展办公室于1961年10月26日再次向贸促会强调中国参加1962年春季莱展的政治必要性,而且告诉中方会保留给中国参展团1740平方米的展览空间。莱展办公室还在信中承诺,将免除多年来一直由中方支付的场地布置费用,改由德方出钱。② 同时,德方驻北京大使馆商务处也使尽浑身解数为1962年莱展做宣传:在使馆杂志上又是写文章,又是登广告,还给中国媒体寄送材料,并且在大使馆专门为此举办电影鸡尾酒会。③

但这些举措并未改变中方的态度。1961年12月6日,德方代表与中国贸促会交涉时甚至许诺可以将整个五号展厅(3700平方米)都留给中国,而且特别提到对1961年春季莱展削减中方的展览面积表示遗憾。中方的外国展览部的副主任侯同志(音译 Genosse Hou)却回答说:"不要再提削减展览面积的事,那事情早就过去了。"④ 1961年12月13日,莱展办公室接到中国贸促会展览部负责人张复生的回函:"我很高兴收到您的来信并向您表示感谢。现在我要通知您,我们将不会参加1962年的莱比锡春季博览会。请接受我诚挚的敬意。"⑤

这样的反应让德方很是诧异,为此刚刚到任的民主德国驻北京大使约

---

① Ebenda, Bl. 411.
② Ebenda, Bl. 412.
③ Bericht der HPA Peking für das 2. Halbjahr 1962, BArch – SAPMO, DY/30/IV A 2/6. 10 252.
④ Vermerk über die Teilnahme der Volksrepublik China an der Leipziger Frühjahrsmesse 1961 bzw. Nichtteilnahme an der LFM 1962, BArch – SAPMO, DY 30/IV 2/6. 10 179, Bl. 412.
⑤ Ebenda, Bl. 413.

瑟夫·黑根（Josef Hegen）于 1962 年 1 月 3 日专门与中国外交部副部长曾涌泉会谈，希望澄清此事。① 黑根向中方抱怨说：中方决定不参加 1962 年"莱展"让德方很意外，在政治上对德方很不利，因为北约国家正在抵制"莱展"。中方用临时电话通知这种方式也令德方"感到不快"，而且中方甚至没有说清楚原因。曾涌泉认为，黑根是在为"鸡毛蒜皮"的事情而"感到不快"，是"小题大做"②，他对不参展原因的解释是："过去三年发生了严重的自然灾害……我们没有足够的外汇去参加莱展，因此不能再派团参展。"③ 他还说，其实 1961 年的莱展，中方也是克服了巨大的困难才参加的，而且中方对敌友分得很清楚，我们不去跟北约的抵制完全不是一回事，没有人可以妄想利用"三年自然灾害"让我们失败，"人不能落井下石"④。

对此黑根认为：有必要继续加强沟通，但不能接受"您指责民主德国方面，说参加莱展花了你们的外汇，给你们造成了困难"⑤。尽管德方确实知道中方在经济上有困难⑥，也能理解中方不能像以往那样派出较大规模的代表团参展，但要说中方就是因为外汇不够而不去参展，德方是不相信的。⑦ 正如民主德国驻莫斯科大使施耐德（G. Schneider）在 1962 年 2 月

---

① Aktenvermerk über eine Besprechung im Außenministerium der VR China am 3. Januar 1962 in der Zeit von 16.00 Uhr bis 18.15 Uhr, BArch – SAPMO, DY 30 IV 2/20 124, Bl. 20 – 31.

② Ebenda, Bl. 27. "鸡毛蒜皮"的原文是"wie mit Hühnerfeder und Knoblauchhaut"；"小题大做"的原文是"aus einen kleinen Thema einen grossen Aufsatz zu machen"。

③ Ebenda, Bl. 22.

④ Ebenda, Bl. 29. "人不能落井下石"的原文是"Man kann nicht auf einen in den Brunnen Gefallenen Steine werfen."

⑤ Ebenda, Bl. 28.

⑥ 在黑根与曾涌泉的这场谈话前不久，民主德国驻华大使馆的商务处在 1961 年 10 月注意到，中国在伦敦市场上"出售未公开数量的"黄金和白银。德方推断，这是因为中国急需外汇，用以从加拿大、澳大利亚乃至西德等资本主义国家进口小麦，见 Ludwig an das ZK der SED z. Hd. Genossen Sölle, Peking, 19. Okt. 1961, Anlagen, BArch – SAPMO, DY 30 IV 2/6.10 179, Bl. 345。事实上，到了 1961 年下半年，德方通过来自苏联方面的情报对中国发生饥荒的情况已略有了解，甚至听说"个别"饿死人的情况"恐怕难以避免"，见 Aktenvermerk über eine Besprechung mit dem sowjetischen Botschafter, Genossen Chervonenko, am 3.3.61 von 16.15 bis 18.15 Uhr, BArch – SAPMO, DY 30/IV 2/123, Bl. 200.

⑦ 在黑根大使与曾涌泉谈话之后，德方依然没有死心，9 天后使馆参赞文宁（Wenning）又带着民主德国副总理维利·斯多夫（Willi Stoph）向周恩来总理发出邀请中国参展的正式信函到中国外交部劝说，但仍被拒绝。接待文宁的苏欧司副司长徐明说，中国永远会全力支持民主德国，但因为连续三年的自然灾害，需要外汇进口粮食，所以不能去参展。Aktenvermerk über eine Besprechung mit dem stellv. HA – Leiter im MfAA der VR China, Genossen Hsü Ming am 12.1.1962, Politisches Archiv, Bestand MfAA, A 6745, Bl. 351 – 357.

20 日与中国驻莫斯科文化参赞谈话时所说的：如果经济上有困难，"中国最起码也应该象征性地参展——我们完全知道中国的困难并对此十分理解"，而中国同志却没有接话。① 德方的思路是，即使经济上真的很困难，那么像 1951 年那样多带图片，少带实物，不是也可以吗？那时的中国尚在参加规模巨大的朝鲜战争，结果不但中国来参展了，连山河残破的朝鲜都派代表团来了（尽管展品少得可怜）。德方一再强调，重要的是政治意义，哪怕是"象征性的"参展，只要能来就好，无论如何，这样的国际观感都要比中国跟北约国家一起拒绝参展要好。但在每年都参展的情况下突然缺席，事情的性质就不一样了，因为这体现出一种与政治声援完全相反的态度。可中方还是坚持不来，这就促使德方为中方的态度另寻原因了。

三　德方揣测：中苏分歧的政治后果

中方所言的经济原因，显然不能让德方信服。因为这不仅解释不了为什么不象征性地参展，更解释不了中国对越南等国正在进行的经济援助。果然，在民主德国驻华大使馆商务处 1962 年的年终总结报告中，工作人员重点分析了中国拒绝参加 1962 年春季莱展的原因："我们判断是，最终决定中国是否参展的并不是经济上的困难和他们所说的其他一些理由，而是会根据中国的外贸和对外经济关系的整体构想来做出决定。出于政治上的原因，中国现在对莱展已经没有兴趣，因为其政策越来越偏向于亚非拉国家。当我们一遍又一遍地强调（莱展的）政治意义时……他们说些漂亮话来肯定其政治意义，但行动上却拒绝参展。"② 显然，德方认为问题出在政治上。因为这就解释了，为什么中方在缺乏资金的情况下不能多带图片、文字来参加莱展：如果在 1962 年春季莱展上侧重于图文展示，则必然还要进行政治宣传，从而导致中、德双方的冲突。如果德方的分析有道理，那么究竟是什么"政治上的原因"使得中国现在对莱展失去兴趣呢？

毫无疑问，"中苏分裂"是这一时期最为震撼社会主义阵营的政治事

---

① Aktenvermerk über den Besuch des Kulturrates der Volksrepublik China, Genossen Tschan Motan in der Botschaft am 20. 2. 1962, Politisches Archiv Auswärtiges Amt, Bestand MfAA, A 181. Politisches Archiv Auswärtiges Amt 为联邦德国外交部政治档案馆，收藏有民主德国外交部（MfAA）的全部档案，以下简称为 PAAA。

② Bericht der HPA Peking für das 2. Halbjahr 1962, BArch – SAPMO, DY/30/IV A 2/6. 10 252.

件。据沈志华研究,双方分裂的原因之一是中共协助苏联料理"波匈事件"之后,中国领导人开始有了参与领导世界革命的雄心,所以在1957年"莫斯科会议后不久,中苏同盟便出现了裂痕,并很快发展到水火不容的地步"①。从1960年6月的布加勒斯特会议起,德国统一社会党一直跟随苏共攻击中共(虽然有时步调并不完全一致),两党之间的矛盾也影响了两国之间的各项关系。从上文的引文来看,德方工作人员很可能认为中国发觉无法影响苏东国家,所以转而将交往和宣传重点移向亚非拉国家②,以实现其领导世界革命的愿望。

但这绝不是说,中苏分歧的背景会使中国与民主德国的交往中断,进而导致中国拒绝参加莱展。特别是1960年11月莫斯科会议召开和《莫斯科声明》发布之后,中苏之间的矛盾"从形式上看有所缓和,1961年上半年双方的经贸、科技和军事技术合作都在恢复或发展"③。在这种气氛下,民主德国和中国在1961年5月11日和15日分别签订了关于农业合作和商品交换方面的协定。④ 就在中国告诉德方不参加1962年莱展的同一时期,即1961年9月底,为支援因修建柏林墙而遭遇困境的民主德国,中国政府决定派出以贺龙为首的高规格党政代表团赴柏林参加民主德国的12周年国庆。⑤ 所以,要么是德方的揣测过于武断,要么是这篇报告写得过于笼统,无论如何,德方所称的"政治上的原因"还需要进行更为具体的讨论。

通过对双方留存档案的检视可以发现,中苏、中德之间具体影响到莱展的"政治分歧",是对"大跃进",特别是对"人民公社"的评价问题。以赫鲁晓夫为代表的苏共领导人一直对"人民公社"不以为然⑥,而德国

---

① 沈志华:《毛泽东、赫鲁晓夫与一九五七年莫斯科会议》,《历史研究》2007年第6期。
② 当时中国确实在重点拓展与亚非拉国家之间的贸易关系。(参见欧阳湘《广交会客户邀请的国别(地区别)政策与中国经济外交的政策取向——以1972年中美关系正常化前为中心的历史考察》,《当代中国史研究》2012年第3期。
③ 牛军:《1962:中国对外政策"左"转的前夜》,牛军:《冷战中国外交决策》,九州出版社2013年版,第64页。
④ Neues Deutschland, May 12, 1961; Neues Deutschland, May 16, 1961. In William E. Griffith (Edited), *Communism in Europe*; *Continuity, Change, and the Sino - Soviet Dispute*, p. 116.
⑤ 关于这次访问的具体情况,参见童欣《1961年贺龙访德——两国关系恶化中的关键一环》,《冷战国际史研究》第17辑,第101—131页。
⑥ 关于中苏领导人对"人民公社"的意见分歧,参见沈志华《苏联对"大跃进"和人民公社的反应及其结果》,沈志华:《冷战的再转型》,九州出版社2013年版,第101—129页。

统一社会党领导人的态度则有一个转变的过程。当苏共领导人尚未直接对"人民公社"提出批评的时候①，或者说直到 1960 年 6 月布加勒斯特会议召开之前，统一社会党的领导干部们甚至一度"对人民公社的发展，怀抱着很大兴趣"，以至于在公开讲话时"几乎是言必称中国"②。这是因为在 1957 年之后的"赶超"热潮当中，他们也正在用政治动员的方式组织本国的农业集体化运动，希望通过组建"农业生产合作社"（Landwirtschaftliche Produktionsgenossenschaft，以下简称"LPG"）让农业向"工业化生产方式"过渡。③ 而当"农业生产合作社"遭到德国农民的抵制，以及遇到其他一些生产上的困难时，统一社会党领导人想到向中国"取经"——因为那时农业集体化搞得最热火朝天的无疑是中国。1959 年上半年访华的民主德国总理奥托·格罗提渥（Otto Grotewohl）和统一社会党政治局委员赫尔曼·马特恩（Hermann Matern）都对人民公社赞不绝口。④ 莱展自然是中方宣传人民公社的重要舞台。中国驻柏林大使馆对 1959 年莱展的建议是："建议及早准备明年莱展的工作，对莱展采取更积极的态度，如从国内派出政府代表团（德方对此提过意见）。展览内容要求能够反映大跃进的情况和总路线的威力。除展品外，最好能有照片，图表和模型，宣传我国人民公社和教育与劳动相结合方针的成就，使参观者对我国大跃进有一个较完整、较深刻的印象。"⑤ 在民主德国官方媒体的支持下，这一系列的宣传起到了很好的效果，据曾于 1959 年 5 月作为副官陪彭德怀访问民主德国的朱开印回忆："那时，正当'大跃进'狂热的高潮，这样那样'卫星'上天的报导正吹得天花乱坠的。东欧人相信了，以为我们的粮食肉类等真的堆不下了……"⑥ 统一社会党内负责宣传工作的高级领导还在 1959 年署名出版《中国的大跃进》一书以介绍"大跃进的秘密"，他认为，日

---

① 当赫鲁晓夫于 1959 年 7 月 18 日在波兰暗示自己对中国农业集体化的轻视之后，东德 8 月底仍然在党的机关报《新德意志报》上宣传中国"大跃进"的成就。（参见 N. Stuber, *East German China policy in the face of the Sino-Soviet conflict*: 1956 – 1966, p. 64.）
② 驻德使馆致外交部电，《对明年外交工作规划的意见和建议》（1958 年 11 月 30 日），中国外交部档案馆藏，档案号 109 - 01361 - 01。
③ Arnd Bauerkämper, *Ländliche Gesellschaft in der kommunistischen Diktatur, Zwangsmodernisierung und Tradition in Brandenburg* 1945 – 1963, Köln; Weimar; Wien: Böhlau Verlag, 2002, S. 11.
④ 参见葛君《民主德国与中国关系史初探（1949—1965）》，2015 年 5 月，第 116 页。
⑤ 驻德使馆致外交部：《对明年外交工作规划的意见和建议》（1958 年 11 月 30 日），中国外交部档案馆藏，档案号 109 - 01361 - 01。
⑥ 朱开印：《庐山会议前陪彭德怀访东欧》，《百年潮》2005 年第 11 期。

新月异的"中国现象"将使得西方国家的"汉学家们生气地将他们早已发黄的手稿扔进废纸篓里"①。在这样的背景下,中方在"莱展"和其他展览会上宣传"大跃进"和人民公社不但毫无问题,甚至是德方求之不得的:1959 年 3 月 11 日,中共中央还收到德方来信,专门邀请中国驻柏林大使王国权去卡尔·马克思城②地方党校作"关于组建人民公社的运动"的报告。③ 民主德国的这种态度,让已经对苏联领导人心存芥蒂的毛泽东看出其中有文章可做,于是他要求《人民日报》刊载民主德国报刊对中共八届八中全会和"三面红旗"的正面报道,"以壮士气,可以将苏联某些人的军"④。

然而,随着苏联对"大跃进"的否定态度日趋明朗,以及自身农业集体化实践的失败(同时也逐渐了解到中国的"大跃进"也不成功),⑤ 民主德国对"大跃进"和人民公社的态度来了个 180 度的大转弯。1960 年 6 月,在民主德国的马克勒贝格(Markleeberg,中方文件中曾译作"玛格莱贝格")举行的农业展览会上,根据当地《萨克森日报》的报道,中方代表团团长在中国馆的开幕仪式上把中国的人民公社与民主德国的"农业生产合作社"联系了起来,称后者相当于中国的"高级社",实际上是通往人民公社的一个阶段。⑥ 这样的表述让态度已经转变的德方极为不满,统

---

① Horst Sindermann, *Chinas grosser Sprung*, Berlin: Dietz Verlag, 1959, S. 4.
② 即现在的开姆尼茨(Chemnitz),在民主德国南部,离联邦德国边境不远。该城在 1953 年 5 月 10 日到 1990 年 6 月 1 日期间,被民主德国政府改名为"卡尔·马克思城"(Karl - Marx - Stadt)。
③ Antwort des ZK der KP Chinas an das ZK der SED, 18. Okt. 1960, SAPMO - BArch, DY 30 3605 SED ZK Büro Walter Ulbrich, Bl. 143. 周恩来在 1961 年初接见马特恩时亦谈到此事,见《周总理与马特恩会谈记录》(1961 年 1 月 24 日),中国外交部档案馆藏,档案号 109 - 03760 - 03。
④ 《关于发表捷克斯洛伐克等国报纸对我八届八中全会报道情况的批语》(1959 年 9 月 4 日),中共中央文献研究室编:《建国以来毛泽东文稿》(第八册),第 506—507 页。转引自葛君《民主德国与中国关系史初探(1949—1965)》,第 117 页。
⑤ 除了来自苏联方面的情况外,民主德国驻华大使汪戴尔也在 1959 年 6 月 27 日致信乌布利希,向他报告中国的"大跃进"存在的各种问题。(详见葛君《民主德国与中国关系史初探(1949—1965)》,第 116 页。
⑥ 事实上,这些说法更多的是《萨克森日报》记者自己的加工,根据中方的说法和民主德国农业部副部长布鲁诺·斯克朵夫斯基(Bruno Skodowski)事后的调查,中方代表团团长的原话与报道中写的有很大出入。(见 Skodowski an Politbüro, den 4. 7. 1960, SAPMO - BArch, NY 4182 1221, S. 45 - 47. 亦见于 N. Stuber, *East German China policy in the face of the Sino - Soviet conflict*: 1956 - 1966, p. 173.)

一社会党政治局作出决定:"要求农业部长致信农业展览会中国馆领导人,指出他的开幕讲话与民主德国政府的政策不符,民主德国不认为自己的农业合作社可能向共产主义跃进。"而且让统一社会党中联部部长彼得·弗罗林(Peter Florin)约见中国驻民主德国大使王国权,就此事提出抗议。[1] 统一社会党的机关报《新德意志报》于6月17日发文强调,现在民主德国的任务是巩固和发展 LPG,或许可以与中国的人民公社进行一些技术上的交流,但说 LPG 要向人民公社过渡是不对的。[2] 在同月举行的布加勒斯特会议上,乌布利希对中共代表团团长彭真所说的话更加直接:"对(东欧的)人民民主共和国来说,人民公社的道路绝对是错误的……谁都知道,你们想在我们这里激起一个内部的讨论。可是亲爱的同志们,我们对于和中国同志进行这样的讨论完全没有兴趣。"[3] 而且,乌布利希还专门写信给处理马克勒贝格事件的德方干部:此事的要害在于"中国同志认为土地改革会经由 LPG 通向人民公社。对此,似有必要据实反击"[4]。同年7月11日,当中国驻柏林大使馆参赞徐晃表示,马克勒贝格展览会上的事有可能会影响两国关系时,德方外交部远东司司长斯图特(Stude)回答说:"如果中方有了错误,那就必须改正它,但这不会对两国关系造成影响。"[5]

斯图特显然过于乐观了。马克勒贝格展览会出现的问题,后来又不同程度地出现于中方在民主德国参加的其他展览会上。在那之后,中方已经注意不把人民公社与民主德国的农业集体化联系到一起,只宣传中国"大

---

[1] Protokoll Nr. 26/60 der Sitzung des Politbüros des Zentralkomitees am Dienstag, dem 14.6.60 im Sitzungssaal des Politbüros, in: SAPMO - BArch, DY 30/J IV 2/2/707, Bl. 3-4. 转引自葛君《民主德国与中国关系史初探 (1949—1965)》,第118页。

[2] Zur Klärung einer Frage, Neues Deutschland, 17.6.1960, in Werner Meißner (Hg.), Die DDR und China 1949 bis 1990, Politik - Wirtschaft - Kultur Eine Quellensammlung, Berlin: Akademie Verlag GmbH, 1995, S.116.

[3] Rede des Genossen Walter Ulbricht über die Notwendigkeit eines Meinungsaustausches zwischen den kommunistischen und Arbeiterparteien der sozialistischen Länder über Fragen der internationalen Lage, in Werner Meißner (Hg.), Die DDR und China 1949 bis 1990, Politik - Wirtschaft - Kultur Eine Quellensammlung, S.118.

[4] Ulbricht an Skodowski, Berlin, den 25. Juli 1960, NY/4182/1221, Nachlass Walter Ulbricht, Bl. 44.

[5] Aktenvermerk über eine Unterredung mit dem Botschaftsrat der VR China, Gen. Shü Huang auf dem Empfang anlässlich des mongolischen Staatsfeiertages am 11. Juli 1960, PAAA, Bestand MfAA, A 6747, Bl. 469. 其中"错误"前面的"中方"二字没有出现在文件的打印稿上,是手写添加上去的。

跃进"的"伟大胜利",但德方现在已经很难容忍这样的宣传。1960 年秋天,在为庆祝中华人民共和国成立九周年国庆而举办的摄影展上,中方计划展出的 60 张照片当中有 15 张是宣传人民公社的,为此德方请求中方把这些照片从展览中撤下,否则就建议中国放弃举办展览。在双方商谈的过程中,德方坚持展览中的文字说明必须删改到跟"民主德国的政治条件相适应",但中国驻德使馆参赞王平的态度十分强硬,认为"如果删掉了大跃进和人民公社的内容,那还不如不办这个摄影展,因为那样的话就会改变展览的政治内容"[①]。为此,统一社会党中联部于 10 月 17 日直接向乌布利希请示,是否就此把事情拖下来,等到"11 月的那场会"(指 1960 年莫斯科会议)结束之后再视情况而定。该请示获得的批示是:"是的,明年吧。"[②]

德方态度的突然转变,引发了中、德双方在展览会问题上的一系列冲突,不但势必殃及莱展,而且由于莱展参展团的筹备时间较长,更是将德方态度的前后差异显现得淋漓尽致。本来,在 1960 年中国决定派代表团赶赴 1961 年春季莱展之时,中方得到过由民主德国驻华大使保罗·汪戴尔(Paul Wandel)转达的民主德国外交部的书面意见:只要不把人民公社宣传为一种可以普遍应用于各国的形式,中方可以展览关于"三面红旗"(总路线、大跃进、人民公社)的内容。[③] 可当中国代表团于 1961 年春到达莱比锡之后,统一社会党中联部部长弗罗林却说展览人民公社是有害的。[④]

但在讲明不干涉德方内政的前提下,中方不愿在宣传人民公社一事上

[①] Aktenvermerk über eine Zusammenkunft mit Botschaftsrat, Genossen Wang Ping, in der Gesellschaft vom 10.10.1960, BArch-SAPMO, DY 30 IV 2/20/115, Bl. 199 – 201. 亦参见葛君《民主德国与中国关系史初探(1949—1965)》,第 119 页。

[②] Aussenpolitik u. Int. Verb. an Gen. Walter Ulbricht, 17.10.1960, BArch – SAPMO, DY 30 IV 2/20/115, Bl. 202. 手写批示的原文是:"Richtig, Nächstes Jahr."

[③] 1960 年 12 月汪戴尔与曾涌泉的谈话记录见:Aktenvermerk über eine Besprechung des Botschafter, Genossen Wandel, im Außenministerium der VR China am 28.12.1960 mit dem Stellvertretenden Außenminister Dsöng Jung – tjüan, PAAA, Bestand MfAA, A 6671, Bl. 15 – 19. 曾涌泉 1962 年对于此事的回顾见:Aktenvermerk über eine Besprechung im Außenministerium der VR China am 3. Januar 1962 in der Zeit von 16.00 Uhr bis 18.15 Uhr, BArch – SAPMO, DY 30 IV 2/20 124, Bl. 28. 关于"不把人民公社宣传为一种可以普遍应用于各国的形式"这个前提条件,在 1960 年谈话中曾涌泉认为这完全不是问题,而他在 1962 年与黑根大使的对话中并没有谈到这一点。

[④] Aktenvermerk über eine Besprechung im Außenministerium der VR China am 3. Januar 1962 in der Zeit von 16.00 Uhr bis 18.15 Uhr, BArch – SAPMO, DY 30 IV 2/20 124, Bl. 30.

让步。中方代表团总是希望在莱展以及其他场合利用一切机会宣传"三面红旗"。当中方感受到德方高级干部的冷遇之后,就以更大的热情投入对德方中下层干部和"德国人民"的宣传之中(比如对勃兰登堡门附近的警卫人员宣传[①]),这样的做法让德方十分气恼。而在德方提出抗议时,中方又搬出此前德方对此类宣传的支持来堵德方的嘴,比如周恩来曾于1961年1月24日在回忆相关事件时对到访的统一社会党政治局委员赫尔曼·马特恩说:"你们党中央联络部(或者是外交部)请王大使去做报告,指定要讲人民公社,我们当时还考虑怕不合适,后来你们却突然说我们强要宣传人民公社。由于时间来不及,今年我们本想不去参加莱比锡博览会,你们一定要我们去,我们只好不展出农业。这种情况使我们很难处。"[②]

据此,德方判断:中方拒绝参加1962年春季莱展,并非像中方所说的那样是出于经济上的窘迫,而是出于政治上的不满——这种不满从大的方面讲,是因为统一社会党在中苏分歧中完全站到苏共一方指责中共;从小的方面讲,是因为德方阻止中方在展览会上宣传人民公社。德方的这种判断是有道理的。在那时,政治原因往往是促成中共(以及其他国家执政的共产党)决策的首要因素。不过,简单地说"中国与苏东国家间的政治分歧",尚不足以完整地解释中方不参加1962年莱展的决定。[③] 否则,为什么1962年之后中国与苏联在意识形态方面的论战远比1961年和1962年更为激烈,中国却又从1965年起全面恢复参加莱展了呢?[④]

四　对中德双方想法的再分析

上文已分别介绍了中德双方对中国拒绝参加1962年春季莱展一事的解释,由于两种解释均不完备,所以本文想对双方的想法再进行四点

[①] 1. AEA Stude an Hegen, den 10.10.1961, PAAA, Bestand MfAA, A 6743, Bl. 53.

[②] 《周总理与马特恩会谈记录》(1961年1月24日),中国外交部档案馆藏,档案号109-03760-03。

[③] 中国自1962年之后仅派政府代表团参观春季莱展,关于1962年王国权代表团参观春季莱展的德方记录,见 Aktenvermerk über den Besuch der Leipziger Messe durch die chinesische Regierungsdelegation, 10.3.1962, PAAA, Bestand MfAA, A. 6745, Bl. 249-251。

[④] 1965年是莱展800周年庆典,中国既派出了政府代表团,也派出了参展团参加莱展。见 Zu den Verhandlungen über das Handelsabkommen DDR - VR China 1965, 5.3.1965, PAAA, Bestand MfAA, C 904/76, Bl. 46-53, hier Bl. 49.

分析。

第一，中方声称不参加莱展是因为外汇不够，而德方不信，其实德方未必完全了解中方的情况。派代表团参加莱展本身是要花一些钱的。在中国参加莱展的头一年，社会主义国家之间还有种"亲如一家"的气氛，"使团人员参观莱比锡博览会之食宿费用，全由德方负责"，而从 1952 年 9 月起"德方只在头两天招待大使及参赞，其他人员则必须自付食宿费用。我使团今年有若干非外交人员亦前去参观，（并）通过德外交部索取入场券。此项入场券德方亦照单收费"①。而且后来民主德国的经济状况和两国关系更趋恶化之后，中方便感觉"自 1960 年下半年以来，德方在一些外交活动中对外交使团的招待不断从简。（许多以前免费的项目都自费了。经济主义严重，不考虑政治影响。）"② 不过，这些应该只是参展费用中较小的一部分。

真正令 1961 年的中方参展团吃不消的，③ 其实是展品本身的花费。按常理讲，一国外汇不足时，更需要参加大规模国际博览会，以扩大国内产品的销路，挣取外汇。然而，中国参加莱展本身就带有巨大的消耗性。从 1952 年第二次参加莱展开始，中方每次参展时都要携带大量商品在当地销售。例如 1952 年就带了"价值 80 余万的 650 种中国商品在德国国营零售公司出售"。而且售价之低，引得当地居民"常常在黎明时"就开始排队，还因拥挤而"打破了玻璃与门窗"，导致"当局加派警察维持秩序"。但中方在这种情况下并未提升价格以求利润最大化，导致当地见多识广的德国人也对中国产品的"质量之高，售价之廉表示惊异"④。

每年这样参展很可能已经给中国的外贸部门造成了一定的负担。早在"大跃进"的灾难性后果显现出来之前，中方就已经不太想继续参加莱展了。1957 年 10 月 6 日，中国外贸部部长叶季壮对来华访问的民主德国副

---

① 《驻民主德国使团一九五二年交际工作总结》（1953.1.1—1953.1.31），中国外交部档案馆藏，档案号 117 - 00181 - 06。

② 《驻外使馆报回驻在国（伊拉克、缅甸、民主德国）交际工作的新方法》（1963.6.4—1963.11.5），中国外交部档案馆藏，档案号 117 - 01125 - 01。

③ 民主德国驻华大使馆在 1961 年的工作年报中提到，劝说中国参加 1961 年的春季莱展已经需要花费比从前更多的力气，而中国 1961 年参展团的规模则大不如前。这极有可能与中国国内的经济状况有关。见 Jahresbericht 1961 der Botschaft der DDR in der VR China, 4.1.1962, PAAA, Bestand MfAA, A 6836, Bl. 36.

④ 吉茵：《莱比锡博览会中观众热爱的中国馆》，《世界知识》1952 年第 49 期。

总理弗雷德·厄斯纳（Fred Oelßer）表示，中国不愿再参加1958年的春季莱展，但因为厄斯纳反复向他说明参展的国际政治意义，叶季壮才勉强表示："我们没有说完全不去参展，我们只是说缩减展览的规模。"① 中方之所以表现出这样的态度，是因为从1956年春到1958年1月的南宁会议召开的这段时间里，周恩来、陈云等人一直遵循着"重点发展，适当收缩"的方针开展"反冒进"，试图控制"二五计划"规模。在此背景下，中方决定削减与民主德国的贸易额，并且原准备不再参加1958年莱展，只是因为顾及德方的态度和社会主义阵营内其他国家的感受，才改为缩小规模参展。1957年中国不愿参加次年莱展的想法，与1961年中国政府开始酝酿调整"大跃进"路线之后放弃参加1962年莱展的做法，在思路上是一致的。正因为如此，到了1964年，当中国的经济情况有所好转之后，中国又决定恢复参加1965年的春季莱展。

这些情况说明中方所提到的经济原因并不完全是托词。只是中方出现困难的原因并非暂时面临的外汇紧张，而是长期将外贸视为社会主义兄弟国家间"帮助"而导致的结构性困难。在上文所提到的1957年10月的谈话中，叶季壮所提出的请求并不仅限于莱展，而是希望全面削减与民主德国的贸易，因为中国国内的消费需求尚无法满足，而"为了完成出口义务，我们必须限制国内需求"②。事实上，中国为支援民主德国而在外贸中付出了巨大代价，莱展只是其中的一个缩影。③

第二，中方拒绝参加1962年莱展的确受到中苏政治分歧的影响，不过中德双方的矛盾有一个通过一连串具体事件不断积累的过程，其中不但

---

① Besprechungsnotiz – Nr. 41, beim Ministerium für Außenhandel der VRCh am 6. Oktober 1957 9.00 – 10.45 Uhr, BArch – SAPMO, DY 30/IV 2/6.10 179, Bl. 6. 1957年9月21日厄斯纳刚刚与周恩来谈过话，中德双方的记录还有不少差异，详见《中德两国对同一场谈话记录的对比——1957年9月民主德国副总理厄斯纳与周恩来谈话的记录》，《冷战国际史研究》第19/20辑，第259 – 269页。

② Ebenda, Bl. 5.

③ 这是因为那时候中苏商定的人民币与卢布的固定汇率不合理，这个问题参见沈志华《新中国建立初期苏联对华经济援助的基本情况——来自中国和俄国的档案材料》，《俄罗斯研究》2001年第3期。由此再加上其他一些原因，导致中国在民主德国出售产品的价格远远低于国际市场价（甚至不到市价的一半），关于这个问题，详见 Xin Tong（童欣），Die Wende in den Handelsbeziehungen zwischen der DDR und der VR China in den Jahren 1960 – 1962, in: Christian Kleinschmidt, Dieter Ziegler（Hg.）, Deutsche Außenpolitik und Außenwirtschaftsbeziehungen im Zeitalter des Kalten Krieges, München: De Gruyter Oldenbourg, 2018.

有"理"的成分，还有"气"的成分（见表1）。

表1　1960年6月至1961年末严重影响中国与民主德国关系的事件

事件名称	发生时间	地点	主要经过
布加勒斯特会议	1960年6月	布加勒斯特	乌布利希追随赫鲁晓夫指责中共"进行派别活动"①
马克勒贝格展览会	1960年6月	马克勒贝格	德方抗议中国参展团把人民公社与LPG联系在一起
私自删改广播稿事件	1960年7月	北京	来自民主德国并为中央人民广播电台工作的专家暗自改动了广播稿中论述战争和暴力问题的段落②
习仲勋赴德吊唁皮克总统	1960年9月	柏林	习仲勋副总理受到的接待被中国驻德使馆认为是"冷淡和歧视的"③，尤其对于公祭会上的席位问题十分不满④
"二五计划"成果图片展览会	1960年秋天	柏林	德方要求中方撤去关于"大跃进"和人民公社的宣传图片。中方虽很不满，但最终还是撤去了
1961年春季莱展	1961年3月	莱比锡	德方不让中方宣传"三面红旗"
贺龙访德事件	1961年10月	柏林等地	中方外交人员认为贺龙受到冷遇，觉得德方这次是玩弄"骗局""内中包藏着阴谋"⑤
留学生书报事件	1961年11月	柏林等地	民主德国外交部检查中国在民主德国的留学生所收到的中文报纸（主要是《人民日报》），并抽去其中德方认为不合适的内容⑥

---

①　杨尚昆：《杨尚昆日记》（上册），中央文献出版社2001年版，第595页。
②　毛泽东对此事大为光火。见《在〈宣教动态〉第五十期上的批语》（1960年7月18日），中共中央文献研究室编：《建国以来毛泽东文稿》（第九册），第234页。转引自葛君《民主德国与中国关系史初探（1949—1965）》，第119页。
③　《中国驻德使馆致外交部》（1961年10月11日），中国外交部档案馆藏，档案号117-00969-01。
④　"在公祭会上，欧洲国家代表团（包括南斯拉夫）都和德党中央政治局委员坐在一起，惟我代表团和朝鲜代表团及越南大使坐在另一边，与民主人士一起。"（见《德方对我党政代表团礼遇情况》（1961年1月16日），中国外交部档案馆藏，档案号109-03760-04。
⑤　《中国驻德使馆致外交部》（1961年10月11日），中国外交部档案馆藏，档案号117-00969-01。
⑥　参见 Aushändigung von Exemplaren der *Volkszeitung* der VR China an chinesischen Studenten in der DDR, 12. Nov. 1962, PAAA, Bestand MfAA, A 6827, Bl. 165; Vorschlug für die Beantwortung des Protestes der chinesischen Botschaft, 19. 10. 1962, PAAA, Bestand MfAA, A 6827, Bl. 176.

关于这一系列不愉快的事件，一开始（1960年7月），民主德国远东司司长斯图特还对中国驻柏林使馆参赞徐晃说，马克勒贝格展览会事件对两国关系不会造成什么影响。半年之后，他却不得不对徐晃说，这段时间关于中德关系的"几件事在一起"，让他"有好几天睡不好觉"①。表1中的贺龙访德事件尤为关键，其中的一些误解和由巧合导致的矛盾在双方交好的日子里本来十分容易化解，但在当时的气氛下，中方驻德使馆从中得出的结论是：德方"表面上对我尚友好，但骨子里是冷的"②。上文已述，当民主德国驻华大使黑根受命与中国外交部谈1962年莱展一事时，接待他的正是两个多月前刚刚陪贺龙访德的前驻德大使曾涌泉。在黑根谈及莱展的政治意义时，曾涌泉很快举出自己两个月前的亲身经历说明，中方是如何在布加勒斯特会议遭围攻之后不计前嫌，继续在政治上支持民主德国的，结果以贺龙为首的代表团却在柏林遭受了"不友好的对待"③。曾涌泉说这番话的意思，其实就是贺龙代表团返回北京当日，中国外交部苏欧司副司长余湛在机场等候室问黑根的那句话："我们倒要问问，民主德国究竟想不想要我们的支持？"④当中方觉得习仲勋访德受冷遇之后，还能与德方外交人员进行平心静气的沟通，到贺龙访德之后中方态度就比较严厉了——上述黑根与余湛、曾涌泉的谈话都弄得很不愉快。在中方看来，德方是一而再，再而三地以不友好的态度回应中方的示好举动。中国拒不出席1962年春季莱展的最后决定，很可能与这一系列矛盾有关。

这其中的政治问题应当和经济问题联系起来看。民主德国方面一直愤愤不平的是，中方一边说因经济困难而不能帮助自己，一边又继续大力援助阿尔巴尼亚和越南，可见所谓的"自然灾害"必定是一个

---

① 《驻德使馆：马特恩访华后情况》（1961年2月10日），中国外交部档案馆藏，档案号109-03760-04。

② 《驻德使馆致外交部电》（1964年2月5日），中国外交部档案馆藏，档案号117-01139-06。

③ Aktenvermerk über eine Besprechung im Außenministerium der VR China am 3. Januar 1962 in der Zeit von 16.00 Uhr bis 18.15 Uhr, BArch-SAPMO, DY 30 IV 2/20 124, Bl. 23.

④ Aktenvermerk über eine Aussprache mit Genossen Jü Dschan, Stellv. Abteilungsleiter im Außenministerium vor Ankunft der Sondermaschine mit der Delegation unter Leitung von Genossen Ho Lung am 11.10.1961. in Werner Meißner (Herausgegeben), *Die DDR und China 1949 bis 1990, Politik-Wirtschaft-Kultur Eine Quellensammlung*, S. 124.

借口。① 由上文可知，在中方看来，参加莱展的确是中国的一个负担，每当要收缩经济战线时（1956年下半年、1961年下半年），就会考虑不去参展或缩减参展规模。但若是中共觉得政治上确有必要之事（比如援助越南、阿尔巴尼亚），则经济困难亦可勉强克服。可是，如果经济上已经极度困难，"被帮助"的一方又"不识抬举"，那就很难再伸出援手了。

第三，双方都没有真正注意到对方国内政治对此事的决定性意义。

关于德方拒绝中方在莱展上宣传人民公社一事，中方常常是从民主德国与苏联的特殊关系的角度思考的，认为这是统一社会党追随苏共，不愿承认中国"大跃进"的伟大胜利。其实，即使没有苏联方面的压力，统一社会党也不可能一直放任中国大张旗鼓地在本国宣传人民公社。这主要是因为德国农民对农业集体化有更强的拒斥情绪，而德国统一社会党在使用暴力手段上比苏共要谨慎得多，所以民主德国的"土改"工作非常复杂，"集体化"运动推行起来困难重重。不少农民对"集体化"的反应是一走了之——逃往联邦德国，这本身已经是乌布利希等人十分头疼的事情。如果中国要在这里宣传LPG只是通往人民公社的一个阶段，势必令农民们更加恐慌，政府若不出手干预，极有可能被群众视为一个官方信号，以为自己这边也要搞"一大二公""一平二调"，从而导致人心不稳，加剧逃亡。对于这一点，从中国驻德使馆的报告中没有看出多少谅解。

德方在思考中国拒绝参加1962年春季莱展一事时，总是从中国的外贸需求和外交战略的层面进行推演，很少从内政角度思考。中国政府决定是否参加1962年莱展的那段时间，正好是中国经济政策发生巨大变化的敏感时期。1960年夏季"大跃进"灾难性后果的大规模显现，"饿死人"的事情也反映到了中共中央。② 从1961年起，毛泽东号召党的干部们"大兴调查研究之风"，开始在农业政策上纠"左"。最终中共中央在1961年下半年决定取消公社食堂，以生产队为基本核算单位。在核算单位问题上，毛泽东向中央政治局常委和相关同志们承认："我们过去过了六年之

---

① Jahresbericht 1960, Handelspolitische Abteilung der Botschaft der DDR in Peking, BArch – SAPMO, DY 30 IV 2/6. 10 179, Bl. 130ff. Auch in: N. Stuber, *East German China policy in the face of the Sino – Soviet conflict*: 1956 – 1966 (Dissertation), Zürich 2004, 126ff.

② 《毛泽东同陈伯达等的传达记录》（1961年3月19日），转引自中共中央文献研究室，逄先知、金冲及主编：《毛泽东传》（第5卷），中央文献出版社2011年版，第2109页。

久的胡涂日子（一九五六年，高级社成立时起）。"① 1962 年 1 月 11 日至 2 月 7 日的"七千人大会"尽管在结论中仍然肯定"三面红旗"是正确的，但确实在相当大的程度上反思了 1958 年以来我党所犯下的错误。在这样一段时间内，如果要派代表团去参加 1962 年的春季莱展，究竟该如何筹备，应该以什么口径宣传"大跃进"和人民公社都是十分棘手的事情。再结合上述经济原因和政治原因，放弃参展可能是一个比较保险的选择。

第四，关于中国参加莱展的民族主义动机，中方没有承认，德方也未重点分析。

其实，中国政府参加莱展的目的，除了表示对民主德国的支持和进行经济交流之外，还有一层"扬国威"的民族主义诉求。用 1953 年中国驻德使馆报告中的话说，就是中国参加莱展"表现了世界和平民主力量之强大"②——这句话隐含的意思是：因为一个强大的新中国诞生了，到来了，所以显得社会主义阵营更加强盛了。将中国的参展目的作如此阐释，有三点证据。

其一是中央领导们的明确指示。无论是周恩来关于"地大物博、富丽堂皇"的批示，还是把"表现我国在解放后取得的辉煌进步"定为参展主旨，指向的都是"扬国威"的诉求。

其二是对展品的安排。若依照大卫·李嘉图的"比较优势"理论，50 年代中国主要还是应该出口农产品（包括丝、茶）和矿产，进口工业品。但 1951 年第一次参加莱展起，中国代表团就突出展示了滚珠和化学仪器，此后也显著增加了工业技术类产品的比例，其主要目的恐怕不是出口贸易，而是"扬国威"。

其三是出于中方观察中国参加莱展效果这一着眼点。不管是驻德使馆送交给外交部的内部报告，还是在《世界知识》上公开刊载的报道，都非常爱突出西方人因莱展而对新中国"刮目相看"的反应。这些报告和报道特别喜欢用大量篇幅记录西方人对新中国能生产如此之多的机器表示诧异，用报道中的一个小标题来概括就是："中国馆震惊了西方"③。尤其值

---

① 《毛泽东文集》（第八卷），人民出版社 1999 年版，第 285 页。
② 《我驻德使馆关于莱比锡博览会问题的馆委会会议记录要点》（1953 年 11 月 13 日），中国外交部档案馆藏，档案号 113-00189-03（1）。
③ 吉茵：《莱比锡博览会中观众热爱的中国馆》，《世界知识》1952 年第 49 期。

得注意的是,这里的"西方人"并不仅限于"铁幕"西侧之人,而是包括了所有的"外国人"——从报道中所举出的例子看,甚至可以说就是"白种人"。相反,对于商业信息,特别是展览会上中方商务代表与西方厂商签约的情况,常常是一笔带过。

上文分析过,1962年之前中国参加莱展的盈利性不大,反而带有巨大的消耗性。支撑这种消耗的动机,除了显示对兄弟国家的政治支持之外,主要就是"扬国威"的诉求。中方1961年参加莱展后最为不满的地方,就是德方态度冷淡,没有像从前一样在媒体上对中方的参展进行大力宣传。① 当1961年下半年中国经济陷入困顿,且经济方针调整在即,对外展示中国"辉煌进步"的优先性就不那么突出了②,所以这可能也构成了中方在经济困难时放弃参加1962年莱展的一个原因。

如果以上分析成立,那么中国于1964年做出恢复参加1965年莱展的决定就比较好解释了。第一,在中苏争端方面,正如李丹慧所指出的,当中苏两党真正撕破脸后,毛泽东于1964年初提出了"豺狼当道,焉问狐狸"的原则,意在分化瓦解苏联与东欧国家:集中火力批评赫鲁晓夫,而"对兄弟党可以既往不咎"③。于是,中国在1964年做出了种种拉拢东欧各国的姿态,其中尤以波兰和民主德国为重点,重新参加莱展可以看作中国向民主德国示好的具体措施。④ 第二,到了1964年,围绕"大跃进"和"人民公社"的争论已经不再是个问题,中方不会再提要求,德方对此也比较放心。第三,1964年中国的经济已经基本度过困难时期。

概言之,中国拒绝参加1962年春季莱展,是中国与民主德国关系中的一道裂痕。造成这一结果的原因是综合性的,并不像中方所说的那样仅是由于"外汇不足",也非德方所认定的那样只跟中苏分歧的"政治原因"有关。1960年6月的布加勒斯特会议之后,中共与苏东各国执政党之

---

① Betr.: Chinesische Delegation, Berlin, 28.10.1961, SAPMO - BArch, DY 30 IV 2/20 115, Bl. 206. 转引自 N. Stuber, *East German China policy in the face of the Sino - Soviet conflict*: 1956 - 1966, p. 183.

② 更何况1961年中国的参展情况已经远不如往年,如果成就越写越大,展品却越来越少,岂不尴尬。

③ 李丹慧:《关于60年代中国与东欧五国关系的若干问题——来自中国档案文献的新证据》,《俄罗斯研究》2011年第4期。

④ 1965年是莱展800周年庆典,中国既派出了政府代表团,也派出了参展团。见 Zu den Verhandlungen über das Handelsabkommen DDR - VR China 1965, 5.3.1965, PAAA, Bestand MfAA, C 904/76, Bl. 46 - 53, hier Bl. 49.

间出现了重大的意见冲突。在随后的一年里，中国与民主德国在多个领域、多次外交事件中因意识形态分歧、误解和巧合，积累了越来越多的矛盾，使中方认为德方不甚看重自己的政治支持。同时，1962年之前中国参加莱展虽不无商业目的，但这总归是比较次要的，是服从"扬国威"和"表示政治支持"这两大政治目的需要的，所以在经济上对中国是一个负担，而当中国觉得民主德国方面不领情时，为此付出代价的意义就下降了。因此，当中国在经济上确有巨大困难，而且经济方针正处在酝酿变革的敏感期（宣传者难以准确把握中央对"大跃进"和人民公社的态度）时，中国政府做出了放弃参加1962年春季莱展的决定。

中国养老保障制度的特征探析

杨 静[*]

2007年,中国民政部提出建立"适度普惠型"社会福利制度的设想;自此,对普惠型保障制度的讨论在我国社会保障研究中日益增多。社会保障事业的大发展是工业化和经济增长直接推动的。2019年,我国人均GDP首次突破一万美元,作为中等偏上收入国家,我国社会保障制度正在显现出哪些特征?本文通过分析我国养老保障制度的参保、资金来源、保障额度等制度构成,探讨我国养老保障制度是否具有普惠型社会保障制度的特征。

一 普惠型社会保障制度

社会保障研究自二战后兴起以来,各国社会保障制度的特征和保障模式一直是学界的关注重点。20世纪70—90年代,社会保障研究关注18—20个高收入的发达国家,主要是欧美及日本等国。[①] 随着比较社会保障研究对象地理范畴的扩大,东亚、南亚、东欧、非洲及拉美地区的社会保障制度也逐渐被纳入社会保障的研究范围。[②]

普惠主义(universalism)是社会保障研究的一个重要理论框架。普惠型社会保障制度的观念起源于战后英国的《贝弗里奇报告》,当时的含义

---

[*] 作者杨静系法国社会科学高等研究院中、韩、日联合研究中心博士研究生。

[①] Gøsta Esping-Andersen (1994), "Welfare States and the Economy," In N. J. Smelser & R. Swedberg (Eds.), *Handbook of Economic Sociology*, Princeton, NJ: Russell Sage Foundation, pp. 711–732.

[②] Peter Abrahamson (1999), The Welfare Modelling Business, *Social Policy & Administration*, Volume 33, Issue 4, pp. 394–415.

是社会保障制度应向所有国民提供医疗和养老服务，并且减弱参保者的缴费同（医保）报销和（养老金）领取金额之间的关联；强调无论公民是否缴费，国家都有义务给每个公民提供适当的医疗与养老服务。普惠型社会保障在 20 世纪 80 年代被广泛应用于北欧等国福利特征的研究中，指以国家行政管理为组织方式、以国家财政为资金来源，给国民提供从摇篮到坟墓的一揽子保障计划。90 年代以来，贫困问题受到全球的普遍关注。结合当时普遍流行的为穷人提供福利有利于国家发展的共识[1]，具有减贫作用的参保资格全民化的普惠主义保障观念逐渐开始被非西方国家所接受。普惠型社会保障制度作为应对贫困问题的手段之一，被世界银行、国际劳工组织[2]等机构在全球推广，呼吁各国建立"人人参保"的社会保障制度。

普惠型社会保障制度在全球推广以来，其核心内涵经历了 20 世纪 90 年代的发展型普惠主义到今天的参保资格全民化的普惠主义的转变。发展型普惠主义认为，只要保持经济持续发展，当经济发展到一定程度后，社会保障项目自然而然就会开展。[3] 发展型普惠主义认为，社会保障发展源于现代化、工业化的推进。他们认为，现代化、工业化促进人口由农业部门向工业部门流动，为了保障工业部门劳动力供应充足，也为了补偿工业化中可能会暂时失业的劳动工人和被工业化抛弃的部分农业人口，社会保障项目会随着现代化、工业化的推进而自然开展。[4] 因此，为了促进社会保障制度的进步，最重要的就是促进经济发展，实现从农业经济向工业经济的转变。参保资格的全民化在今天被认为是普惠型社会保障制度最重要的内涵和特征。随着社会保障项目被各国当作减贫计划的一部分，特别是在一些中等收入的发展中国家，参保资格全民化的保障制度有利于覆盖所有低收入人群。在由世界银行和国际劳工组织于 2016 年联合发表的全球

---

[1] J. Drèze, & A. K. Sen (1991), "Public Action for Social Security," In E. Ahmad, J. Drèze, J. Hills, & A. K. Sen (Eds.), *Social Security in Developing Countries* (pp. 3–40). Oxford: Clarendon Press.

[2] International Labour Organization (2001), Social Security: A New Consensus, Geneva: ILO.

[3] J. Drèze, & A. K. Sen (1991), "Public Action for Social Security," In E. Ahmad, J. Drèze, J. Hills, & A. K. Sen (Eds.), *Social Security in Developing Countries* (pp. 3–40). Oxford: Clarendon Press.

[4] H. L. Wilenskey, & C. N. Lebeaux (1958), *Industrial Society and Social Welfare*, New York: Russell Sage Foundation.

普惠型社会保障伙伴关系目标计划①中,"人人社保""全民医保"的概念被认为是这一计划的核心宗旨。②

本文认为,当今广义的普惠型社会保障制度是指,在集体责任、机会平等和身份平等的认同下,政府为国民提供参与和获取资格基本相同的社会保障服务,以达到团结国民、促进社会融合的政策目标;这些保障服务应包括但不仅限于医疗、养老、教育等,各国具体的保障计划应寻求适合国情的多元化保障组合。也就是说,普惠型社会保障制度强调应保尽保,人人可参保,但是并不强调应设立某些标准一致的保障项目。

近年来,普惠型社会保障被更频繁地运用到对非西方国家福利制度的讨论中,但是其研究范围较分散。③ 普惠主义概念经常在如下两种情况下被作为主要分析工具之一。首先,对某一地区社会保障制度特征的分析。例如,在对地区性普惠型社会保障制度的研究中,有研究认为,北欧等社会民主主义福利国家的普惠主义特征正在慢慢淡化,代之以定位精准的多元社会政策;也有研究者反对这种说法,认为无论是在北欧等社会民主主义福利国家还是在加拿大、美国等自由主义福利国家,普惠型保障的特征依然存在。④ 其次,对某一种保障项目的单独讨论和对比。这主要集中在对发展中国家具有社会救助性质的养老或者医疗保障项目的研究中。21世纪以来,拉丁美洲和非洲的一些中等收入国家实施了覆盖广泛的医保、养老等关键保障项目,但是这些保障只提供相对低的基础给付。这种由中等收入国家提供的"非足额"的全民覆盖的社会保障制度被纳入了普惠型社会保障制度的框架范围,被认为是"残补式"的普惠型社会保障制度⑤,以便同保障额度充足的普惠型社会保障制度区别开来。

将发展中国家纳入普惠型社会保障的考察范围促使普惠型社会保障制

---

① The Global Partnership for Universal Social Protection to Achieve the Sustainable Development Goals.

② USP2030 (2019), Together to Achieve Universal Social Protection by 2030: A Call to Action. USP2030. Retrieved from https://www.usp2030.org/gimi/RessourcePDF.action?id=55464.

③ Brono Palier (2008), "De L'ambiguïté en Politique," In O. Giraud & P. Warin (Eds.), Politiquespubliques et Démocratie (pp. 93 – 107), Paris: La Découverte.

④ D. Béland, P. Blomqvist, J. Goul Andersen, J. Palme & A. Waddan (2014), "The Universal Decline of Universality? Social Policy Change in Canada, Denmark, Sweden, and the UK," *Social Policy & Administration*, 48 (7): 739 – 756.

⑤ Lutz Leisering (2019), *The Global Rise of Social Cash Transfers*, Oxford: Oxford University Press.

度研究向南半球扩散。① 有差别的普惠型保障而不是全球统一标准的理想的普惠主义保障的观点已被广泛接受。今天,普惠型社会保障制度辅之以多元化的保障措施是理想的福利国家设想的新趋势。

需要指出的是,无论是普惠型社会保障制度还是理想的福利国家设想,都只是希望政策制定能无限接近或达到理想目标,并不表示没有达到这个目标的具体社会保障制度一定不是一个好的制度设计。因而,普惠型社会保障制度是我们分析各国各地区社会保障制度的工具和手段,并不是我们必须达到的政策目标。

围绕如何建立适合我国国情的普惠型社会保障制度,近年来我国已有不少成熟的研究。曾瑞明等认为,适度性是我国普惠型福利体系构建的核心原则和根本方法;② 彭华民通过梳理不同类型的福利制度的制度构成及内涵,提出我国应建立组合式普惠型社会福利制度,在以国家为主要的福利提供者的基础上,将政府、市场、家庭及社区等发展为次要的福利提供者;③ 戴建兵等根据我国不同阶段的经济、人口水平,提出分三个不同阶段,在 2050 年建成全体国民都能享受的普惠型福利模式。④ 然而,我国对普惠型社会保障制度的研究主要集中在社会救助、扶贫济弱等方面,并且主要关注对老年人和儿童群体的救助,对其他社会保障项目的研究则较为少见。⑤

本文的目的是分析我国养老保障制度是否具有普惠型社会保障制度的特征。为此,本文沿用 Blomqvist 和 Palme 的普惠型保障制度的四个判定标准,认为一种特定社会保障制度是否具有普惠型特征应从四个方面考察:参保资格、资金来源、社会保障管理和保障额度。⑥ 也就是说,一个理想的普惠型养老保障制度应当是:保障能覆盖所有国民且参保人以无差异资格统一参保;资金来源于公共投入而非私营部门;养老金的管理和运营由

---

① Juliana Martínez Franzoni and Diego Sánchez – Ancochea (2016), *The Quest for Universal Social Policy in the South. Actors, Ideas, and Architectures*. Cambridge:Cambridge University Press.

② 曾瑞明、毕可影:《普惠型社会福利适度发展的考量维度》,《中共福建省委党校学报》2015 年第 8 期。

③ 彭华民:《中国组合式普惠型社会福利制度的构建》,《学术月刊》2011 年第 10 期。

④ 戴建兵、曹艳春:《我国适度普惠型社会福利制度的构建与发展》,《华东师范大学学报》2012 年第 1 期。

⑤ 同春芬、吴楷楠:《我国适度普惠型福利问题研究综述》,《社会福利》2017 年第 7 期。

⑥ Paula Blomqvist and Joakim Palme (2020), "Universalism in Welfare Policy—The Swedish Case beyond 1990," *Social Inclusion*, Volume 8, Issue 1:114 – 123.

政府承担而没有私营部门的参与；提供足够的保障额度，也就是能满足退休人员日常生活的养老金金额。

就我国养老金的管理和运营而言，我国城镇企业职工基本养老保险（以下简称"职工基本养老保险"）和城乡居民基本养老保险（以下简称"城居保"）两种养老保障制度都以政府行政管理的方式进行管理和运营，符合普惠型社会保障制度的特性。下面本文将从参保、资金来源和保障额度三个方面探讨我国养老保障制度的普惠型特征。

二 我国养老保障制度在参保、资金来源和保障额度方面的制度特征

我国的养老保障制度主要由基本养老保险、企业年金和个人商业养老保险三大支柱组成。由于企业年金是部分企业自主决定的企业补充养老，个人商业养老保险是个人行为的储蓄养老，本文仅考察我国养老保障制度中的基本养老保险。我国基本养老保险是国家根据法律、法规强制实施的养老保障制度。目前，我国基本养老保险由职工基本养老保险和"城居保"两部分构成。下文就参保、资金来源和保障额度三个方面分别简析职工基本养老保险和"城居保"的制度特征。

（一）我国养老保障制度的参保与覆盖面

普惠型养老保障制度要求参保资格的非排他性。对参保人的参保资格审查不仅不能有身份、地域的限制，也尽量不要涉及个人收入或家庭经济状况的调查。同时，应尽量扩大参保政策的覆盖面，保障"人人参保"。

1. 企业职工基本养老保险的参保与覆盖面

职工基本养老保险的参保没有排他性，对我国所有公民开放。同时，职工基本养老保险还覆盖了在华就业的外国公民。职工基本养老保险的最低参保年龄为16岁。一般而言，养老金的领取年龄女性为55岁，男性为60岁。自20世纪90年代以来，我国职工基本养老保险的覆盖面经历了一个逐渐扩大的过程，逐渐将私企员工、个体经营者、自由职业者、国家事业单位工作人员等纳入保障范围，由此，职工基本养老保险参保者的人数自90年代以来一直呈逐年增加的趋势（表1）。同时，参保离退休人员的人数保持在参保总人数的24%—28%。

灵活性是职工基本养老保险的参保优势。职工基本养老保险的灵活性

体现在以下两个方面。首先，职工基本养老保险的参保资格与参保人的工作状态没有关联。职工基本养老保险的参保在实际办理中仅需提供参保者的身份证号码，而无须提供工作合同。无论是正式工作的企业员工还是非正式工作的自主就业者，都被包括在内，并遵循相同的养老金领取金额同缴费金额及缴费年限相挂钩的原则。其次，缴费基数与职工实际工资不强制完全对应。对于签订正规合同的企业员工来说，缴纳养老金所申报的工资基数可以与实际工资不同（往往低于实际工资），虽然这一点并不被提倡。这两个灵活性确保职工基本养老保险可以覆盖所有就业人口，又不会对中小民营企业的运营造成大的缴费压力。

表1　　　　2006—2018年职工基本养老保险参保人数

年份	参保人数（百万）	参保离退休人员人数（百万）	参保离退休人员占参保人数比例（%）
2006	187.66	46.35	24.70
2007	201.37	49.54	24.60
2008	218.92	53.04	24.23
2009	235.50	58.07	24.66
2010	257.07	63.05	24.53
2011	283.91	68.26	24.04
2012	304.27	74.46	24.47
2013	322.18	80.41	24.96
2014	341.24	85.93	25.18
2015	353.61	91.42	25.85
2016	379.30	101.03	26.64
2017	402.93	110.26	27.36
2018	419.02	117.98	28.16

资料来源：人力资源和社会保障部2006—2018年度《人力资源和社会保障事业发展统计公报》。

此外，在部分城市，职工基本养老保险的参保是获得某些必要的公共服务的前提条件。例如，只有参保者的孩子才能在部分非户籍所在地享受初级公共教育（小学和初中）；只有参保达到一定时长才有资格在某些城市购置房产。可以预见，只要我国的城市化持续下去，职工基本养老保险将吸引越来越多的年轻劳动力参保。

2. 城乡居民基本养老保险的参保与覆盖面

"城居保"的参保没有任何先决条件。没有缴费记录的居民和已经过了退休年龄的老年人都可以参保。由于中央和地方政府给予"城居保"以大量财政补助,且老年人亦可参保,因此自实施以来,"城居保"的参保人数一直不断上升(表2)。

表2　　　　2010—2018年城乡居民基本养老保险参保人数

年份	参保人数（百万）	参保离退休人员人数（百万）	参保离退休人员占参保人数比例（%）
2010	102.77	28.63	27.86
2011	331.82	87.60	26.40
2012	483.70	130.75	27.03
2013	497.50	137.68	27.67
2014	501.07	143.13	28.56
2015	504.72	148.00	29.32
2016	508.47	152.70	30.03
2017	512.55	155.98	30.43
2018	523.92	158.98	30.34

资料来源：人力资源和社会保障部2010—2018年度《人力资源和社会保障事业发展统计公报》。

如表2所示,自2009年新型农村社会养老保险试点并实施以来,"城居保"的参保人数以及参保离退休人员数量每年都在增加。同职工基本养老保险类似,"城居保"参保离退休人员占参保人数的比例一直保持在1∶3左右。需要指出的是,"城居保"参保离退休人员同参保人数之比并不能反映出"城居保"的制度抚养比,因为"城居保"的养老金支出来源主要是政府财政补贴,而不是参保者的缴费。这一点后文将做详细说明。

如前文所述,刚进入劳动力市场的年轻人有可能为了获得更好的城市公共服务,倾向于参保职工基本养老保险。从长远来看,未来参保"城居保"的年轻人的数量会逐渐下降,由此,可以认为"城居保"具有我国城市化过程中过渡性养老保障制度的特征。

（二）我国养老保障制度运营的资金来源及对政府财政的依赖

我国基本养老保险运营的主要资金来源分为三个部分：缴费收入、财政补助和往期养老金结余的增值。自 2014 年开始，职工基本养老保险的运行依赖于财政支出；而"城居保"自其诞生开始，就一直依赖政府财政补助。

1. 城镇企业职工基本养老保险对财政的依赖

我国财政对职工基本养老保险的补助金额每年都在增加。从财政对职工基本养老保险补助金额的增长情况来看，从 400 亿元到 2000 亿元用了 9 年，而从 2000 亿元到 6500 亿元仅用了 6 年的时间。2017 年，职工基本养老保险财政补助规模突破 8000 亿元，相当于当年财政总支出的 4%，与 2013 的 2.2% 相比增幅明显。

自 2014 年职工基本养老保险出现收支赤字后，基金征缴收入一直小于基金支出，并且征缴收入同支出间的缺口持续扩大（图 1）。

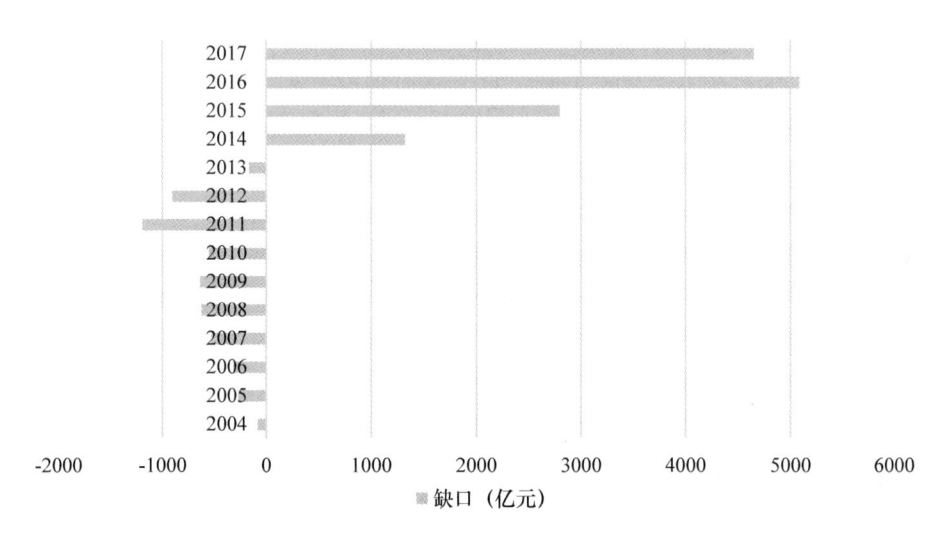

图 1　2004—2017 年企业职工基本养老保险基金征缴收入与支出缺口

资料来源：根据人力资源与社会保障部 2004—2017 年度《人力资源和社会保障事业发展统计公报》数据计算所得。

如图 1 所示，2004—2013 年，我国职工基本养老保险支出可仅依靠征缴收入维持运营而无须财政补助。然而，自 2014 年起，我国职工基本养老保险在不计算财政补助的情况下，仅仅依赖征缴收入已开始出现赤字。

仅 2014 年，职工基本养老保险赤字就达到 1321 亿元，2015 年赤字在 2014 年的基础上翻倍，攀升至 2797 亿元，而 2016 年和 2017 年赤字都高达 4500 亿元以上。

总的来说，我国职工基本养老保险对财政补助的依赖程度不断加深。

同时，在日益拉大的缴费与支出缺口之外，持续调高的养老金发放基数也给养老金支出造成了压力。① 自 2005 年起至今，职工基本养老保险的发放基数已经实现了 16 连涨，每年的涨幅在 5%—6.5%。在这样的情况下，即使不考虑未来老龄化、少子化以及经济增长放缓等因素，也可以预见我国职工基本养老保险的养老金发放将面临越来越大的支出压力。

2. 城乡居民基本养老保险对财政的依赖

同职工基本养老保险相比，"城居保"对政府财政的依赖更加严重。

"城居保"不以是否缴费为领取原则。并且，在"城居保"基金的运营中，个人缴费全部被归类为个人账户，也就是说，同职工基本养老保险的社会统筹账户主要由企业缴费和部分个人缴费共同组成不同，"城居保"的统筹账户资金全部来自于政府财政补助。且由于"城居保"始于 2009 年的新型农村社会养老保险，运营时间不是很长，很多居民采用了保守的参保方式，即按照最低额度缴费或者不缴费的形式参保，缴费只占"城居保"基金收入的小部分。图 2 列出了自 2010 年以来"城居保"的缴费、支出及总收入等情况。②

从图 2 可以看出，除 2018 年缴费收入数据缺失外，自 2010 年以来，"城居保"的缴费收入一直低于 1000 亿元/年，而自 2012 年开始，"城居保"年度总支出每年都超出 1000 亿元并持续走高。

"城居保"缴费收入占基金支出的比例正在逐年下降。2010 年，"城居保"缴费收入实际，是大于支出的，而这也是唯一一年缴费收入大于支出。只用了两年时间，到 2012 年，缴费收入只占基金支出的一半；而到了 2015 年，缴费收入只占基金支出的 1/3。总之，"城居保"的运行极度依赖政府财政补助。自 2015 年以来，"城居保" 2/3 以上的基金支出来自于政府财政。

可以认为，国家财政在我国两种养老保障制度的运营中起着越来越重

---

① 《释放改革红利》编写组：《释放改革红利》，国家行政学院出版社 2013 年版。
② 2018 年的缴费收入政府没有公布，这里缺失。

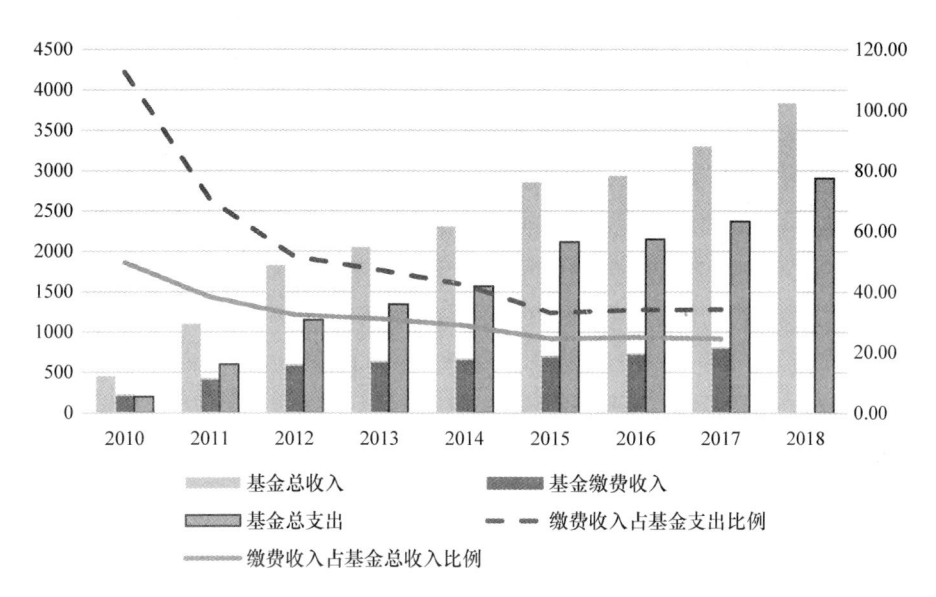

图 2 2010—2018 年城乡居民基本养老保险的收支情况（亿元；%）

资料来源：根据人力资源与社会保障部 2010—2018 年度《人力资源和社会保障事业发展统计公报》数据绘制。

要的作用，或者说，我国养老保障制度的运营越来越依赖于政府财政支出。

(三) 缴费与养老金保障额度

我国职工基本养老保险是世界上缴费率较高的养老保障制度之一。职工基本养老保险自成立至 2019 年 4 月，其缴费率一直保持在 28% 的国家线，远远高于 10% 的世界平均缴费水平。其中，企业的负担比例为员工工资的 20%，个人缴费比例为工资的 8%。各省可以根据情况确定自己的缴费率，个别地方甚至曾高于 28% 的国家线，但是也有地区低于国家线。为了缓解经济下行的压力，也因为我国养老金基金结余充足，从 2019 年 5 月起，国家下调职工基本养老保险的缴费率至 24%，企业缴费降为 16%，个人缴费比例维持为 8%。

职工基本养老保险和"城居保"都实行现收现支（pay-as-you-go）的收支模式，所有当期收缴的资金都用于当前退休人员的养老金发放。

与职工基本养老保险按月缴费不同，"城居保"按年缴费。在"多缴多得"的缴费原则下，各地"城居保"基本根据地区经济发展水平，将本地"城居保"缴费分为约 10 档，不同的缴费水平对应未来不同的领取标准。为了鼓励参保，地方政府对缴费给予补助并将政府缴费补助计入个人账户，缴费越多，补助越多。

职工基本养老保险的养老金收益计算较为复杂，主要变量包括缴费年限、缴费工资基数、离退休人员退休所在省的基本养老金支出水平等。职工基本养老保险保障额度充分，能够保障参保者的养老生活需求。研究表明，职工基本养老保险的给付水平近年来稳中略升并始终高于民众的基本生活需求。[1] 需要指出的是，养老金支出水平同地区经济发展水平和政府财政能力紧密相关。由于各省职工基本养老保险的基础养老金发放标准不同，导致中西部之间职工基本养老保险收益不均衡。

我国"城居保"的保障额度低，无法满足参保离退休居民的日常开支。2013 年，有研究者提出，农村老年居民每月需至少 220 元才能保障其基本生活支出[2]；2015 年，王立剑等以老年居民的基本生活需求为导向，测算出至 2020 年，"城居保"基础养老金目标值在城镇和农村分别应为 1149.15 元/人/月和 427.16 元/人/月。[3] 然而，直到 2019 年，我国"城居保"养老金全国平均领取金额仍不足 150 元/人/月，按照当下的城乡居民平均消费品价格指数，根本无法满足退休老人的日常生活需求。研究表明，即使如此，参保"城居保"农户的家庭日常费用支出显著高于未参保的农户家庭，参保"城居保"使农户家庭日常开支增加了 10%—20%。[4]

我国职工基本养老保险和"城居保"之间的保障额度差异巨大。"城居保"和职工基本养老保险的月平均养老金发放标准差距高达 10 倍以上。以 2016 年为例，全国职工基本养老保险的平均发放标准为 2362 元/月，而"城居保"的全国平均发放标准仅为 117 元/月。并且，各省市有权以地方财政支出的形式，设置高于国家线的本地区的"城居保"发放最低标准。如表 3 所示，东部省份"城居保"的最低发放标准普遍高于中西部地

---

[1] 刘海宁：《基本养老保险给付水平适度调整研究——以"基本生活"保障为统筹目标的思考》，《经济经纬》2014 年第 3 期。

[2] 雍岚、张思锋：《基于"所得与需要"视角的我国养老金"公平性"研究》，《当代经济科学》2013 年第 1 期。

[3] 王立剑、叶小刚：《需求导向下城乡居民基础养老金调整方案研究》，《西安交通大学学报》2015 年第 5 期。

[4] 岳爱、杨矗、常芳、田新、史耀疆、罗仁福、易红梅：《新型农村社会养老保险对家庭日常费用支出的影响》，《管理世界》2013 年第 8 期。

区。并且,"城居保"收益的差异不仅体现在省与省之间,在同一省份的不同行政市之间也不尽相同。

表3　　　　2019年我国部分省份城乡居民基本养老保险
　　　　　　　　　　最低养老金发放标准　　　　　　　（元/月）

西部省（市、区）		中部省		东部省（市）	
四川	100	河南	98	北京	705
重庆	115	湖南	103	江苏	148
贵州	93	黑龙江	90	广东	170
云南	103	安徽	105	福建	118
西藏	180	江西	105	上海	1010

资料来源：根据各省、直辖市人力资源与社会保障部门公告整理得出。

总之,由于职工基本养老保险主要覆盖就业人口,且缴费率高并附有缴费年限的限制,其养老金领取额度能满足退休职工的基本生活需求。然而,由于"城居保"旨在覆盖低收入的非正式就业人口和农村居民,无须缴费且主要依赖财政支出维持运营,考虑到我国庞大的人口基础,"城居保"的保障额度总的来说无法保障退休城乡居民的日常生活。①

三　我国养老保障制度的普惠型特征分析

在参保资格上,我国职工基本养老保险和"城居保"都没有排他性,符合"人人参保"的特征。两种养老保障制度参保的区别有两点。首先,职工基本养老保险的养老金领取有参保年限的要求,而"城居保"的养老金领取则没有参保年限的要求,也就是说,"城居保"接受已过退休年龄的居民参保,参保年龄无上限。其次,职工基本养老保险的参保没有户籍的限制,但是"城居保"的参保有户籍要求。我国两种养老保障制度参保的共同点在于,养老金的领取同户籍挂钩（若在户籍所在地之外连续缴费达10年及以上的可以不满足这个要求）。户籍限制造成养老金收益在经济发达和欠发达地区间的不均衡。正如前文提到的,我国养老金运营越来越

---

① 沈毅:《中国城乡居民社会养老保险适度水平研究——基于"生存公平"需求的测算与比较》,《西部论坛》2015年第2期。

依赖财政补助，而地方财政补助在养老金运营中占很大比例。经济表现良好、财政充裕的地区倾向于制定较高的养老金发放标准，从而造成养老金领取金额因为户籍的不同而差异巨大。

可以认为，我国两种养老保障制度都实现了全民覆盖人人可保。职工基本养老保障的参保将所有职工，无论是事业单位还是私企，无论是正式员工还是非正式员工，都纳入了统一的保障制度，实现了参保的人人平等。同时，虽然"城居保"也实现了人人参保，然而，由于"城居保"的参保和养老金领取有严格的户籍限制，间接造成了因户籍身份而带来的养老金领取金额之间的不均等。

在资金来源上，我国两种养老保障制度都采用参保者缴费和政府财政补助相结合的筹资方式。职工基本养老保险基金约20%来自于政府补助，而自2015年以来，"城居保"约2/3的资金来源是政府财政，政府是我国养老金制度的最后兜底者。就财政补助的额度来看，职工基本养老保险的主要资金来源是个人和企业缴费，凸显了职工基本养老保险制度再分配的特征；而"城居保"由于其统筹账户完全来自于政府财政，再分配的特征较弱，社会救助的特征较为明显。并且，客观上财政对职工基本养老保险的总补助金额远远高于"城居保"，间接造成了两种保障制度的保障额度差距被制度性拉大。

在保障额度上，我国各地职工基本养老保险的平均领取金额均超出了地方最低工资线，保障额度充足；而"城居保"保障额度低，仅依赖"城居保"养老金无法保障参保离退休人员的基本日常消费需求，参保者还必须依赖自己的储蓄、子女赡养等才能保障其退休生活。即使如此，"城居保"对部分老人来说，仍然是退休后重要的经济来源。

四　结论

从参保、资金来源和保障额度三方面对我国职工基本养老保险的考察表明，我国职工基本养老保险符合发达国家普惠型社会保障制度的特征，且具有社会再分配的特点。而就"城居保"而言，其参保有户籍限制，其运营严重依赖国家财政且保障额度偏低，作为准非缴费型养老保障，"城居保"的这些特征符合部分中等收入发展中国家残补式普惠型社会保障制度的特征。可以认为，"城居保"是一种参保门槛低、保障额度也低的基础保障，具有扶贫济困的制度特征。我国"城居保"显现出的社会救助的特征符合普惠型保障制度在发展中国家扩散的基本特征。

本文认为，可以将我国当下的养老保障制度纳入普惠型社会保障制度的范畴。我国养老保障制度是普惠型社会保障制度和残补式普惠型社会保障制度的混合体，两种制度的功能有所不同。职工基本养老保险是基金积累型保险制度，强调参保人人平等，多劳多得，多缴多得；"城居保"是社会救助型养老保障制度，对国家财政有极大的依赖，对贫困的老年居民有救助的作用。需要指出的是，一个国家的社会保障制度呈现出混合的特征是很正常的。例如，加拿大虽然是一个自由主义福利国家，但是其医保系统却显示出社会民主福利制度的特征。

我国的养老保障制度已经从计划经济时期的城乡二元制改革为目前的职工—居民二元制。与以前通过严格的就业审查参保的企业养老体制相比，职工—居民二元参保制度更加灵活，参保者可以自由参保或退出。可以认为，我国养老保障制度的普惠型特征同我国正在进行的工业化进程密不可分。现代化、工业化进程吸引农村劳动力进入城市的工厂和服务业，并造成农村的空巢化。职工基本养老保险能确保这些来自农村的员工退休后在城市过上保障适度的退休生活；而"城居保"在某种程度上是对没有从工业化进程中受益的贫困农民和城市居民的补偿。

需要指出的是，普惠型社会保障制度虽然强调参保的全民性，但是不能忽略其保障质量。一旦国家提供的保障质量无法满足国民需求，即使保障制度是全民参保型，也会带来诸多问题，稍微富裕的家庭会购买市场化的保障服务以满足其保障需求。对普惠型社会保障的考察应该同保障质量的研究相结合。同时，对于各国社会保障的类型和特征的研究，要立足于具体的社会政策和保障计划，关注政策的多样性和变化，以探究政策的本质。

后发优势与中国经济中长期
增长演变趋势

文礼朋等[*]

2008年以来，我国经济增长率出现了较大幅度的下滑。一些人把中国经济增长的下滑更多地归因于国际外部冲击，以及周期性的因素。更多的人认为，这是中国潜在经济增长率的下滑。本文将利用后发优势假说，参照二战后成功的后发优势经济体的经济增长经验，建立相关计量模型，对未来中国的中长期经济增长做出预测。

本文有关二战后各国经济增长的数据，包括中国的数据，来自宾夕法尼亚大学世界表（Penn World Table）PWT 7.1。根据PWT 7.1，每个国家的人均GDP都折算成了2005年的购买力平价美元，简称"2005年国际元"（Geary-Khamis Dollar）。PWT 7.1中的数据与前几个版本的数据有所差别，其中，中国的数据较以前的版本有较大的缩减，主要是世界银行在前几年对中国的购买力平价GDP有较大幅度的下调，这是读者需要注意的。

一 有关中国中长期经济增速下滑的几种主要观点

在对未来中国较长时期经济增长的预测中，以林毅夫、刘世锦、蔡昉等人的预测最具影响力与代表性。

---

[*] 本文作者为文礼朋、胡胜威、秦敬云、郭熙保。文礼朋系桂林电子科技大学商学院教授；胡胜威系桂林电子科技大学商学院讲师；秦敬云系桂林电子科技大学商学院教授；郭熙保系武汉大学经济发展研究中心教授。本文曾以"基于后发优势的中国经济中长期增长演变趋势研究"为题发表在《贵州社会科学》2015年第4期。

林毅夫[①]在不同场合一再表示,中国 2008 年前后的人均购买力平价 GDP 相对于美国人均 GDP 的百分比,与 1950 年日本相对于美国人均 GDP 的百分比(约为 20%,林毅夫依据的是世界银行前几年对中国高估的购买力平价人均 GDP,与本文所使用的 PWT 7.1 中的数据存在一些差距)相近,而日本在此后 20 年维持了超过年均 9% 的高速经济增长,因而有理由相信未来 20 年中国也可以达到同等的高速经济增长。林毅夫认为,导致后发国家经济高速发展的最重要因素是后发优势,相对收入差距是后发优势的最重要体现。

刘世锦[②]接受林毅夫有关后发优势的观点,但是他根据德国、日本、韩国等成功的后发优势经济体的历史经验指出,如果以 1990 年国际元度量,高表现经济体通常在人均 GDP 达到 11000 国际元左右后出现增速下滑,经济增速下降 30% 左右。他根据世界银行当时高估的购买力平价中国人均 GDP 数据,假定中国在达到 11000 国际元之前增速不下滑,到 2015 年,中国人均 GDP 将会达到 11000 国际元左右,然后发生结构性增速下滑,在"十三五"期间下降到 6.5% 左右。如果换算成现在通行的 2005 年国际元,结构性增速下滑的时间点是在人均 GDP 达到 12000—13000 国际元时。

蔡昉等人[③]则主要依据中国人口结构的不利转变因素,以及制度改革红利的衰减,认为随着 2010 年后劳动年龄人口比重下降,我国经济增速将会出现明显下滑,在"十二五"期间下滑到 7.2% 左右,"十三五"期间进一步下滑到 6.1% 左右。

国际学术界对未来中国经济增长预测的成果也相当多,其中艾肯格林(Barry Eichengreen)等人[④]的研究非常著名。根据他们对全球 146 个发生结构性减速国家的时间窗口的研究,按照发生结构减速人均 GDP 值(2005 年国际元)出现的频数来统计,分别有两个减速阶段:10000—11000 国际元和 15000—16000 国际元。随后经济增长率会下降 2% 以上。他们认为,尽管中国不太可能掉入中等收入陷阱,但是中国的高速经济增

---

① 例如,林毅夫《中国经济仍有 8% 的增长潜力》,《中国房地产业》2014 年第 10 期。
② 刘世锦:《增长速度下台阶与发展方式转变》,《经济学动态》2011 年第 5 期。
③ 蔡昉、陆旸:《中国经济今后 10 年可以实现怎样的增长率?》,《全球化》2013 年第 1 期。
④ Barry Eichengreen, Donghyun Park, Kuanho Shin, Growth Slowdowns Redux: New Evidence on the Middle-Income Trap, NBER Working Paper, No. 18673, 2013: 1 - 54.

长不会持续太长，很快就会出现结构性增速下滑。

艾肯格林等人有关经济增长的研究成果无疑是相当权威的。但是艾肯格林等人的研究一方面包括了中等收入陷阱国家，这会导致经济增速下滑的时间窗口提前。另一方面他们的研究还包含了中速增长下滑到中低速、低速增长的经济体。在二战后的20世纪五六十年代，资本主义发达国家大多数经济增速较高，70年代石油危机后，经济增速明显下降，出现中低速经济增长。这些国家此时的人均收入水平很多恰好处在15000—16000国际元的阶段，经济增速下滑时间点偏晚，这对于很多像中国这样的后发经济体来说，并不合适。因为我们要探讨的是高速增长的中国经济何时进入中高速增长阶段，而非由中高速增长进入中低速增长。

相对而言，刘世锦等人的研究集中于高速增长经济体的增长下滑上，集中于德国、日本与韩国这样的战后高表现经济体，它们在战后经历了"挤压式"高速增长，随后向中速经济增长迈进，与中国的情形最为类似。我们接受刘世锦等人有关中国在人均GDP 12000—13000国际元的时间点会发生结构性减速的结论。

虽然刘世锦一再强调他们的预测是基于后发优势，但实际上是从经济成长阶段理论来解释增长率的变化。当人均收入达到某一水平后，经济会出现某些不利的结构性变化，如城市化减速、制造业比重下降、生育率下降导致的老龄化等，导致经济增速下滑，这应该符合经济发展的一般规律。但是这种观点假定了后发的国家会完全重复先发国家走过的历程，忽视了后发优势的因素，从而低估了后发国家的经济潜在增速。

林毅夫则主要从后发优势的角度预测未来中国的经济增长潜力，依据后发优势假说，后发国家在同等人均GDP绝对水平上会比当年的发达国家增长速度更快。林毅夫的观点具有巨大的理论价值，也符合历史经验。但是他忽略了与绝对收入水平紧密相关的经济成长阶段因素。郭熙保指出，一方面，后发国家与先发国家的巨大差距所带来的后发优势，会导致后发国家更快的经济增长，可是与绝对收入水平相关的经济结构的变化，如人口结构、产业结构的某些变化，仍然会导致经济增长率的下降，从而导致纯粹从相对收入差距来预测的后发国家经济增长率会出现高估。蔡昉等人有关中国劳动年龄人口比重下降导致中国潜在经济增速下滑的观点，基本上已经成为当前学术界与官方的共识，成为当前中国不出台大规模刺激政策的主要理由。

本文将结合上述几位学者的研究方法，对中国经济中长期结构性增速下滑做出具体预测。

二　研究方法

探讨中国中长期经济增长的一个重大问题是探究中国能否跨越中等收入陷阱，进入高收入经济体。世界银行对高收入经济体的门槛标准在逐年变化，导致人们对某些国家是否进入高收入经济体存在较大争议。对此，学术界形成了一种用购买力平价人均 GDP 相对于美国百分比来衡量的划分标准。根据这个标准，达到美国人均 GDP 10% 为中等收入经济体，进入高收入经济体的标准主要有 45%、50%、60% 三个，其中以达到美国人均 GDP 45% 的标准较为人们所广泛接受。①

判断一个国家是否具有后发优势，国际学术界尚未给出一个大家公认的量化标准。一般而言，技术的后发优势是最重要的后发优势因素。一国经济增长主要依靠自主创新驱动是该国告别后发优势经济增长的标准，不过这个标准的衡量不容易确定。相对而言，以人均真实 GDP 相对于美国的百分比是一个比较好的指标，关键是这个标准如何确定。根据我们对除美国外的传统工业大国英国、法国、德国、意大利、日本二战之后的经济追赶走势的考察，我们发现，这些国家在达到相对美国人均收入 70% 左右的时候，大多出现了好几年的追赶停滞甚至回落情形，德国大约为 9 年（1960—1968），法国大约为 6 年（1963—1968），意大利大约为 9 年（1970—1978），日本大约为 7 年（1972—1978）。这些国家都在经历了好几年的调整后，才重新进入缩小与美国人均收入差距的追赶历程。英国则长期在美国人均 GDP 的 70% 左右波动，直到 80 年代后期才冲破这个瓶颈。这一停滞阶段我们可以认为是后发优势基本终结后的经济增长模式转变，从后发优势类型的增长转变为自主经济增长。另外，这些国家在到达美国人均 GDP 百分比的阶段性高点之后，大多出现了回落，其回落的底线是美国人均 GDP 的 70% 左右。英国最低为 65% 左右，法国最低为 74% 左右，德国最低为 75% 左右，意大利最低为 69% 左右，日本最低为 74% 左

---

① Fernando Gabriel Im, David Rosenblatt, Middle-Income Traps: A Conceptual and Empirical Survey, World Bank Working Paper, No. 6594, 2013, pp. 1 – 40.

右，简单算术平均为 71.4%。因此，我们把人均 GDP 达到美国的 70% 作为一个国家后发优势发展基本截止、进入技术前沿的时间点，应该是可以接受的。

本文的基本假定是，一方面接受刘世锦等人的结论，中国经济在人均 GDP 达到 12000—13000 国际元之后经济增速会出现结构性下滑；另一方面依照林毅夫、郭熙保[①]等人的假说，后发国家由于存在后发优势，在处于与先发国家同样的发展阶段（相同的绝对人均 GDP 水平）会有更高的经济增长率。后发优势主要体现为相对美国人均 GDP 的差距。随着后发经济体人均 GDP 相对美国百分比的上升，后发优势逐渐下降，经济增速下滑。我们的方法就是从二战后成功的后发优势经济体在人均 GDP 达到 12000—13000 国际元之后经济增速的基本规律，推断未来中国经济的中长期发展趋势。

根据上述假说，当一国达到 12000—13000 国际元之后，经济增速结构性下滑的幅度与该国相对于美国人均 GDP 的百分比紧密相关，相对美国百分比越低，经济增速下滑幅度越小，经济增速越高。由于美国经济也在继续增长，那些越迟达到结构性减速窗口的经济体，其相对美国人均 GDP 的百分比越低，后发优势越大，减速后的经济增速会更高。对此，我们选取了除美国之外的加拿大、英国、法国、德国、意大利和日本六个发达资本主义工业国，以及新兴工业化经济体的亚洲"四小龙"，考察这些经济体从发生结构性减速时的人均 GDP 大约在 12000 国际元至发展到 26000 国际元左右（韩国 2010 年的发展水平）所经历的时间跨度。从中可以看出，除了日本之外，这些国家大多花了 30 年左右的时间。日本由于 20 世纪 80 年代后期的泡沫经济繁荣，这个过程异常偏短，它到达 26000 国际元的时间比到达 12000 国际元的德国、法国、英国、意大利还要早，只花了 20 年。亚洲"四小龙"的情况有些特殊，新加坡和中国香港是城市经济体，又是国际自由港，这种特殊性导致这个过程异常偏短，比更加后起的中国台湾与韩国经历的时间更短。总体而言，亚洲"四小龙"从 12000 国际元发展到 26000 国际元左右经历的时间，比发达资本主义工业国更短，即便是经历过亚洲金融危机重创的韩国，相对于 G-7 国家中表现最好的日本

---

① 郭熙保:《中国经济高速增长之谜新解：基于后发优势的视角》,《学术月刊》2009 年第 2 期。

也是如此。证明我们的假说是成立的。

表1　　　　G-7国家与亚洲"四小龙"从约12000国际元
到约26000国际元的时间跨度

经济体	起始年份	起始人均GDP（国际元）	起始人均GDP相对美国百分比（%）	终止年份	终止人均GDP（国际元）	时长跨度（年）
加拿大	1952	12271.52	83.86	1986	25914.74	34
德国	1962	12064.12	74.44	1990	26482.42	28
法国	1964	12287.53	70.62	1994	26069.83	30
英国	1964	12250.92	70.41	1996—1997	25396.45—27020.76	32—33
意大利	1967	12146.14	62.25	1995	26155.28	28
日本	1969	12552.97	60.51	1989	26261.97	20
新加坡	1978	12506.05	49.90	1992—1993	25295.6—27843.82	14—15
中国香港	1979	12626.51	49.53	1994	26595.81	15
中国台湾	1989	12825.89	41.02	2005	26692.99	16
韩国	1991	12675.93	41.04	2010	26613.77	19

资料来源：PWT 7.1。

但另一方面，我们也发现，更加后起的后发优势经济体在缩短同样的与美国相对收入差距的过程中，需要花费更多的时间。由于西欧国家在1950年普遍已经到达较高的美国人均GDP百分比，不方便与新兴工业化亚洲"四小龙"做类比，只能对比日本与"四小龙"的增长经验。日本1950年人均GDP大约相当于美国的21.42%，它到达高收入经济体的较高水平的美国人均GDP 60%的时间为1969年，花费了大约19年。新加坡的数据从1960年开始，这时候人均GDP已经相当于美国的28.58%，即便如此，它到达美国人均GDP 60%也花了20年。如果比照中国香港从约21%增长到约28%花了3—4年，那么新加坡大约是在1956—1957年达到美国GDP 21%左右的，也即从美国GDP的约21%到约60%，花了23—24年，中国香港则花了约26年。中国台湾从1974年占美国人均GDP 21.42%的水平，增长到约60%水平的时间为2003—2004年，大约花了30

年。韩国从1979年美国人均GDP 21.56%的水平，增长到约60%水平的时间为2008—2009年，大约也花了30年。这是因为更加后起的后发优势经济体要完成同样的相对收入差距的追赶，必须经过更大幅度的绝对收入差距追赶，即便后来的后发优势经济体增长速度更快，除了极少数例外，通常也要花费更长的追赶时间。

表2　日本与亚洲"四小龙"从占美国人均GDP约21%到占60%的时间跨度

经济体	起始年份	起始人均GDP相对美国百分比（%）	终止年份	终止人均GDP相对美国百分比（%）	时长跨度（年）
日本	1950	21.42	1969	60.51	19
新加坡	1960	28.58	1980	61.40	大于20
中国香港	1960	21.38	1986	60.60	26
中国台湾	1974	21.42	2003—2004	59.56—61.65	约30
韩国	1979	21.56	2008—2009	59.16—61.57	约30

资料来源：PWT 7.1。

按照上述推论，中国大陆在未来的经济发展中，从发生结构性减速到达到26000国际元左右的时间跨度，应该会小于中国台湾与韩国的平均时长，将少于17年。中国大陆要从占美国人均GDP水平的约20%到占约60%，应该会花费比日本、新加坡、中国香港、中国台湾与韩国更多的时间，将超过30年。

三　相对收入差距与后发优势经济体结构性减速的计量分析

如前文所述，二战后高表现经济体大多在12000—13000国际元时发生结构性减速，并且在出现结构性减速时，相对于美国人均GDP差距越小，后发优势越小，增速越低。

为此，我们必须探讨后发优势经济体从结构性增速下滑的时间窗口到美国人均GDP约70%期间的增速下滑规律。对于G-7国家而言，当它们到达结构性减速窗口的时候，其人均GDP已经接近、达到甚至超过美国人均 GDP 的 70%，后发优势已经很小，其增速下滑幅度非常大。以日本为例，如果以 1970 年为时间节点，其 $g_{t,t-7} - g_{t,t+7} = 0.063$，从高速增长迅速进入中低速增长，很难再作为后发经济体经济增长的参考对象。因此，我们只能选取最近冲破中等收入陷阱进入高收入经济体的亚洲"四小龙"作为中国大陆未来经济增长的参考对象。

首先我们检验亚洲"四小龙"在人均 GDP 达到 12000 国际元这一临界值前后两个时期经济增长率的差异显著性，并得出其经济增长率减速的具体值。我们借用艾肯格林等人的检验方法，考察从 t 到 t+7 与从 t-7 到 t 之间增长率的下滑是否达到 2% 及以上。

为了检验差异的显著性，我们引入哑变量，设定人均 GDP 达到 12000 国际元之前的 GDP 增长率样本值为 0，在人均 GDP 达到 12000 国际元之后的 GDP 增长率样本值为 1，那么得到模型：

$$G(GDP) = c + a \times dummy + \varepsilon$$

由于我们探讨的是长期经济增长趋势的变化，也即经济潜在增长率的变化，而现实的年度人均 GDP 增长率经常受到各种短期因素的影响，会出现较大的波动。为了消除年度 GDP 增长率的过度波动性，我们对 GDP 增长率采取移动平均法进行平滑。每一年的增长率用前后 5 年（$t-2$ 到 $t+2$）的平均增长率来替代。在上述模型的变量中，$G(GDP)$ 表示移动平均 GDP 增长率，c 表示常数，$dummy$ 表示哑变量，ε 表示随机误差项。我们得到各系数结果以及方程显著性（见表 3）。

表3　亚洲"四小龙"结构性减速前后经济增长率差异实证

地区	中国香港	新加坡	韩国	中国台湾
c	9.256252 *** (12.26857)	8.607760 *** (13.52728)	7.806622 *** (19.39895)	8.821990 *** (31.20330)
a	-3.614524 *** (-3.995822)	-1.532145 * (-2.008243)	-2.050657 *** (-3.130295)	-3.082769 *** (-6.896120)
R^2	0.266258	0.083964	0.161167	0.224784

注：*** 表示 1% 显著水平，* 表示 10% 显著水平；( ) 内数值表示系数的 t 统计量。

我们发现，中国香港、新加坡、韩国和中国台湾的哑变量系数 a 在 10% 水平下都是显著的，且系数都为负数。这表明，在人均 GDP 达到

12000国际元后，四个地区的 GDP 增长率都发生了结构性下滑，验证了刘世锦关于人均 GDP 达到 12000 国际元后，经济增长速度会下一个台阶的观点。

更进一步讲，中国香港、韩国和中国台湾在 1% 的显著水平下，三个地区在人均 GDP 达到 12000 国际元后，都出现了 GDP 增长率的下滑，中国香港较之前一个阶段，GDP 增长率下降了 3.61%；而中国台湾较之前一个阶段，GDP 增长率下降了 3.08%；韩国较前一个阶段 GDP 增长率下降了 2.05%；新加坡则在 10% 的显著水平下，较前一个阶段 GDP 增长率下降了 1.53%。新加坡的减速幅度较小，达不到艾肯格林等人的要求。

新加坡是战后能够追上并超过美国人均 GDP 水平的极少数佼佼者。对于二战后的那些超过 1000 万人口的大型经济体而言，其人均 GDP 几乎都不可能达到美国的水平。新加坡的成就与其作为小型城市经济体与国际自由港的特殊地位紧密相关，可以凭借特殊的要素禀赋与政策优势获得比美国更高的人均 GDP，不大可能为其他的大型经济体所效仿。

下面我们将依据林毅夫相对差距的观点，检验在发生结构性减速的前提下，即人均 GDP 达到 12000 国际元后，直到人均 GDP 最终突破美国的 70% 为止，三个地区 GDP 增长率随着各自人均 GDP 相对美国百分比的变化而变化的趋势。为了消除由于人口增长率差异所造成的 GDP 增速变化的差异，我们关注的重点是三个地区人均 GDP 增长率随着各自人均 GDP 相对美国百分比的变化而变化的趋势。

在此，对香港地区的阶段选取需要稍作说明。香港地区曾经在 1990—1997 年之前的几年里，由于香港地区回归乐观预期所造成的泡沫经济繁荣，人均 GDP 超过了美国的 70%，但是随着泡沫经济的破灭，在 1998—2003 年的 6 年里，一直徘徊在美国 GDP 的 70% 左右，直到 2004 年才最终突破 70% 的瓶颈，因此我们把 2003 年作为香港地区突破美国人均 GDP 70% 的时间点。

为了得到这个趋势，我们建立如下模型：

$$G(GDP)_t = c + a \times R(RGDP)_t + \varepsilon_t$$

在上述模型变量中，$G(GDP)$ 表示移动平均人均 GDP 增长率，c 表示常数，$R(RGDP)$ 表示该地区相对美国人均 GDP 的百分比，t 表示时期，ε 表示随机误差项。

通过线性回归，我们得到各地区的系数以及方程显著性如表 4 所示。

表4 亚洲"四小龙"人均 GDP 相对美国百分比与人均 GDP 增长率关系

地区	中国香港	新加坡	韩国	中国台湾
c	13.52984 *** (3.487099)	—	13.83265 *** (4.785532)	14.62839 *** (8.018336)
a	-0.136125 ** (-2.407594)	—	-0.178586 *** (-3.078058)	-0.168466 *** (-5.311836)
R^2	0.201292	—	0.344846	0.597591

注：*** 表示1%显著水平，* 表示10%显著水平；( ) 内数值表示系数的 t 统计量。

从表4可以发现，三个地区在10%的显著水平下，各系数都通过检验，且 R（RGDP）系数为负数，这表明人均 GDP 在达到12000国际元以后，随着地区人均 GDP 与美国的差距越小，人均 GDP 的增长速度也将逐渐减缓。而韩国和中国台湾在1%显著水平下，人均 GDP 相对美国的百分比每上升1%将分别导致人均 GDP 增长率下降0.18%和0.17%；中国香港在5%显著水平下人均 GDP 相对美国百分比每上升1%将导致人均 GDP 增长率下降0.14%。就三个地区的平均水平而言，人均 GDP 相对美国百分比每上升1%会导致人均 GDP 增长率下降0.16%。

四 相对收入差距与中国经济中长期增长演变趋势

我们下一步将根据前述模型 $G(RGDP)_t = c + a \times R(RGDP)_t + \varepsilon_t$ 来预测未来中国大陆的经济增长情况。

对于上述变量的选择，我们假定美国人均 GDP 增长率为固定值，为二战后1950—2010年人均 GDP 增长率的复合平均值1.94%；中国人均 GDP 在达到12000国际元之前其增长率按照2001—2010年平均人均 GDP 增长率计算；达到12000国际元后人均 GDP 增长率参照亚洲"四小龙"的均值，相对美国百分比的变化而变化。

在判断中国结构性减速之前的潜在经济增速的时候，很多人使用的是改革开放以来中国经济的平均增速。不过我们发现，在1991年之前的一些年份里，PWT 7.1 中的经济增速与国家统计局公布的经济增速存在很大差距。因此我们用1991—2010年的复合增速作为结构性减速之前的潜在经济增速。

根据 PWT 7.1，这期间中国人均 GDP 的年均复合增长率为 9.61%。

对于中国这样的巨型经济体而言，这是一个异常高的经济增速。除了一般性的后发优势因素外，还与这一时期中国所特有的制度红利紧密相关，使得这一时期中国的经济增长更加具有后发国家"挤压式"经济增长的特征。这一时期，发生了 1992 年邓小平南方谈话，造成 1992—1996 年的超高速经济增长；中国大陆于 2001 年底加入 WTO，导致出口大幅度增长，对我国 GDP 增长做出巨大贡献；20 世纪末房地产制度改革引致了接下来十余年房地产及周边产业的繁荣，同样为经济增长做出巨大贡献。这样的制度红利是一般的后发优势经济体所没有的，使得我国这一时期的潜在经济增长率有所偏高。在这个偏高的潜在经济增长率的基础上预测未来中国潜在经济增长率的演变趋势，必然会导致高估的情形。事实上，随着 WTO 红利以及房地产改革红利的释放，并且在未来经济的发展过程中不大可能再一次出现类似的巨大制度红利，我们在预测未来中国经济结构性减速的时候，应该剔除这个因素所导致的潜在经济增长率的高估值。在这里，我们假定该高估的潜在经济增长率为 1%，也即 2010 年中国人均 GDP 的潜在增速为 8.61%，而非 9.61%，也非 2010 年的实际增速 9.37%。

当亚洲"四小龙"到达经济增速下滑时间窗口的时候，其劳动年龄人口比例仍然处于上升阶段，而中国在 2010 年人均 GDP 为 7129.74 国际元（美国的 17.23%）的时候就到达了劳动年龄人口比的转折点。由于中国未富先老，中国结构性减速的时间窗口实际上会比东亚典型后发经济体来得更早。考虑到这个因素，实际上中国的结构性减速的时间窗口应该在 2011 年的时候就已经到来。

我们假定人均真实 GDP 到达 12000 国际元，其间中国 GDP 增长率的结构性减速的主要因素是人口老龄化所导致的社会扶养比上升因素，12000 国际元之后的结构性减速则是综合因素的结果。因而我们在做未来预测时，在 12000 国际元之前，只考虑扶养比对经济增长的影响。而在 12000 国际元之后，则参照亚洲"四小龙"的经验，相对于美国人均 GDP 每上升 1%，人均 GDP 增速下降 0.16%。

按照联合国中位数预测法，2010 年到 2020 年平均每年扶养比上升约 0.8%。根据蔡昉等人[①]的研究，人口扶养比每上升 1% 就会导致 GDP 增长率

---

① 蔡昉、王德文：《中国经济增长可持续性与劳动贡献》，《经济研究》1999 年第 10 期。

下降 0.115%。也即 2010—2020 年每年将会导致 0.092% 左右的潜在 GDP 增长率下滑。由于 1979—2010 年我国人均 GDP 增长率是 GDP 增长率的 91.19%，近似得到 2011 年后扶养比每年上升 0.8% 所导致的人均 GDP 增长率的下滑为 0.084%。

根据上述假定，我们得到如下预测结果（见表 5）。

表 5　　2010 年后中国人均 GDP 及 GDP 增长率预测

年份	中国大陆人均 GDP（国际元）	中国大陆人均 GDP 增长率（%）	平均 5 年人均 GDP 复合增长率（%）	美国人均 GDP（国际元）	美国人均 GDP 复合增长率（%）	中国大陆人均 GDP 相对美国百分比（%）
2010	7129.74	9.37	10.08	41376.08	2.41	17.23
2011	7737.91	8.53		42178.78	1.94	18.35
2012	8391.45	8.45		42997.04	1.94	19.52
2013	9093.14	8.36	8.32	43831.19	1.94	20.75
2014	9845.87	8.28		44681.51	1.94	22.04
2015	10652.64	8.19		45548.33	1.94	23.39
2016	11516.57	8.11		46431.97	1.94	24.80
2017	12440.89	8.03		47332.75	1.94	26.28
2018	13409.93	7.79	7.67	48251.01	1.94	27.79
2019	14422.08	7.55		49187.08	1.94	29.32
2020	15475.34	7.30		50141.31	1.94	30.86
2021	16567.34	7.06		51114.05	1.94	32.41
2022	17695.32	6.81		52105.66	1.94	33.96
2023	18856.28	6.56	6.44	53116.51	1.94	35.50
2024	20046.97	6.31		54146.97	1.94	37.02
2025	21263.97	6.07		55197.42	1.94	38.52
2026	22503.82	5.83		56268.25	1.94	39.99
2027	23763.02	5.60		57359.85	1.94	41.43
2028	25038.15	5.37	5.26	58472.64	1.94	42.82
2029	26325.92	5.14		59607.00	1.94	44.17
2030	27623.26	4.93		60763.38	1.94	45.46

续表

年份	中国大陆人均 GDP（国际元）	中国大陆人均 GDP 增长率（％）	平均5年人均 GDP 复合增长率（％）	美国人均 GDP（国际元）	美国人均 GDP 复合增长率（％）	中国大陆人均 GDP 相对美国百分比（％）
2031	28927.31	4.72		61942.19	1.94	46.70
2032	30235.52	4.52		63143.87	1.94	47.88
2033	31545.67	4.33	4.25	64368.86	1.94	49.01
2034	32855.84	4.15		65617.62	1.94	50.07
2035	34164.50	3.98		66890.60	1.94	51.08
2036	35470.43	3.82		68188.27	1.94	52.02
2037	36772.75	3.67		69511.13	1.94	52.90
2038	38070.89	3.53	3.47	70859.64	1.94	53.73
2039	39364.60	3.40		72234.32	1.94	54.50
2040	40653.86	3.28		73635.67	1.94	55.21
2041	41938.92	3.16		75064.20	1.94	55.87
2042	43220.23	3.06		76520.44	1.94	56.48
2043	44498.42	2.96	2.92	78004.94	1.94	57.05
2044	45774.28	2.87		79518.24	1.94	57.56
2045	47048.72	2.78		81060.89	1.94	58.04
2046	48322.75	2.71		82633.47	1.94	58.48
2047	49597.48	2.64		84236.56	1.94	58.88
2048	50874.06	2.57	2.55	85870.75	1.94	59.24
2049	52153.70	2.52		87536.64	1.94	59.58
2050	53437.63	2.46		89234.85	1.94	59.88

根据以上预测结果，中国大陆2017年人均GDP将突破12000国际元，为12440.89国际元，到达一般的后发优势经济体结构性减速的时间点；在2013年达到美国人均GDP约21％的水平，也即日本在1950年时相对于美国的水平；在2029年跨越人均GDP 26000国际元，也即达到2010年韩国人均GDP水平；在2030年达到美国人均GDP 45％左右的水平，进入较低门槛的高收入经济体行列；到2050年，中国人均GDP约为美国的60％，刚刚跨入高收入经济体的较高门槛——美国人均GDP的60％。

假定我国的人口年平均增长速度为0.5%左右，那就意味着我国"十二五"期间（2011—2015年）的潜在经济增速约为8.8%，"十三五"时期（2016—2020年）约为8.2%，2021—2025年约为6.9%，2026—2030年约为5.8%。越往后，增速越低。

五 对预测数据的评价

根据国家统计局公布的数据，一方面，我国人口总扶养比在2010年确实达到最低点的34.2%，然后开始上升，2011年上升为34.4%，2012年又上升到34.9%，但是上升的速度低于联合国估计的年均0.8%。另一方面，我国2011年的人均GDP增长率为8.8%，2012年为7.1%，2011年、2012年我国经济增速下滑的幅度要大于本文模型所预测的下降幅度。我国政府的稳增长目标是年均GDP增长7.5%，也即人均增长7%左右，较前几年出现了较大幅度的下滑，学术界普遍认为这是我国潜在经济增长率的近似值。也就是说，学术界对我国潜在经济增长率的估计要低于本文的预测值。相较于前几年，很多学者似乎对我国结构性增速下滑的时间窗口的估计大大提前了。

当然，也不是所有的学者都认为当前我国经济增速的下滑属于潜在经济增长率的下滑。林毅夫、李稻葵[①]等人就坚持认为，我国经济增长率的下滑，其主要原因并不能归结于潜在经济增速的下滑，而是主要源于周期性因素以及不利的外部冲击。因为同一时期远低于中国目前发展水平、人口非常年轻、不大可能出现结构性减速的印度等国也出现了大幅度增速下滑，其下滑幅度比中国更大。在他们看来，当前中国经济增长率的下滑确实有一部分是结构性的因素，但结构性因素所造成的潜在经济增长率的下滑幅度应该很小，中国的潜在经济增长率不会比前十年出现较大幅度的下滑，在经过一段时间的周期性调整以及伴随着国际市场的复苏后，我国经济增长率必将出现反弹，恢复到8%—9%的增速水平上。而这与本文的模型预测基本相符。

另外，最近几年里中国的经济增速不到8%，似乎较大幅度地低于本

---

① 李稻葵：《中国经济增速为何下滑？》，2014，http：//ww. 21ccom. net/articles/dlpl/cjpl/2014/0402/103591. html。

文预测的 8.8% 左右的增速，但如果考虑到这几年人民币升值因素，以购买力平价衡量的经济增速很可能与本文的预测十分接近。

另一个需要注意的问题是，根据国际经验，结构性经济很少会平滑减速。在绝大多数情形下，往往是在面临较为不利的外部冲击之下，经济增速突然出现较大幅度的下滑，下滑达 2% 以上，甚至更为剧烈。本文计量的对于美国人均 GDP 每上升 1%，人均 GDP 潜在增长率下降 0.16%，是长期平均的结果。另外，如果前一时期实际经济增速对于预测增速较高的话，下一个时期的经济增速相对于预测增速就会相对较高，反之亦然。总之，实际经济增速的下降历程并非平滑的。

根据本文的预测，从中国人均 GDP 相对美国的百分比在 2013 年达到日本 1950 年的水平（约 21%）后，中国大约要用 37 年的时间来达到美国相对收入的 60%。这个时间较大幅度地高于日本的 19 年，也高于韩国与中国台湾所花费的约 30 年，这与本文的理论预测相符。也即更加后起的后发优势国家要花费更多的时间来完成相同幅度的相对收入差距的追赶。中国人均 GDP 从 12000 国际元左右（2017 年）到 26000 国际元左右（2029 年）大约需花 12 年，少于中国台湾与韩国近似的绝对收入增长幅度所花费的 16 年与 19 年，甚至少于具有小型城市经济体与国际自由港的特殊优势的新加坡所花费的 13—14 年。这也与本文的理论假说相一致，也即更加后起的后发优势国家在达到 12000 国际元的结构性减速之后，其经济增长速度要比较早时期的国家同一阶段的经济增速更快。

根据本文的预测，到 2050 年中国完全跨入高收入国家行列，达到美国人均 GDP 60% 的时候，中国的经济增速将会与美国非常接近。这也就意味着，美国人均 GDP 的 60% 多一点很可能是中国追赶美国经济的天花板。这听起来令人沮丧，但如果考虑到我国相对较差的资源禀赋，异常庞大的人口基数，以及其他发达国家的追赶成果，这其实是一个相当了不起的成就了。由于本文的参考对象是二战后后发优势追赶国家中的最好样板，这个估计结果甚至可以说是中国中长期可能达到的最佳结果。

新马克思主义女权理论与
当代中国社会再生产问题

董一格[*]

新世纪以来,英语学术界兴起中华人民共和国史研究热潮。以社会史、文化史学家为主的研究者提出运用"草根""日常生活"等概念勾勒早期共和国的形态,研究旨趣趋于微观,注重呈现历史主体、能动性等等。面对这些新材料与发现,历史社会学者如何参与对话,并在此基础上建构新的理论?本文以国史研究中的性别问题为重点,梳理自20世纪70年代以来这个领域的研究成果、理论流变,并分析社会史路径、"交叉性"理论等在研究早期共和国的性别机制上的局限。本文提出,当代马克思主义—女权主义理论中的"社会再生产"概念有潜力成为这个领域的一种新范式,对历史过程做出结构与能动性兼顾的分析。

一 英文学界关于中国社会主义时期妇女/性别研究的现状[①]

中国社会主义时期(1949—1976)的性别政策以恩格斯的妇女理论为基础,通过消灭私有制、组织妇女参与生产劳动、立法削弱家庭父权等途径,提高妇女社会地位,争取男女平等。在60年代的全球左翼激进政治想象中,这种模式的妇女解放一度被视为世界女权运动的范例。20世纪70年代末以来,随着社会主义体制的市场化转型,中国重新与世界资本主义体系对接。抱着对社会主义中国性别制度的向往和好奇,一批西方女权主义学者纷纷来访中国,对相关问题进行经验研究。这些研究成果在七八

---

[*] 原文发表于《清华社会学评论》第8期。董一格系美国约翰·霍普金斯大学社会学博士,纽约州立大学布法罗分校社会学与全球性别研究助理教授。

[①] 文中对"中国研究领域"的定义,除做特殊说明外,均指英文学术文献。

十年代陆续出版,成为定义"社会主义中国妇女、性别问题"这个领域的基础性文献。

虽然经验材料各有侧重,情感色彩有别,但这些研究对中国社会主义性别政治的评价基本趋同——总体来说,中国妇女解放,是有着深刻局限性的,并没有使得中国社会完全达到性别平等。其中最具代表性的是Stacey 和 Johnson 的专著①,尤其是 Stacey 提出了"父权社会主义"这个概念来解释性别不平等的延续。她的观点是,社会主义中国是一种不同于资本主义的父权体制,这个体制运作的关键在于,作为革命党的中共在发动农民群众参与革命的时候,向农村的父权意识形态做了妥协,保留了党内父权的绝对权力,这样的体制在 1949 年之后继续延续,没有受到本质的挑战。

于是,在这一批学者眼中,中国妇女革命是一场"未完成的解放"或者"延迟的革命"②。这种结论,一方面认真对待中国共产主义革命在妇女解放方面的诸多努力,但另一方面,又对它的方法和效果进行了否定。需要指出的是,70 年代末 80 年代初,西方社会刚刚经历了女权主义运动的"第二波",妇女大量走出家庭、进入职场,学界女权高涨,在性别平等方面,取得了很大的进步。她们对同时期中国的评估,或多或少是以自己所处社会为参照系的。同时,如王玲珍指出的,这一时期西方文献对中国社会主义革命中的妇女问题的分析,不论是自由主义女权,还是激进女权主义,都受冷战意识形态的影响,站在第一世界的立场上,衡量中国革命及其妇女地位。③ 尽管程度不同,他们都有意或无意地达成了一个共识,即如果一个社会没有像西方资产阶级女权主义那样出现完全独立于建制的女权运动,则说明女权力量不彰。而像中国社会主义革命中形成的国家女权主义,在这样的标准下,不再是令人激动的样板,而成为全球发展与性别

---

① Judith Stacey, *Patriarchy and Socialist Revolution in China*, Berkeley: University of California Press, 1983. Kay Ann Johnson, *Women, the Family and Peasant Revolution in China*, Chicago: University of Chicago Press, 1983.

② Phyllis Andors, *The Unfinished Liberation of Chinese Women, 1949 – 1980*, Bloomington: Indiana University Press, 1983. Margery Wolf, *Revolution Postponed: Women in Contemporary China*, Stanford: Stanford University Press, 1985.

③ Lingzhen Wang, "Wang Ping and Women's Cinema in Socialist China: Institutional Practice, Feminist Cultures, and Embedded Authorship," *Signs*, 40 (3), 2015, pp. 589 – 622.

平等视野下的失败案例。①

20世纪90年代以来，随着后社会主义转型趋于完成，"社会主义中国"逐渐进入历史研究视野，对早期中华人民共和国的经验研究逐渐从由社会学、政治学主导，变为由历史学家主导。同一时期，在西方学界后现代史学理论兴起、文化转向的影响下，修正主义史学成为主流，对国史研究有深远的影响。大致在2000年以后，国史研究进入了知识生产的繁盛期，并在近十年里达到一个高潮。大量地方性档案、非正式出版物、口述访谈资料等被挖掘、使用，充实了我们对社会主义时期日常生活经验、社会文化的理解。

这些研究打破既有学术话语中"宏大叙事"的笼罩，注重个体经验的复杂性和独特性，强调个人或群体的"能动性"以及他们对历史过程走向的形塑作用。这是对早期由结构功能主义主导的社会科学分析忽略基层经验、忽略个体和历史过程偶发性的必要修正。

这一批研究至少从两个层面推进了国史研究。第一，新的研究试图打破早前对社会主义体制的笼统认识——"社会主义中国"是一个内在高度一致的、有着自主意志的实体，对社会有着无处不在的严密控制。这些论断在今天看来似乎不难觉察，但需要很多实证性专题研究和理论性的再阐释，才能慢慢改变冷战背景下遗留的偏见或简单化解读。

第二，新一批国史研究也是对上一代同情中国革命的西方左翼学者的研究的修正或深化。早期左翼学者多少都认可或者试图带有同情心地理解中国革命的目标和正当性。② 但是他们大多认为革命带来的结果是吊诡的——他们试图用社会学、政治学的理论来解释为什么这些为实现社会平等而发动的运动不能达到满意的结果甚至出现南辕北辙的结果；为什么指向平等的政策却加剧了不平等。如后文所述，最近的一些研究继续追问这些问题，更多地把分析重点从高层政治转移到社会层面，并有条件地利用更多的一手材料，使得论述更加扎实、立体，并注意在中国经验与社会理

---

① 但是这种想法在西方女权主义内部也做了修正。如Walby明确提出，主流化的、制度化的女权主义，也是女权主义；不一定要存在独立于国家、体制的运动。（见Sylvia Walby, *The Future of Feminism*, Cambridge, UK: Polity, 2011.）

② Franz Schurmann, *Ideology and Organization in Communist China*, Berkeley: University of California Press, 1966. Maurice Meisner, *Mao's China and After: A History of the People's Republic*, New York: The Free Press, 1977.

论之间进行有机的对话。①

在这些研究中，既有直接以妇女经验、性别、性与家庭制度为主要议题的专著②，也有侧重于其他社会、文化层面的课题；后者中的一部分与性别研究视角在逻辑上有一定的同构性，可以互相启发。它们的出现为我们理解以往研究中缺失的妇女（尤其是基层妇女）经验提供了直接的信息，使我们意识到，妇女是社会主义时期重要而不可或缺的组成部分；同时，这些研究也提示我们性别作为一个历史分析范畴，对我们更深刻地理解、反思社会主义体制大有帮助。

上述国史研究的新动向可以放置在西方学术界的整体语境变化中加以理解。这些变化可以概括为"两个 Scott"视角。第一个 Scott 视角代表的是政治学、人类学家 James Scott 的理论。③ 这一视角的聚焦点，是特定国家—社会关系下的底层政治。Scott 强调，即使是在所谓的极权社会里，也有很多权力不能渗透到基层；权力虽然有它的塑造社会的意志，但是底层的受苦人总是有自己的智慧、自己的行动逻辑，去消解、转化、重新解读权力的意义。不能假定存在一个整合的、统一的国家意志可以塑造和操控这个社会的所有人。这种视角在国史研究领域里，对应着新近出版的一批基层、草根研究。例如，在一部有代表性的合集中，Brown 与 Johnson 认为，可以把日常生活（everyday life）当作一种新的范式来研究社会主义时

---

① Joel Andreas, *Rise of the Red Engineers: The Cultural Revolution and the Origins of China's New Class*, Stanford: Stanford University Press, 2009. Andrew Walder, *Fractured Rebellion: The Beijing Red Guard Movement*, Cambridge, MA: Harvard University Press, 2009. Nara Dillon, *Radical Inequalities: China's Revolutionary Welfare State in Comparative Perspective*, Cambridge, MA: Harvard University Asia Center, 2015.

② Lisa Rofel, *Other Modernities: Gendered Yearnings in China after Socialism*, Berkeley: University of California Press, 1999. Neil J. Diamant, *Revolutionizing the Family: Politics, Love, and Divorce in Urban and Rural China, 1949–1968*, Berkeley: University of California Press, 2000. Yunxiang Yan, *Private Life under Socialism: Love, Lntimacy, and Family Change in a Chinese Village, 1949–1999*, Stanford: Stanford University Press, 2003. Kimberley E. Manning, "The Gendered Politics of Woman-work: Rethinking Radicalism in the Great Leap Forward," *Modern China*, 32 (3), 2006, pp. 349–384. Zheng Wang, *Finding Women in the State: A Socialist Feminist Revolution in the People's Republic of China, 1949–1964*, Berkeley: University of California Press, 2016.

③ James C. Scott, *Domination and the Arts of Resistance: Hidden Transcripts*, New Haven: Yale university Press, 1990. James C. Scott, *Seeing Like a State: How Certain Schemes to Improve the Human Condition Have Failed*, New Haven: Yale University Press, 1998.

期的中国社会。①

另外一个 Scott 视角指的是社会文化史学家 Joan Scott。1986 年，Joan Scott 在《美国历史学评论》上发表的文章《社会性别作为一个有用的历史分析范畴》对整个史学界都产生了深远的影响。② 她提出，妇女史、性别史的研究者的使命不单单是发现妇女在哪里、看见妇女的在场，更重要的是把性别制度看成是一种权力运作系统，把性别关系看成是关键而又无所不在的权力关系模式。性别学者应该从这样的角度分析具体的历史过程，尤其是在文化史、社会史领域。

近十年来国史研究中聚焦妇女与性别议题的学术成果，对以上两种视角所代表的研究路径转向都有所呼应。例如，在中文读者中颇具影响力的贺萧的著作《记忆的性别》研究的是社会主义集体化时期的农村妇女生活，该书以大量口述史为主，从题材来说是一部典型的底层研究。③ 但是，该书不是止步于呈现妇女日常生活本身，而是把社会性别作为分析的核心范畴，用以剖析集体化时期的权力秩序：中央政府发起的运动对集体化时期基层农村妇女的生活并没有统一、匀质、持续的穿透力。妇女对国家动员有着基于地方生活和性别经验的替代性理解，与公共政治话语并不一致；她们对于集体化时期的记忆，也带有明显的性别化特征。而即便在国家动员妇女广泛参与公领域劳动的高潮时期，一些性别隔离的意识形态和性别化的劳动分工，仍然保留下来了。

这里要强调，在新近的国史研究中，不是每个研究者都显性地运用这两个视角，更不是说只有这两个学者所代表的论述有影响力。应该说，国史研究领域的发展动向和这两种论述的产生，都是在修正史学兴起这一大的背景下产生的。修正史学研究更倾向于强调历史主体的能动性，指出个体对权力结构有反抗和重塑的可能——这些是对过往结构功能主义视角的纠正，在一定语境下具有革命性的意义。但修正史学有时片面强调能动性而忽略宏观结构，放弃对历史过程中因果关系的追问，使得一些研究有碎

---

① Jeremy Brown, Matthew Johnson (eds.), *Maoism at the Grassroots: Everyday Life in China's Era of High Socialism*, Cambridge: Harvard University Press, 2015.

② Joan W. Scott, "Gender: A Useful Category of Historical Analysis," *The American Historical Review*, 91 (5), 1986, pp. 1053–75.

③ Gail Hershatter, *The Gender of Memory: Rural Women and China's Collective Past*, Berkeley: University of California Press, 2011.

片化、特殊化、反理论化的倾向，与社会学者的理论建构旨趣之间存在张力。

笔者认为，近期的国史研究在如何解读性别问题上，最具有理论启发性的是这样一种视角：研究者分析的重点，应该从党—国的权力核心转移到政治或社会文化的边缘地带，应该注意对能动性和偶发性的分析，但这不等于放弃对因果关系和结构的考察。我们要追问的不光是权力如何形塑社会，还应考察权力结构内部是否存在多重逻辑，它们彼此间是否矛盾、互斥？权力是如何实体化的？它们又是如何被各种不一样的主体所理解、阐释、再造，从而形塑了后来的历史过程？例如，历史人类学学者吴一庆把"文化大革命"的问题放置在"中心—边缘"这一视野下，论证并不存在一个来自中央的、同质化的、前后一致的关于"阶级"的议程；相反，是处于体制边缘的各种群体、个体对权力符号的解读、阐发和回应，打开了超越中心掌控的政治议程，并带来了无法企及的结果。[①] 徐晓宏最近的相关研究提出，用领袖的个人意图或政治精英内部的路线斗争来解释历史结果，带有很强的目的论色彩，忽略了群众在面对既有意识形态结构中的矛盾时所做的"辩证性斗争"对历史过程产生的影响。[②]

上述研究路径在一些关于社会主义时期的性别研究中可以找到对应。与80年代研究社会主义中国妇女问题学者的预设不同，新近的文献强调所谓的社会主义父权国家并非铁板一块，它并没有一个前后一致的、统摄性的性别议程。如Manning的研究显示，在动员妇女群众的过程里，马克思主义—母职主义和地方激进路线互相矛盾，而地方干部和妇女个体的能动性则影响了具体动员结果。王政的《在国家中找寻妇女》讲述了陈波儿、夏衍等女权主义文化精英以及作为国家女权主义的实体化组织的妇联系统，是如何在与党中央的互动中，形塑了早期共和国的性别政治图景。[③] 在这里，国家女权主义者既是"中心里的边缘"，又是处于社会边缘的妇女们的"核心"，他们在有限的政治空间中发挥能动性，在中国的社会性别秩序改造中起到了关键作用。

---

① Yiching Wu, *The Cultural Revolution at the Margins: Chinese Socialism in Crisis*, Cambridge: Harvard University Press, 2014.

② Xiaohong Xu, "Dialogic Struggle in the Becoming of the Cultural Revolution: Between Elite Conflict and Mass Mobilization," *Critical Historical Studies*, 4 (2), 2017, pp. 209-84.

③ Wang, "Finding Women in the State," 2016.

遗憾的是，到目前为止，"文化大革命"研究和社会主义时期性别研究的学者之间的对话还未充分展开，这两个领域的理论潜力如何互相激发，尚待观察。另外，这两方面的研究目前处理的结构性问题，都是政治、意识形态和社会运动层面的，对社会主义时期的性别秩序所嵌入的政治经济结构（political economy）的考察比较欠缺。就这个问题，本文第二部分，将分析两种应对的可能：第一，与"交叉性"理论的整合；第二，重启马克思主义—女权主义理论。

二 国史性别研究的新思路："交叉性"理论与马克思主义—女权主义理论

笔者认为，在以上研究的基础上，国史研究的性别领域要继续有所突破，在当下需要注重两个问题。一个是如何回应"交叉性"理论的持续影响力，另一个是如何理解西方马克思主义—女权主义最近围绕"社会再生产理论"的复兴。

从20世纪80年代开始，经过民权运动洗礼的西方自由主义女权主义，开始注意吸收、融合以黑人妇女抗争经验为理论资源的"交叉性"（intersectionality）理念，注重种族、公民身份、阶层等多重压迫机制与父权制共同作用的结果。[1] 正如王玲珍所指出的，同时期的中国研究领域，对于这种交叉性的吸收很少见。当时的英文学界普遍认为，中国社会主义时期过于注重"阶级"政治而忽略性别议程，是"性别的橡皮擦"；[2] 相关性别研究倾向于重现妇女的性别特殊体验，强化了以性别作为单一分析范畴的研究范式。

交叉性理论强调受压迫者的经验是多重压迫机制互动的结果，认为不可以将这些特殊经验简单化约为种族、性别和阶层压迫的机械叠加。近期，在文学界中，苏熠慧对交叉性理论进行了系统的梳理，提出了"时空

---

[1] Patricia H. Collins, *Black Feminist Thought: Knowledge, Consciousness, and the Politics of Empowerment*, Boston: Unwin Hyman, 1990. Kimberle Crenshaw, "Mapping the Margins: Intersectionality, Identity Politics, and Violence against Women of Color," *Stanford Law Review*, 43, 1991, pp. 1241 – 99.

[2] Mayfair Yang, "From Gender Erasure to Gender Difference: State Feminism, Consumer Sexuality, and Women's Public Sphere in China," in Mayfair Yang (ed.), *Spaces of Their Own: Women's Public Sphere in Transnational China*, Minneapolis: University of Minnesota Press, 1999, pp. 35 – 67.

交叉性"的概念，并将之运用于分析社会主义—市场经济转型前后的性别问题。① 不过，苏熠慧也提醒道，"交叉性"理论的发展，是基于自由资本主义的国家—社会关系语境，针对其社会内部的边缘群体（黑人妇女）所做的一种政治性论述，而这一语境与中国社会主义时期完全不同。

笔者认为，从根本上说，"交叉性"理论是一种在西方后工业社会产生的理论。它解释的是在一种相对稳定的社会体制下，不同的权力运作是如何对社会不平等进行延续和再造的。但是这个理论对社会变迁的解释力甚微，无法阐明在一个急剧动荡的社会里，对性别有形塑作用的诸权力是如何结构和重构的，被压迫者又是如何抗争或者与不同权力博弈，从而改变自身在社会中的地位或者丧失了一些斗争成果的。而这些情况都是在中国社会主义革命前后发生过并需要解释清楚的。如果想更深刻地理解中国妇女在动荡的20世纪的种种经验和变化，我们的理论视角必须可以处理社会变迁和权力的颠覆等问题，而非仅仅针对压迫的持续性。

以下，笔者将论述马克思主义—女权主义作为一种理论资源，在这个领域的研究潜力。马克思主义—女权主义作为20世纪六七十年代左翼与女权运动结合的产物，曾经提供了最有力的对资本主义父权制度的批判，影响深广。但是在那一时期，西方马克思主义阵营的主流仍是性别盲视的，他们要么对性别议题忽略不谈，要么机械地将其还原为一种阶级压迫的表现形式。这种经典马克思主义的观点，被理解为一种统一论或阶级一元论，并遭到更为激进的女权理论的挑战。

不满于对性别压迫机制简单、无效的论述，从70年代后期开始，一些马克思主义—女权主义者走向激进女权阵营，宣称马克思主义与女权主义的结合，不过是一场"不幸福的婚姻"。② Rubin 提出性别压迫的根源，不在于资本主义制度，而是比资本主义历史还要深远的、伴随着父权社会的"性/性别制度"（sex/gender system）。③ 在这个制度里，女人从根本上

---

① 苏熠慧：《"交叉性"流派的观点、方法及其对中国性别社会学的启发》，《社会学研究》2016年第4期。

② Heidi Hartmann, "The Unhappy Marriage of Marxism and Feminism: Towards a More Progressive Union," *Capital & Class*, 3 (2), 1979, pp. 1–33.

③ Gayle Rubin, "The Traffic in Women: Notes on the 'Political Economy' of Sex," in R. R. Reiter (ed.), *Toward an Anthropology of Women*, New York: Monthly Review Press, 1975, pp. 157–210.

被视为家族繁衍所需的性资源,被家族男性成员以"礼物"的形式在不同氏族之间或内部进行交换。类似地,Hartmann 批评马克思主义的阶级决定论色彩,指出父权制度是先于资本主义制度出现的、独立于资本主义积累方式的统治形式。只不过在农耕社会和资本主义工业化社会,父权制有着不同的表现形式,也反过来配合阶级的压迫。到 80 年代初,这样一种论点逐渐形成了 dual system theory(二元系统论)。①

我们可以发现,二元系统论其实对 20 世纪 80 年代出版的关于社会主义中国的性别研究成果影响很大。② 如前文所述,Stacey 和 Johnson 研究的核心问题是:为什么许诺了男女平等的社会主义革命却没有带来真正的平等。她们忽略的问题是,到目前为止,尚没有一个社会是完全消除了父权制度的影响的,更遑论几十年前了。当她们试图回答这个设问的时候,就很容易把原因归结为中国传统农民社会或家庭制度的文化问题。这种社会主义—父权的二元分析与资本主义—父权的二元范式是平行对照的。但其实这类观点的解释力较具局限性,因为它基本上是用"父权制"的顽固来解释性别不平等的继续——这是一种循环论证。

虽然在西方马克思主义—女权主义内部,究竟应该用阶级一元论、阶级—性别二元论,还是阶级—性别—种族三元理论,来处理社会不平等问题,并没有达成一致,但是论战的炮火一直指向统一论的功能主义预设和生物决定论。因此,在 20 世纪 80 年代后结构主义转向的关键时刻,统一论就被抛弃了,而一元论中所蕴含的一些有理论潜力的概念(后文会重点分析),也没有得到完全的发展。到了 90 年代,马克思主义政治经济学在西方整体退潮,马克思主义女权主义式微,这方面的辩论也渐渐偃旗息鼓,只在很小的范围里继续进行。

三 马克思主义—女权主义"社会再生产"理论的复兴

在近十年里,当新自由主义模式所代表的资本主义进入新一轮总体

---

① Sue Ferguson, "Building on the Strengths of the Socialist Feminist Tradition," *Critical Sociology* 25 (1), 1999, pp. 1-15.
② 到了 20 世纪 90 年代,Walby 等人又把它发展为三元系统论(triple system theory),以把种族也囊括在相关分析里。(见 Sylvia Walby, *Theorizing Patriarchy*, Cambridge: Basil Blackwell, 1990.)

性危机的时候，西方社会理论家开始重新对危机、变迁、政治经济学本身感兴趣。"社会主义"这个多年来在美国主流话语里讳莫如深的词，被民主党竞选人桑德斯激活，马克思主义在学界重新获得一种合法性。而这一次，经过了早前论战洗礼的马克思主义—女权主义者，变得更具有自觉意识，主动地将女权主义视角的政治经济学分析，带入讨论的核心地带。在新的讨论场域中，"社会再生产"成为一个重要的分析范畴。

"社会再生产"理论在今天的整合其实还没有完成。这里初步提出当下讨论中所涉及的三个马克思主义内部的理论资源。首先是马克思在《资本论》第一卷中对"再生产"的表述："再生产"不单单是简单再生产——商品生产过程的持续，也是通过剩余价值的不断积累实现的扩大再生产，更是资本主义生产关系本身的再生产——资本家阶级和工人阶级的不断延续。这是后来不同理论家展开论证的基础。①

其次是劳工社会学家在分析中包括的劳动力的再生产，这也可以分三个层面，即工人个体的日常再生产（指维持基本生存的一系列消费和其他行为），劳工的代际再生产，以及工人阶级的再生产（意识形态和各种制度，如国家、家庭、学校等）。但是起源于第二波女权主义之前的经典劳工社会学在考察劳动力的再生产的时候，甚少有性别意识的自觉，一般研究预设，家庭是劳动力日常和代际再生产的场所，但不会进一步追究家庭内部性别的劳动分工的形成。经典马克思理论认为，资本家榨取工人的剩余价值的奥秘，就在于在一个工人一天内进行日常再生产所需成本（即工资）不变的情况下，延长劳动时间。但对于劳动力的代际再生产，经典马克思理论却没有加以充分论证，而是把人的再生产看作和自然一样的"免费的礼物"，是外在于资本积累系统的。也就是说，劳动力的再生产在劳工社会学里，往往被看成是外在于生产体制的给定条件，而不是一个需要解释和分析的历史对象。

最后是理论资源，这也是本文讨论的重点，即马克思主义—女权阵营

---

① 马克思之后最有影响力的"再生产"理论来自阿尔都塞对意识形态国家机器的讨论，这对包括布迪厄、巴特勒等在内的社会理论家的影响很大，也影响了之后的马克思主义女权主义理论。（见 Louis Althusser, *On the Reproduction of Capitalism: Ideology and Ideological State Apparatuses*, New York: Verso Books, 2014.）

对"社会再生产"理论的讨论和发展。① 一方面，同样从马克思主义的统一论角度出发，但和劳工社会学不一样，女权主义关于社会再生产的讨论带有强烈的性别意识，其核心问题是如何通过发展马克思主义的基础概念和方法，对性别不平等提出一个令人信服的解释，而不仅仅是解构性别文化。

另一方面，"社会再生产"理论批判传统马克思主义中的生物决定论和经济还原论。② 她们认为，资本主义社会中性别不平等的物质基础，不是外在于资本主义体系的、非历史性的"父权"，而是社会再生产领域（人类物质生活的日常维持、代际更替，以及社会人之间的情感联结和彼此照料）特定的劳动分工，也包括生产和再生产领域边界的划分。这些边界的划分，在资本主义历史内部，不是一成不变的，而是政治性的、斗争的结果，Fraser 称之为"边界斗争"（boundary struggles）。③ 另外，除了性别的逻辑外，种族、公民身份、宗教信仰等其他差异也可以为不同主体所用，以合理化再生产的分工，且具体的划分是动态的、与群体的主体性和能动性相关的、具有一定偶发性的过程。

从这个角度对资本主义再生产政治的历史流变所作的最有说服力的阐释，是 Fraser 对资本主义内部社会再生产体制的总结。④ Fraser 强调资本主义从 19 世纪发展到现在经历了三个大的阶段，即从工业资本主义到福利国家资本主义，再到新自由主义；而这三个阶段则对应着三种不一样的劳动力再生产方式。由此可见，同样是在资本主义内部，再生产不是一个一成不变的东西，而是在男性主导的资本、国家、劳工运动三种不同力量的

---

① 受马克思主义影响的女权主义思潮内部大概还有三个分支。由于"马克思主义"一词在美国受制于各种排挤和误解，20 世纪 70 年代有一批左翼女权主义者会选择用"社会主义女权主义"这个词。她们与马克思主义女权主义最大的不同是，反对传统马克思主义所被指责的"经济决定论"和功能主义，强调父权制本身是不能被生产方式所解释的。另外，90 年代以来，还有一批女权主义者自称"唯物女权主义"，她们在很大程度上与马克思主义女权主义者分享理论的预设，但受阿尔都塞的影响，强调意识形态通过物质基础对性别制度的影响。（见 Martha Gimenez, "What's Material about Materialist Feminism? A Marxist Feminist Critique," *Radical Philosophy*, 101, 2000, pp. 18 – 28.）

② Cinzia Arruzza, "Functionalist, Determinist, Reductionist: Social Reproduction Feminism and Its Critics," *Science & Society* 80 (1), 2016, pp. 9 – 30.

③ Nancy Fraser, "Behind Marx's Hidden Abode: For An Expanded Conception of Capitalism," *New Left Review*, 86, 2014, pp. 55 – 72.

④ Nancy Fraser, *Fortunes of Feminism: From State-Managed Capitalism to Neoliberal Crisis*, New York: Verso Books, 2013.

运作下，在不同的时期产生了不同的具体形态。

在工业资本主义时期，社会再生产有着非常强的阶级分化。资产阶级的女性往往不能参与公领域的政治经济活动，但是在劳工阶层，妇女却一直承担着非常重的工业生产和家庭再生产的双重任务。而那个时候工人阶级的未成年子女，也很难享受所谓快乐无忧的童年，而是要在很小的年龄就去厂矿做童工。这样的再生产模式其实很难稳定延续，导致了劳工家庭的生活危机，并成为劳工运动的一个动因。到19世纪末，资产阶级女权斗争兴起，她们要求获得和男性一样在公领域的平等权利；同时，她们也积极主导公共福利主义以覆盖底层再生产的成本，呼吁国家给予劳工阶级的女性和儿童更多的保护。[1] 到了20世纪，劳工运动的压力使得资本家和国家做出了退让，于是才有了二战后福利资本主义的兴起。

福利资本主义在再生产领域的一个反映，就是家庭—工资制（family-wage）的崛起。家庭—工资制的基础是福特主义式的高福利、高消费工作制度。20世纪五六十年代，美国经济极速发展，国家通过增加福利、收入的方式，刺激国内消费。在福特公司的一个男性工人一年的工资就买得起一部福特汽车，并且可以保证太太不上班，也过着宽裕的生活。结果就是，虽然在二战时期大量的劳工阶层还有中产阶级的女性都到军工厂去工作，支援前线，但是到了战后，男性退伍回到工厂，而女人则被请回了家庭，刚好她们丈夫的工资可以负担得起她们做全职太太的家庭开支了。这是社会再生产体制的第一次大转变。

在"家庭—工资"制崛起之前的自由资本主义再生产危机中，资本虽然表面上承担了劳动力日常再生产的成本，但其实这其中性别化的再生产劳动却没有得到经济上的承认；事实上是劳动妇女的再生产劳动被无偿征用了。在福利资本主义下的"家庭—工资"模式中，企业实质上通过向丈夫支付高工资的形式，承担了一部分家庭再生产劳动成本，而另一部分劳动力的再生产（包括教育、医疗），则由福利国家所承担。由于企业对再生产成本有一定承担，Fraser将福特主义所代表的资本主义，称为"国家管理下的资本主义"（state-managed capitalism）。但其实在这两种模式中，劳动力代际再生产的责任主体，都不是企业所代表的资本。

---

[1] Theda Skocpol, *Protecting Soldiers and Mothers: The Political Origins of Social Policy in United States*, Cambridge: Harvard University Press, 1995.

从性别政治的角度说，资本主义父权制的巅峰，就是二战后福特主义时期家庭—工资制度盛行的时候。彼时美国绝大多数白人都会进入异性恋婚姻，遵从男主外—女主内的模式，强化女性在私领域里的角色。① 这种保守主义家庭模式直到 60 年代才开始受到质疑，并揭开了第二波女权主义的序幕。

社会再生产体制的第二次大转变，是在 20 世纪 70 年代。彼时，第二波女权运动崛起，西方白人中产阶级的家庭主妇走出家庭，大多数参与了劳动力市场（从 60 年代到现在，美国妇女劳动力市场参与率从不足 40% 增长到 70% 以上），再生产的主要模式变成了"双职工"（dual-earner）制。但与此同时，国家管控的资本制度瓦解和新自由主义时代到来——一方面，在全球北方，代表劳工阶级利益的工会力量衰落了；另一方面，全球化和金融化制造出了全球金融精英阶层——与阶级差异急剧扩大同时发生的是受到女权主义启迪的一批精英女性在职场上取得前所未有的成就。虽然目前并没有定论是不是女权主义"助长"了新自由主义的气焰，② 但客观上，精英女性是通过外包再生产劳动和新科技（如冻卵和先进的挤奶器）的形式，③ 实现了她们的所谓工作—家庭平衡。而这样的后果就是强化了建立在对第三世界和有色人种女性剥削上的全球照料链（global care chain），也更加固化了全球北方社会内部的阶级鸿沟。

在这一观察的基础上，Fraser 论断，现在全球资本主义正在经历一场"照料危机"，而这场危机的最大受害者，则是那些全球北方的底层家庭和全球南方的大多数家庭。为了生存，这些家庭无论男女，都要外出工作，其中来自全球北方的底层女性（往往是有色人种和新移民），往往承担着低薪水、无保障的服务性工作；而来自全球南方的女性，要么是迁徙到全球北方国家做照料、服务性工作，要么是留在全球南方做类似工作或者在

---

① Andrew J. Cherlin, *The Marriage-Go-Round: The State of Marriage and the American Family Today*, New York: Knopf, 2009.

② 关于这方面的最新讨论，见 Nancy Fraser 与 Johanna Brenner 在 *Dissent* 杂志上的论战：Nancy Fraser, "The End of Progressive Neoliberalism," *Dissent*, 2017. https://www.dissentmagazine.org/online_articles/progressive-neoliberalism-reactionary-populism-nancy-fraser; Johanna Brenner, "There Was No Such Thing as 'Progressive Neoliberalism'," *Dissent*, 2017. https://www.dissentmagazine.org/online_articles/nancy-fraser-progressive-neoliberalism-social-movements-response.

③ Sarah Leonard and Nancy Fraser, "Capitalism's Crisis of Care," *Dissent*, 2017. https://www.dissentmagazine.org/article/nancy-fraser-interview-capitalism-crisis-of-care.

血汗工厂工作。底层家庭的自我劳动力再生产，无论是日常的情感维系、与社群的联结，还是对下一代的培育，都面临着严峻的危机。在照料危机存在的同时，北方的去工业化进程导致劳动非正规化，高度流动。传统的劳工社会学强调的斗争往往是发生在生产环节（point of production），建立在现代化的、集中的大生产之上；工人组织一场罢工可以对资本起到有力的制衡作用。但是，现在更多的人进入非正规领域就业，或者自雇佣，或者参与的是 Uber 这样的共享经济领域——工作形式正在变得去组织化、个体化。在这种情况下，传统的斗争场域渐渐沦丧。因此，再生产女权主义学者们认为，这一次面对危机，斗争的场域不再仅仅是"生产环节"和正规劳工组织。[1] 目前，对于新自由主义的抵抗，应该也正在渐渐地从生产领域的抗争转移到再生产空间的抵制。

广而言之，医疗、教育、住房都是社会再生产的一部分，这些领域在新自由主义时期都高度商品化、阶级化，积累了很多的社会不满。尤其是在 2008 年金融危机以后，全球北方各个国家开始福利紧缩政策，推行社会再生产的私有化、商品化，使得普通人面对极大的再生产性生存压力。另外，再生产领域劳动力的跨国流动性很强，比如说在照料这个问题上，如前所述，已经形成了一个东南亚国家向发达地区输出家庭佣人的全球照料链，这使得国家之间、阶级之间，存在着很强的基于再生产的依赖性，互相牵制。在这样的情况下，再生产领域很可能成为一个有突破性的劳工斗争场域，对其的理论化也能扩大劳工研究的视野。

结论：新视角下中国社会主义经验的意义

总结来看，"社会再生产"女权理论在当下语境中的意义，是帮助我们重新探索一种结构性和能动性兼顾的、对社会变迁有解释力的社会理论。这并非一蹴而就的事情，但这样的努力是对当下性别研究与政治经济学分离、底层研究碎片化的很好反思。具体到中国的语境，"社会再生产"理论因为如下三个原因，可能成为分析社会主义性别秩序并解释其变迁的适合的理论，从而突破当下社会主义时期性别研究的一些局限。

---

[1] Tithi Bhattacharya, "How Not to Skip Class: Social Peproduction of Labor and the Global Working Class," *Viewpoint*, 2015. https://www.viewpointmag.com/2015/10/31/how-not-to-skip-class-social-reproduction-of-labor-and-the-global-working-class/.

第一,"社会再生产"理论提供的是一种女权主义视角的政治经济学分析。在这样的视角下,中国社会主义革命所改造的,不单单是生产所有制(社会主义公有制),或者国家—社会关系,而是生产和再生产的关系本身,且导致这种生产—再生产关系变革的原因之一,就是社会主义内在的女权属性。如前文提到的,如果我们分析的起点仅仅是社会主义公有制为何不能彻底解放妇女,那么解释就很容易流于"父权社会主义"这样的循环论证;如果分析的起点是特定国家—社会关系下的性别关系,则经验观测中的性别不平等往往会被还原为国家统治和底层抵抗的二分,使得"性别"只能和很多其他利益群体身份一样,处于"因变量"的位置;这种视角无法处理内在于社会主义意识形态和政治过程中女权力量的变化,对历史过程的解释力不足。[①]

如果从"社会再生产"路径来看,讨论的起点应在于这样一组问题:社会主义革命许诺由国家来保障无产阶级的社会再生产,并以"工人福利"的形式体现;同时,社会主义革命也许诺妇女地位的提高和男女在政治、经济、文化领域的平等。那么,当劳动妇女在社会主义时期被塑造为社会生产的主体时,她们原先所具有的生产—再生产双重角色,就产生了矛盾,并在个人和结构层面都有所体现。在个体层面,当妇女被广泛动员进入生产性领域的时候,她们在传统性别分工下需要承担的无偿社会再生产劳动,该如何安排?由谁承担?在结构层面,"保障产业工人生活福利"和"实现男女平等"的意识形态与政策在性别化的再生产劳动分工仍然存在的时候,是否有矛盾性的地方?产生了哪些影响?这些问题把性别放在了政治经济学分析的核心位置。

第二,"社会再生产"理论把再生产看成和生产环节一样的政治过程,而非静态化的、去历史化的、无须解释的僵化结构;其中生产—再生产之间的"边界斗争"在理论上给不同历史主体的能动性以及历史过程的偶发

[①] 在这方面,宋少鹏是最早的研究者。他提出社会主义时期对国家与家庭之间公私关系的理解除了要看到与西方公私分离的本质不同以外,还要看到,公中之私的模式,不但是对国家—社会关系有别于西方的安排,更是与社会主义积累体制紧密联系的。家庭妇女、家属工从事的劳动,一方面是得到国家承认的,另一方面,这样的劳动价值没有得到合理评估,在客观上帮助了国家社会主义工业化期间的高速积累。宋少鹏的研究超越资本主义和社会主义的分野,反思现代工业大生产体制下,普遍存在的重生产、轻再生产的价值排序。(见宋少鹏《公中之私——关于家庭劳动的国家话语(1949—1966)》,《近代中国妇女史研究》2011年第19期;宋少鹏:《集体主义时期工矿企业里的家属工作和家属劳动》,《学海》2013年第2期。

性留出了空间。既往研究无论是经典马克思主义社会学还是自由主义视角，都预设私有制父权小家庭是现代社会再生产的场域和基本单元，而这恰恰与社会主义中国的再生产形态不符。事实上，整个 20 世纪中国革命中变化最为激烈的就是家庭制度；而在社会主义时期，产业工人社会再生产的主要场域，更是从小家庭转移到了单位的公共空间。如何解释这些历史上发生的生产—再生产边界的形变？其背后的动因有哪些？从革命之前的大家庭，到社会主义时期单位制下的双职工小家庭，再到市场经济中家庭的去制度化和照料的不稳定化，这样的变化为何发生？与性别、阶级政治的关系是什么？如果要想避免一种目的论式的解读，我们就要通过"边界斗争"这样的动态概念，去分析这些过程中不同群体之间以及他们与结构的互动、博弈。

第三，"社会再生产"的视角不但能帮助我们跳出既有研究的轨迹，在修正史学之外另求新意，也能帮助我们把马克思主义—女权主义理论建构成比较—历史社会学的一种可用资源。虽然目前关于"社会再生产"的理论论述主要来自北美和欧洲的学者，但本文的意图绝不是将西方理论应用于解释中国经验。笔者用相当篇幅描述 Fraser 提出的"社会再生产"体制在全球北方的历史变迁，就是要展现这一主导论述本身的历史、地域语境，显示它一般性中的特殊性。而当我们拿中国的案例与这个既有论述进行对话的时候，并不是在"套用理论"，而是通过"理论"的桥梁，将新的案例与背景中的案例进行比较。这种隐形的比较思路，也可以参考布洛维提出的扩展性个案法（extended case method）来理解。[1]

总之，我们要看到，由于既往视角的局限性以及学科分工的路径依赖，历史社会学对中国进入和走出国家社会主义期间社会再生产方式的历史化、系统化梳理还很不够。我们如何描述社会主义时期的再生产模式，它与生产体制的关系，以及这背后的性别、阶级关系？"再生产"理论视角有可能为进一步阐明以上问题提供思路和方案。

---

[1] Michael Burawoy, "The Extended Case Method," *Sociological Theory* 16 (1), 1998, pp. 4 - 33.

马克思恩格斯的民族观与"中华民族"概念的学术建构

宋培军[*]

费孝通 1988 年在香港中文大学"特纳讲座"上的演讲《中华民族的多元一体格局》[①],于《北京大学学报》1989 年第 4 期刊出。在费孝通中华民族"多元一体"理论提出、刊发 30 周年之际,"中华民族伟大复兴的中国梦"这一表述被写入宪法并被解读为"中华民族"[②],由此人民、民族、国家三位一体的民族国家建构在新时代的东方古老中国大地上呈现为中国人民、中华民族、中华人民共和国三位一体的崭新面貌。正是在这样的大背景下,一些政法学者基于自身学科提出是否可以超越人类学,也就是说,从政治学的角度对费孝通与顾颉刚之间长逾半个世纪的学术公案加以重新审视与评估的议题。在马克思看来,nationes、natio 分别是部落(复数形式)、部落联盟,只是基于日耳曼人这一名称成了"不是一个部落(gentis),而是全民族的(nationis)名称"[③]。正如有的学者所指出的,类似于华、夷的二元区隔在古罗马是用拉丁文以 gens/gentis、natio/nationes

---

[*] 作者宋培军现为中国社会科学院中国历史研究院中国边疆研究所研究员。本文部分内容以"马克思恩格斯民族观视阈下的'中华民族'百年学术建构史"为题发表在《文史哲》2020 年第 3 期。

[①] 费孝通:《费孝通文集》(第 11 卷),群言出版社 1999 年版,第 381—419 页。

[②] 有"中华民族到了最危险的时候"词句的《义勇军进行曲》,晚至 2004 年才在十届全国人大二次会议全体代表审议通过的宪法修正案中被首次正式定为国歌,赋予与国旗、国徽同样的宪法地位,十九大之后 2018 年宪法修正案完成了"中华民族"概念的宪法化过程。[乌·额·宝力格(Uradyn E. Bulag):《通向"外亚"的"内亚"之路——"一带一路"与中国亚洲新秩序的构建》,田甜、石含笑译,《文化纵横》2017 年第 2 期。]

[③] 马克思:《路易斯·亨·摩尔根〈古代社会〉一书摘要》,《马克思恩格斯全集》(第 45 卷),人民出版社 1985 年版,第 567 页。

这样的单复数形式表达的①，我们只有把 gens、natio 从华夷二元族类的意义上分别界定为氏族（宗族）、部族，才基本符合马克思的民族观，也才具有东西方普适性。如果对这些概念没有一个基本认知，单纯的学科角度转换未必能够解决学术建构本身的问题。

  费孝通与顾颉刚的学术公案起源于 1939 年 2 月 13 日顾颉刚在《益世报·边疆周刊》第 9 期发表《中华民族是一个》。② 见到此文，费孝通致信顾颉刚表示异议，该信于该报 5 月 1 日刊出，题为"关于民族问题的讨论"。③ 其后，顾颉刚连写两信答复，分别是第 20 期（1939 年 5 月 8 日）刊出的《续论"中华民族是一个"：答费孝通先生》④、第 23 期（1939 年 5 月 29 日）刊出的《续论"中华民族是一个"：答费孝通先生（续）》。⑤ 据《顾颉刚日记》，顾颉刚 5 月 27 日向报社交稿后，曾访费孝通，但未记两人是否曾就这一问题进行面谈⑥，其后两人也未就这一话题继续进行书面探讨。在 5 月 8 日《续论"中华民族是一个"：答费孝通先生》中，顾颉刚自言其学术旨趣："我研究古史的结果，确知黄帝传说是后起的，把许多国君的祖先拉到黄帝的系统下更是秦汉间人所伪造，于是我断然地说，汉人是许多民族混合起来的，他不是一个民族。但是九一八的炮声响了，伪满洲国在伪'民族自决'的口号下成立了，我才觉得这'民族'不

---

  ① 张凤阳、罗宇维、于京东：《民族主义之前的"民族"：一项基于西方情境的概念史考察》，《中国社会科学》2017 年第 7 期。
  ② 顾颉刚：《中华民族是一个》（原载 1939 年 2 月 13 日《益世报·边疆周刊》第 9 期，略改后又刊于 1947 年 3 月 10 日《西北通讯》第 1 期），《顾颉刚全集 宝树园文存》（卷 4），中华书局 2011 年版，第 98—106 页。
  ③ 费孝通：《关于民族问题的讨论》（原载 1939 年 5 月 1 日《益世报·边疆周刊》第 19 期），《顾颉刚全集 宝树园文存》（卷 4），中华书局 2011 年版，第 133—140 页。
  ④ 顾颉刚：《续论"中华民族是一个"：答费孝通先生》（原载 1939 年 5 月 8 日《益世报·边疆周刊》第 20 期），马戎：《"中华民族是一个"——围绕 1939 年这一议题的大讨论》，第 73—83 页。该文主体部分基本上是以下两文的合写：《我为什么要写"中华民族"是一个》和《再论"本部"和"五族"两个名词》[原载 1939 年 5 月 10 日《益世报·边疆周刊》第 20 期]，《顾颉刚全集 宝树园文存》（卷 4），第 117—122 页]。《顾颉刚全集 宝树园文存》把《益世报·边疆周刊》第 20 期标注为 1939 年 5 月 10 日而非 8 日，误。
  ⑤ 顾颉刚：《续论"中华民族是一个"：答费孝通先生（续）》（原载 1939 年 5 月 29 日《益世报·边疆周刊》第 23 期），马戎：《"中华民族是一个"——围绕 1939 年这一议题的大讨论》，第 92—101 页。顾颉刚：《续论"民族"的意义和中国边疆问题》（原载 1939 年 5 月 29 日《益世报·边疆周刊》第 23 期），《顾颉刚全集 宝树园文存》（卷 4），第 123—132 页。
  ⑥ 顾颉刚：《顾颉刚日记》（第 4 卷），台北：联经出版事业有限公司 2007 年版，第 234 页。

该乱用，开始慎重起来。"① 对此学术自白，在 1993 年顾颉刚百岁纪念会上，费孝通倾向于把它归结为纯粹的政治立场："后来我明白了顾先生是基于爱国热情，针对当时日本帝国主义在东北成立'满洲国'，又在内蒙古煽动分裂，所以义愤填膺，极力反对利用'民族'来分裂我国的侵略行为。他的政治立场我是完全拥护的。"② 顾颉刚于 1980 年去世，自然无法看到费孝通 1988 年的新作，也自然无法回应其原因剖析。一次历史学与民族学的中华民族对话，似乎既失之交臂于前，也随着费孝通 2005 年的去世而告一段落于后。

不过，随着马戎《"中华民族是一个"——围绕 1939 年这一议题的大讨论》一书的出版，可以看出，当时的大讨论是相当广泛的，不仅涉及今天学者们所关注的拉丁词 gen、natio 的理解问题（例如当时的学者主张后者汉译"生长地"，意思是乡邦国家即 nation 的生长地，西塞罗、恺撒的拉丁著作都是这一用法③），而且余波延及 1940 年，比如翦伯赞在仅仅见到顾颉刚《续论"中华民族是一个"：答费孝通先生（续）》一文的闭塞条件下，发表《论中华民族与民族主义——读顾颉刚〈续论中华民族是一个〉以后》对顾颉刚提出批评，④ 提出秦朝不是"民族的国家"，而是"部族的国家"。与"部族的国家"概念大致相当，顾颉刚 1937 年提出夏商周是种族而非王朝，直至顾颉刚《"夏"和"中国"——祖国古代的称号》一文虽然认可了夏朝、夏国是最早的朝代，但仍然未超出夏商周乃"种族国家"的基本认定。⑤ 不仅如此，大讨论之后，顾颉刚尽管对大讨论

---

① 顾颉刚：《续论"中华民族是一个"：答费孝通先生》（原载 1939 年 5 月 8 日《益世报·边疆周刊》第 20 期），马戎：《"中华民族是一个"——围绕 1939 年这一议题的大讨论》，第 76 页。

② 费孝通：《顾颉刚先生百年祭》，《费孝通文集》（第 13 卷），群言出版社 1999 年版，第 29—30 页。

③ 方豪：《名词的讨论——关于"国家，民族，华北，华南"等》（原载 1939 年 5 月 22 日《益世报·边疆周刊》第 22 期），马戎：《"中华民族是一个"——围绕 1939 年这一议题的大讨论》，第 88 页。

④ 翦伯赞：《论中华民族与民族主义——读顾颉刚〈续论中华民族是一个〉以后》（重庆《中苏文化》第 6 卷第 1 期，1940 年 4 月 5 日），马戎：《"中华民族是一个"——围绕 1939 年这一议题的大讨论》。

⑤ 顾颉刚、王树民：《"夏"和"中国"——祖国古代的称号》（《中国历史地理论丛》第 1 辑，陕西人民出版社 1981 年版），《顾颉刚古史论文集》（卷一），《顾颉刚全集》，中华书局 2010 年版，第 643、647、649、650 页认同《说文解字》"夏，中国之人"的说法，也未否定章太炎《中华民国解》中关于夏、诸夏、华夏为族名的见解，并且指出"到战国时，由于民族融合，原来'诸夏'、'夷狄'的对立逐渐消除，因而'诸夏'、'华夏'等名号就很少再用"。可见，民族学界一般把汉族（历史文献中其称为"汉人"）的前身称为"华夏民族"或"华夏族"，最起码缺乏战国文献依据。

期间的三篇文章仍有不断修改甚至以不同题目重新刊发，但很多修改细节仍未能公开呈现，《顾颉刚全集》的出版则解决了这一问题。伴随着收录了《花篮瑶社会组织》的《六上瑶山》的重新出版，尤其是《费孝通文集》《费孝通全集》的陆续出版，1939年至1988年半个世纪间费孝通的基本认知脉络，得以更加完整地呈现出来，由此这一公案也就有了水落石出的可能。

自从中国大门在近代开启后，社会形态线性序列的进化史观就逐渐占据主导地位，其与多民族国家复线发展的衔接问题也就日益凸显出来。具体来说就是，其一，"民族"概念被梁启超从日本引进后，中国学人要解决民族史、民族学意义上的"民族"概念如何与中国古代的"族类"概念相互对应的问题。1944年顾颉刚开始有意识地把梁启超以来所说的民族，包括他自己1939年因为回避民族字眼而导致的归类缺失都作了新的认定，比如"百濮等等族类""南方部族"，意指满蒙回藏苗的"种族"概念、意指蒙回藏盟旗部落组织的"部族"概念，由此"族类"概念成为涵盖广泛的一般概念，这样到1947年完成了中西民族观念的学术对接。[①] 其二，斯大林民族定义被引进后，要进一步解决如何与西欧民族国家意义上的"民族"相互对应的问题，1939年《抗日战士政治课本》明确说"中华民族是代表中国境内各民族之总称"[②]，同年毛泽东则把"多民族国家""民族国家"并置为基本国情乃至建国目标[③]，突破了文化民族与政治民族的学术区隔。

本文梳理马克思、恩格斯散见于其德文、英文著作中的民族思想，提炼、概括出马克思恩格斯民族观（二人观点高度统一，下文一般简称"马克思民族观"）。通过与斯大林民族定义的比较，揭示马克思、斯大林在民族概念使用上的异同，在马克思民族观的视阈下澄清西方民族国家理论、斯大林民族理论、东方多民族国家理论的内在理路，进而从要素论的角度

[①] 顾颉刚：《我为什么要写"中华民族"是一个》，《顾颉刚全集 宝树园文存》（卷4），第110、111、113页。

[②] 中共中央统战部：《民族问题文献汇编（1921.7—1949.9）》，中共中央党校出版社1991年版，第808页。

[③] 毛泽东：《中国革命和中国共产党》（1939.12），《毛泽东选集》（第2卷），人民出版社1991年版，第622、623页。第一章中国社会第一节中华民族，指出"中国是一个多民族结合而成的拥有广大人口的国家"，第二节古代的封建社会，第一句说说"中国虽然是一个伟大的民族国家"，但是"自周秦以来"，就处于封建制度之下，并且"长期地陷在发展迟缓的状态中"。

透视以梁启超、顾颉刚、费孝通为代表的三代学人所建构的中华民族理论的继承关系、根本突破及其遗留问题。

一 马克思、恩格斯民族观揭示了古代、现代两条路线

《马克思恩格斯全集》俄文第二版《第六卷说明》认为"奥地利境内各斯拉夫民族在恩格斯写作这些文章之后的百年来的发展，令人信服地证明了这些民族的生命力和坚强性，他们已经争得了自由和独立，建立了自己的国家，并且胜利地建设着社会主义社会"，但恩格斯"对这些民族的历史命运却作出了某些错误的论断"①。苏共中央马克思列宁主义研究院于1955年开始出版《马恩全集》俄文第二版之后所做的这一说明无疑打上了当时时代的深刻烙印。在苏联解体、东欧剧变之后的今天，对恩格斯民族思想的这一认识实有重新反思的必要。与苏联、东欧形成鲜明对照的是，中国的民族国家实践在建党、建军方面全面效法苏联，但在建国方面却能够摒弃早期的联邦制设想，而选择更加符合历史传统的单一制，这无疑也需要从马克思、恩格斯的民族观这一理论源头获得说明。

对马克思、恩格斯的民族思想，笔者在《马克思的游牧民族思想及其对中国边疆学建构的意义》②中做了初步梳理，现在看来，实有进一步申论的必要。1963年林耀华发表《关于"民族"一词的使用和译名的问题》，认为马克思、恩格斯的四个德文用词Volk、Völkerschaft、Nationalität、Nation，依次对应列宁、斯大林的四个俄文用词народ、народность、национадьность、нация③，这一厘清即使到了2017年杨须爱发表《马克思主义经典作家"民族"概念及其语境考辨——兼论"民族"概念的汉译及中国化》，列举了更多含有"民族"一词的语句，也没有根本突破。④ 两文都认为马克思、恩格斯的三个英文用词people、nationality、nation分别与Volk、Nationalität、Nation对应，不仅对于以英文三词对德

---

① 恩格斯：《匈牙利的斗争》（1849年），《马克思恩格斯全集》（第6卷），人民出版社1961年版，《第六卷说明》，第XXI页。
② 宋培军：《马克思的游牧民族思想及其对中国边疆学建构的意义》，《中国边疆史地研究》2017年第4期。
③ 林耀华：《关于"民族"一词的使用和译名的问题》，《历史研究》1963年第2期。
④ 杨须爱：《马克思主义经典作家"民族"概念及其语境考辨——兼论"民族"概念的汉译及中国化》，《民族研究》2017年第5期。

文、俄文四词的不对等问题没有说明，而且显然并未核对马克思、恩格斯本人的德译英用词。

　　以两文同样列举的《共产党宣言》即可说明，单纯查对德文原著，未能与恩格斯的英文校译对应，难以做出基于文本本身的解读，即使如林耀华那样注意到苏联英文本用词①，也难以说明其文本根源。马克思、恩格斯在1848年德文原著中谈到冲垮古罗马帝国的日耳曼蛮族的"民族大迁徙（Völkernwanderungen）"，谈到在资本主义时代"农民的民族（Bauernvölker）从属于资产阶级的民族（Bourgeoisvölkern）"，而后者应该就是他们所说的"一个拥有统一的政府、统一的法律、统一的民族阶级利益和统一的关税的统一的民族（Nation）"②，在恩格斯校订的1888年英文版中，德文 Völker、Nation 都译为英文 nation（区分单复数）③，可见，英文 nation 比德文 Nation 含义要广，不仅包含民族国家意义上的族类群体（政府本身内含在其中），还包含民族国家之前的各种族类群体。恩格斯在1849年写作的德文著作《匈牙利的斗争》中，Nation 则指的是部落（Stämme）。无论恩格斯所说"顽固的小民族（Kleinen Nationen）"④，还是黑格尔所说"被历史的进程无情地蹂躏了的民族（Nation）的残余"，都是"弱小民族（Stämme）"⑤，恩格斯的德文用词此时似乎尚未如后来他的英文用词那样在 nationality 与 nation 之间进行明确区分。也正是以导致西罗马帝国灭亡的民族大迁徙为界，前后分别是 Nation 的古代路线和现代路线：前者是从"民族"（Völkerschaften 或 Völkchen，曾译"部族"）到"民族"（Nation），后者是从"现代的民族（modernen Nationalitäten）"到"现代民族（modernen Nationen）"。

　　先说"古代民族"（Nation）路线。

　　马克思《路易斯·亨·摩尔根〈古代社会〉一书摘要》指出："在氏族制度下，只有当联合在同一个管理机关之下的**各部落联合为统一的人民**

---

① 林耀华：《关于"民族"一词的使用和译名的问题》，《历史研究》1963年第2期。
② 马克思、恩格斯：《共产党宣言》，中央编译出版社2005年版，第5—6页（1848年2月德文第一版，第29—30页）。
③ Marx Engels, *Manifesto of the Communist Party*, London, 1888, pp. 11, 21.
④ 恩格斯：《匈牙利的斗争》（1849年），《马克思恩格斯全集》（第6卷），人民出版社1960年版，第207页。*Karl Marx Friedrich Engels Werke*, Band 6, Dietz Verlag Berlin, 1972, S. 176.
⑤ 恩格斯：《匈牙利的斗争》（1849年），《马克思恩格斯全集》（第6卷），人民出版社1960年版，第202页。*Karl Marx Friedrich Engels Werke*, Band 6, Dietz Verlag Berlin, 1972, S. 172.

时，民族（nation）方才产生"①。秉承这一思想，恩格斯《家庭、私有制和国家的起源》指出，荷马时代"希腊的各部落大多数已联合成为一些小民族［kleine Völkerschaften］""氏族、胞族和部落仍然完全保持着它们的独立性""在古代自然形成的民主制内部产生了贵族分子""各个小民族［Völkchen］，为了占有最好的土地，也为了掠夺战利品，进行着不断的战争；以俘虏充作奴隶，已成为公认的制度"②。阿提卡各部落经由民族（Völkerschaften 或 Völkchen，一度译为"部族"③）"融合为单一的民族［Volk］"，而"雅典普遍适用的民族法［Volksrecht］"则是"摧毁氏族制度的第一步"，此时外部落人、外邦人作为"本民族的同胞（Volksgenossen）"尚未成为雅典公民④，而希腊人属于"起源于同一部落的民族（Völker）"⑤。可见，"民族［Volk］"其实是马克思所说的"人民"。

雅典、罗马城邦（雅典国家、罗马国家⑥），也就是说古希腊的"英雄时代"、古罗马的"王政时代"，具有国家（Staat）、民族（Nation）、人民（Volk）三位一体的特点，Nation 在古代农耕民族中已经出现，并非仅仅是现代的产物，从这个意义上说，它不能直接对译斯大林已经包含现代内涵在内的民族概念。恩格斯指出，罗马帝国内"新民族（Nationen）的要素"到处具备，但是"新出炉的罗马身份"并不表现"民族性（Nationalität）"⑦。所谓"新罗马人"不是一个"民族（Nation）"，即使"一切民族差别都消失了，高卢人、伊比利亚人、利古里亚人、诺里克人

---

① 马克思：《路易斯·亨·摩尔根〈古代社会〉一书摘要》，《马克思恩格斯全集》（第45卷），人民出版社1985年版，第426页。
② 恩格斯：《家庭、私有制和国家的起源》（1891年），《马克思恩格斯选集》（第4卷），人民出版社1995年版，第102—103页。
③ 恩格斯：《家庭、私有制和国家的起源》，陈仲实译，人民出版社1954年版，第100页。
④ 恩格斯：《家庭、私有制和国家的起源》（1891年），《马克思恩格斯选集》（第4卷），第108页。Karl Marx/Friedrich Engels Werke, Band 21, Dietz Verlag Berlin, 1972, S.107.
⑤ 恩格斯：《家庭、私有制和国家的起源》（1891年），《马克思恩格斯选集》（第4卷），第97页。Karl Marx/Friedrich Engels Werke, Band 21, Dietz Verlag Berlin, 1972, S.98.
⑥ 恩格斯：《家庭、私有制和国家的起源》（1891年），《马克思恩格斯选集》（第4卷），第107、118页。Karl Marx/Friedrich Engels Werke, Band 21, Dietz Verlag Berlin, 1972, S.107, 117.
⑦ 恩格斯：《家庭、私有制和国家的起源》（1891年），《马克思恩格斯选集》（第4卷），人民出版社1995年版，第148页。Karl Marx Friedrich Engels Werke, Band 21, Dietz Verlag Berlin, 1972, S.142-143.

都不复存在,他们都变成罗马人了"。① 恩格斯专门指出:"商业和工业向来不是统治着各民族(Völker)的罗马人的事业……商业所得到所保持的东西……仅在帝国东部的希腊部分才有。"② 显然,恩格斯并不认为西罗马帝国下的希腊人已经构成一个 Nation,更不认为整个古罗马帝国的人构成一个 Nation,各民族(völker)与帝国的结合不能构成三位一体的存在。西罗马帝国灭亡后 400 年间留下的"一个重大的成果"才是"modernen Nationalität",正是雅利安族系(Stamm)的德意志人"造成新的国家,培养出新的民族(neue Nationalitäten)"。③

马克思把塔西佗《日耳曼尼亚志》中出现的拉丁词"nationes""natio"分别界定为部落(复数形式)、部落联盟,认为苏维汇人分为"一些有比较近的亲属关系的部落,或者就是部落"④。相对于马克思,恩格斯对苏维汇人所处的历史阶段有更加明确的界定,与荷马时代的古希腊人一样属于部族(Völkerschaften)。恩格斯谈到恺撒时代实行共同耕作的"一大部分德意志人,即苏维汇民族(Suevenvolk)"⑤,谈到苏维汇人和马可曼尼人属于不同的民族(Völkerschaften),谈到恺撒描述的苏维汇人的区间联盟兵制⑥(每区每年派千人当兵、百区合兵十万人⑦,就此而言,已经超出部落联盟,进入部落区间联合阶段),谈到恺撒之后不久斯特里斯本指出"所有这些〈德意志〉民族(Völkerschaften)的共同的地方"在于生活方式简单即半游牧半农耕便于迁移⑧,

---

① 恩格斯:《家庭、私有制和国家的起源》(1891 年),《马克思恩格斯选集》(第 4 卷),第 148 页。*Karl Marx Friedrich Engels Werke*, Band 21, Dietz Verlag Berlin, 1972, S. 142.

② 恩格斯:《家庭、私有制和国家的起源》(1891 年),《马克思恩格斯选集》(第 4 卷),第 149 页。*Karl Marx Friedrich Engels Werke*, Band 21, Dietz Verlag Berlin, 1972, S. 143.

③ 恩格斯:《家庭、私有制和国家的起源》(1891 年),《马克思恩格斯选集》(第 4 卷),第 155—156 页。*Karl Marx Friedrich Engels Werke*, Band 21, Dietz Verlag Berlin, 1972, S. 149 – 150.

④ 马克思:《路易斯·亨·摩尔根〈古代社会〉一书摘要》,《马克思恩格斯全集》(第 45 卷),人民出版社 1985 年版,第 567 页。

⑤ 恩格斯:《马尔克》(1882 年),《马克思恩格斯全集》(第 25 卷),人民出版社 2001 年版,第 569 页。*Karl Marx/Friedrich Engels Werke*, Band 19, Dietz Verlag Berlin, 1985, S. 318.

⑥ 恩格斯:《法兰克时代》,《马克思恩格斯全集》(第 25 卷),人民出版社 2001 年版,第 258 页。

⑦ 恩格斯:《论德意志人的古代历史》,《马克思恩格斯全集》(第 25 卷),人民出版社 2001 年版,第 202 页。

⑧ 恩格斯:《论德意志人的古代历史》,《马克思恩格斯全集》(第 25 卷),人民出版社 2001 年版,第 203 页。*Karl Marx/Friedrich Engels Werke*, Band 19, Dietz Verlag Berlin, 1972, S. 430, 433.

可见恺撒时代的苏维汇人处于"民族（Völkerschaften）"①的历史阶段。在蛮族大迁徙之后，"民族（Volk）就成为一种许多狭小农村公社的联盟"②，但是有碍于这一"地域局限性"，它尚未完成"向民族（Nation）的过渡"③。马克思、恩格斯由此揭示了古代民族的演进路线：部落（Stamm 或 nationes）——部落联盟（natio）——部落联合或部族（Völkerschaften 或 Völkchen）——民族（Nation）。

再说"现代民族"（modernen Nationen）的路线。

马克思明确指出："现代的资产阶级社会（moderne Bürgerliche Gesellschaft）""产生于十八世纪"④，这里所谓"资产阶级社会"其实是《德意志意识形态》中所说"市民社会""它对外作为民族（Nationalität）希望得到认可"⑤，也就是说，资产阶级社会本身就是现代产物，市民社会只有以"现代"修饰才表示这一现代含义，一如民族（Nation）与现代民族（modernen Nation）的区分。

恩格斯明确说南方斯拉夫运动的领导者们的"民族（Nationen）平等"口号是胡说⑥，其实，恩格斯之所以这么说，是因为这些领导人误把 nationality 当作 Nationen 了，后者才有民族自决、独立建国的能力。1866 年

---

① 林耀华的《关于"民族"一词的使用和译名的问题》（《历史研究》1963 年第 2 期）第 185 页提到恩格斯《德国古代的历史和语言（1881—1882 年）》（人民出版社 1957 年版）第 7—8、56、62 页三次出现这一用法。笔者查对原著，发现了四处（Karl Marx/Friedrich Engels Werke, Band 19, Dietz Verlag Berlin, 1972, S. 430, 433, 463, 467）。

② 林耀华的《关于"民族"一词的使用和译名的问题》（《历史研究》1963 年第 2 期）第 180 页提到恩格斯《德国古代的历史和语言（1881—1882 年）》第 70—71 页的这一用法。恩格斯的《法兰克时代》[《马克思恩格斯全集》（第 25 卷），人民出版社 2001 年版]第 258 页将其译为："民族（Volk）就融化在小的农村公社的联盟之中……由于民族[Volk]是由这类清一色的小公社组成的，因而……剥削它们的国家政权，便成为民族[Nation]继续生存的条件了。"Karl Marx/Friedrich Engels Werke, Band 19, Dietz Verlag Berlin, 1972, S. 475, 显示[Volk]原文写作 Volks, Nation 在第 474 页被恩格斯限定为 deutschen Nation 即德意志民族这一现代民族层级使用。

③ [日] 广松涉编注：《文献学语境中的〈德意志意识形态〉》，彭曦译，张一兵审订，南京大学出版社 2005 年版，第 92、264 页。

④ 马克思：《对民主主义者莱茵区域委员会的审判（1849 年）》，《马克思恩格斯全集》（第 6 卷），人民出版社 1960 年版，第 292 页。Karl Marx Friedrich Engels Werke, Band 6, Dietz Verlag Berlin, 1972, S. 244, 245.

⑤ [日] 广松涉编注：《文献学语境中的〈德意志意识形态〉》，彭曦译，张一兵审订，第 146、318 页。

⑥ 恩格斯：《匈牙利的斗争》（1849 年），《马克思恩格斯全集》（第 6 卷），人民出版社 1960 年版，第 202、201 页。Karl Marx Friedrich Engels Werke, Band 6, Dietz Verlag Berlin, 1972, S. 173.

恩格斯的英文著作显示，在批判由俄国发明而为路易·波拿巴所宣扬的所谓"民族原则"时，就是在这个意义上使用民族（nationality）概念的："每一个民族（nationality）都应当是自己的命运的主宰；任何一个民族（nationality）的每一个单独部分都应当被允许与自己的伟大祖国合并。"①

恩格斯明确揭示了现代民族的演进路线：部落—部落联盟—Nationalitäten—Nation。恩格斯的《论封建制度的瓦解和民族国家的产生》把语族作为中世纪以来从"现代的民族（modernen Nationalitäten）"向"民族（Nation）发展"进而建立民族国家（Nationale Staaten）的一定基础，苏格兰和法国的克尔特都只被看作前一种民族而不是后一种民族②，从而呈现出从"现代的民族（Nationalitäten）"向"民族（Nation）发展"这一现代民族国家（Nationale Staaten）的发展轨迹。对这一发展轨迹，恩格斯在《自然辩证法》中说得更为明确："从15世纪下半叶开始""王权依靠市民打败封建贵族"，建立了"以民族［Nationalität］为基础的君主国"，现代民族（modernen Nationen）"就在这种君主国里发展起来"。③苏格兰的盖尔人和法国的布列塔尼人作为斯图亚特王朝、波旁王朝的支柱④，正是英文nationality、德文Nationalität。可见，Nationalität本身已经不是封建中世纪而是近代（1500—1800年）的事物了。

斯大林《马克思主义和语言学问题》指出："随着资本主义的发展、

---

① 恩格斯：《工人阶级同波兰有什么关系？（1866年）》，《马克思恩格斯全集》（第16卷），人民出版社1964年版，第175页。*Karl Marx Friedrich Engels Gesamtausgabe*（MEGA），I/20，Akademie Verlag，2003，S. 194，198 – 199.

② 恩格斯：《论封建制度的瓦解和民族国家的产生》（1884年），中国社会科学院民族研究所编：《马克思恩格斯论民族问题》（下册），民族出版社1987年版，第819页。《马克思恩格斯全集》（第21卷），人民出版社1965年版，第451—452页。*Karl Marx Friedrich Engels Werke*，Band 21，Dietz Verlag Berlin，1972，S. 395 – 396. 恩格斯：《工人阶级同波兰有什么关系？（1866年）》，《马克思恩格斯全集》（第16卷），第171、175页显示了恩格斯本人的英文用词与俄文翻译的对应关系。*Karl Marx Friedrich Engels Gesamtausgabe*（MEGA），I/20，Akademie Verlag，2003，S. 194，198 – 199.

③ 恩格斯：《自然辩证法》，《马克思恩格斯选集》（第4卷），人民出版社1995年版，第261页。*Karl Marx Friedrich Engels Werke*，Band 20，Dietz Verlag Berlin，1972，S. 311 – 312.

④ 恩格斯：《匈牙利的斗争（1849年）》，《马克思恩格斯全集》（第6卷），第202—203页。*Karl Marx Friedrich Engels Werke*，Band 6，Dietz Verlag Berlin，1972，S. 172.

封建割据的消灭和民族市场的形成,民族(народность,一度译为'部族'①,王鹏林主张恢复②)就发展为民族(нация)"③,народность 作为部落之后出现的部族,即使到了查理曼帝国的封建统治阶段,也没有发展成专制君主之基础的национадьность。在列宁看来,民族自决的主体不是народы 和 нация,而是национадьность,对此林耀华只是列举出这一用词现象但是并未说明其原因。④ 也许正是基于列宁的这一认识,苏联民族院得以命名,按照斯大林的设想作为苏联两院制之一的民族院要由各民族(национадьность)、各部族(народы)、各部落⑤的代表组成。在西欧,民族、国家两者大致同时产生,与"民族(национадьный,是 нация 的形容词⑥,与之不同,национадьные 是 национадьность 的形容词⑦)国家"产生的这一路径不同,斯大林把东欧的国家形式界定为国家先于民族产生的"多民族的国家",指出:"当西欧各民族发展成国家的时候,东欧却形成了多民族的国家,即由几个民族组成的国家。奥匈帝国和俄国就是这样的国家。"⑧ 其中"多民族的国家"之"民族"用词是национадьности,与 Nationalitäten 一致。由此可见,национадьности 包括 народы 与 нация 两者,是从空间的并存维度说的,不是说两者之间并不存在历史的演进关

---

① 林耀华的《关于"民族"一词的使用和译名的问题》(《历史研究》1963 年第 2 期)第 187 页说明引自斯大林《马克思主义与语言学问题》(李立三等译,人民出版社 1953 年版)第 10 页。斯大林:《马克思主义和语言学问题》,《斯大林选集》(下册),人民出版社 1962 年版,第 507 页。

② 王鹏林:《斯大林民族学著作中的 народность 中文译法考辨》,《中国社会科学》1983 年第 5 期。

③ 斯大林:《马克思主义和语言学问题》(1950 年),中国社会科学院民族研究所编:《斯大林论民族问题》,民族出版社 1990 年版,第 440 页。斯大林:《马克思主义和语言学问题》,《斯大林文集(1934—1952 年)》,人民出版社 1985 年版,第 553 页译者指出:"斯大林在本文中把 народности 一词用来专指出生于部落之后的、奴隶社会和封建社会的人们共同体,把 нация 一词用来专指资本主义上升时期和这个时期以后的人们共同体。"这一译者说明实际上排除了古代三位一体的民族(Nation)可以成立这一马克思的界定。

④ 林耀华:《关于"民族"一词的使用和译名的问题》,《历史研究》1963 年第 2 期。

⑤ 中国社会科学院民族研究所编:《斯大林论民族问题》,民族出版社 1990 年版,第 243 页。

⑥ 林耀华:《关于"民族"一词的使用和译名的问题》,《历史研究》1963 年第 2 期。

⑦ 杨须爱:《马克思主义经典作家"民族"概念及其语境考辨——兼论"民族"概念的汉译及中国化》,《民族研究》2017 年第 5 期。

⑧ 斯大林:《马克思主义和民族问题》,《斯大林全集》(第 2 卷),民族出版社 1953 年版,第 301 页。

系。① 也就是说，无论是 народы、народность（俄国本土词），还是национадьность（法语借用词②），都可以被译为有别于部落、民族的"部族"字眼，三者具有内在的一致性。

由上可知，德文 modernen Nationen＝俄文 нация＝英文 nation，也就是说，德文必须以标志时代的"现代"限定，而英文、俄文"现代"已经内含其中。无论是古代民族的演进路线：部落（Stamm）—部落联盟（natio）—部落联合或部族（Völkerschaften 或 Völkchen）—民族（Nation），还是现代民族的演进路线：部落—部落联盟—部落联合或部族（modernen Nationalitäten）—现代民族（modernen Nation），都体现为民族学研究对象的五形态演进：氏族—部落—部落联盟—部族—民族。

西欧游牧部族的大迁徙极大地冲击了农业民族，造成古代民族、现代民族的中世纪中断，与此不同，东方中国保持了延续性，对这种独特性，马克思、恩格斯并未给予说明。在笔者看来，马克思、恩格斯的民族观涵盖了古代、现代两个时段，可以更为合理地透视"中华民族"的百年学术建构史。在西欧，古代民族，例如雅典人，被中断了，无法接续中世纪以后游牧起源的现代民族，但在东方中国，汉人这个核心并未因为游牧部族的冲击而中断，更多地具有统一的多民族国家特点的多元一体的中华民族，正体现了这两条脉络的结合。

二 马克思、恩格斯民族观与斯大林民族定义的异同

1913 年，列宁写作《关于民族问题的批评意见》，使用了"现代民族"（современная нация）这一名词。③ 在列宁授意下，斯大林于同年写作《马克思主义和民族问题》，其中提出了著名的"民族"定义，即以语言、地域、经济、文化"四要素"界定民族（нация），还特别说明：民

---

① 林耀华：《关于"民族"一词的使用和译名的问题》，《历史研究》1963 年第 2 期。
② 林耀华的《关于"民族"一词的使用和译名的问题》（《历史研究》1963 年第 2 期）第 181、184 页指出该词从法国大革命用词转借而来，源自拉丁文 Natio。
③ 林耀华：《关于"民族"一词的使用和译名的问题》，《历史研究》1963 年第 2 期。

族（нация）作为资本主义上升时代的历史范畴，而部落作为民族学（Этнографической）① 范畴，两者不能混淆。② 可见，斯大林的民族学概念并非以他界定的"民族"为词根，当另有词源（后文通过对费孝通认为难以翻译的乃师概念考订，应为希腊文）。而这一时代限定则保持了与恩格斯"现代民族"（modernen Nationen）范畴的一致性，不过后来却在不知不觉中淡化了这一时代限定，出于政治考虑把游牧部族也纳入其中，而且民族概念在实践上局限于以加盟共和国、自治共和国命名的民族，没有联邦层级的概念，由此出现了在理论上无法与恩格斯"现代民族"（modernen Nationen）对等的困境。

第一，民族的时代错位。对于俄国的游牧部落，斯大林把它们界定为"部族"，并且作为一种民族类型看待。无论是"保存着游牧经济和父权制氏族生活方式"③的吉尔吉斯人，还是"同西藏和中国接壤的卡尔梅克人"这样的"东部边疆地区"的各个部族（народности），俄国十月革命之前，基于"东部边疆地区"这些部族"对于革命是极其重要的"，其重要性甚至被认为超过乌克兰④，这样，革命在无形之中就放大、提高了一部分边疆部族的既有地位——从"部族"提升为"民族"。这一提升，在政治正确成为主导思潮的后现代的欧美国家比较普遍。

第二，斯大林的四要素论其实是五要素论，国家组织要素不可或缺。对在民族定义四要素中是否可以加入"民族国家"要素，斯大林1929年曾有一个否定答复。针对"加盟共和国加入苏联后就不再是民族了，所以应该在民族定义的四要素中增加第五个要素"（即"具有自己单独的民族

---

① 林耀华《关于"民族"一词的使用和译名的问题》（《历史研究》1963年第2期）第175页谈到斯大林该文"民族学"的俄文写法。郝时远的《前苏联—俄罗斯民族学理论中的"民族"（этнос）》（上）（《西北民族研究》2004年第1期）第18页指出，汤正方于20世纪80年代初提出，俄文 этнос 被翻译为中文的"族体"，苏联的民族学（Этнография 和 Этнология）被翻译为"族类学"或"族体学"。郝时远承认前者，但是坚持认为"无论是苏联民族学还是中国的民族学，其研究的对象既非种族也非那些属于非稳定的、暂时性的群体，而是形成民族的那些历史共同体，所以作为学科名称译为'民族学'是适宜的"。
② 斯大林：《马克思主义和民族问题》（1913年），中国社会科学院民族研究所编：《斯大林论民族问题》，民族出版社1990年版，第32、33页。
③ 斯大林：《论党在民族问题方面的当前任务》（1921年），中国社会科学院民族研究所编：《斯大林论民族问题》，第176页。
④ 斯大林：《俄共（布）第十二次代表大会（摘录）》（1923年），中国社会科学院民族研究所编：《斯大林论民族问题》，第255页。

国家",否则"就没有而且不可能有民族")的观点,斯大林指出,这一观点存在逻辑问题:乌克兰人在沙俄统治下不是民族,乌克兰人建立了苏维埃共和国后成为民族,乌克兰苏维埃共和国加入苏联后乌克兰人又不再是民族。显然,在斯大林看来,被沙俄帝国吞并的异民族,比如乌克兰,虽然没有自己的独立国家,但仍然是一个民族(нация)。类似的还有鞑靼、亚美尼亚、格鲁吉亚等。① 这些民族(нация)之所以成为民族,在于它们是"资产阶级民族",只是由于它们不够强大而被沙俄帝国征服和吞并统一在一个大帝国中,而它们的"共同语言"是各自"民众的口头语言,而不是官场的文牍语言"②。

按照斯大林的四要素定义,即使排除了"单独的民族国家"(政治独立)作为第五要素,也难说可以排除民族组织性即民族国家组织本身——《共产党宣言》所谓"政府"——作为第五要素。斯大林民族定义的逻辑悖论恰恰在于,他反对把"单独的民族国家"作为第五要素,但是又承认沙皇俄国资产阶级民族"国家制度的萌芽"③乃至"政治上最为发展的德意志人""最能适应国家组织性的"马扎尔人、"强大而有组织的(俄罗斯)贵族军事官僚"④所表现出来的民族组织性要素,而在作为民族国家典范的英、法、德三国更是不能排除此组织要素。

从马克思民族观来看斯大林的民族定义和民族实践,不难发现,斯大林民族定义排除了将国家独立作为要素,苏联实际上成了众多单一民族国家的孵化器。这显然是费孝通1939年以苏联、瑶族为例,强调"'民族'单位""族团"——1988年使用的"民族集团"概念也是民族的次级概念⑤——之于民

---

① 斯大林:《民族问题和列宁主义》(1929年),中国社会科学院民族研究所编:《斯大林论民族问题》,第393—394页。
② 斯大林:《马克思主义和民族问题》,《斯大林选集》(上卷),人民出版社1979年版,第62页。
③ 斯大林:《论党在民族问题方面的当前任务》(1921年),中国社会科学院民族研究所编:《斯大林论民族问题》,第176页。
④ 斯大林:《马克思主义和民族问题》(1913年),中国社会科学院民族研究所编:《斯大林论民族问题》,第34页。
⑤ 费孝通:《中华民族的多元一体格局》(1988年刊发于《北京大学学报》1989年第4期),费孝通:《费孝通文集》(第11卷),群言出版社1999年版。与1939年把"族团"作为内婚制"民族单位"不同,在此文中费孝通似乎倾向于在上下两级意义上区分"民族"(族团、民族集团)、"民族集团",都是描述性概念,难以定性分析。例如,《费孝通文集》(第11卷)第381、386页指出,民族集团是两个层次的概念,既是华夏族的次级单位,也是华夏族本身;第389、403页所说"华夏族团"应该是后一层级的概念,东夷"包含着不同的族团",作为东夷一部分的商人和作为西羌一部分的周人融合而成华夏族团;第416页指出56个民族都有次级的"民族集团"。

族的基层建构意义所无法解释的,也难以揭示梁启超、顾颉刚以英国为例阐发一个中华国民、一个中华民族这类命题的合理内核。无论是梁启超对"民族"概念的引进、对"中华民族"概念的合成,还是顾颉刚、费孝通对中华民族"理论"的有意识建构,都有学理本原,只有回到基本要素的层级,才能厘清民族概念的界定难题。

三 "中华民族"百年学术建构史的再检视

以梁启超、顾颉刚、费孝通的学术建构为线索,已出现不少研究成果,但是,在马克思民族观视阈下,把三位学人基于不同学术渊源——依次是德国政治学家伯伦知理、美国民族学家柏哲士"居住在同一地域的同种的人群"[①]、俄国人类学家史禄国——的民族概念做要素还原处理,具体展现他们对"中华民族"建构的切实推进所在,尚缺乏探讨。

在顾颉刚看来,欧美学者有旧的、新的两种民族学说,旧的民族学说强调血统,新的民族学说强调意识,孙中山依据前者形成民族五要素说(血统、生活、语言、宗教、风俗习惯),顾颉刚依据后者对孙中山的国族思想——大民族主义提出学理解释,尤其是高度认同孙中山对此的原因说明——"中国自秦汉而后都是一个民族造成一个国家"——并提供了历史学论证。1940年,翦伯赞恪守斯大林的民族定义,认为孙中山时代中华民族才形成,显然与孙中山自己的认识不同,却认为顾颉刚反对孙中山的五要素论[②],这里的逻辑悖论即在于对民族的要素以及各要素的重要程度存在分歧。现在没有资料显示顾颉刚看到过翦伯赞此文,仅就顾颉刚在论辩之后的论文重新修改来看,对于他所依据的欧美学者关于民族要素新解释的整段话,他作了较大删改,删除了"一种新的民族学说已经取代了旧的民族学说"的说法,并且隐去了杜尔凯姆等新民族学说代表学者的名字,却保留了他关于柏哲士民族二要素(地域、同

---

① 顾颉刚:《续论"中华民族是一个":答费孝通先生(续)》,马戎:《"中华民族是一个"——围绕1939年这一议题的大讨论》,第93页。顾颉刚:《续论"民族"的意义和中国边疆问题》,《顾颉刚全集 宝树园文存》(卷4),第124页。

② 翦伯赞:《论中华民族与民族主义——读顾颉刚〈续论中华民族是一个〉以后》(重庆《中苏文化》第6卷第1期,1940年4月5日),马戎:《"中华民族是一个"——围绕1939年这一议题的大讨论》,第55页。

种）的论述文字①，最起码显示出他对此种民族观的批评是有限度的。翦伯赞认为，顾颉刚"把'国家的组织'作为造成民族的因素之一""非常可笑"，进而根据斯大林四要素的时代前提指出，顾颉刚所说中华民族形成于秦汉不能成立，秦统一后仍是"部族的国家"，不是"民族的国家"，"秦代虽然建立了统一的国家，并没有形成统一的民族，其他的种族只能说是当作被征服的种族，甚至说是氏族放在秦代的统治之下"②。翦伯赞把国家划分为古代国家（古代希腊罗马的国家）、封建国家、近代资本主义国家三种类型，否认民族在古希腊城邦比如雅典的存在，显然没有注意到马克思对此的肯定论述。与翦伯赞恪守斯大林民族定义不同，1954 年范文澜根据新民主主义革命的经验，认为"产生于帝国主义时代的中国资产阶级"软弱，"不可能形成资产阶级的民族"③，从历史学角度打破了斯大林民族定义的时代限定。

就中国而言，斯大林的 нации 是否就是 nation？在鸦片战争开启近代之后的清末，这一问题通过梁启超把 nation 译为"民族"并且创造了"中华民族"这一合成词而获得了第一次的学术解决。1939 年通过"中华民族是一个"的争论，获得了第二次的学术解决。新中国成立之初，开始进行民族识别（identification of nationality④）工作，最终认定为 56 个民族。与之一致，国家民族事务委员会作为主管少数民族事务的机关，它对"民族"字眼的翻译对应的也是"nationality"而非"nation"。1953 年，毛泽东在中共中央讨论《关于过去几年内党在少数民族中进行工作的重要经验总结》时强调："科学的分析是可以的，但政治上不要去区分哪个是民族，哪个是部族或部落。"⑤ 政治与科学分开，意思是很明确的，由此开启了第三次的学术解决。

马克思、恩格斯著作汉译的难度，为解决这一科学问题，造成了一定的障碍。在 20 世纪 60 年代把 народность 汉译为"部族"取消之后，进一

---

① 顾颉刚：《续论"中华民族是一个"：答费孝通先生（续）》，马戎：《"中华民族是一个"——围绕1939年这一议题的大讨论》，第 93—95 页。顾颉刚：《续论"民族"的意义和中国边疆问题》，《顾颉刚全集 宝树园文存》（卷4），第 124—126 页。
② 翦伯赞：《论中华民族与民族主义——读顾颉刚〈续论中华民族是一个〉以后》，马戎：《"中华民族是一个"——围绕1939年这一议题的大讨论》，第 145 页。
③ 范文澜：《试论中国自秦汉时成为统一国家的成因》，《历史研究》1954 年第 3 期。
④ 肖家成编：《英汉·汉英民族学术语》，民族出版社 1992 年版，第 400 页。
⑤ 参见江流《马克思主义民族理论与中华民族论》，《马克思主义研究》2011 年第 6 期。

步增加了不能准确对应的问题,鉴于有学者主张的改译"族体"流行不广,而且容易理解为"族类共同体"这一一般概念,为了与中国近代既有学术传承衔接,恢复原译恐怕更好。在此笔者主张把 Volk、Völkerschaft、Nationalität、Nation 四个词分别译为人民(强调人群或族群意义,可以简称"人")、原始部族(由部落联合而成)、现代部族(打破封建贵族割据而成的君主制基础)、民族(强调民族整体或凝聚核心的意义)。根据这一标准,可以形成如下五点基本认识。

第一,对英国民族的认知,与恩格斯比较,梁启超、顾颉刚的认识都有合理内核。

恩格斯把苏格兰高地的盖尔人(the Highland Gaels)和威尔士人(the Welsh)都称为 nationality,而不是像英格兰人(the English)那样称为 nation,尽管把三者都称为 peoples。[①] 这就意味着,大不列颠和北爱尔兰联合王国是由一个民族三个 nationality 组成的民族国家,属于"一民族配多部族"的模式。

梁启超 1923 年《中国历史上民族之研究》一开始就把条顿种族与斯拉夫种族并提,前者分为英、德等民族,后者分为俄、塞等民族。[②] 这里采取的是区分种族与民族的论述角度,但是从分类学中西对应的角度看,梁启超所谓"斯拉夫种族"在恩格斯看来只是"斯拉夫民族(peoples)","俄国民族(people)"在汉译名目下说的其实应是"俄国人民"[③]。梁启超所举"民族化合之例",一个是"合中华民族、苗族、羌族、匈奴、东胡乃至其他诸异族而成"的"中华国民",另一个是"合那曼族、撒克逊族、盎格鲁族而成"的英格兰人。[④] 顾颉刚也认为,"英人乃是塞尔特、罗氏(马)、盎格罗、萨克森、究特、丹麦人、脑曼人以及其他小种族相混

---

① 恩格斯:《工人阶级同波兰有什么关系?(1866 年)》,《马克思恩格斯全集》(第 16 卷),第 175 页。*Karl Marx Friedrich Engels Gesamtausgabe*(MEGA),I/20,Akademie Verlag,2003,S. 199.

② 梁启超:《中国历史上民族之研究》(1923 年),梁启超:《饮冰室文集点校》(第 5 集),云南教育出版社 2001 年版,第 3211 页。

③ 恩格斯:《工人阶级同波兰有什么关系?(1866 年)》,《马克思恩格斯全集》(第 16 卷),第 177、171 页。

④ 梁启超:《历史上中华国民事业之成败及今后革进之机运(1920)》,梁启超:《饮冰室文集点校》(第 5 集),第 3240、3241 页。

合的子孙"①、盎格罗、萨克森、脑曼人就是梁启超列举的三种,现在通译盎格鲁、撒克逊、诺曼人。之所以说顾颉刚与恩格斯一致即在于塞尔特(Celtic),现译克尔特,属于恩格斯所说的盖尔人,是 nationality。

相对于"最适当的中华民族之名",1939 年顾颉刚主张"舍弃以前不合理的'汉人'的称呼"②。1939 年 5 月 8 日《续论"中华民族是一个":答费孝通先生》把"部族"置于"中华民族"之下,提出了一个民族配几个部族(蒙、藏、缠回)的结构论。他指出:"汉人的文化虽有一个传统,却也是无数文化体质的杂糅,他们为了具有团结的情绪和共同的意识,就成了拆不开的团体了。再想蒙、藏、缠回,知道他们都是部族。汉人体质中已有了许多蒙、藏、缠回的血液,现在的蒙、藏、缠回则是同化未尽的,然而即此同化未尽的也是日在同化的过程之中,将来交通方便,往来频繁以后,必有完全同化的一天。至于现在虽没有完全同化,然而一民族中可以包含许多部族,我们当然同列于中华民族而无疑。"③ 在后来该文的修改重刊文中,增补说蒙、藏、缠回"应该就其蒙旗部落的组织唤作'部族'"④。与该文不同,1939 年 5 月 29 日《续论"中华民族是一个":答费孝通先生(续)》把满、蒙、回、藏、苗等等作为"种族"看待,尚未达到汉人所处的 nationhood 这一历史阶段,也就是说,在"中华民族"的目标和方向之下,中华民族的先进者(汉人达到一个 nationhood,成为一个 nation)与后进者(满、蒙、回、藏、苗等等作为种族)并存,提出了一个民族配几个种族的结构论。他指出:"汉人的成为一族,在血统上有根据吗?如果有根据,可以证明它是一个纯粹的血统,那么它也只是一个种族而不是民族。如果研究的结果,它并不是一个纯粹的血统,而是已含满蒙回藏苗……的血液的,那么它就是一个民族而不是种族。它是什么民族?是中华民族,是中华民族之先进者,而现存的满蒙回藏苗……便是

---

① 顾颉刚:《续论"中华民族是一个":答费孝通先生(续)》,马戎:《"中华民族是一个"——围绕 1939 年这一议题的大讨论》,第 93 页。顾颉刚:《续论"民族"的意义和中国边疆问题》,《顾颉刚全集 宝树园文存》(卷 4),第 124 页。
② 顾颉刚:《中华民族是一个》,马戎:《"中华民族是一个"——围绕 1939 年这一议题的大讨论》,第 37 页。
③ 顾颉刚:《续论"中华民族是一个":答费孝通先生》,马戎:《"中华民族是一个"——围绕 1939 年这一议题的大讨论》,第 76 页。
④ 顾颉刚:《我为什么要写"中华民族"是一个》,《顾颉刚全集 宝树园文存》(卷 4),第 113 页。

中华民族之后进者。他们既是中华民族之后进者,那么在他们和外边隔绝的时候,只能称之为种族而不能称之为民族,因为他们尚没有达到一个 nationhood,就不能成为一个 nation。他们如要取得 nation 的资格,惟有参加到中华民族之内。既参加在中华民族之内,则中华民族只有一个。"① 从具体论述来看,他的用意在区分民族与非民族。

按照恩格斯的界定,英国人中的英格兰人才是 nation,苏格兰人、威尔士人则不是。梁启超的贡献在于通过对比同样揭示出这一历史真相,指出中华民族(炎黄子孙)是本部所谓"中国民族"的历史源头和凝聚核心,是英格兰人那样的 nation,中华国民则是英国人那样的包括汉族和少数民族的大民族概念。顾颉刚的贡献在于,不仅从生成论的角度,把英国人、法国人、美利坚民族、中华民族都视为一个民族,指出它们均由多个种族形成(在中国商周是不同种族)②,而且从结构论角度,指出"一民族中可以包含不少的部族"③。尽管梁启超在与英格兰人对等的意义上看待的"中华民族"恰恰就是顾颉刚意义上的"一民族",但是顾颉刚并没有从结构论的角度揭示出英格兰人才是英国人中那唯一的"一个民族(nation)",其贡献侧重于从生成论的角度揭示出秦汉人作为古代民族(nation)、中华民族作为全称民族的历时性内在联系。

第二,学科之于学术的影响,学人一般缺乏自觉意识,不过,对于学术与政治的关系,即使宣称谨守前者,也难免外溢于后者。

就中华民族研究而言,梁启超1905年《历史上中国民族之观察》一开始就明言区分学术与政论,指出:"(一)中国主族,即所谓炎、黄遗胄者⋯⋯(二)本论所研究者,属于学术范围,不属于政论范围。故主权上主族客族之嬗代,不置论焉,惟刺取其有影响于各族之进化、退化、合并、迁徙者论之。"④ 梁启超所谓在主权上区分主族、客族,应该是区分统治民族与被统治民族的意思,他与费孝通都把满洲视同鲜卑、女真那样的

---

① 顾颉刚:《续论"中华民族是一个":答费孝通先生(续)》,马戎:《"中华民族是一个"——围绕1939年这一议题的大讨论》,第97页。
② 顾颉刚:《续论"民族"的意义和中国边疆问题》,《顾颉刚全集 宝树园文存》(卷4),第124页。顾颉刚:《我为什么要写"中华民族"是一个》,《顾颉刚全集 宝树园文存》(卷4),第110页。
③ 顾颉刚:《我为什么要写"中华民族"是一个》,《顾颉刚全集 宝树园文存》(卷4),第113页。
④ 梁启超:《饮冰室文集点校》(第3集),第1678页。

"他族征服我族，经若干岁月之后，遂变为文化上之被征服者"类型，属于主体的我族凭借"主干的文化系"同化作为客体的他族①，他们秉持的是同样的民族史学科标准，这样就把政论强调的政治主权问题即统治民族与被统治民族作为政治本身排除于考察之外了。

顾颉刚自言他与费孝通的争论属于"政治教育"与"纯粹学术"之争，其实他们都各有学术依据，他用"族类"② 这一传统概念取代论辩时所用的"种族""部族""小部族""民族"，显示了更大的包容性，也更为准确。他称"汉人受了五胡的压迫""逃到南方""许多南方部族也就并入汉人的队伍"，而"渐渐衰老的中国民族"由于新种族、新文化的加入、混合表现出"返老还童的新气象"③。历史上，"中国民族"这一返老还童的逻辑不断重复，可以认为，在顾颉刚看来，相对于作为"五族共和"之一的汉人来说，苗人、瑶人可以视为汉人本部十八省大环境内的"部族"。

与顾颉刚不同，民族学者吴文藻认为，对于"五族共和"来说，费孝通、王同惠所研究的花篮瑶等西南族团（这一界定显然大于王同惠把花篮瑶区分为五个族团的说明，容易造成理论混乱）、土著民族是被弃之度外的④，这或许有助于揭示瑶人、瑶族何以成为民族学的研究对象。费孝通1991年提出把蒙古人纳入不同层次的"凝聚核心"⑤，被认为是对《中华民族多元一体格局》中提出的以汉人为"凝聚核心"的观点的修订和补充。⑥ 这里遗留的问题在于，费孝通的这一修订是否意味着民族史学科要

---

① 梁启超：《饮冰室文集点校》（第5集），第3230页。
② 顾颉刚：《顾颉刚文集第一册序录》（1944年），《顾颉刚全集 宝树园文存》（卷4），第14页。
③ 顾颉刚：《续论"中华民族是一个"：答费孝通先生》，马戎：《"中华民族是一个"——围绕1939年这一议题的大讨论》，第74—75页。
④ 费孝通、王同惠：《花篮瑶社会组织》（1935），费孝通：《六上瑶山》，群言出版社2015年版，吴文藻《导言》第142页。
⑤ 费孝通：《在川黔毗邻地民委协作会第四届年会上的讲话》，《民族社会学研究通讯》1991年第49期。潘乃谷：《费孝通讲"武陵行"的研究思路》，《民族社会学研究通讯》2008年第49期。费孝通指出："我把中华民族的核心群体叫做'凝聚核心'。中华民族的发展进程就是围绕着这个核心展开的，许多群体都参与了这个'凝聚核心'的发展过程，包括了汉人、蒙古人在内，有的进入了这个核心，有的附着在这个核心之上，形成不同的层次。以'核心'开展的分分合合的过程，包括各民族自身的形成都是如此发展的，连汉族的形成也不例外。凝聚是一个过程（Process），它在过程当中逐步构成了不同层次的差序。"
⑥ 马戎：《费孝通先生的民族问题研究》，《西北民族研究》2016年第4期。

发生梁启超所谓"主权上主族客族之嬗代"这一国家主义的政治学转向,才便于从历史坐标上定位其进入核心的时点,比如蒙古在元代、满洲在清代。

顾颉刚与费孝通在民族问题上的共识在于"一民族多种族"的结构。费孝通总结顾颉刚民族概念的运用后指出:"先生以民族指在同一政府之下,在同一国家疆宇之内,有共同利害,有团结情绪的一辈人民。在'民族'之内部可以有语言、文化、宗教、血统不同'种族'的存在。"① 区别仅仅在于,在"一体多元"的费孝通框架下,"民族"被替换为"中华民族","种族"被替换为"民族"。

第三,1939年顾颉刚、费孝通分别以"文化集团""团体"为基本概念展开的学术论辩,需要回到民族要素层面认清其异同。

学界一般认为"民族"概念是从日本引进的,相对于nation,而梁启超于1899年在《东籍月旦》一文中最早使用"民族"一词,于1902年《论中国学术思想变迁之大势》一文中最早使用"中华民族"② 一词,而1903年初他访美之后有一个国家主义转向。③ 其实,1903年梁启超的国家主义转向主要表现在民族方面,由1902年致书乃师康有为所言"所以唤起民族精神者,势不得不攻满洲"④,即"攻满"转变为合满,具体来说,就是区分小民族、大民族或者小民族主义、大民族主义,前者在1905年尚被认为仅仅包括汉人、汉族⑤,后者则"合汉,合满,合蒙,合回,合苗,合藏,组成一大民族"⑥,因应的是国家瓜分危机。不过,梁启超的大民族是中华国民,他把满洲人(旗人)划入"中华民族"而把蒙古人排除

---

① 费孝通:《关于民族问题的讨论》,顾颉刚:《顾颉刚全集 宝树园文存》(卷4),第135页。
② 梁启超:《论中国学术思想变迁之大势》(1902年),梁启超:《饮冰室文集点校》(第1集),第215、228页。
③ 郑师渠:《梁启超的中华民族精神论》,郑大华、邹小站主编:《中国近代史上的民族主义》,社会科学文献出版社2007年版,第135页。[美]张灏:《梁启超与中国思想的过渡》,崔志平等译,江苏人民出版社2005年版,第169—170页。章永乐:《旧邦新造:1911—1917》,北京大学出版社2011年版,第90页。
④ 丁文江、赵丰田编:《梁启超年谱》,上海人民出版社1983年版,第286页。
⑤ 梁启超:《历史上中国民族之观察》(1905年),梁启超《饮冰室文集点校》第1678页指出:"今之中华民族,即普通俗称所谓汉族者。"
⑥ 梁启超:《政治学大家伯伦知理之学说》(1903年),张品兴主编:《梁启超全集》,北京出版社1999年版,第1070页。

在外，其标准是文化尤其是民族意识："血缘，语言，信仰，皆为民族成立之有力条件，然断不能以此三者之分野，径指为民族之分野。民族成立之唯一的要素，在'民族意识'之发现与确立。何谓民族意识？谓对他而自觉为我。"① 与梁启超的文化标准类似，顾颉刚在民族之下区分三大"文化集团"，分别是汉文化集团（汉、满）、藏文化集团（藏、蒙）、回文化集团（缠回、汉回）。② 其汉文化集团，其实就是梁启超 1923 年所认为的包含满洲人（旗人）在内的"中华民族"③。

费孝通 1939 年针对"民族"的混乱用法，建议在讨论问题时把它转换为"政治团体""语言团体""文化团体""体质团体"——也就是"某某团体"的直接表达形式，并且在其书信中基本实行了这一方法，他把顾颉刚关于"中华民族是一个"的命题还原为"政治团体是一个"，并且表示"这句话说来似乎很没有力"④。作为回应，顾颉刚表示"民族就是一个有团结情绪的人民团体""为了具有团结的情绪和共同的意识，就成了拆不开的团体了"，这样的团体不限于"政治上的统一"（政治团体），还在于"心理上的统一"（心理团体）。⑤ 费孝通的质疑在当时难以形成有力诘难，一个重要原因在于概念界定不清，具体来说就是，他不仅把政治团体等同于 state，又把顾颉刚意义上的中华民族（nation）同样等同于政治团体，这样他提出的 state 与 nation 的二分法⑥就被他不自觉地混同起来。问题的实质在于，"某某团体"的归纳其实是建立在民族不同要素基础之上的，"语言团体""文化团体""体质团体"三种团体不是分立的，对于费孝通来说，语言、文化、体质团体已是民族，对于顾颉刚来说，语言、文化、体质、政治、心理团体才是民族。与斯大林的四要素论（"人们在历史上形成的一个有共同语言、共同地域、共同经济生活以及表现于共同

---

① 梁启超：《中国历史上民族之研究》（原题《中华民族之成分》，1923 年 4 月发表于《史地丛刊》第 2 卷第 2、3 号），梁启超：《饮冰室文集点校》（第 5 集），第 3211 页。
② 顾颉刚：《中华民族是一个》，马戎：《"中华民族是一个"——围绕 1939 年这一议题的大讨论》，第 39 页。
③ 梁启超：《中国历史上民族之研究》，梁启超：《饮冰室文集点校》（第 5 集），第 3211 页。
④ 费孝通：《关于民族问题的讨论》，《顾颉刚全集 宝树园文存》（卷 4），第 135 页。
⑤ 顾颉刚：《续论"中华民族是一个"：答费孝通先生》，马戎：《"中华民族是一个"——围绕 1939 年这一议题的大讨论》，第 76、79 页。
⑥ 费孝通：《关于民族问题的讨论》，《顾颉刚全集 宝树园文存》（卷 4），第 135 页。

文化上的共同心理素质的稳定的共同体"①）相比，费孝通认为，史禄国的"民族定义基本上是相同的，就是少了共同地域和共同经济两个要素"②。

这里需要解释的问题是，费孝通1996年自言早在1935年就去大瑶山调查"瑶族的体质和社会组织"③，并把其社会组织称为"石牌组织"，为什么作为民族的要素没有"社会组织"一项？吴文藻在《花篮瑶社会组织》之"导言"中有一个说明，即社会学家把"社会组织"等同于"社会文化"，物质文化、象征文化（语言文字）、社会组织、精神文化作为文化（或生活方式），是社区三要素（人民、地域、文化）之一。④ 这或许可以解释社会组织何以不能成为民族的要素，因为在社会学中它属于文化范畴。与之不同，顾颉刚的文化范畴集中体现为生活方式方面的物质文化：乐器、坐卧用具、骑乘车马、衣裳、明器、胭脂。⑤ 可见，费孝通的民族定义实际上并未排除社会组织的内涵。

费孝通于1935年与妻子王同惠赴广西大瑶山调研，王同惠指出，在汉瑶互不相扰的很长时期内瑶人社会无异于"独立王国"，石牌组织作为当地的一种议事、自卫组织，由每村公举两名瑶头组成，"瑶王"作为大团总既没有特权又没有仆役，其最高权力是罚款以及对盗禾、拐卖人口、强盗、放蛊处以死刑，直至宣统年间才把瑶人分为四团，民国年间进一步把瑶头纳入村长、乡长行政体系。⑥ 正是根据王同惠《花篮瑶社会组织》，费孝通1939年指出："在瑶人之间，各个族团根据他们在文化、语言、体质上的不同，各有组织，不相通婚，时有冲突。"⑦ 当地五个"族团"互不通婚，在笔者看来，恐怕说明族团之间仍然保有氏族部落团体同姓不婚的遗风，似乎意味着费孝通所说的"族团""民族集团"处于氏族、部落

---

① 费孝通：《简述我的民族研究经历和思考》（1996年），《费孝通文集》（第14卷），第92页。
② 费孝通：《人不知而不愠——缅怀史禄国老师》（1994年），《费孝通文集》（第13卷），第84页。
③ 费孝通：《简述我的民族研究经历和思考》（1996年），《费孝通文集》（第14卷），第88页。
④ 费孝通、王同惠：《花篮瑶社会组织》（1935），费孝通：《六上瑶山》，吴文藻"导言"第137—138页。
⑤ 顾颉刚：《中华民族是一个》，顾颉刚《顾颉刚全集 宝树园文存》（卷4），第96—97页。
⑥ 王同惠：《桂行通讯》（1935），费孝通：《六上瑶山》，群言出版社2015年版，第57、58页。
⑦ 费孝通：《关于民族问题的讨论》，《顾颉刚全集 宝树园文存》（卷4），第137页。

之后的部族阶段。1978年重访瑶山后,他了解到瑶族有三种不同"语言的集团",有不同的他称与自称,比如说瑶语的盘瑶(自称勉)、说苗语的花篮瑶(自称炯奈)、说侗语的茶山瑶(自称拉加)等,基于此,他改变了瑶族同源有五大支系的旧认识,确立了"不同来源的民族集团"形成瑶族的新观念。尽管族团不相通婚,但是"他们共守石牌的法规维持山内的秩序,结成密切的联盟,有难共当,确保团结"①。这些土著民族不愿意服汉人王朝的徭役而进山,他们"为了生存不得不团结起来,建立起一个共同遵守的秩序,即维持至解放前的石牌组织。对内和平合作,对外同仇敌忾,形成了一体。山外的人称他们为瑶人,他们也自称是瑶人,成为一个具有民族认同意识的共同体",这就是费孝通心目中"多元一体的雏形"②。

在1939年的费孝通看来,由族团形成了政治团体:"政治团体是有共同利害的一辈人组织起来维持内在的秩序,抵抗外来的侵略。若是不同文化、语言、体质的人发生共同利益的可能,有对内秩序,对外安全的需要,理论上讲,自然没有不能团结成为一个政治团体的可能。"③ 不过,其问题在于,瑶人及其石牌组织难说就是政治团体。顾颉刚1937年曾提到满、蒙、回、藏、苗、瑶各族,现在只有"地域上的区别而没有主藩可分了"④。由此可见,苗、瑶亦为顾颉刚所关注,不过恐非蒙、回、藏那样的藩部民族可比,谈不上什么政治性,应该属于恩格斯所说的处于专制制度基础的"部族(nationality)"。按照王同惠的研究,石牌组织在清末民国才逐渐嫁接、整合进入国家行政体系。

作为社会学家的费孝通强调社会组织,与作为历史学家的顾颉刚强调政治组织、国家组织,是学科不同导致的不自觉影响,也是两者形成分歧的重要学术背景。就政治组织的层面讲,石牌组织这样的社会组织如果不嫁接到政治组织中,社会学家关注的社会组织就难以成为历史学家的研究对象。就此而言,顾颉刚对民族与种族(部族)的区分还是有效的,政治

---

① 费孝通:《〈盘村瑶族〉序》(1983年),《费孝通文集》(第9卷),第90—91、94页。
② 费孝通:《简述我的民族研究经历和思考》(1996年),《费孝通文集》(第14卷),第102—103页。
③ 费孝通:《关于民族问题的讨论》,《顾颉刚全集 宝树园文存》(卷4),第137页。
④ 顾颉刚:《经营边疆的基本工作》(1937年5月12日《北平晨报·社论》),《顾颉刚全集 宝树园文存》(卷4),第240页。

组织是"国家民族"这一国际法意义上族类的要素，社会组织是"部族（nationality）"这一人类学民族学意义上族类的要素。

第四，费孝通对苏联民族以及斯大林民族定义的认知有一个过程，晚年他与顾颉刚对中国古代民族及其现代化的认识渐趋一致。

1939年费孝通把苏联的俄罗斯、乌克兰看成与吉尔吉斯同样的"'民族'单位"①，实际上把两种不同的"民族"混淆了。按照顾颉刚的说法，"民族的主要条件只有一个"即心理，不在于"语言、文化和体质"，也不在于"个人的社会地位、宗教信仰、经济利益和皮肤颜色"②，这样的界定反而与斯大林的民族"四要素"或共同语言、共同地域、共同经济生活、共同文化、共同心理素质"五共同"有更多的契合之处。

面对费孝通的商榷，顾颉刚承认种族对译clan是"我的错误"，接受费孝通关于把种族对译race、氏族对译clan（单系亲属团体）的建议，在社会人类学意义上的氏族（clan）概念、人种体质意义上的种群（race）概念、文明文化意义上的人群（people，人民、国民）概念之间建立了初步区分。不仅于此，对于"种族"，顾颉刚有自己独到的理解，他指出："中国所谓种族，实是包含了体质的和文化的双重含义。"③ 由此可见，顾颉刚的种族概念似乎是基于氏族部落又超越氏族部落的概念。按照斯大林在给"民族"下定义之前对"种族"和"部落"的区分和举例，可以知道居鲁士帝国和亚历山大帝国都是"由不同的种族和部落组成的""不能称为民族""现今的意大利民族是由罗马人、日耳曼人、伊特拉斯坎人、希腊人、阿拉伯人等等组成的。法兰西民族是由高卢人、罗马人、不列颠人、日耳曼人等等组成的。英吉利民族、德意志民族等也是如此，都是由不同的种族（расы）和部落的人们组成的"④，可见，作为意大利民族的核心源头的罗马城邦公民——"罗马人"——不被斯大林视为民族，而是视为"种族"，这就与马克思出现了不一致。

早在1937年，顾颉刚已经指出："夏、商、周不是三个朝代而是三个

---

① 费孝通：《关于民族问题的讨论》，《顾颉刚全集 宝树园文存》（卷4），第138页。
② 顾颉刚：《续论"中华民族是一个"：答费孝通先生（续）》，马戎：《"中华民族是一个"——围绕1939年这一议题的大讨论》，第94页。
③ 顾颉刚：《续论"中华民族是一个"：答费孝通先生（续）》，马戎：《"中华民族是一个"——围绕1939年这一议题的大讨论》，第100页。
④ 斯大林：《马克思主义和民族问题》，中国社会科学院民族学与人类学研究所民族理论室编：《马克思主义经典作家民族问题文选·斯大林卷》，社会科学文献出版社2016年版，第30页。

种族"，春秋时黄河下游的人"自称为'诸夏'"，正是因为以文化分（中国高、边方低）而不是以种族分，"姬姓的周、鲁，姜姓的齐、许，已列于诸夏，而姬姓的骊戎，姜姓的姜戎，则依然是戎"①。《睡虎地秦墓竹简》显示："真臣邦君公有罪，致耐罪以上，令赎。可（何）谓'真'？臣邦父母产子及产它邦而是谓'真'。可（何）谓'夏子'，臣邦父秦母谓也。"② 从夏到诸夏，再到秦对诸夏的统一（在秦律上，夏人包括臣邦父秦母所产子即"夏子"，臣邦父母所产子则不包括在内），夏、诸夏尚未形成"夏人"这一民族形式，因此只具有部族性质。

在顾颉刚看来，种族国家之后是民族国家。顾颉刚认为，"'中华民族是一个'的意识"从秦始皇统一后"生根发芽"，到抗战时期说出"中华民族是一个"，已经"默默地实行"了"两千数百年的历史""秦汉疆域里的人民大家都是中国人"。③ 民族意识的历史如此之长，由此可知，顾颉刚民族观念中之政治含义并非仅限于现代主权国家，也是一个历史范畴，秦人或汉人作为古代 nation，并不排斥现代 nation。基于现实关怀，基于中华民国作为现代资产阶级国家的属性，在当时的政治语境中，顾颉刚的民族概念与西方民族国家理论中的现代 nation 概念在"同为一个"的意义上是相同的。

晚年的费孝通也回到这一认识框架之下。他在公国到民族国家的西方序列参照下理解东方帝国的特点，写于 2000 年的《新世纪 新问题 新挑战》一文指出："传统中国不是欧洲式的小公国，而是腹地广阔，中央与地方、城市与乡村、主体民族与少数民族之间关系比较复杂而多元的文明国家"，即"empire"（帝国），这样的国家的现代形态"必然也与从欧洲的小公国转变而来的民族国家（nation state）有着很大不同"④。尽管 1988 年他所谓"汉族的名称一般认为到其后的南北朝时期才流行"⑤ 的说法似乎并未获得近年文献研究的支持，但他把"汉族"——也许古代始终难以

---

① 顾颉刚：《如何使中华民族团结起来——在伊斯兰学会的演讲词》（1937.11），《顾颉刚全集 宝树园文存》（卷4），第60页。
② 睡虎地秦墓竹简整理小组：《睡虎地秦墓竹简》，文物出版社1978年版，第227页。
③ 顾颉刚：《中华民族是一个》，马戎：《"中华民族是一个"——围绕1939年这一议题的大讨论》，第35—36页。
④ 费孝通：《新世纪 新问题 新挑战》（2000年），《费孝通全集》（第17卷），内蒙古人民出版社2009年版，第158页。
⑤ 费孝通：《中华民族的多元一体格局》（1988年），《费孝通文集》（第11卷），第412页。

形成这一组合概念，只有"汉人"字眼——的形成确立为"汉承秦业，在多元的基础上统一成为汉族"①的结果，说明晚年的费孝通似乎又重新回到了顾颉刚当年的古代民族国家立场，只不过达成"民族国家"的路径依旧，用他 1939 年的话说就是："文化、语言、体质上的分歧是容易混一的，若是我们的目的在建设一个现代民主国家，文化、语言、体质上没有混一的必要。"②

直至 1993 年费孝通仍然坚持认为顾颉刚 1939 年的言论只是基于政治立场，并且申说："我们不应该简单地抄袭西方现存的概念来讲中国历史的事实。民族是属于历史范畴的概念。中国民族的实质取决于中国悠久的历史，如果硬套西方有关民族的概念，很多地方就不能自圆其说。顾先生其实在他的研究中已经接触到了这个困难。他既要保留西方'民族国家'的概念，一旦承认了中华民族就不能同时再承认在中华民族之内还可以同时存在组成这共同体的许多部分，也称之为民族了。"③ 其实，这一政治问题的学术硬核依然没有解决，费孝通没有认识到，在"中华民族"翻译为 Chinese nation 的时候，组成"中华民族"这一个共同体的许多部分的"民族"只能翻译为 nationality，而不是 nation，而正是在这个意义上，顾颉刚说"中华民族是一个 nation"，是成立的。费孝通所谓"历史范畴"，也不是斯大林意义上的资本主义上升时期，而是"取决于中国悠久的历史"。按照费孝通的理解，"西方现存的概念"造成了他与顾颉刚之间的分歧，其实，nation 是语言、文化、体质团体，抑或是语言、文化、体质、政治、心理团体，只是表面分歧，语言、文化、体质、社会、意识是共同的要素。顾颉刚 1939 年说"构成民族的主要条件只有一个'团结的情绪'"④，费孝通 1996 年说"以民族认同意识为民族这个人们共同体的主要特征"，他的贡献在更大程度上是"引申到民族认同意识的多层次性"⑤，也就是"中华民族、汉族和少数民族都各得其所，分属于不同层次的认同体"即高低层次认同体、"既统一又多元的复合体""相互依存的、统一而不能分

---

① 费孝通：《中华民族的多元一体格局》（1988 年），《费孝通文集》（第 11 卷），第 411 页。
② 费孝通：《关于民族问题的讨论》，《顾颉刚全集 宝树园文存》（卷 4），第 139 页。
③ 费孝通：《顾颉刚先生百年祭》，《费孝通文集》（第 13 卷），第 30 页。
④ 顾颉刚：《续论"中华民族是一个"：答费孝通先生（续）》，马戎：《"中华民族是一个"——围绕 1939 年这一议题的大讨论》，第 94 页。
⑤ 费孝通：《简述我的民族研究经历和思考》（1996 年），《费孝通文集》（第 14 卷），第 103 页。

割的整体"即民族实体。这里的一个学术争议在于中华民族是一个社会实体、民族实体的名称（民族意识具体表现为自称、他称），还是"把56个民族加在一起的总称"。费孝通肯定前者，否定后者，认为汉族"发挥凝聚作用把多元结合成一体，这一体不再是汉族而成了中华民族"[1]，包括汉人、蒙古人在内的许多群体都参与了"凝聚核心"的发展过程，有的进入了这个核心，有的附着在这个核心之上，形成"凝聚核心"的不同层次。这样，核心层（汉族）、核心附着层、边缘层也就构成了一个社会实体、民族实体。中华民族既是一个社会实体又是一个民族意识复合体，费孝通的这一最终结论是基于认同这一民族要素的认知。

与顾颉刚的论述相比，中华民族实体论要解决的主要是凝聚核心的名称问题，到底是叫作汉人还是中华民族。在顾颉刚看来，"汉本非种族"[2]，实乃"朝代之名"，认为"秦字衍变为支那"，实际上就是中国（China）。顾颉刚所谓以前"没有办法，只得因别人称呼我们为汉人而姑且自认为汉人，现在有了最适当的中华民族之名了，我们就当舍弃以前不合理的'汉人'的称呼，而和那些因交通不便而知生活方式略略不同的边地人民共同集合在中华民族一名之下"[3]，则包含了具有很大历史穿透力的合理内涵，汉人之于中华民族（中国人）具有类似英格兰人之于英国人的命名意义。

只有从马克思的民族观视阈，才能厘清民族作为历史范畴，不仅仅是斯大林意义上的资本主义上升时期这一特定历史阶段。中国古代也有民族，在这一点上，中国历史不具有区别于西方历史的独特性和例外论。《礼记·王制》所说"中国戎夷，五方之民"的划分标准被解读为"不是民族国家理论中的人种或血缘，而是在物质文化方面，包括生产方式、生活方式等方面所具有的特殊性"[4]，其实在"安居、和味、宜服、利用、备器"之外，还有"言语不通，嗜欲不同"的要素。以单纯的人种或血缘来界定民族国家理论，或许只有顾颉刚所批判的美国民族学家柏哲士的民族

---

[1] 费孝通：《简述我的民族研究经历和思考》（1996年），《费孝通文集》（第14卷），第101页。

[2] 顾颉刚：《续论"中华民族是一个"：答费孝通先生（续）》，马戎：《"中华民族是一个"——围绕1939年这一议题的大讨论》，第94页。

[3] 顾颉刚：《中华民族是一个》，马戎：《"中华民族是一个"——围绕1939年这一议题的大讨论》，第37页。

[4] 李大龙：《从夏人、汉人到中华民族——对中华大地上主体族群凝聚融合轨迹的考察》，《中国史研究》2017年第1期。

定义——"居住在同一地域的同种的人群"——与之接近。

第五，费孝通始终没有认识到乃师史禄国英文著作使用的 ethnos 这一拉丁词另有希腊词源 εθνοs，与部族（nationality）对等。

从西方游牧民族的历史来看，先有部族（nationality），再有民族（nation），但两者同属区别于"古代"的"现代"范畴。这里，需要强调的是，nationality 不属于中世纪封建范畴，而属于近代早期君主制范畴。其实，中国从先秦封建到秦制君主专制的发展脉络，从民族学的角度而言，与此是类似的，也就是说，从部落联合意义上的部族（nationality）到 nation，也适用于说明古代民族——汉代"汉人"——的形成。针对叶菲莫夫《论中国民族的形成》所谓封建社会时期的汉族是部族的观点，范文澜《试论中国自秦汉时成为统一国家的成因》提出汉民族形成于秦汉。① 从具体论证的角度看，其实是重复了 1939 年顾颉刚论题的一个方面即汉人作为古代民族（nation）的问题（马克思的命题），而没有涉及顾颉刚论题的另一方面，即在清代专制君主下蒙、回、藏作为 nationality 的问题（恩格斯的命题）。在 1937 年把夏商周认定为种族的基础上，顾颉刚于 1939 年把蒙、回、藏归入部族（nationality），而把汉人（中华民族）归为民族，这正与恩格斯区分民族与非民族的思想暗合。

今日中国民族学者，无论对"民族去政治化"持支持或反对意见，似乎对恩格斯关于 nationality 的使用都注意不够，倾向于把 nationality 等同于"国籍"，排除了它在族类系列中的独立地位。② 针对 ethnos，郝时远认为，"在古希腊时代，该词主要是一个与'人民'（people）或'城市'（city）的名称相对应的'族体'（nationality）的称谓，是古希腊城邦国家的产物"③。其实，这一说法需要辨析。

首先，ethnos 本身不是希腊语，而是希腊语 εθνοs 的拉丁语转写，这一希腊语、拉丁语乃至俄语都有的名词形式在英文中却没有对应词，所以英文写法沿用了拉丁形式，而亚里士多德《政治学》就是写作 εθνοs。费

---

① 范文澜：《试论中国自秦汉时成为统一国家的成因》，《历史研究》1954 年第 3 期。
② 《牛津高级英汉双解词典》（牛津大学出版社、商务印书馆 1997 年版，第 979 页）显示 nationality 有两个义项：第一，国籍；第二，ethnic group forming part of a political nation，例如前捷克斯洛伐克的两大民族（the two nationalities of …）。可见后一义项有复数形式，"民族"就是"族群（ethnic group）"意义上的。
③ 郝时远：《Ethnos（民族）和 Ethnic group（族群）的早期含义与应用》，《民族研究》2002 年第 4 期。

孝通晚年多次回忆早年跟随俄国民族学者史禄国在清华大学学习的情形，谈到乃师民族学研究的核心概念即是拉丁词 ethnos。1994 年，他在《人不知而不愠》一文中引述了《国际人类学者人名字典》（C. Winters 编，1991）所载 A. M. Reshetov 撰写的史禄国简历中谈到史氏给 ethnos 下的定义："Ethnos 是人们的群体，说同一语言，自认为出于同一来源，具有完整的一套风俗和生活方式，用来维护和崇敬传统，并用这些来和其他群体作出区别。这就是民族志的单位——民族志科学研究的对象。"此语出自何书，该字典并未注明，费孝通也表示"无法核对"，他始终没有注意到这一定义就是郝时远谈到的 20 世纪 30 年代[①]史禄国对 этнос 的定义，早在 1985 年李振锡做了如下翻译："民族是那些讲一种语言、承认自己的统一起源、具有一整套习俗与生活方式、以传统来保持和被人尊崇并以传统而同其他同类者区别开来的人们的集团。"[②] 从费孝通所熟知的史禄国著作来说，此语并非出自 Ethnos 这一小册子，也并非出自把 Ethnos 作为第一章的巨著 Psyco-mental Complex of Tungus（1936）。费孝通所谓的小册子恐怕就是乃师 1923 年发表的英文专刊——全称 Ethnos，General Principles of Variations of Ethnographical and Ethnical Phenomena[③]，其中 Ethnos 定义为"以起源、习俗和语言的统一而联结起来的人们集团"。[④] Ethnos 的前言说，史禄国 1921—1922 学年在海参崴远东大学讲"民族志"这门课程，在其引论里阐述了 ethnos 理论。费孝通表示："史氏用的 Ethnos 是他的专用词，采自拉丁文，在《牛津英语字典》中直译为 Nation。史氏采用拉丁古字就是为了要避开现代英语中 nation 一词，因为 nation 在 19 世纪欧洲各民族强调政治自主权时，把这个词和 state 联系了起来，成为 Nation-State。State，是指拥有独立主权的国家，于是 Nation 也染上国家的涵义"，易言之，就是"为了把民族和主权国家脱钩"，使其"不染附义"。费孝通坦言"为

[①] 郝时远：《前苏联—俄罗斯民族学理论中的"民族"（этнос）》（上），《西北民族研究》2004 年第 1 期。

[②] ［苏］Ю·В·勃洛姆列伊：《民族与民族学》，李振锡等译，内蒙古人民出版社 1985 年版，第 26 页。

[③] 郝时远：《前苏联—俄罗斯民族学理论中的"民族"（этнос）》（上），《西北民族研究》2004 年第 1 期。

[④] 贺国安：《勃罗姆列伊的探索——关于"民族体"与"民族社会机体"》，《民族研究》1991 年第 1 期。

了不再把浑水搅得更乱",不再翻译乃师的这一专用词①,这实际上还是留下了一个如何翻译的问题没有解决。费孝通没有注明《牛津英语字典》的版次,笔者查《牛津高级英汉双解词典》,对 nation 的解释是:"通常是分享共同的历史、语言等等,并且生活于一个政府之下、特定地域上、大的人们共同体。"②可见,费孝通并没有注意到马克思、恩格斯、斯大林对"民族国家"的用词都是"national state"而非 nation-state。

与此处把 Ethnos 作为一个"人们的群体"这种指物名词用法不同,费孝通 1996 年则仅仅把它作为一个形成民族(Ethnic Union)的过程而非民族(Ethnic Union)本身来理解,认为 ethnos "这个拉丁字很不容易翻译,它多少和我们所说的民族有密切关系,但是直译为民族似乎还有点问题",至此他仍然认为此词"难于翻译"。不过,在这里,他倒是明确把 Ethnic Union 对译"民族":"Ethnic Union 是人们组成群体的单位,其成员具有相似的文化,说相同的语言,相信是出于同一祖先,在心理上有同属一个群体的意识,而且实行内婚。从这个定义看 Ethnic Union 可说是相当于我们所说的'民族'。"③ 这里的问题在于,与 1935 年《花篮瑶社会组织》把 Ethnic Union 译为包含文化、语言、团体意识、内婚四要素的"族团"——1939 年费孝通使用的就是这一概念——而言,费孝通这一晚年的说法并不更加准确——或许法语很好的作者王同惠比编者费孝通更好地理解了这一概念,因为 1988 年所说的"民族集团"并非"相当于我们所说的'民族'",至少在 1935 年的费孝通看来,"瑶人"即使已经作为广西省政府所实行的"特种民族教育政策"的对象却还不是"瑶族"④。尽管费孝通认为乃师 Psyco-mental Complex 一词难以翻译,但还是把它译为"心

---

① 费孝通:《人不知而不愠——缅怀史禄国老师》(1994年),《费孝通文集》(第13卷),第77、78、84—85页。《费孝通全集》(第14卷),第324—325页。
② 《牛津高级英汉双解词典》,牛津大学出版社、商务印书馆1997年版,第979页。
③ 费孝通:《简述我的民族研究经历和思考》(1996年),《费孝通文集》(第14卷),第104页。
④ 费孝通、王同惠:《花篮瑶社会组织》(1935),费孝通:《六上瑶山》,第118、122页。第137—138页吴文藻"导言"把"社会组织"等同于"社会文化",把物质文化、象征文化(语言文字)、社会组织、精神文化作为文化或生活方式,是社区三要素(人民、地域、文化)之一。这或许可以解释社会组织何以不能成为民族的要素,因为在社会学中它属于文化范畴,而顾颉刚的文化范畴在于生活方式方面的物质文化:乐器、坐卧用具、骑乘车马、衣裳、明器、胭脂。[顾颉刚:《中华民族是一个》,《顾颉刚全集 宝树园文存》(卷4),第96—97页。]

态"①，对 ethnos 则始终没有翻译，而且 1994 年与 1996 年的解说也出现了矛盾。其实，ethnos 即使作为民族（Ethnic Union）形成过程来理解，其某一个历史阶段也会是一个历史范畴，更何况 ethnos 这一所谓拉丁古字其实正来源于亚里士多德《政治学》所使用的希腊词 εθνος。也就是说，ethnos 不仅是一个动态过程，还是一个族类对象（名词）。

其次，它作为民族学（ethnology）的一个类型而存在。《政治学》的英文译注者没有看到亚里士多德是把 ethnos 作为城邦形成之前一个阶段来看待的②，所谓它"泛指非希腊化民族或其政治社会团体"，没有揭示何以在《政治学》中"这个词常常同'城邦'对举或联举，异乎城邦而无确估"③，其实正是译校者自己没有明白这层意思。该词在《政治学》中根据不同情形而被汉译为"民族""部落"或"民族国家"④，也可以指阿卡地亚地区墨伽洛浦里城邦形成之前由于"结成联盟"而出现的联盟体⑤，后者类似于雅典城邦出现以前荷马时代的 Völkerschaften 或 Völkchen，也就是 nationality。就 1939 年费孝通与顾颉刚的争论来说，对顾颉刚也有积极意义，最明显的是他采纳了费孝通对 race、clan 加以区分的意见，在 1937 年他把种族界定为骨骼形态相同⑥，在《中华民族是一个》1939 年版本中界定为血统、语言相同，在《续论"中华民族是一个"：答费孝通先生（续）》中界定为体质、文化相同⑦，在 1947 年《中华民族是一个》的修订稿中以"种族"对译英文 race，代替了《益世报》刊发稿的对应词 clan。⑧其实 clan 直译克兰，是英格兰氏族的特殊概念，氏族才是一般概念。

基于此，笔者认为，必须确立 nationality 在民族学中的独立地位，它

---

① 费孝通：《人不知而不愠——缅怀史禄国老师》（1994 年），《费孝通文集》（第 13 卷），第 85 页。
② 亚里士多德著，W. L. Newman 校注：《政治学》，吴寿彭译，商务印书馆 1983 年版，第 45 页。
③ 亚里士多德著，W. L. Newman 校注：《政治学》，吴寿彭译，第 355 页。
④ 亚里士多德著，W. L. Newman 校注：《政治学》，吴寿彭译，第 355 页。
⑤ 亚里士多德著，W. L. Newman 校注：《政治学》，吴寿彭译，第 45 页。
⑥ 顾颉刚：《如何可使中华民族团结起来——在伊斯兰学会的讲演词》（1937.11），《顾颉刚全集 宝树园文存》（卷 4），第 98 页。
⑦ 顾颉刚：《续论"中华民族是一个"：答费孝通先生（续）》，马戎：《"中华民族是一个"——围绕 1939 年这一议题的大讨论》，第 100 页。在顾颉刚《续论"民族"的意义和中国边疆问题》[《顾颉刚全集 宝树园文存》（卷 4）]中上述有关这一界定讨论的大段文字被删除。
⑧ 顾颉刚《中华民族是一个》[《顾颉刚全集 宝树园文存》（卷 4）]第 98 页注。由此注可见，此稿为 1947 年略改稿，不是 1939 年原稿。

是民族学中的"民族"（ethnos，希腊词源），不是民族国家的"民族"（nation，拉丁词源）。

四 马克思民族观有助于开拓"中华民族"百年学术建构史研究的新境界

综上考察可见，斯大林的"民族学"概念的词根不是他自己界定的"民族（нация）"，而是费孝通表示不能翻译、乃师俄国民族学家史禄国所使用的"ethnos"一词，其实该词是希腊语 εθνος 的拉丁文转写，并被史禄国直接用于英文写作，"民族学"学科的英文表达也由此而来。作为对"非我族类"的称呼，希腊语 εθνος、拉丁文 natio、德文 Nation、法语 nation、英语 nation 起初具有同样的内涵，但是古代雅典城邦形成之后，尤其是现代法国大革命之后，nation 作为民族逐渐与国家、国民发生了更加紧密的关系，构成三位一体的古代、现代民族国家存在。对于"中华民族"百年学术建构史研究来说，把政治、政府、国家纳入民族考察范畴的马克思民族观，具有很强的指导意义。

第一，无论是古代民族，还是现代民族，在马克思看来，都是人民、民族、国家三位一体的存在，缺一不可，基于此，有助于认识"中华民族"概念自创生以来的百年入宪史。从顾颉刚对种族的界定出发，有助于理解《中华民国临时约法》把"种族"一词——与费孝通意义上的"民族"相比缺少"语言"要素——而非"民族"（nation）一词入法的宪法意义。《中华民国临时约法》第五条以法律形式将"人民平等"原则规定下来："中华民国人民一律平等，无种族、阶级、宗教之区别。"此处种族与阶级、宗教并列，从"文化和体质"二要素的角度看，"种族"入宪可以转化为"民族"入宪来理解。"中华民族"作为固有词"中华"与引进词"民族"的合成词，是梁启超1902年的创造，在顾颉刚看来，"种族革命"的鼓吹与"民族主义"的信仰"无形中"混同了"种族"与"民族"两个名词[①]，基于此，1912年以"种族"的名词入宪，便成为中华民族入宪的雏形，中华国民作为现代国家——中华民国——的主人自此便有了法

---

① 顾颉刚：《中华民族是一个》，马戎：《"中华民族是一个"——围绕1939年这一议题的大讨论》，第38页。

律保障。中华民族作为一种理论，经历了从顾颉刚1939年的"一个"论到费孝通1988年的"一体"论的建构，在法律层面，则表现为2018年"中华民族"入宪。从毛泽东基于人民立场的"中国人民站起来了"的人民宣言，到习近平基于民族立场的"中华民族从站起来、富起来到强起来"[1]之中国梦宣示，意味着时代变迁和话语转换，相比于"中国人民"这一政治、阶级表达，全中国各民族意义上的"中华民族""中华民族共同体"乃至"中华民族共同体意识"作为族类认同概念的提出，彰显了更大的包容性。

第二，在恩格斯看来，"欧洲没有一个国家不是一个政府管辖好几个不同的民族（nationalities）"，易言之，欧洲国家都是多民族国家（nationalities-state），但都属于"民族国家（national state）"类型范畴，这恐怕要改写在当今西方流行并为费孝通所沿用的"民族—国家（nation - state）"或"民族国家（nation state）"话语下某些人基于"单一民族（nationality）、单一国家（state）"理论对欧洲国家的虚幻想象。斯大林《民族问题和列宁主义》（1929年）有"'近代'民族"[2]的说法，后来改译"'现代'民族"[3]，这就势必需要排除"民族"概念本身的时代性，与他的民族定义产生矛盾，这一问题他或许没有明确意识到，但是这也为"民族"的四要素论流传到中国后被逐渐排除时代性埋下了伏笔、预留了空间。中国学者很多就是从此入手进行探索的。范文澜注意到斯大林《马克思主义与民族问题》对东西欧民族与国家形成时间不同及其原因的探讨，并且把这一原因应用于说明中国民族的形成。斯大林认为，在西欧，民族与中央集权国家的形成时间大体相符，而在东欧之奥地利、匈牙利、俄罗斯，由于自卫的需要，中央集权国家的形成，"比封建主义的消灭要早些，因而比民族的形成要早些"，这些国家"通常是由一个强大的统治民族和几个弱小的附庸民族组成"[4]。范文澜从他的角度立论，并没有对这一民族组成结构的中国适用性进行分析。从历史上看，秦朝之前的"夏人（民族史学

---

[1] 习近平：《决胜全面建成小康社会 夺取新时代中国特色社会主义伟大胜利——在中国共产党第十九次代表大会上的报告》，人民出版社2017年版，第10页。

[2] 范文澜：《试论中国自秦汉时成为统一国家的成因》，《历史研究》1954年第3期。

[3] 斯大林：《民族问题和列宁主义》（1929年），《斯大林全集》（第11卷），人民出版社1953年版，第288—289页。

[4] 范文澜：《试论中国自秦汉时成为统一国家的成因》，《历史研究》1954年第3期。

界习惯称之'华夏族',秦律之'夏人'包括臣邦父秦母所产子即'夏子')"、汉朝之后的"汉人(汉族)"、近代的"中华民族"一脉相承,是战国时期《礼记·王制》所谓"中国之民"或明清鼎革之际政治文化意义上的所谓"中国之人"①历时性的不同称呼,"中华民族"在梁启超看来就是"汉族",就是这一意义上的概念创造。中华民族包含汉族之外的少数民族确立于1939年《抗日战士政治课本》的明文规定,同年发表《中华民族是一个》的顾颉刚或未及见,但与此界定并不悖谬,他所谓"汉人""中华民族之先进者""汉文化集团"就是梁启超界定的"中华民族"(1905年单指汉族,1923年延及满洲旗人),在中国民族(中华国民)中作为命名和代表民族(nation)具有唯一性,正如恩格斯认定英格兰人在英国人中是唯一的 nation。费孝通对"汉人"而非"汉族"作为中华民族之历史自称②缺乏认识,且有把少数民族的命名规律移用于主体民族之嫌③,而顾颉刚的局限性则仅仅在于对"汉人"作为中华民族之历史名称的合理性缺乏明确认识。

第三,政治学的民族国家视角关注主权嬗变,这与民族史学科关注族类分合,是有很大不同的,也是其学科优势所在。梁启超、顾颉刚、费孝通不约而同地把汉族这一主体民族作为中华民族的凝聚核心,后两者则强调了中华政治文化即王道而非霸道对于中华民族整合的意义。顾颉刚依据孙中山所说"用王道来造成的团体便是民族""用霸道造成的团体便是国家"的论述,认为无论是作为"有地方性的割据"的"大金国",还是作为"有时间性的朝代"的"大清国",都是"霸道造成的国家",都不是"顺乎自然"王道或自然力的产物,都不能和"有整个性和永久性的""中国"这个名词恰恰相当。④ 费孝通认为,"中华文化自古以来就讲王道

---

① "朝鲜系从来所有之外国,郑经乃中国之人",《敕谕明珠等比例朝鲜不便允从》,《明清史料》丁编第三本,台北:"中研院"历史语言研究所,1972年,第272页。
② 费孝通:《中华民族的多元一体格局》,费孝通:《费孝通文集》(第11卷),第388页。费孝通指出"民族名称的一般规律是从'他称'转为'自称'",认为秦人或汉人均是如此,"汉族这个名称不能早于汉代,但其形成则必须早于汉代",并认可汉人成为族称起于或流行于南北朝初期之学术见解。[见《费孝通文集》(第11卷),第412页。]
③ 费孝通:《简述我的民族研究经历和思考》(1996年),《费孝通文集》(第14卷),第102页。
④ 顾颉刚:《续论"中华民族是一个":答费孝通先生(续)》,马戎:《"中华民族是一个"——围绕1939年这一议题的大讨论》,第96页。顾颉刚:《续论"民族"的意义和中国边疆问题》,《顾颉刚全集 宝树园文存》(卷4),第127页。

而远霸道，主张以理服人，反对以力服人。'以力服人者霸，以德服人者王'……以德凝聚成的群体才是牢固的。"① 一个被忽略的事实是，在清帝辞位诏书中，满与蒙回藏并列②，作为一个整体而不是单独与南方的中华民国政府进行谈判，"今因满蒙回藏各民族赞同共和"，在共和国体中寻求的是"与汉人一律平等"的政治地位。如果单纯以头脑中自然预设的所谓满汉不平等日益凸显的清末政治现状加以分析，无疑这一诉求就是难以理解的，如果以满、蒙、回、藏与汉的不平等来理解清朝的民族关系结构，满、蒙、回、藏的抱团举动才是好理解的。原稿被袁世凯圈掉了"一律"二字③，只能说明边疆民族地方政治经济的落后性影响到其实际权利的平等享用。清代满、蒙、回、藏与汉的不平等，是通过汉族发动辛亥革命、建立中华民国来打破的，由此一变而为满、蒙、回、藏要求与汉平等。其实这完全是历史的镜像。清末民初民族关系结构变革的历史真相与镜像恰恰相反，提升汉族到与满、蒙、回、藏一样的政治地位，以最小的国体变革为代价，为中华民族的伟大复兴打下现代国家建构的第一块民族基石。

第四，古代民族、现代民族在中国未曾如西欧中世纪那样中断，中华民族形成史是单线进化和复线整合的统一。农业起源的部族国家（顾颉刚所谓种族国家）比如夏、商、周，为中华民族在秦汉之际成为民族实体举行了政治文化双重意义的奠基礼，游牧起源的部族国家（翦伯赞所谓"部族的国家"）比如北魏、辽、金，则为中华民族壮大举行了一次次政治加冕礼。有别于古罗马氏族、民族的二元区隔，华、夷除了二元区隔意义外，还有华夷一体的意义，经常把它比喻为本根、枝叶或者头脑、耳目、股肱意义上的生命有机体，问题在于秦汉形成汉族这一本根之后，部族国家入主中原把自身枝叶嫁接于本根之上，其原有本质必然发生潜移默化甚至涅槃般的变化。费孝通《中华民族的多元一体格局》于《北京大学学报》1989年第4期刊出之际，罗荣渠在《历史研究》1989年第1期发表了作为现代化研究之学科基础的《论一元多线历史发展观》一文。前者从

---

① 费孝通：《重建社会学与人类学的回顾与体会》（1999年），《费孝通全集》（第16卷），第457页。
② 宋培军：《袁世凯手批清帝辞位诏书的发现及其对清末民初国体因革的认知意义》，《文史哲》2018年第4期。
③ 《优待清室条件草稿（三）（袁世凯手批本）》，刘路生、骆宝善、村田雄二郎编：《辛亥时期袁世凯密牍：静嘉堂文库藏档》，中华书局2014年版，第41页。

民族学角度，后者从历史学角度，共同关注的是中华民族的现代化发展这一时代主题。"多元一体"中的"多元"是 56 个民族，"一体"是"中华民族"，费孝通认为，民族、中华民族都是实体①，却对"一体不再是汉族而成了中华民族"缺乏历史阐释，汉人作为古代的"一体"之所以变为当代的"一元"就是因为中华民族被《人民日报》界定为复合体②（费孝通 1996 年才形成这一认识），凸显了实体论同样看待汉族、中华民族的局限。"一元多线"中的"多线"是多条民族乃至民族国家发展道路，"一元"是主体民族及其物质生产力。如今看来，中国改革开放与世界现代化浪潮相遇于东亚大陆，相互激发，才有世界排名第二之中国经济成就，也才有习近平所说"各民族像石榴籽一样紧紧抱在一起"的民族基础。马克思民族观为中华民族回应西方后现代民族政治拷问提供了古代、现代二分的理论工具。梁启超、顾颉刚、费孝通的共同点在于都把民族认同心理、团结意识作为最重要的民族要素，以汉族为其他民族或部族的凝聚核心，都是基于民族史的学科要求所做的界定。这也就难怪尽管他们的学人底色各自先后在不同程度上浸染着进步党、国民党、民盟的政治色彩，但是由于缺乏政治学的国家视角，对边疆民族纷纷成为政治核心的事实则往往停留在描述层面。罗荣渠《现代化新论》关于现代化在中华民国建立后成为主导、中华人民共和国建立后成为主流的论断，为中华民族的现代、当代划分确立了时代坐标。随着中国进入新时代，由全面小康迈上全面现代化的第一个台阶——基本现代化，罗荣渠所呼唤的建立马克思主义的现代化学派时机日趋成熟③，其中要义之一就是建立共产党人的"一族（nation）多线（ethnities）"中华民族国家观。④

---

① 费孝通：《中华民族的多元一体格局》，费孝通：《费孝通文集》（第 11 卷），第 415 页。费孝通指出，从"未识别民族"中民族集团的变动情况，认识到一个需要"从理论上多加发挥"的问题："民族并不是一个长期稳定的人们共同体，而是在历史过程中经常有变动的民族实体。"在笔者看来，民族识别工作中的民族认同变化有很多现实利益因素，而且时段不长（1953—1982 年共计 30 年），恐怕不足以否定民族的长期稳定性。

② 闻边：《汉语文学与中华文学》，《人民日报》1992 年 10 月 8 日第 5 版。他指出"中华民族是一个更高层次的民族复合体，其多元一体格局是长期历史形成的"。

③ 罗荣渠：《现代化新论》，北京大学出版社 1993 年版，第 61、70、243、111 页。

④ 习近平：《决胜全面建成小康社会 夺取新时代中国特色社会主义伟大胜利——在中国共产党第十九次代表大会上的报告》（2017 年 10 月 18 日），人民出版社 2017 年版。党的十九大报告英文、德文版分别见 Documents of the 19th National Congress of the Communist Party of China, Foreign Languages Press, 2018, p. 49; Dokumente des XIX. Parteitages der Kommunistischen Partei Chinas, Fremdsprachige Literatur, 2018, S. 58.